体育院校通用教材

体育科学研究方法

（第二版）

郑　旗　主编

人民体育出版社

图书在版编目（CIP）数据

体育科学研究方法 / 郑旗主编. -- 2版. -- 北京 :
人民体育出版社, 2007 (2025.9重印)
体育院校通用教材
ISBN 978-7-5009-3257-4

Ⅰ. ①体… Ⅱ. ①郑… Ⅲ. ①体育—科学研究—研究
方法—高等学校—教材 Ⅳ. ①G80-03

中国版本图书馆CIP数据核字(2007)第125654号

体育科学研究方法

郑旗　主编
出版发行：人民体育出版社
印　　装：廊坊市蓝华印刷有限责任公司

开　本：787×960　16开本　　印　张：29　　字　数：450千字
版　次：2007年9月第2版　　印　次：2025年9月第17次印刷
书　号：ISBN 978-7-5009-3257-4
印　数：58,001—60,000册
定　价：75.00元

联系电话：（010）67151482
社　　址：北京市东城区体育馆路8号（100061）
网　　址：https://books.sports.cn/

编 委 会

前 言

当代科学活动的重大特点之一，是以方法论作为形成各种崭新科学思想的必要条件，它的重要性已得到人们的公认。随着体育事业的不断发展，高等体育院校大力培养具有创新精神、创新意识和创新能力的人才，已成为非常紧迫的战略任务。综观我国体育科学的快速发展，其创新主要体现在“推进学术观点的创新、学科体系的创新和研究方法的创新”三个方面。在这三种创新中，科学研究方法的创新是基础，没有科学研究方法的创新，就不可能有学术观点和学科体系的创新。

教育部颁布的《全国普通高等学校体育教育本科专业课程方案》（教体艺[2003] 7号）将“掌握基本的科研方法，并具有从事体育科学研究的能力”作为本科人才培养规格的具体要求。因此，编写新的体育科学研究方法教材，培养学生基本的科学素养和自主创新能力，是亟待研究和解决的一项重要课题。

《体育科学研究方法》是全国普通高等教育“十一五”国家级规划教材。本教材坚持“编”“选”并重及系统性和重点突出的原则，紧密结合体育科学研究方法的发展，在编写框架、编写内容和编写体例等方面反映研究方法的最新成就。既要有一定理论深度，又要体现实用性和操作性，努力形成和完善体育科学研究方法体系，适应培养基础扎实、知识面宽、能力强、素质高的人才需要。本教材体系由三大部分构成，即方法论：主要包括方法论的基础知识、逻辑学基础知识、对体育科学研究有重大影响的哲学思想等；研究方式：研究过程中采取的具体形式和类型，以及操作方式、研究的主要手段与步骤。研究方式包括研究方法与设计类型，如社会调查研究、实验研究和质的研究等；具体方法与技术：指研究中使用的具体方法和技术，包括资料收集和资料分析方法，以及其他技术手段或工具，如量表编制技术、比赛技战术统计、问卷信度、效度检验技术、数据处理技术等。本教材在结合科学基础方法论上呈现出一些新的特点，注重对学生自主性学习的支持，培养学生自主创新能力，力争做到知识传授、能力培养、人文教育的相互统一，同时也充分考虑了教学弹性，便于教师选择使用。

本教材由山西师范大学体育学院主持编写，郑旗任主编，作为全国体育院校通用教材使用，亦可作为研究生参考读物。参加编写的人员有郑旗（第一章、第四章）；于秀（第三章、第十章）；王力晨（第五章、第九章）；李吉慧（第二章、

第十一章）；周兵（第六章、第七章）；姚蕾（第八章、第十二章）。全书最后由郑旗统一串编、修改后定稿。

本教材编写时，参阅了大量的国内外有关著作和研究成果，许多专家、学者对本书的编写提出了积极的意见和建议，在此表示衷心的感谢！同时对书中的疏漏和不足之处望读者批评指正。

《体育科学研究方法》教材组

2006年6月

目　录

第一章

导　论

体育科学的形成和发展与其研究水平密切相关，而体育科学的研究水平又取决于研究方法和科学的方法论。研究方法的革新无疑是体育科学发展的重要推动因素。研究方法不是孤立存在的，它源于研究又用于研究，并成为现代体育科学的重要组成部分，只有将其置于科学范畴内，正确认识体育科学研究的基本问题，才能使研究方法真正成为体育科学创新的有效工具。本章就体育科学研究的相关概念、类型、研究现状与发展趋势等基本问题进行简要的阐述。

第一节　科学、技术与科学研究

一、科学的含义

人们在日常生活中经常用到**“科学”**一词，但对它的含义却往往不甚了解。从古至今，人们在探索自然和社会客观规律的同时，寻找着一个为世人公认的科学定义，然而，迄今为止，对科学的定义也没有统一。科学与文化一样，是个难以界定的名词，人们最早是用拉丁文“scientia”表述“科学”概念，英文、德文、法文中的“科学”也是从拉丁文中衍生而来的。中国古代《中庸》上用“格物致知”表述实践出真知的概念，日本转译为“致知学”。明治维新时期，日本著名科学启蒙大师、教育家福泽瑜吉把“science”译成科学，意为分科之学问，在日本广泛应用。1893 年后，康有为引进并使用“科学”二字，随后，梁启超在其《变法通议》、严复在其译著《天演论》中也都使用了“科学”一词，从此，“科学”一词便在我国得到广泛使用。综观科学发展的历史不难看出，科学在不同时期、不同场合有着不同的意义，概括地讲，这一概念的理解有广义和狭义两种。

（一）广义的科学

广义的科学是指自然科学、人文社会科学和思维科学，人们对它的理解主要有四点：

1. 实证知识论。从认识的结果来看，科学是一种系统化的实证知识。《韦伯斯特新世界大辞典》对科学的定义为，“科学是从确定研究对象的性质和规律这一目的出发，通过观察、调查和实验而得到的系统的知识”。美国大百科全书对科学的定义为，“系统化的实证知识，或看作在不同时期、不同地点所系统化的这样一种知识”。我国《辞海》和《自然辩证法词典》中解释为，“科学是关于自然、社会和思维的知识体系，或正确反映自然、社会和思维本质与规律的系统知识，是实践经验的结晶”。

2. 知识进化论。从认识过程来看，科学是一种人类知识不断积累和深化而获得规律的过程。日本世界大百科词典称“科学是认识的一种形态，是指人们在漫长的社会生活中所获得和积累起来的，现在还在继续积累的认识成果，即知识总体的总和和连续不断的认识活动本身”。

3. 反映论。从认识过程和结果看，科学是人类对客观事物及其规律的认识或反映。法国百科全书解释为“科学是通过揭示现象之中的规律所取得的全部知识，以及作为这些知识的基础的认识论”。

4. 文化现象论。从文化大背景看，科学是一种文化现象。这种文化现象是人类心智（理性）、语言、精神、社会和历史现象相互作用而共同建构的，是一种非常复杂的人类特有的现象。

（二）狭义的科学

狭义的科学是指自然科学，人们对它的理解也主要有四点：

1. 知识体系论。19 世纪以来的传统看法认为，科学是根据一定理论原则整理出来的知识的总和，这种知识不是零散的而是由其内在逻辑特征和本质联系被揭示后建立起来的一个完整的知识体系，本质特征是系统性和实证性。

2. 探索活动论。科学本质上是一种探索活动，是一个认识和创造过程。知识并不是科学，而是科学的产物。科学不在于已认识的真理，而在于探索真理。苏联大百科全书对科学的解释是“科学，是人类活动的一个范畴，它的职能是总结关于客观世界的知识，并使之系统化”。科学活动论的观点已为学术界视为当然。

3. 工具论。科学是用一种有理论、有思路的方法来探索自然奥秘的工具。它不仅是对外部世界的认识和描述，更是应付或适应外部世界的工具。

4. 信念论。科学是科学共同体按照其成员公认的信念所进行的研究活动，是根据范式解决实际难题的创造性活动。

显而易见，知识体系论从静态对自然科学进行描述，不足以反映自然科学的本质；探索活动论从动态对自然科学进行考察，关注的仅是其认识过程，而忽视其作为知识的一面；工具论将自然科学当作应付环境的工具，仅注意到其功利的一面；信念论关注人的精神方面，但将自然科学归结为科学共同体的共同信念，也不可取。

英国著名科学家、科学学创始人之一的贝尔纳（J.D.Bernal）很早就注意到这个问题。他认为，科学“不能用定义来诠释”“必须用广泛的阐明性的叙述来作为唯一的表达方法”[1]。因而，将众多的科学定义、解释加以概括，就是对科学含义的认识和理解，即科学是人对客观世界的认识，是反映客观事实和规律的知识；科学是反映客观事实和规律的知识体系；科学是一项反映客观事实和规律的知识体系相关活动的事业。科学有其共同性、结构和建制，具有实验性、探索性、理性和逻辑性等特征。科学有技术、学术和社会的功能，三种功能相互联系，而学术是其最基本的功能。

二、技术的概念

技术是一个历史概念。技术最初表现为劳动者的技巧、技能和操作方法。对技术的本质和意义进行考察，始于古希腊。在西方，**“技术”**一词源于希腊语“techne”，意为技巧、手艺、技能、本领。在我国古代，技术泛指“百工”。亚里士多德曾将技术看作是制作的智慧；英国的培根曾提出要把技术作为操作性学问来研究；法国科学家狄德罗将技术定义为“为某一目的共同协作组成的各种工具和规则体系”。在17世纪初，人们将“techne”同“logos”结合起来，形成了“technology”（技术）一词，意思是对技艺和应用技巧进行论述。中外学者对技术概念有不同的见解，曾有技巧技能说、手段体系说、知识应用说等。比较综合的概括表述是：技术是人们以科学理论为指导，在改造自然和变革社会的实践中，获得物质财富的各种物质、精神和信息手段的总和，包括各种劳动工具、方法、设备、工艺、信息和规则的体系。

三、科学与技术的关系

科学与技术是辩证统一的整体，科学中有技术，技术产生科学。科学回答的是“是什么”“为什么”，技术回答的是“做什么”“怎么做”；科学提供物化的可能，技术提供物化的现实；科学是发现，技术是发明；科学是创造知识的研究，技术是综合利用知识于需要的研究；科学的目的在于认识自然，技术的目的在于改造和利用自然；科学在某种意义上说是价值中立，技术则处处渗透价值；科学的规范是普遍性、共有性、无私性，技术的规范则是以获得的效益和利益为宗旨。尽管在日常生活中或从不太严格的意义上，把“科学技术”当作一个

[1] 贝尔纳. 历史上的科学［M］. 伍况甫，等译. 北京：科学出版社，1981：6.

整体概念来理解，但两者在内涵上有着本质的差别。所以，在讨论科学和技术的社会功能，制定其发展战略、课题招标和成果验收，以及进行法律诉讼等方面，如果将两者混为一谈，就会产生极大的误解，甚至会引起严重的后果。但是，也不能将科学与技术的区别绝对化，事实上，在绝大多数科研活动中，科学和技术是不分的，几乎不存在没有技术的科学，也不存在没有科学的技术。

就体育领域科学与技术的关系而言，包含的“体育科学”和“体育技术”两个内涵和外延的概念均有所不同。体育科技工作，包括科学研究和技术创新两个方面的内容，它们既互相联系又相互区别。一方面，需要以好奇心为取向，自由探索普遍规律，以建立某种理论与知识体系为结果的学术研究；另一方面，需要以体育运动实践为取向，以推动训练水平提高，增强运动员竞技能力和国民体质为目的的技术创新研究和技术推广工作。准确把握两者之间的关系，对于体育科技工作的宏观管理和提高体育科学研究的效益具有重要的意义。

四、科学研究的概念

“研究”的英文拼写是“research”，前缀 re 是“再度”“反复”之意，search 是“探索”“寻求”之意，连起来就是“反复探索”的意思。近年来，科学界对研究进行了许多论述，但都存在着极大的差异。《韦伯斯特大学生词典》将“研究”定义为“认真地调查或考察，特别是针对事实的发现和解释所进行的调查或实验，根据新的事实对已接受的理论或法则进行修正，或将这些新的、已修正过的理论或法则运用于实践”。安德鲁和希德布兰得将“研究”定义为“人类增长知识的有规则的程序”。吉布雷梅德等将“研究”定义为“对现象进行研究的科学途径的应用”。利迪则认为“研究”是“我们试图通过系统的努力解决问题的方式，以开发人类忽视的新领域，或对其他人认为解决的问题证实其解法的有效性”。美国著名方法论研究者唐·埃思里奇（D.Ethridge）对“研究”的定义具有一定的权威性，他认为“研究是获取新的可靠知识的系统方法”。这一定义将“研究”并不限于诸如实验室方法或文献查找等某种活动类型，而是指出了“研究”的系统性和有规则性，且是获得新的知识并强调知识的可靠性。这一定义对现代科学研究产生了重要的影响。

随着科学的发展和科学学的建立，世界各国习惯于用“研究与开发”（research and development），即“R&D”表示科学研究的概念。日本就直接用“研究开发”（RD）表示科学研究，这与人们最早认定的科学研究概念的内涵相同。早期科学研究的概念，由两部分组成，即基本成分是“探索工作”，限定成分为“创造和应用知识的”，也就是“创造和应用知识的探索工作”为科学研究工作。英国《牛津大辞典》，以及比较有权威的经济合作与发展组织（OECD）提出：“研究与开发，是为了增加知识量。知识包括人类文化和社会知识的探索，以及利用这些知识去拓展新用途所从事的系统创造性工作。”后来又有人补充，即“已经产生的知识收集、整理和分析研究工作”。综上所述，**科学研究**（scientific research）实质上是人们运用各种科学方法，遵循特定的程序所进行的创造知识、整理修改知识和开拓知识新用途的探索性活动。

上述对研究的定义和对科学研究的描述，都涉及两个重要的问题，这两个问题便是科学研究工作中的“发现”和“证实”。**“证实”**（verify）是指科学研究过程中辨别知识或信息的有效性和可靠性。例如，一些研究可能完全注重于对人们认为的已知事物确立其可靠性（即证实）。而**“发现”**（discover）是指研究过程中判断、提出和形成的新知识或信息。发现的本质就是一个创造过程，它要求进行分析、探索和寻求可选择的探索途径，在对一门具体学科的研究中，没有发现则不能进行证实，但研究却可以无须证实而发现。

第二节　科学研究成果的确认

任何科学研究的结果，总是以是否被社会确认作为衡量其自身存在的价值标准，只有被社会确认、理解和应用，才能推动科学研究的进一步发展和社会的进步。

一、科学研究成果确认的主要形式

（一）成果发表

发表是获得社会确认的最常见形式。任何一项科研成果，为了获得社会的确认，首先都要利用著作或期刊发表出来。这种形式常常受到作者的“马太效应”影响①。“马太效应”作为一种科学社会学现象，造成科学活动中的优势积累，在科学荣誉的分配、科学思想的交流、科学人才的成长和科学资源的分配等方

① 马太效应：《新旧约全书·马太福音》第25章写道：“因为凡有的，还要加给他，叫他有余。没有的，连他所有的，也要夺过来。”

面，起着重要作用，保证了科学活动的正常发展，但在某种程度上阻碍了青年科学研究人员的成长。

（二）同行评议（成果鉴定）

在科学研究成果被确认的过程中，科学权威及专家的鉴定起决定作用，通过了同行的评议，即意味着科学共同体的认可，它是对某项研究成果价值大小最实质性的确认形式。因为，对某项成果的确认者多数都是同行专家，他们对所评议成果的真实状况（如研究现状、方法和重点与难点，主要突破口所在，成果的价值和现实意义等）比较熟悉，所以，科学活动中在一定程度上要遵循“权威决定原理”，但权威往往也影响到科研成果的确认，重要的是坚持“实践是检验真理的唯一标准”。

（三）科技奖励

依据科学社会学的原理，科技奖励体现了科学共同体和社会对科研人员在增进知识方面所做出的贡献的承认和荣誉，它既体现了对科学研究人员的鼓励，又体现了对科学研究活动的社会控制。科技奖励的形式和等级与科技活动相伴而行，在科学研究过程中发挥着重要作用。提及科技奖励，首先想到的是诺贝尔奖。事实上，经济发达国家，科技奖励的范围、对象、周期、数量、评选机构、颁奖人员和方式等，在一个国家的社会激励系统与运行机制中，占有极其重要的地位，它是研究成果接受社会认可的重要形式。研究表明，人们都渴望荣誉欲的满足，但对研究人员来说，这种欲望满足的程度显得更为强烈。

二、科学研究成果确认的标准

科学哲学研究表明，科学研究成果社会确认的标准是随着历史的推移和人们认识的深化而改变的。我国学者刘大椿在研究了约翰·洛西的科学与非科学分界标准后认为，科学与非科学之间的关系可以用双圆图来表示，它包含了以下两个结论[1]：

[1] 刘大椿. 科学活动论 互补方法论［M］. 桂林：广西师范大学出版社，2002：157.

其一，人们已承认的部分，其内容一部分是科学的，也有一部分是不科学的；

其二，科学解释中只有一部分被承认，另一部分的解释虽然是科学的却没有被承认。

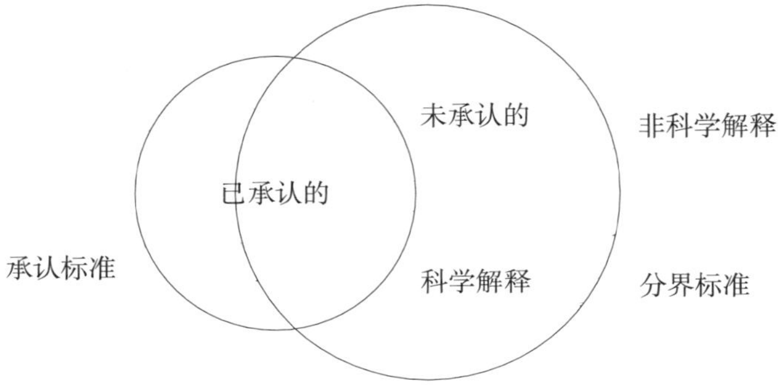

图 1–1　科学与非科学的分界

三、科学研究成果难以被确认的主要原因

科学发展史证明，在科学研究活动中，有一些研究成果一旦发表或通过专家鉴定，很快就会得到社会的承认，但有一些成果要想得到社会承认却要比研究这项科学发现花费更多的精力和更长的时间，甚至有些人为之奋斗终生也难以完成。究其原因主要有以下方面：

（一）人们认识和思维的局限性

科学发现是一种社会历史现象，它总是在一定的生产方式的水平上进行的，任何一项科学发现，都是在一定的社会历史条件下作出的。恩格斯曾说："我们只能在我们时代的条件下进行认识，而且这些条件达到什么程度，我们便认识到什么程度。"[1] 随着生产力水平的提高，生产方式有了不断改善和进步的需求，科学研究活动也就必然要有新的改变，但这种改变总是受到人们认识和思维的局

[1] 恩格斯. 自然辩证法 [M]. 北京：人民出版社，1971：212.

限。人类对客观世界的认识，在思维方式上由朴素整体论到近代自然科学的传统分析方法，再由传统分析方法到现代科学的系统论。科学发展到今天，因认识和思维方式的局限性所带来的问题依然存在。在科学史上不乏为科学不畏艰辛、勤奋劳作的默默耕耘者，甚至为追求和捍卫科学真理忘我献身者，但人们的认识及传统思维所带来的惰性具有极大的惯性，再加上反动阶级的扼杀、学术权威的压制、统治者的桎梏，因此，在社会和科学发展过程中，虽然有些已经是科学的东西，但要得到全社会的认可是极其困难的。

（二）科学作伪和伪科学的影响

在社会和科学的发展过程中，某些成果难以得到社会的确认，另一个重要的原因就是科学作伪和伪科学的影响。科学作伪即科学活动中的弄虚作假行为。1980 年 1 月到 1992 年 1 月的 12 年间，英国《Nature》、美国《Science》杂志就刊载过 226 篇有关揭露科学作伪的文章。科学作伪的特质主要表现在“行为上的故意性，手段上的欺骗性，结论上的错误性”[1]。伪科学是指明知自己不是科学却偏偏谎称自己是科学，或伪装或冒充科学的非科学或反科学。它也是伪科学行为的产物。伪科学行为是指一部分人（有意或无意，但更多是有意）利用人们对科学的信赖和尊崇而又缺乏对科学知识的了解，打着科学的旗号制造、宣传、推销和贩卖非科学或反科学的东西，以此来欺世盗名，谋取个人或小集团利益的不道德甚至是违法的行为。

伪科学根据来源不同可分为传统和新生伪科学。传统伪科学是指由非科学转化而来的神学、灵学和迷信等，这种伪科学一般比科学的历史还久远，有深厚的历史根源和广泛影响。它有自己的一套知识体系，利用人们对原有的知识体系和科学的双重信赖进行活动，使缺乏科学知识的人上当。新生伪科学是指在新的历史条件下由于某种名利的诱引，为达到某种目的而产生的假科学或反科学。如“科学算命”“伪气功”“水变油”等。它又分为非科学家和科学家的伪科学，前者如“科学算命”，后者如“水变油”。尤其是后者，以科学者的面貌出现，一般有一定的社会地位，更具有欺骗性。

科学与伪科学的区别，是科学从来没有宣布过自己占有全部的真理，科学只是开辟了在实践中认识真理的道路，而且承认研究中会出错，但只要用科学的方

[1] 炎冰，宋子良. 科学作伪与社会调控［J］. 科学学研究，1999，(3)：16–24.

法继续研究就可以发现和纠正错误，且不再犯同样的错误；但伪科学的研究是在结论绝对不能改变的前提下，寻找证明，为给结论辩护不惜违反逻辑，所以无论再怎样研究也不会纠正错误。科学的错误在经过一段时间后会被查清或改正，而伪科学不能自我控制。科学研究出现的错误可以告诉人们哪里是歧途，从而使后来的研究少走弯路，但伪科学研究总走同样的歧途。科学是可以被检验和重复的，承认自己有适用范围，而伪科学逃避检验，并宣称什么都能做到。

第三节　体育科学的性质、类属与目的

一、体育科学的形成和发展

体育是人的社会活动之一，它的对象是人的身心和社会。体育科学是随着社会的进步和发展而产生的，早期的体育科学主要是从教育科学中发展起来的。随着生物科学特别是生理学的发展，使得自然科学大量向体育渗透。在第一次世界大战后，体育科学的名称开始出现。第二次世界大战后，随着世界科技、文化的快速发展，体育科学迅速崛起。在 20 世纪中期，社会学、心理学、管理学等社会科学大量涌入体育领域，使体育科学的研究内容日益丰富，研究领域更加广泛，已形成了一个学科众多的学科群。

在长期的体育运动实践和对体育科学的探索中，人们逐渐认识到体育运动的科学基础主要有三个方面，即体育生物科学、体育人文社会科学和体育技术科学。

体育生物科学是生物学与体育运动结合的产物，在我国又称之为“运动人体科学”，其任务在于揭示体育运动增进健康、增强体质，以及开发人的生物潜能的内在生物机制和一般规律。它以学科群的形式存在，根据不同的研究方向而分为运动解剖学、运动生理学、运动医学、运动生物力学和运动生物化学等，其研究方法主要遵从自然科学的范式。

体育人文社会科学是体育人文科学和体育社会科学的合称，其研究任务在于揭示体育与人、体育与社会之间内在的必然联系和一般规律。它包含了十几门已经成熟和接近成熟的学科，和数十门正在发育成长的新型学科。体育人文社会科学是在体育科学和人文社会科学两个母学科基础上发展起来的综合性学科，其发展曾经相当滞后，这与人们对体育运动的概念、功能的认识有关，也与人们对体育科学的性质与体系的看法有关，其研究方法多数以沿袭、模仿、

移植相关学科或母学科的范式为主。

体育技术科学的研究任务是揭示合理的运动技术与战术、运动训练和身体锻炼，以及探寻人的身心与相关环境要素之间内在必然联系和一般规律。体育技术科学主要包括运动专项理论与方法、运动训练理论与方法、运动竞赛理论与方法、健身理论与方法等。其研究方法多数体现了与体育技术学科自身特点相适应的范式。

综上所述，**体育科学**（sport science）是研究体育现象，揭示体育内部和外部规律的知识体系，它是人类现有科学中的一个分科。由于体育科学研究的主体是人与人体运动，因此其领域涵盖自然科学、人文科学和社会科学。根据体育科学研究对象的本质特征及其之间的相互关系，体育科学形成了一个有序的分类体系，这一体系具有整体性、结构性、层次性和开放性等特点。从体育科学体系的发展来看，其结构体系将会不断扩大，许多正在萌生和有待催生的“潜学科”将会成为“显学科”，随着科学技术的发展，体育科学也将不断地自我完善，更快地推动人类体育与人类社会的发展。

二、体育科学的性质与类属

（一）科学（学科）分类概要

对科学这一人类知识的整体结构如何分类，人们对客观事物认识的视角不同，划分学科体系的方式也各不相同。严格地说，用“学科分类”替代“科学分类”更为恰当一些。从历史的角度来看，知识分类是科学或学科分类的初始状态。古代思想家亚里士多德曾将人类知识按其对象分为三部分，即自然哲学（关于自然的知识）、伦理学（关于社会的知识）和逻辑学（关于思维的知识）。其后相继出现独立的知识领域，如欧几里德的几何学、阿基米德的力学等。15~18 世纪，哲学开始分化为一系列独立学科，分析方法成为这一时期的主导思想，其间对科学作出系统分类的代表人物是英国哲学家弗兰西斯·培根（1561~1626）。他认为科学的发展表现了人类理性的能力，并把人的理性能力分为三种，即记忆、想象、判断能力，与此相应的便有记忆（历史学、语言学）、想象（文学、艺术）和理智学科（哲学、自然科学）三类学科。19 世纪，科学迅速发展，研究领域不断扩大，出现了越来越多的独立学科，科学内部发生了剧烈的学科分化，科学分类因而越来越复杂化。空想社会主义者圣西门否定了培根的主观分类标准，提出了按客观标准，即按研究对象划分学科，将科学分为天文学、物理学、化学和生物学。嗣后，法国实证主义哲学家和社会学创始人孔德采用圣西门的客观分类原则，把科学分为：数学、天文学、物理学、化学、生理学、社会学六大类。19世纪后期，随着哲学研究的进展，恩格斯克服了黑格尔的唯心主义和圣西门的形而上学思想的束缚，按照物质运动的不同形式（机械、物理、化学、生物和社会运动），将科学分类中的客观原则和从属原则有机地结合起来，即按功能将各门科学排列成一条自然序列：力学、物理学、化学、生物学和社会科学，建立了新的科学体系结构，为学科分类奠定了坚实的科学基础。与此同时，德国学者温德尔班（Windelband）提出了以科学研究方法作为分类的标准。他认为，由于科学认识的目的不同，存在着两种不同的研究方法，即“规范化”与“表意化”方法。根据这两种方法的区分，可以将科学分为自然和历史科学，其继承人李克特（Rickert，H.）从研究方法的角度，将科学分为自然和文化科学。20世纪以来，人类对物质世界和自身的认识向前推进了很多，人们对科学又有了许多划分，但却难以形成一个大家公认的学科分类体系。

随着社会的进步，现代科学研究在微观和宏观两个方向上取得了重大成果，同时在理论与技术两个方面取得了卓越的进展，因而，现代科学同时在向高度分化和综合两个方面发展，各门独立学科之间封闭的相互分离并列的状态已不复存在。所以，对现代科学的划分，比较通行的是按部类划分为自然、社会和人文科学三部分，每一部分都有一个庞大的科学群，包括大量的学科。那么，体育科学归属于哪一部类和亚类呢？

（二）体育科学的性质与类属

体育科学作为一个整体，究竟具有什么属性，属于哪个科学门类？这一问题曾一度成为体育理论研究的热点。有的人认为，体育科学属于自然科学，其理由是人体运动规律和人通过运动增强体质，提高运动技术水平的规律，是体育科学的特定规律，是体育科学特定的研究内容，反映了体育的本质；有的人认为体育科学应归属于教育科学，其理由是体育属于教育的内容；有的人认为，体育科学属于综合科学，其理由是体育科学既具有自然科学属性，又具有社会科学属性，是一门交叉性的综合科学；有的人认为，体育科学属于技术科学或人体科学，其依据是对我国著名科学家钱学森教授科学分类思想的误解。可见，对于体育科学的性质与类属问题，学者们仍是见仁见智，各说不一。

体育科学的研究对象——体育，既是人们通过自身运动增强体质的一种生物运动过程，也是人类社会文化的一部分。所以，体育科学研究的对象，不仅仅是通过身体运动等形式，增强体质、提高运动能力，还要研究体育对社会的作用，包括在体育环境中人与社会之间的相互关系和作用，以及体育的运行机制等。因而，体育科学研究对象具有自然和社会的二重性，就其体系结构来看，具有生物属性，也有人文属性，可以确定体育科学是一门综合科学。

随着我国体育事业的飞速发展，体育科学的类属问题，越来越受到国家有关部门的重视。我国学者自 20 世纪 80 年代起即开始对体育科学体系进行研究，其成果推动和改善了体育科学的研究布局，协调了研究力量，推动了新学科的建设。按照全国哲学社会科学规划办公室的学科设置，1996 年，国家技术监督局在编制最具有权威性的国家标准 GB/T13745—92《学科分类与代码》中，根据学科体系框架设置的具体要求，吸取发达国家科学分类的经验，征求各类专家意见，将我国学科体系分为五大门类，即自然科学、医药科学、农业科学、工程与技术科学、人文与社会科学。首次将体育学（体育科学中社会科学部分的总称）列为人文与社会学类一级学科（一级学科包括哲学、政治学、社会学、法学、中国历史学、考古学、宗教学、中国文学、语言学、图书馆情报文献学、人口学、教育学、艺术学、军事学等 24 个学科），初步解决了它的类属问题（中国体育科学学会一直是中国科学技术协会的团体会员）。与此同时，1997 年修订的我国普通高等学校研究生专业目录中，将“体育学”作为一级学科列入“教育门类”，分为 4 个二级学科，即体育人文社会学、运动人体科学、体育教育训练学、民族传统体育学。

由此可见，体育科学要发展成为一门成熟的科学，还需要一段艰苦的创新历程，但类属问题的初步解决，对体育科学未来的发展具有十分重要的意义。第一，提高了体育科学研究的档次，便于制定体育科学的行动规划和选题计划；第二，明确了体育科学的性质，对摆正各学科的位置和处理好它们之间的关系，在理论和实践上发挥各学科综合研究的功效具有一定的指导意义；第三，开辟了研究资金投入的渠道，为跨学科横向联合研究创造了条件，为体育科学在 21 世纪飞速发展提供了良好的物质保障。

三、体育科学研究的目的

科学的目的是为了认识规律、发现规律和在实践中合理地利用规律。它具有两重性，一方面是对客观世界的预测和控制，反映了科学的初级状态；另一方面是对客观世界的说明和解释，反映了科学的高级状态。从科学的逻辑关系看待这两重性，预测和控制仅仅包含着对客观事物运用相关关系的陈述，而说明与解释则包含着对客观事实运用因果关系的陈述。在一门学科的发展和研究过程中，并非同时具备这两重性，不成熟的学科或刚刚形成的学科，往往只包含一个方面，而发展较为完善的学科则普遍地显示了这两重性。对于体育科学研究来说，就是力图对体育运动参加者的行为进行描述、解释、预测和控制。一般来说，“描述”回答“是什么”的问题；“预测”回答“将怎样”的问题；“解释”回答“为什么”的问题，而“控制”回答“我（们）将使它怎样”的问题。

上述四种研究目的既是互不相同，又相互联系。正确的描述是合理解释的基础；只有合理的解释才能产生正确的预测；根据正确的解释和预测才能进行有效而合乎目的的控制。所以，描述、解释、预测和控制，是层次递进的关系，前一项是后一项的基础。实施体育科学研究，必须根据实际情况选择恰当的研究目的。

第四节　体育科学研究的类型

对研究分类有不同的标准，根据这些标准决定分类的基础与研究取向。体育科学研究通常根据其研究目的与过程、研究层次、研究范式等标准来划分，不同的分类有各自的实用性。

一、依据研究目的将体育科学研究分为基础研究、应用研究和开发推广研究

（一）基础研究

联合国教科文组织对**基础研究**（basic research）的定义是“旨在增加科学、技术知识和发展新的探索领域的任何创造性活动，而不考虑任何特定的实际目的。”[1] 美国学者唐·埃思里奇将基础研究的特征描述为试图在一个专业或研究领域确定与建立基本事实和关系，也即扩展知识的研究。我国著名科学哲学家刘大椿教授认为，“基础研究这种科学活动的主要目的在于分析事物的性质、

[1] 孙显元. 科学和生产力[M]. 上海：上海人民出版社，1982：71.

结构以及事物之间的关系，从而揭示事物所遵循的基本规律。"[1] 基础研究与传统理解的科学活动比较一致，它直接以认识世界为目的，以追求真理为最高价值。

体育科学中的基础研究，主要寻求有关体育现象的新的知识，希望建立用以解释体育现象的一般性原理和理论。例如，体育运动中人体机能活动的规律、超量恢复理论、运动心脏学说、红白肌纤维学说等都属于基础研究。当今体育科学研究活动中，如何使基础研究与其他研究保持一个合理的结构，在相当大的程度上影响着我国体育科学的可持续性发展。近年来，体育科学的基础性研究经费来源少，投入小。以自然科学为例，2002 年度体育学仅获国家自然科学研究基金资助两项，2003 年度为 4 项，不仅在数量上只占当年自然科学基金项目数的 2/6612（0.03%）和 4/5808（0.07%），而且在资助强度方面也不大[2]。事实上，基础研究的水平综合地反映一个国家的科学研究水平，江泽民同志曾指出："基础研究是科学之本和技术之源，它的发展水平是一个民族的智慧、能力和国家科学技术进行的基本标志之一。"[3] 76 "基础研究搞好了，可以为我国的科技持续创新能力打下更为坚实的基础。"[3] 141

应用基础研究是应用研究和基础研究的中介，它是把基础研究的成果发展为应用技术所必需的。没有它，基础研究会始终停留在认识世界阶段，而不能在改造世界中发挥实际作用。近年来，我国使用了"基础性研究"这一名词，以概括基础研究和应用基础研究，也就是说，它们并没有明显的界线，而是和应用研究、开发推广研究联成一环的"连续谱"。

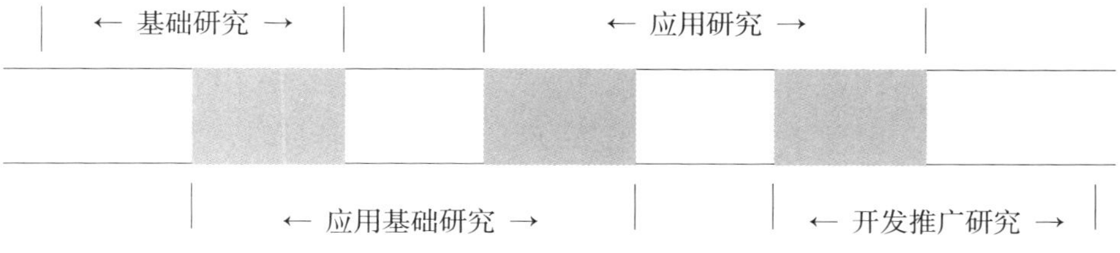

图 1–2　基础研究、应用研究、开发推广研究连续谱

[1] 刘大椿. 科学活动论 互补方法论 [M]. 桂林：广西师范大学出版社，2002：9.

[2] 田野，任海，等. 中国体育科学发展现状与展望 [J]. 体育科学，2005，(1)：9.

[3] 江泽民. 论科学技术 [M]. 北京：中央文献出版社，2001.

（二）应用研究

应用研究（applied research）是指依据基础研究的成果，寻求解决实际问题的方法或途径的研究。体育科学研究中的多数成果都属于应用研究，因为大部分的研究课题都旨在直接解决某些迫切问题。近年来，我国对体育应用性研究逐步重视，经费来源途径多，投入大，而且成果已直接应用于体育运动实践（表 1–1）。

表 1–1　中国体育科学研究主要应用研究成果举例[1]

	应用研究成果
运动训练学	非衡“补短”训练理论
体育社会科学	社会资本与当代中国体育用品企业成长
运动医学	关节镜技术在运动创伤诊断和治疗中的应用
运动心理学	中国部分项目运动员对兴奋剂的态度：TRA 与 TBP 两个理论模型的检验
运动生物力学	图像快速反馈系统在运动技术诊断中的应用

如上所述，基础研究和应用研究是一个连续谱，在许多研究领域中，人们试图区别它们，可能根源于对基础和应用科学的分类。这个区别的前提是，基础研究忽视对现实社会问题的应用，而应用研究则对这些问题给予极大的关注，但是，人们有时并不了解在基础研究中的一项突破在哪些具体领域被应用。例如，创立量子理论的科学家当初并不了解，也未预见到未来微电子技术的发展。如何对待基础研究和应用研究的互惠关系，罗西（Rossi）和赖特（Wright）作出了如下说明，即当应用研究者试图解决更为复杂的应用研究任务时，人们同样预期基础研究将继续从应用研究者所作出的大量的技术进步中获得好处。毫无疑问，许多技术和大量的知识会以同样的方式从基础研究流向应用研究者。一个没有应用领域的科学就失去了理论和方法的某种丰富性；而一个失去与基础学科之间联系的应用领域，也存在着这样一种风险，即对决策者关于社会问题及最可行的解决

[1] 田野，任海，等. 中国体育科学发展现状与展望 [J] . 体育科学，2005 ,（1）：6.

办法的阐明的关注有失偏颇或过于狭窄[1]。

（三）开发推广研究

利用基础研究、应用研究成果和现有知识，为创造新产品、新方法、新技术、新材料，以生产产品或完成工程任务而进行的技术研究活动称为**开发推广研究**（generalizability research）。它的最大特点是将应用研究成果转化为社会生产力，并向社会推广。例如，体育运动中的系列广播体操的颁布实施，就是根据健身的原理，在部分范围内进行锻炼效果的测试，根据结果修订而向社会推广的。

二、依据研究层次将体育科学研究分为描述研究、关系研究和实验研究

（一）描述研究

描述研究（descriptive research）是以描述与说明现象特征为基本取向的研究类型。研究中主要通过综合说明其可能的逻辑联系，仅仅试图确定或识别“什么”，而不是关注为什么会存在这样的状况。例如，国家社会科学规划基金项目《中国群众体育现状调查与研究》就是典型的描述研究。这个研究通过对我国群众体育现状的调查，达到对我国群众体育的各种基本特征进行正确和准确描述的目的，提供有关我国群众体育人口、群众体育资源、社区体育等方面在年龄、性别、职业、文化程度、民族等方面的分布状况。

根据描述研究在研究对象和使用的收集资料、统计分析方法上的差异，可将描述研究分为量的和质的研究两类。量的研究侧重于对研究对象的特征进行数量化的说明，主要包括社会调查、测验等。质的研究则侧重于对研究对象的特征进行质的分析，主要包括访谈、参与观察等。

描述研究一般具有系统性、结构性和准确性的特点，因而在体育科学研究中被广泛采用，但应注意研究选题描述的对象与范围、描述的目的与内容、描述主

[1] Rossi P H, Wright J D. Evaluation research: An assessment [J] . Annual review of Sociology, 1984, 10 (1): 331-352.

题所使用的概念的定义与说明、描述的类型及对研究总体的推论等。一般对一个研究对象进行全面的描述，主要从变量描述、分类描述、背景描述和综合描述四个角度入手。

（二）关系研究

对体育领域中的某种现象的认识，不会只停留在全面了解其状况和特征的层次上。在认识到某种现象“是什么”（what）及其状况“怎么样”（how）的基础上，人们还需要了解该现象与其他事物之间的关系，就需要采用**关系研究**（relational research）。关系研究主要采用统计学相关的技术，研究两个或两个以上变量间的关系，旨在揭示不同变量间相互作用的程度。关系研究的最大特点是不操作和不控制研究变量，而是从自然环境中获取研究资料。但是，在体育科学研究中，由于体育现象的复杂性，变量之间的关系也是十分复杂的，许多变量之间用因果关系来表示就很难令人信服，这是因为大量无法确定的因素所带来的累积性影响，加上研究本身的资料来源误差，如研究者和参加者的人为因素等。因而，变量之间的关系可通过变量关系模型来获得。

关系研究有助于理解相互关联的事件、状况和行为。在体育科学研究中，应根据研究问题与条件，确定有关研究变量；根据研究变量的性质及可能的关系与研究者的需要，确定相应的资料分析方法；关系性研究需要建立研究假设以说明研究方向和内容，但在原因和结果的理解上，需要注意相关性本身并没有表明某一变量影响了另一变量，很多人常常错误地得到这样一种因果“认识”，其实是错误的。

（三）实验研究

实验研究是体育科学研究的最重要形式之一。它是各类研究中唯一能确定因果关系的研究类型。体育科学研究中的**实验研究**（experimental research）是指在观察与调查的基础上，对研究的某些变量进行操纵和控制，以探求体育现象的原因与发展规律的一种研究类型。

根据不同标准和设计水平，实验研究有多种分类。例如，实验可分为现场实验（field experimental）和实验室实验（laboratory experimental）；根据实验变量控制严格的程度，分为前实验（pre-experimental）、真实验（true experimental）和准实验（quasi experimental）等等。

实验研究能令人信服地说明所存在的因果关系，在体育科学研究应用中，需要进行全面、严格的实验设计，利用“假设——检验”的研究程序，以定量分析为主要手段，对实验结果进行分析和解释。特别指出的是实验研究结果的内部和外部效度问题，有关实验研究的基本理论将在第七章作详细介绍。

从研究层次上看，描述、相关、实验研究作为体育科学研究的基本类型，有着密切的联系，同时由于研究目的、研究取向上的不同，以及现实条件的制约，三种研究类型在研究设计、结果呈现及功能上存在着较大的差别，随着研究的深入呈现出了互相融合的趋势。

三、依据研究的基本范式将体育科学研究分为定性与定量研究

（一）定性研究

当研究者对某一体育现象特别感兴趣，并想获得大量有关这一现象的具体知识时，定性研究常常会被运用。**定性研究**（qualitative research）是指基于人文主义范式，强调在特定背景中理解现象，主要采用自然化、不干预的资料收集方法与定性分析手段的研究范式。迄今为止，定性研究在体育科学研究中还没有得到普遍使用，研究者大多数采用主观思辨、归纳推理的逻辑思维方式进行研究，虽然也属于定性研究范畴，但距离科学研究的真正要求尚存在相当大的差异。近二十多年来，随着对科学主义与研究工具理性的批评，定性研究在人文社会科学领域中获得了新的发展，形成了富有特色的理论、较系统的操作方法与检测评价手段，在一定程度上突破了粗糙、不严谨的局限，正逐步成为与定量研究等量奇观的研究范式。目前，多数学者认为定性研究主要包括现场实验、开放式访谈、参与观察、文献分析、个案调查等方法。由于体育科学研究对象的自然和社会“两重性”，采用科学的定性研究已成为必然，体育科学研究更需要借助于科学哲学来分析体育科学的地位和规划体育科学研究范式的未来发展。为此，本教材在第十章中根据体育科学研究的需要和特点，对“质的研究方法”进行初步的介绍。

（二）定量研究

定量研究（quantitative research）是指事先建立研究假设，进行严格的研究设计，按照预定程序收集资料并进行数量化分析，用数字或量度表述研究结果，

对假设进行检验的一种研究范式。定量研究主要以科学主义认识论与数量化研究方法论为基础，强调对关系、影响原因的探讨，力求获得具有普遍性的结论。定量研究设计较为严格，程序比较固定，研究侧重且较多地依赖于对事物的测量和计算，重点在于描述现象特征及对总体的推论、变量间关系强度的度量和差异控制，一般通过测量、问卷调查、量表、实验、结构化观察等方式来收集资料，并运用统计方法对结果进行分析和解释。

近年来，定量研究在体育科学研究中已得到广泛应用，无论从范围，还是从研究的深度、广度以及方法本身的改进上都发展较快，但随着社会的发展，对体育科学研究提出越来越高的要求。审视体育科学中的定量研究，无论是体育生物科学还是体育社会科学，都不同程度地存在着一些问题，尤其是在体育社会科学研究中。正如张力为教授所言“体育社会科学的发展似乎错过了科学主义和实证主义的发展阶段，因此不得不补上这一课”[1]。

长期以来，定性与定量研究存在激烈的争论，主要表现在研究信度与效度、客观性与主观性、部分与整体分析等方面。事实上，两种研究范式都有自身的优点与局限性，仅重视其中一种范式，都不可能取得良好的研究效果，只有将两种范式有机结合起来，才能相辅相成，发挥出最大的功用。定性研究与定量研究在多方面存在互补的属性（表 1–2）。就体育科学研究的发展而论，定性与定量研究作为体育科学研究的两种基本范式，发挥着各不相同的作用。由于两者之间的差异，使得研究者在具体采用过程中必须有所选择，作为大学生，则

表 1–2　定性与定量研究的比较[2]

	定量研究	定性研究
哲学基础	实证主义	人文主义
研究范式	科学范式	自然范式
逻辑过程	演绎推理	归纳推理
理论模式	理论检验	理论建构
主要目标	确定相关关系和因果联系	深入理解社会现象
分析方法	统计分析	文字描述
主要方式	实验、调查	实地研究
资料收集技术	量表、问卷、结构观察等	参与观察、深度访问等
研究特征	客观	主观

[1] 张力为. 研究方法在制约我们的追求吗？［J］. 体育科学，2005，(4)：74–80.

[2] 风笑天. 社会学研究方法［M］. 北京：中国人民大学出版社，2001：13.

不应拘泥于机械的类型划分，而应根据自己的研究所长、研究目的需要，考虑研究的实际情况，选择合理的研究类型。研究者可能会“偏爱”某一种研究范式，但却不能对其中任一范式有所偏见，而完全弃之不用。

第五节 体育科学发展现状与主导趋势

一、我国体育科学研究的指导方针与总目标

现代科学技术给人类提供的知识和方法，正在改变着人们的生活和思维方式。随着“科教兴国”战略的贯彻实施，全社会的科技意识都在提高，国家体育总局发布的《2001~2010 年体育改革与发展纲要》中，明确地指出了现阶段及今后一个时期内我国体育科技方针，即“坚持科学技术是第一生产力的思想，发展体育事业必须依靠科学技术，体育科技工作必须面向体育运动实践，努力攀登体育科学技术高峰，为增强全民族的体质和提高运动技术水平服务”。并在《2001~2010 年体育科技发展规划》中提出了新世纪前 10 年体育科技发展的总目标，即建立适应社会主义市场经济体制和体育事业发展、与体育运动实践密切结合、结构优化、布局合理、精干高效、纵深配置、全面开放的体育科技服务体系和与之相适应的体育科技管理体制及运行机制，全面推进体育科技进步，在增强人民体质和提高运动技术水平中发挥越来越重要的作用，努力完成《2001~2010 年体育改革与发展纲要》提出的各项任务，为体育事业发展作出更大贡献。

二、我国体育科学发展的现状

作为当今世界人类社会中一个重要的科学领域，体育科学正在迅猛地发展着。几十年来，我国体育科学经过起步与探索、停滞、恢复与发展等几个阶段[1]，在机构建设、人才培养、学科发展、课题研究、科技攻关、科技服务、社团发展等方面，都取得了显著成绩[2]。

[1] 黄汉升. 中华人民共和国体育科技发展史 [M]. 北京：科学出版社，2002.

[2] 田野，任海，等. 中国体育科学发展现状与展望 [J]. 体育科学，2005,(1)：5-10.

（一）初步形成了具有中国特色的体育科学研究体系

我国的体育科学研究是在新中国成立后才开始起步的。初期，我国体育科技是在模仿、借鉴、独立探索中曲折前进的，在当时的历史条件下，学习苏联是我国体育科技发展的选择，通过独立探索，逐步形成了我国体育科技发展的基本方针，即坚持实事求是，百花齐放，百家争鸣。改革开放后，随着体育领域的拨乱反正，我国体育科学研究迅速恢复，科研队伍迅速扩大，形成了一支独立、具有相当规模的专兼结合的科技队伍，省级以上体育科研所从改革开放初期的 5 个发展到 1999 年的 37 个，专业科技人员达 1800 余人。与此同时，以建立体育科学学会为起点，出台了一系列体育科技政策，树立了“科技兴体”的战略思想。1980 年 12 月 5 日，在中国科协的领导下，在当时的国家体委和有关方面的大力支持下，成立了中国体育科学学会（China sports science society，简称 CSSS）。二十多年来，中国体育科学学会由成立时的 5 个分会发展到现在的 17 个，创办了学会的学报《体育科学》（China Sport Science）和专业学术刊物《中国运动医学杂志》（Chinese Journal of Sports Medicine）。从而形成了一个组织上纵向联系，学科上横向发展的学会体系，并先后成功地举办了 7 届全国体育科学大会，入选的论文数量与质量逐步提高（表 1–3）。

表 1–3　中华人民共和国历届全国体育科学大会简况[①]

届次	举办时间	地点	征集论文（篇）	录取论文（篇）	与会人数
第一届	1964.11.22~12.01	北京	321	109	126 人
第二届	1980.12.05~12.22	北京	621	280	300 余人
第三届	1987.12.15~12.19	石家庄	1082	412	543 人
第四届	1992.12.08~12.11	潍坊	1830	538	近 600 人
第五届	1997.11.18~11.20	北京	2068	1044	800 余人
第六届	2000.12.01~12.06	武汉	3030	1971	1400 余人
第七届	2004.10.24~10.28	北京	4665	2253	500 余人

① 第一届为全国体育科学报告会，第二、三届为全国体育科学学术报告会。

（二）我国体育科学研究取得了高水平成果

体育科学是综合性科学，实施科教兴体的战略包括繁荣发展体育自然科学和体育人文社会科学两个方面。从体育科学研究的发展来看，改革开放以前由于受极“左”思想的影响，我国体育人文社会科学不被重视，许多学科不被接受。体育科学研究偏重于运用生物科学理论和教育学理论来研究体育运动，造成体育人文社会科学研究落后的状况。改革开放后，在“解放思想，实事求是”思想的指导下，特别是在“双百方针”的指引下，随着全民健身和竞技体育运动对体育科学的需求，体育科学研究已从只重视竞技体育研究转向竞技体育与大众体育二者并重的方向发展，并取得了一系列高水平的研究成果，如《项群训练理论》《乒乓长盛考》《我国优秀运动员竞技能力状态的诊断和监测》《中国群众体育现状调查与研究》《中国国民体质监测系统研究》等。

（三）注重研究方法的创新和高技术成果的推广应用

近年来，我国体育科学研究水平明显提高，其重要因素是研究方法和手段的多样化与科学化。高科技仪器设备、计算机技术、网络技术、电子技术等先进的科学技术的不断发展，又促进了体育科技研究整体水平的提高，如在运动医学领域中，采用了微创技术、基因治疗、CT、超声和核素扫描等技术；在运动技术诊断领域，采用了图像自动识别技术；体育专项训练仪器的开发和研制，为“奥运争光计划”起到了重要作用。与此同时，不同学科之间理论与方法的借鉴是我国体育科学发展的重要动力，交叉学科、复合学科的形成也为体育科研工作提供了良好的条件。随着2008年奥运会的举行，新的研究方法和高新技术必将得到广泛的应用。

（四）我国体育科学开始步入国际体育科学舞台

依靠先进的科学技术理论、手段和方法促进体育的发展，是现代国际体育的一个重要特征。国际体育科学和教育理事会（International Council of Sport Science and Physical Education，简称ICSSPE/CIEPSS）的三个基本目标是：鼓励体育科学领域内的国际合作；有利于体育的不同领域的划分，同时促进多个分支的融合；促使体育科学知识实用化。近年来，我国体育科学工作者参加国际性学术会议的人次明显增加，在国际学术刊物上发表论文也在增多，有的论文被科学引文索引（SCI）和社会科学引文索引（SSCI）收录，有的论文在国际会议获得学术奖励。近年中，我国还多次承办或即将承办高水平国际学术会议，如世界大学生运动会科学研讨会（2001）、亚洲体育科学大会（2004）、世界体育信息科学大会（2005）、国际运动医学科学大会（2006）。这充分表明，国际体育科技界对我国体育科技所取得的成果的认可和对未来发展的期望，也标志着我国体育科学在国际上的地位不断提高，国际影响力的不断扩大。

（五）我国体育科学研究存在的主要问题

从我国体育科学研究现状来看，主要存在的问题是，第一，创新研究成果（假说）不多。我国体育学术刊物众多，各类体育学术刊物有 50 多种，核心期刊 14 种。据不完全统计，每年发表的学术论文万余篇，文字量高达 6000 万字，但在已发表的学术论文中，似乎论述性文章过多，原创性论文偏少，述而不全、不深和不评的现象十分普遍。第二，研究方法中存在缺陷。由于研究思路单一，缺乏创新思维，重复研究的现象很普遍，不是根据研究目的和任务来选择方法，而是热衷于滥用新名词，盲目使用新方法和统计方法。第三，体育科学研究发展不平衡。基础研究和应用研究发展不平衡、竞技和群众体育发展不平衡、科学研究与科学普及教育发展不平衡。第四，在国际体育科学研究领域地位不高。国际会议论文多；国际学术刊物论文少；论文刊载摘要多，全文少；参加会议多，口头报告少等现象。第五，科技成果的转化、开发及体育软科学研究亟待加强等等。这些问题与不足，严重地困扰和制约着我国体育科学研究的可持续发展。

三、21 世纪初体育科学的主导发展趋势[1]

如上所述，科学总是在一定的生产方式水平上进行的，体育科学在其迅猛发展的同时，构成了自己日益完整的科学体系，回顾过去，展望未来，在 21 世纪初我国体育科学在以下几个方面将会得到空前的发展。

[1] 郑旗. 体育科学的演进与 21 世纪初的发展趋势——兼论体育科学研究中方法论的意义［J］. 四川体育科学，1997，(3/4)：6–8.（中国人民大学报刊资料中心《体育》1998 第 3 期：39–42 页）。

（一）体育科学及其研究方法跨学科与交叉融合的趋势

20 世纪 40 年代，由于出现原子能、电子计算机、空间技术，人类社会进入了信息或智能时代，开始了影响几乎遍及各个领域的新技术革命。随着新技术革命所带来的生产规模的日益扩大和社会经济的迅猛发展，全部科学也出现了相应的巨大变革。几个世纪以来所形成的由各门分科科学组成单一结构的科学体系，正在经历着不断的分化和综合，原先的一门科学出现了众多的分支，两门或两门以上科学相互交错形成了所谓的边缘科学，运用专门科学知识研究某一领域现象的综合科学纷纷崛起，不以特定的物质形态和运动形式为研究对象的横断科学相继应运而生。这一变化促使人们开始追求在更为复杂的背景下对研究对象运用多学科的方法作综合的、整体的思考。体育科学的演进与发展正揭示了这样的特点，它一方面在体育人文社会科学和运动人体学科之间有机的交叉与综合，同时也大量地表现出与其他自然科学、技术科学等学科之间的交叉与综合。与此同时，与这一科学紧密相关的是体育科学研究方法与手段的整合。所有这些客观要求，迫切需要体育科学与其他科学、学科、专业之间进行迅速而有效的交流，迫切需要体育科学理论的创新与研究方法的科学化、科学仪器与研究手段的系统化，使体育科学的整体朝着交叉综合跨学科化的方向发展。

（二）体育科学的发展与基础科学方法论发展水平的一致性

当代科学发展的重要趋势是人文和社会科学迅速发展起来并走到科学的前沿，以至于形成了“人文、社会和自然科学”三足鼎立的当代大科学体系。科学基础方法论，揭示的是隐藏在自然、人文和社会科学活动中共同的表征人类科学最基本特性的思维方式、研究方法及其实现的机制里。科学基础方法论呈现出一些新的现象和特点，给整个体育科学研究带来了新的活力，其突出表现就是基础科学方法论与体育科学发展的一致性。科学基础方法论的要义，对体育科学研究的可持续发展提供了方向性的指导。具体地说，体现为三个不同的层次：其一是基础科学方法论观念向体育科学的不断渗透；其二是具有普遍性的一般科学方法向体育科学中的快速移植；其三是自然科学中某些学科的专门科学方法向体育科学的移植和渗透。特别需要指出的是，“体育科学的发展不能绕过科学主义和实证主义阶段；体育科学研究者很可能在科学标准这个最高层面和具体方法这个基础层面上达成共识”[1]。

（三）体育科学及其研究方法进一步数学化倾向趋势

数学是研究事物数量与空间形式的性质、变换及其关系的精确科学。由于对象的普遍性、规律的广泛适应性，它成为现代科学研究的重要工具。马克思认为：“一种科学只有在成功地运用数学时，才算达到了真正完善的地步。”[2]如果说这一论断已被19世纪以来自然科学的发展所证实，那么，当代人文与社会科学，当然包括体育科学，它们的发展也已经并将进一步证明这一论断是正确的。从体育科学的演进与现代体育科学领域研究的内容来看；从描述肌肉力学性质的方程到根据肌肉微结构及收缩模型；从近代动物的运动模型到现代人体运动的仿真、技术的诊断设计；从运动员的选材、人体机能与体质的评价到运动图像的识别；从竞赛对策的研究到大型比赛的网络管理；从速绩现象的描述到球迷闹事、运动极点的突变现象的描述；从肌电图分析与分维表征到运动成绩及运动生理变化的混沌现象；从体育发展战略研究到博弈理论在体育科学中的应用，无一不是体育科学数学化的成果。由此可见，数学科学这种空前广泛的渗透与应用，在21世纪将成为体育科学研究中的重要组成部分，而且也是最富有创造性的一部分。当代一些著名的数学家认为，数学是一种关键的、普遍适用的并赋予人们以能力的技术。从某种意义上说，数学似乎成为科学发展的决定因素。在科学技术飞速发展的今天，尤其是计算机的广泛普及与使用，信息高速公路与网络的发展，不能不深刻感触到体育科学数学化、信息化趋势这一特点。

（四）体育科学及其研究方法的实践化趋势

如果说，体育科学未来的发展直接受到新技术革命的推动和基础科学方法论的影响，那么，其实践化趋势则是体育科学面临矛盾与时代发展的产物。毫无疑问，以信息和生命科学为代表的现代科技革命及研究方法的变革，必将促进体育科学研究的重大进展，然而，这种进展却潜伏着尖锐的矛盾，一方面是体育科学

[1] 张力为. 研究方法在制约我们的追求吗？［J］. 体育科学，2005，(4)：74.

[2] 保尔·拉法格. 忆马克思［M］∥回忆马克思、恩格斯. 北京：人民出版社，1973：7.

视研究对象为“完人”（in the round）所带来的异常复杂性，以及体育人文社会科学所揭示的体育本质、功能、价值、作用的无比深刻性，而另一方面则是现代科学研究手段与方法的现实局限性，即体育科学研究不可能总是使用精密仪器与科学方法去解释动物的运动过程和习性。依照目前的认识能力，大体上可以判断，科学与社会实践之间将发生强相互作用，即社会实践的过程将越来越以科学为基础，而社会实践的需求将决定科学发展的规模和速度。体育科学从第二次世界大战以后的注重学科理论建设和分科研究为主，转向重点为竞技体育实践服务；从注重人体运动的生物效应到转向对人体运动的生物、心理和社会效应的全方位探索。可以预料，在未来的世纪中，人类为了生存和发展，在健身运动实践中所面临的多种需要及竞技运动的热点、难点、关键问题将成为21世纪初体育科学首先要解决和研究的问题。

事实上，面对社会进步的挑战和为满足人类的发展需要，生命科学的研究无疑已成为时代的潮流。以揭示体育现象独特规律为己任的体育科学，也必将高度地融合自然科学、人文社会科学、生命科学等各门类科学，促进人类的共同幸福与繁荣。

基本术语

科学、技术、研究、科学研究、发现、证实、体育科学、基础研究、应用研究、开发推广研究、描述研究、关系研究、实验研究、定性研究、定量研究。

思考题

1. 何谓科学，科学研究的内涵是什么？
2. 如何认识体育领域中的科学与技术之间的关系？
3. 为什么说体育科学是一门综合科学？
4. 简述体育科学研究的类型。
5. 简述我国体育科学发展现状与主导趋势。

推荐阅读书目

[1] 刘大椿. 科学活动论 互补方法论 [M]. 桂林：广西师范大学出版社，2002.

[2] 董奇， 申继亮. 20
[3] 张力为. 体育科学研究方法［M］. 北京：高等教育出版社，2002.
[4] 中国体育科学学会. 体育科学研究现状与展望［G］. 北京：2004.
[5] 洛兰·布拉克斯特，克里斯蒂娜·休斯，马尔克姆·泰特. 怎样做研究［M］. 2版. 戴建平，蒋海燕，译. 北京：中国人民大学出版社，2005.
[6] 吴岱明. 科学研究方法学［M］. 长沙：湖南人民出版社，1987.

第二章

体育科学研究方法论基础

当代科学活动的重大特点之一，是以方法论作为形成各种崭新科学思想的必要条件。从历史来看，科学研究水平的提高均以方法论的革新与发展为先导，而科学研究中种种危机与困惑亦首先表现为方法论的困惑，体育科学研究也不例外。方法论揭示的是隐藏在自然科学、人文科学和社会科学活动中共同的表征人类科学最基本特性的思维方式、研究方法及其实现的机制。方法论的澄清与不断完善，是体育科学研究规范化、深入化、不断向复杂多样的体育现象之本质特征逼近的根本所在，是研究者提高研究素养的必备条件。本章对体育科学研究方法论的基础知识进行阐述。

第一节 研究方法论概述

科学研究活动中的方法问题，很早就被许多科学家和哲学家所关心。因为，人们在实践中能否正确地认识和有效地改造世界，方法的作用是举足轻重的。俄国著名生理学家巴甫洛夫曾深有体会地说："有了良好的方法，即使没有多大才干的人也能作出许多成就。如果方法不好，即使有天才的人也将一事无成。"[1] 科学研究是一项探索未知领域的实践活动，仅有先进的仪器并不能保证这种实践活动的有效性，同样，仅有理论也不能使认识具有可靠性。

一、研究方法与方法论释义

"方法"一词，在我国最早出现在战国时期思想家墨子的《天志》篇中，意为度量方形之法①。在西方，**"方法"**（method）一词源于希腊文"沿着"和"道路"这一术语，意为按照某种途径之意。方法在人类活动的各个领域都有自己的具体内容，对方法的定义多种多样。**研究方法**（research method）是指科学研究活动中满足既定目标（或目的）所使用的手段、工具、途径或活动方式。

一般而论，人类任何活动都包括三个基本要素，其一，目的：清楚要干什么，最终达到什么结果。其二，前提：达到目的必须具备什么条件。其三，方法：必须考虑从前提到达目的应当采取的途径、手段和方式。显然，方法在很大程度上是由目的和前提确定的。但是，目的和前提并不能规定出唯一的方法，因为从前提到达目的往往有多种不同的途径。就科学研究活动而言，研究方法的运用，至少要考虑以下三个方面：

第一，研究方法要与研究的具体任务、目的联系在一起。

[1] 巴甫洛夫全集［M］. 第5卷. 北京：人民卫生出版社，1959：17.

① 墨子《天志》："中吾矩者，谓之方，不中吾矩者，谓之不方。是以方与不方，皆可得而知之。此其故何？则方法明也。"

第二，研究方法要与科学理论联系在一起，科学理论是方法应用的前提，方法又是科学理论形成的出发点和条件。

第三，研究方法要与研究实践活动联系在一起，可以说方法是一定理论指导下特殊的实践活动。

在体育科学研究活动中，可使用的方法很多，但并非所有的方法都是科学方法，科学方法有两个明显的基本特征，即有效性和客观性。方法的有效性是指能真正揭示事物本质与规律的效率或程度。这种有效性取决于工具和研究过程的有效程度，没有合适的工具是不能揭示客观事物的本质与规律，但仅有先进的工具（如设备、仪器）也不行，还必须有一套有效的使用工具的程序。可以这样认为，科学方法是先进工具和有效程序的高度统一。科学方法另一个特征是客观性，它意味着在一项研究活动中，有一套根据准确的事实制定的具有确定性的操作程序，检验科学方法客观性的重要指标就是可重复性。科学方法也只是一个相对的概念，随着研究的深入，原来的方法可能已不是科学的方法。因此，对过去的研究方法再认识、再评价，其目的就是提高原有方法的科学水平。

把方法作为研究对象，形成了一门专门的学问，这就是**方法论**（methodology）。"方法论"一词是英国哲学家弗兰西斯·培根首创的，他是近代以来系统地研究科学方法的先驱者，提出要以方法的体系武装科学，并将其思想体现在《新工具》一书中。在研究活动中人们对方法论的定义及方法论与方法之间的区别具有不同的看法，但权威性的辞典在方法论的定义方面具有某些一致性。《中国百科大辞典》对方法论定义为"研究人类认识自然和改造自然的一般方法的理论体系"。《韦氏新世界美国英语词典》将方法论定义为"方法的科学或方法的有序安排；特别是对科学探索和哲学探索的推理原理应用有关的逻辑学分支；……任何特定科学中的方法体系"。《韦伯斯特大学词典》将方法论定义为"一门学科所使用的主要方法、规则和基本原理；……对特定领域中关于探索的原则与程序的一种分析"。同样，美国《哲学词典》将方法论定义为"对那些总是指导着科学探索的推理和实验原理及过程的一种系统分析和组织……也称之为科学的方法。因而，方法论是作为一门科学的特殊方法的总称"。苏联的《简明哲学辞典》（罗森塔尔等编著）认为，方法论有两种含义，即"（甲）关于研究的方法、方式的学问；（乙）在某一门科学上所采用的研究方式、方法的总和"。

可见，方法论指的是在研究某一学科时采用的一般科学方法的基本理论和学说。一般来说，方法论同世界观是统一的。体育科学方法论（methodology of sports science）是关于体育科学一般研究方法的理论。它以体育科学领域中的认识活动、认识程序和认识手段为研究对象，是关于体育科学的认识研究及其方法研究的哲学。据此，在体育科学领域中，研究方法论可以看成是体育科学方法论的一个重要方面，二者是共生相互依赖的关系。

综上所述，研究方法论的特征是它提供了组织、计划、设计和实施研究的基本原则，构成了完成一项研究的一般途径、路线或方法之间的关系，但不是指导如何进行一项具体、个别的研究的细节，因为每一项研究都具有其特殊性。至此，**体育科学研究方法论**（research methodology of sports science）可以释义为：人们在研究体育现象、揭示体育运动规律时所应用的方式、方法及指导这些方式方法的基本原则所构成的理论体系。它对指导研究工作的成败和绩效具有决定性意义。

二、体育科学研究的方法体系

研究方法论的对象主要是科学方法及其方式，而科学方法的含义是多方面的，并且随着科学（甚至学科）内容的变化而变化。研究方法论中涉及的方法不是个别的具体方法，与研究方法论相对应的是方法体系。研究方法体系的结构是体育科学研究方法论的重要基础。一般来说，方法体系的结构与人所提出的认识或实践任务相关，与认识对象或实践的性质相关，也与方法所使用的基本工具相关。依据这样三个维度，体育科学研究方法体系，可分为三个层次：哲学方法、一般研究方法和具体研究方法[1]。

（一）哲学方法

哲学方法（philosophical method）是关于自然、社会、思维的最一般的运动规律的认识方法。它是体育科学研究中最高层次的方法，它指明了研究的指导方针、对待研究客体的基本原则，以及从世界观上评价研究成果的出发点，这是决定研究工作命运的根本方法。在人类认识客观世界的过程中，许多哲学理论对科学研究包括体育科学研究，起到了重要的作用，虽然有的被逐步淘汰，有的却不断发展，乃至今天都对科学研究起作用。然而，不同的哲学理论在研

[1] 郑旗. 体育科学研究方法论的哲学视角 [J]. 体育与科学，2001,（2）：42-44.

究活动中起的作用却不同，其中辩证唯物主义的方法论，揭示了认识的最普遍规律，使研究人员立足于客观现实，在选择和解释事实时避免主观武断和片面，遵循客观规律从事研究活动。例如，根据唯物主义本体论原则提出了“实事求是”方法；根据矛盾运动法则，提出了“矛盾分析”方法、“全面看问题”方法、“具体问题具体对待”方法等。

纵观科学研究的历史发展过程，在哲学方法上曾出现了多种争论。就我国体育科学发展而言，不应当采取否定一切的态度来对待这些争论，相反，体育科学的发展应该在方法论这一层面反思这些争论，并积极吸收与继承其合理的成分，促进我国体育科学健康持续地发展。本章第二节将介绍对科学研究产生影响的几种哲学方法论。

（二）一般科学方法

一般科学方法（general scientific method）是指认识某一类或各类事物某一方面规律与特性的科学方法。一般科学方法具有跨学科的性质，使用的普遍性较高。常用的一般科学方法有逻辑方法、数学方法、横断学科方法等。在现代科学研究活动中，一般科学方法的意义，不仅仅限于同一学科的范围，几乎适用于所有科学研究领域，尤其是 20 世纪中叶以来系统科学中所涵盖的横断学科。

20 世纪 40 年代末期诞生的系统论、信息论、控制论，产生于 60 年代末、70 年代初的耗散结构理论、协同论、突变论、分形理论，以及 70 年代中后期相继出现的超循环理论、动力系统理论、自组织理论等都具有横向性、交叉性。这些横断学科揭示了事物之间更深刻、更具有本质性的内在联系，大大促进了科学研究的整体化进程，许多学科中长期难以解决的复杂问题随着横断学科的出现迎刃而解，人们对自然界和客观事物演化规律的认识也由于横断学科的出现而逐步深化。这些学科的方法和理论原则，革新了科学研究的认识论，引起了科学思维方式的根本转变，提出了一系列研究问题和解决问题的新思路、新方法，给任何研究领域在思维上的启迪是不能忽视的。

从研究方法论的哲学视角来看，一般方法是哲学方法的具体表现，而且是发展哲学方法的源泉。一般方法一方面为研究者提供了有效的研究思路，使各门学科研究获得了突破性进展；另一方面，一般方法又可直接体现在某一项具体的研究方法中，从而提高了研究的有效性。

（三）具体研究方法

具体研究方法（concrete method）是体育科学研究中运用的手段和技术，根据运用的范围又可分为基本方法和特殊方法。基本方法是在体育科学研究中用于搜集资料与事实的方法（例如，文献资料法、观察法、调查法、量表法、实验法等）和分析资料与事实的方法（例如，统计分析、逻辑分析、系统分析等）；特殊方法是指在体育某一学科研究中所采用的方法（例如，运动人体科学中的生物芯片技术、同位素技术；体育系统仿真技术等）。在体育科学的某一项具体研究中，能否选用有效的具体方法及其技术，关系到能否揭示研究对象的本质和规律，因此，从某种程度上来说，一项成果的突破性进展，本身包含了研究方法的创新与发展。

哲学方法、一般科学方法、具体方法作为体育科学研究方法论的三个不同层次，既相互区别，又紧密联系。研究方法论作为科学认识论和哲学观，它与科学知识同步飞速发展，又对科学研究起着普遍的指导作用。对研究者而言，在研究活动中除了对本学科的研究进展关心外，更要注意这些进展的方法论意义，同时，要高度关注整个科学方法论发展变化的动向，以确保自己的研究在认识上的正确性和战略上的先进性。

三、体育科学研究方法选用的原则

（一）适用性原则

随着体育科学研究的发展，人们对科学方法也进行了大量的研究和探索，新的研究方法不断涌现，原有的方法不断完善，每一个课题都有自己的研究目的，有自身的研究对象。在研究中采用什么方法，从研究设计的目的和意义来看，方法的选用主要是用来获取新的可靠的知识，即对体育领域中的现象、事件、关系和原因作出解释。因而，方法的选用必须考虑其适用性，否则，会造成严重的失误和导出错误的结论。

（二）创造性原则

研究是一个创造的过程，布鲁斯特在谈到研究过程中的创造力时曾说：“我们可以教授逻辑，但我们不能教授艺术。”[1] 现代科学发展的最重要特征之一就是整合化趋势，在受多种因素复杂影响的体育运动实践的科学研究中，这种趋势表现得尤为突出。门类繁多的各门学科的相互影响、相互渗透，已逐渐形成了一个统一的、完整的研究体系，那么，在对研究方法的应用过程中，创造性地移植与移植中的创造，就成为研究方法创新的关键。对大学生而言，教师传授了某一种方法，但在体育科学研究中如何灵活的应用并有新的创造，这就是科学研究中的艺术；对有一定研究经验的人员而言，尤其是在阅读文献过程中，经常的体会是，这种方法的“艺术”似曾相识，但在自己的研究中又似乎很难模仿；对高层次研究者而言，要重视原始创新规律。

（三）重复性原则

从理论上讲，任何一种研究方法都是可以重复的，尤其是在实验研究中，可通过重复实验逐步消除系统误差、偶然误差，不断提高实验结果的可靠性，使结果之间能反复验证从而上升到科学理论；同时，研究方法的循环，也可能发现研究的新思路和新视角，使更多需要研究的问题出现。

（四）经济性原则

经济性原则主要是设想在研究过程中选用方法，如何合理安排研究内容，如何以最少的人力和物力，以及在最短的时间内，得出相对最优的结果和相对最可靠的结论。研究方法选用的经济性原则，是精确、可靠、高效地完成科研课题任务的需要，也是反映科学研究的投入与产出关系的需要。

四、体育科学研究中的方法学问题

科学哲学研究表明，任何一种研究方法、处理手段，理论覆盖面都有一定的适应范围，超出了这个范围，终将无能为力。具有不同质的层次之间不可能用同一种理论或方法来处理，任何方法都有其局限性。“人的运动与运

[1] 唐·埃思里奇. 应用经济学研究方法论［M］. 朱钢，译. 北京：经济科学出版社，1998：33.

动的人”是体育科学研究最基本也是最主要的研究对象，与各种非生命现象相比较，这种研究具有高度的复杂性和个体的差异性、所产生的各种结果和现象的不确定性和不可重复性等特点。因此，以揭示体育现象独特规律为己任的体育科学研究，就必然地对科学方法提出更高的要求。近些年来，随着我国体育事业的发展，科学研究方法水平明显提高，科学方法选择与应用范围逐步扩大，科研方法创新意识不断增强，但是，体育科学研究采用的方法，不管它处于哪个层次，都有自己的局限性，都有自己关注的问题和内容。

从方法论层面来看，所关注的主要问题包括指导研究的宏观思想体系；体育现象的性质及其理解；科学方法的基本特征；方法选择和使用的价值、规范、标准；研究过程和结果的客观性问题；研究中的不同范式及其应用；不同研究方式的内在逻辑等。例如，体育科学研究遵循科学主义还是人文主义、体育科学能够形成统一的研究范式吗、实证研究是否应当成为体育科学研究基本范式等等。

从研究方式层面来看，所关注的主要问题包括研究采用的具体形式、具体类型和操作方式；研究的主要手段和步骤；研究工具、程序、规范的特定结构性组合等。例如，运动人体科学多采用实验研究，体育人文社会学多采用文献研究和社会调查研究等。

从研究的具体方法和技术层面来看，主要关注资料的具体收集和分析方法，以及有关技术手段或工具在某一课题研究中应用的细节。这些问题根据其范围大小、频数高低，其普遍性程度是大小不一的。表 2–1 列举了体育科学研究中在这一层面的一些问题。

表 2–1　几种具体的研究设计所涉及的方法学问题

设计类型	基本要求	具体问题示例
实验设计	控制实验条件、检验处理因素的效果	样本选择，研究假设，变量选择，变量控制，假设检验，练习效应，疲劳效应，罗森塔尔效应
问卷设计	真实地收集被调查的对象情况或答卷人见解	信度，效度，难度，项目分析，常模，问题数量，问题提法，回收率，偏差控制，晕轮效应，首因效应
统计设计	根据数据类型、分布及研究目的选择方法	总体，正态分布，样本数量，数据类型，独立样本，相关样本，单、双侧检验，方差齐性，显著水平，事后解释，生态学谬误

田麦久教授等人在谈到研究中的方法学问题时指出："任何具体研究方法都有其方法论学的理论基础和具体要求，不符合这些要求，必然会使研究工作失误，以致失败。"[1] 体育科学研究中上述三个层次的方法学问题是相互联系的，方法论的问题影响着研究者对研究方式的选择，而一定的研究方式又规定了一套与其相应的具体方法和技术。在体育科学研究过程中，把方法放在第一位，使问题适合于自己掌握的方法，而无视问题对方法的内在决定性，是形而上学的观点，这样的方法论指导思想，虽在一定程度上获得了知识，但却并未像所期望的那样增添多少新的内容或增加知识的可靠性。

科学认识论认为，问题是科学认识发生机制的核心，只有问题才是一切认识活动的中心和目的，它规定了研究的路线，决定解答的方式。同时，系统方法论认为，任何系统的不同层次都存在着各自的序，这些不同层次的序具有质的差别，它们之间并不具备那种无须经过实验，单纯依据逻辑推理就可以从一种序推知相邻层次系统序的必然性。因此，随着体育科学的发展，众多新的研究方法的使用，在研究活动中要考虑方法系统的层次性，并注意不同层次方法功能的互补性。如果无视方法系统层次的有机性与功能互补的统一性，而任取其一或几个层次，分不清问题产生的背景与周边环境而加以随意应用，不顾方法与问题的匹配，则将破坏方法的整体性功能，而使方法系统失去作用。体育科学研究中许多方法学问题的案例即能说明。

第二节　研究方法的哲学基础

19 世纪末与 20 世纪初，一系列的科学发现造就了科学领域内的巨大革命，一些杰出科学家的哲学思考为这一革命奠定了基础。在 20 世纪众多的科学技术成果中，有一些成果具有特殊的历史地位，例如，相对论、量子力学、物质的基本结构、宇宙大爆炸理论、DNA 分子双螺旋模型、新老三论等，它们不仅改变了并将继续改变世界的面貌，而且在方法论上沟通了自然科学和社会科学的联系，向人们提供了定量、精确和最优的认识世界的方法，对人类社会产生了深刻的影响。在这些重大成果产生的过程中，哲学方法论起过重要作用，虽然在今天看来，有些哲学方法论有很多不足之处，但是，当不同的哲学思想与科学问题及

[1] 田麦久，马启伟，张力为，等. 我国体育科学研究中方法学问题 [J]. 体育科学，1993，(3)：13-18.

研究实践相联系时，就会对什么构成可靠知识，或什么是建立可靠知识的活动，或程序提出不同的观点。哲学方法论是体育科学研究方法论的主要内容，本节介绍几种对研究方法有影响的哲学方法论。

一、实证主义

实证主义（positivism）是现代西方哲学中所谓科学主义哲学思潮中最早的流派。主要代表人物是法国哲学家孔德（A. Comte）和英国哲学家穆勒（J.S.Mill）、斯宾塞（H.Spencer）。实证主义作为一种哲学方法论，坚持只有通过观察（感觉）获得的知识才是可靠的，并且信奉事实的逻辑延伸，这又被称之为逻辑实证主义，至今在自然科学里仍然有人将它视为科学哲学。

实证主义的基本观点是：全部的哲学都应以经验为基础，但这种经验是按照实证自然科学的要求获得的经验，能为科学所检验；经验是知识的唯一来源和基础，一切科学知识必须局限在经验的范围内，否则，知识就失去根据；强调实证性的知识，追求运用实证科学来改造自然和社会的可能性。作为一种哲学方法论，逻辑实证主义把证实原则作为其核心观点。按照这个原则，在科学研究中，能被经验证实的命题，就是有意义的、科学的；反之，不能被经验证实的命题，就是无意义的、非科学的。

实证主义哲学视角对科学研究中的一些具体方法的诞生起到了作用，使很多具体学科的研究从思辨方法转到实验方法，对现代科学方法论的形成和发展作出了重大贡献，极大地增强了研究人员的方法论意识。使用统计学和实验方法的定量研究方式被认为是实证主义经典的案例。在体育科学研究中，如何吸收实证主义哲学方法论的合理成分，在某种程度上对我国体育科学的发展起着重要的作用。张力为教授曾指出，体育科学存在“假说的贫乏与实证的软弱”[1]，并强调“我们只有让实证研究成为体育社会科学的基本范式和坚实传统，才能有不可或缺的发展基础。这个道理，我们从金字塔的建筑和世界冠军的训练中早已领悟，现在是必须实践的时候了”[2]。否则，体育科学很难迈向新的高度，我们应该是坚持科学标准，但不走实证主义的极端，注重实证研究，但不唯实证研究。

[1] 张力为. 假说的贫乏与实证的软弱 [J]. 中国体育科技，1999，(7)：1.

[2] 张力为. 研究方法在制约我们追求吗？ [J]. 体育科学，2005，(4)：74-80.

二、实用主义

实用主义（pragmatism）是19世纪末以来在美国流行的一个哲学流派，也是现代美国各派哲学中对美国社会生活和思想文化影响最大的哲学流派。最主要的代表人物是美国哲学家皮尔士（C.S.Peirce）、詹姆士（W.Jammes）和杜威（J.Dewey）。实用主义强调哲学要立足于现实生活，要把确定的信念作为出发点，把采取行动当作主要手段，把获得效果当作最高目标。

作为一种哲学方法论思想，实用主义认为，对于描述性知识来说，重要的是如何在解决眼前的问题中发挥作用，它认为获得知识的手段和产生知识的目的是相互依赖的。例如，对研究中的概念问题，实用主义者的兴趣在于应用概念来解决问题，而不是概念的本身。实用主义判断经验命题的一个主要标准就是实用性，即适合现实的问题。实用主义哲学方法论也有很多局限性，同实证主义一样，它把人的认识活动局限于经验范围，但它强调人的主体创造作用。

实用主义哲学方法论对很多学科的研究产生了影响，特别是对某一学科的专题研究和对策研究，但也有一些学科或研究领域里，就不大容忍实用主义，例如，在过去实用主义盛行的时期，许多数学家就讨厌实用主义。实际上在现在看来，实用主义在专业基础研究中是不可缺少的，因为在进行专业基础研究时常常伴随着对社会问题的某种看法。例如，数学这门学科是从数数、测量等人类生活的实际需要中发展起来的，在数学成为一门有组织的、独立的和理性的学科以后，曾一度脱离了实际的问题，但是，随着数学研究的深入，数学为人类提供的服务越来越多，数学理论所包含的巨大物质力量不断显示出来，而成为各门学科的基础，其价值和意义就更大了。

对各门学科研究而言，一直到现在，个人的哲学思想还是存在着差异，但在某种程度上融合各种哲学思想，对从事自己的研究仍然是有用的。回到现代体育科学研究中来，实用主义提供的哲学思路，对科学研究方法的有效性来说，无疑有可取之处，对在当前的体育科学研究中，如何去选择体育领域中急需解决的课题和对实际问题的研究，以及针对某一问题如何去选择有效的方法具有一定的指导意义。

三、证伪思想

从19世纪末到20世纪上半叶，通常被科学家认为是新科学思想丛生、创造发明迭出的时期。在这一时期，方法论也随着科学的发展获得了相当大的突破，具有代表性的思想是波普尔（K.R.Popper）的证伪思想。他认为，有些科学理论不能通过经验证实来判断其正确与否，据此提出了证伪原则，把可证伪性作为科学与非科学的分界标准。

根据波普尔的证伪理论，一个理论只有在逻辑上有可能被证伪才是科学的。一个好的理论，应当是可证伪度高的理论，也就是说，一个好的科学理论，都有一个禁令，即它禁止某些事件的发生，理论所禁止的事件愈多，这个理论就愈好。好的理论不是更多地预测什么会发生，而是更多的说明什么不会发生，即把发生的事件限制到一个较小的范围内。波普尔证伪理论的精髓就是他的假设检验法或称为**"试错法"**（trail-and-error method），这一方法是对逻辑实证主义与实用主义哲学思路的修正与发展。它的提出大大推动了现代科学方法论的发展，对自然科学和社会科学的研究逻辑都产生了深远影响。

假设检验法可用下述公式概括：

$P_1 \rightarrow TT \rightarrow EE \rightarrow P_2 \cdots$

式中的 P 为问题，TT 为试验性理论，EE 为排除错误。科学家遇到问题（P_1）后提出判断假说（TT），然后通过证伪检验来排除假说中的错误（EE），形成理论后又会出现新的问题（P_2）……科学理论的发展便照此公式循环往复地进行。

尽管证伪理论在后来的研究方法论中占有重要的地位，但它同样存在着局限性。其一，过分强调证实和证伪在逻辑上的不对称性，忽视了二者在实践检验中的对称性和复杂性；其二，正如有些科学理论不能通过经验证实来判定其正确与否一样，有些科学理论同样不能通过经验证伪来判断其正确与否；其三，按证伪的原则，只有被经验证伪的命题才成为科学的一部分，但如果经验已经对命题证伪，那就要抛弃这个命题，这样，在采用"可证伪性"来判断"可证伪"命题时，就会出现逻辑悖论；其四，可证伪性要求过低，使一些随便提出的假说因具有可证伪性而混入科学范围。

按照波普尔的哲学方法论，现代的学者们提出自己的理论不是期待它们被证实，而是期待被证伪，以便修正旧理论或提出新理论。但从辩证唯物主义认识论来看，证实与证伪都有片面性，即由于任何一种理论只要是科学的，就包含有真理，就可以被证实；而由于理论包含的真理是相对真理，就有一定的局限性，就可以被证伪。正因为如此，在现代体育科学研究中，证伪理论对研究的启迪是，不能因为研究过程中的证伪就轻易否定研究假设的正确性，而要针对具体问题和实际情况去分析，既要看到研究过程是一项证实假说的活动，又要正确看待研究过程中的证伪现象，尤其是在体育科学实验研究中。

四、“范式”理论

继波普尔证伪理论之后，研究方法论的进展当属“范式”理论，最重要的代表人物是著名哲学家库恩（T.Kuhn）[1]。**“范式”**（paradigm）是指置于科学技术发展历史背景中的某一时代科学理论及其体系，是科学家用于观察世界的理论框架，又是一种世界观和信仰。它描述了科学家解决问题的方法、准则，规定了解题的方向；同时，它又是科学家的“共同体”，使得从事研究的人们有共同的操作“范式”，进而有效地合作，发挥科学“共同体”的主观能动性。

在库恩之前，研究方法论都接受逻辑实证主义的假设，即不仅现实世界是统一的，而且科学研究方法与规则也是统一的。库恩在对波普尔的假设检验法考察时发现，在研究的最初阶段，不同的研究者可能会有不同的“想象”或“假设”，这是由于研究者的知识结构、社会背景和历史背景等都不相同，即在不同的历史时期，不同的科学家集团都有不同的研究“范式”，而这一“范式”由一整套概念和假设组成，表明了科学研究方法论规则并非统一和规范，而是因人而异、随历史的发展而发展变化。库恩用“范式”的概念分析了科学的历史发展过程，他发现各门学科的发展都要经历下列阶段：

前科学阶段→常规科学阶段→科学革命阶段→新的常规科学阶段……

（范式前）　（范式后）　（范式转换）　（新范式）

在前科学阶段存在着各种研究范式的相互竞争与相互批判，到了常规科学阶段，一门科学开始成熟了，其标志是各个科学家集团统一在一种研究范式中，他们有共同的概念体系、共同的假定和方法论原则。当这门学科遇到无法解答的新问题，原有的研究范式不适用时，就进入到科学革命阶段。这时，科学家又分为不同的集团，他们求助于哲学思想和理论创新，直到有重大的理论或方法的突破，才能使科学家们重新统一在新的范式中，进入新的常规科学阶段。

库恩的“范式”理论，对科学研究的启迪是，无论是多么伟大的科学家，其思维模式总有一定的局限性，他所发现的真理只能说是相对真理。科学的发现存在“阶段论”，一种“范式”只有当它有效地解决某一学科领域的所有问题时，才能为大多数科学家所共同接受。那么，从科学阶段论的观点来看，体育科学目前只能说尚处于前科学阶段或者另一阶段的科学革命阶段，即研究范式前或研究

[1] 库恩. 科学革命的结构［M］. 李宝恒，纪树立，译. 上海：上海科技出版社，1980.

范式转换的阶段。如前所述，体育科学的性质耐人寻味，母学科如此众多，似乎研究者之间很难形成一个持共同信仰、用共同方法、沿共同方向、谈共同话题的科学家共同体。张力为教授认为，“体育科学固然产生了一些重要理论，但是，至今，体育科学不但没有指引研究者的统一理论或统一方向，也鲜见提出这种设想的尝试，并认为体育科学还没有形成自己的科学范式和研究传统，建议在各分支学科上力求统一研究范式”[1]。这种思想对体育科学的发展是极为重要的。

五、问题模型理论

从研究方法论的进展来看，以往的实证主义、实用主义使研究方法论与科学史相脱离，而波普尔的证伪思想一味强调假说演绎、库恩开创的范式转换模式主张结合科学史实际来指导研究，这似乎已经成为不可逆转的潮流，但从研究方法论发展的最新动态来看，深化对科学合理性与进步性的研究，以及对科学推理与准逻辑方法的研究，已成为哲学方法论的最新特点。在这些新的哲学视角中具有代表性的是劳丹（L.Laudan）提出的“问题模型理论”。他认为，科学的目的是获得具有高度解决问题效力的科学理论。

1977 年劳丹发表了《进步及其问题》一书，他改造了库恩的“范式”转换模型，肯定了科学在不断前进，强调理论发展的连续性。“问题模型理论”的基本特征在于把“科学进步”与“问题”及“解决问题”联系起来，“问题”是劳丹科学方法论的核心。他把问题区分为“经验问题”和“概念问题”，认为科学理论始于新问题的提出，科学的进步应该用“解决问题的效率”来衡量。劳丹的“问题模型”方法论，对现代科学研究产生了一定的影响。例如，在现代科学研究中，各个国家、各门学科，都将科学系统中重大的科学问题和难题，作为判断科学发展的趋势和科学革命存在性的重要标志。例如，我国相继出版了《21 世纪 100 个科学难题》和《面向 21 世纪人文社会科学 100 个重大问题》；运动心理学研究者提出了《值得运动心理学家探索的 6 个问题》等。

当然，如果从辩证唯物主义来看，一个理论从“解决问题的能力”上，虽然可以作为衡量科学进步的标志，但不可作为决定性的标准。就现代体育科学研究而言，人们的多种需求和体育科学本身所面临的重大问题，肯定要转化为不同层

[1] 张力为. 研究方法在制约我们追求吗？［J］. 体育科学，2005,(4)：74–80.

次的更多的科学问题，而解决这些问题，是体育科学逻辑自主发展的内在动力和社会需求的外在动力的必然要求。

六、后现代主义

后现代主义（postmodernism）是一场发生于欧美20世纪60年代，并于70~80年代流行于西方的哲学思想。其要旨在于放弃现代性的基本前提及其规范内容。从科学技术的发展来看，新科学技术革命的兴起，促进了生产力的发展，强化了人对自然的控制，但同时也带来了环境污染、资源浪费、人口激增、生态平衡的破坏，以及人文精神失落等等一系列社会问题。人们越来越认识到飞速发展的科学技术像一把双刃剑，既为人类的幸福提供了前所未有的无限可能，也使人类掌握了足以毁灭地球上一切生命的能力。这些来自科学、科学哲学和社会发展领域的变革催生了后现代主义。

从认识论方面来看，后现代主义把人的认识观和科学观始终融于一定的文化圈内来考察，强调认识主体内在概念系统的先验作用。后现代主义的方法论意义在于倡导用多向度和多视角，以及辩证批判的研究方法，来研究社会现象，倡导方法论上的多元论和从关系角度思考研究方法。当然，这种方法论的多元论并不是“怎么都行”，而是使理论研究与经验研究彼此以最彻底的方式相互渗透。后现代主义在方法论上的立场，迫使研究者思考一系列问题，既避免陷入绝对实证主义的理论真空，又避免坠入唯理论主义话语的经验真空。

后现代主义对研究方法论的贡献是通过对实证主义的批判与反思来实现的。后现代主义的“多重视角看待世界”的特点，对打破体育科学研究中既定的思维桎梏，拓展研究者的思想疆界具有积极的意义。与此同时，其易于陷入绝对的怀疑和否定的趋向及肤浅的相对主义观点等。对于后现代精神的倡导，并非把它奉之为金科玉律，不可动摇，恰恰相反，提取后现代主义的合理内核，才是体育科学研究者应有的态度。

展望未来，科学研究方法论的发展，日益趋向与科学的实际发展相一致。科学研究中重大发现的方法论机制、科学总体范式的转变等新的内容，将成为现代科学研究方法论的重要研究内容。同时，人工智能以及认知科学的最新成果也表明，科学发现的逻辑不但存在，而且具有一定的模式，但它不等同于机械的、一成不变的算法。尽管在科学研究方法论的舞台上，不同的方法论观点的竞争和辩论还要继续下去，但以辩证唯物主义为最高层次的哲学思想，以逻辑与历史相结合、相统一的动态开放模型，将成为一种最有前途、最富有启发力、最富有解题效率的研究纲领。

第三节　研究方法的逻辑学基础

诺贝尔奖获得者、著名的数理逻辑学家罗素的科学观，对从事科学研究很有启示。他认为，一切确切的知识都属于科学。所谓确切的知识，就是合乎理性的知识，有事实根据并能由科学方法证明的知识，否则就不是科学，而是神学或哲学。美国著名的研究方法论学者唐·埃思里奇认为，确切的知识在可靠性方面有两个一般标准，一是知识可以被证据所支持；二是获得或产生证据的方法可以被证明或再造。这个证据可能是数量的，或可能有更为复杂的逻辑结构，这个结构包括在科学研究过程中所收集到的数据与事实，也包括对来自数据的关系分析、概括或归纳、演绎。在上述的第一个标准中，被认识的证据可能是可计量的，或至少能被研究人员描述与展现，故这种现象被看作是真实的信息或知识，但是，如何建立在研究过程中不能直接观察到的事物的可靠性呢？这就是本节所阐述的研究方法论中的推理与逻辑来回答的问题。

一、归纳逻辑

归纳逻辑（induction logic）是由特殊的事实或结果得出关于一般事实或结果的结论的推理。在科学研究过程中，它可以被描述为从观察客观实际所得到的已知数据和经验事实中得出结论。在体育科学研究过程中，最基本的而且适合解释的归纳逻辑是统计推论，例如，通过建立一个较多人口的随机体育锻炼群体，收集研究中所要的数据，运用已确立的标准和程序对数据进行分析，就可以从分析的样本中导出整个人口从事体育锻炼的特征和行为。因此，可以这样来说，归纳逻辑在科学研究过程中，主要是对推理进行一种定量的研究，通过相应的规则来提高推理的可靠性或确证度。近代自然科学研究进展的历史表明，归纳逻辑在科学发现这一层次上具有重要的意义。科学研究中归纳逻辑有以下几种主要形式：

（一）完全归纳推理

在科学推理中，完全归纳推理是指根据某类对象中的每一个都具有（或不具有）某属性，从而推出该类对象的全部都具有（或不具有）某属性的归纳推理。

它的主要特点是推理中的前提考察应周全，只要前提是真实的，推理的结论必然是真实的，而且所概括的范围没有超过前提所反映的范围，因此，现代逻辑认为它属于演绎推理，但由于它是从个别前提导出一般性结论，故仍将它纳入归纳逻辑推理体系。在科研实际应用中，完全归纳推理要看所考察对象的数量，以及每个前提的真实性，它的主要作用在于对科学研究对象的认识和论证，逻辑形式如下：

S_1是（或不是）P，

S_2是（或不是）P，

……

S_n是（或不是）P，

S_1、S_2……S_n是S类的全部对象，所以，所有的S都是（或不是）P。

（二）简单枚举归纳推理

简单枚举归纳推理是根据某类对象的部分具有（或不具有）某属性，且没有发现反例，从而推出该类对象的全部都具有（或不具有）某种属性的推理。它的主要特点是前提考察不周全，概括的根据是没有反例，因而，结论是或然的。在科研实际的应用中，它是不可缺少的，因为许多的科学发现都是在观察或实验的基础上，通过运用简单枚举法提出研究假设进而获得的。同时，在科研应用中要注意研究对象的代表性和数量，寻找与结论相矛盾的反面事例，其逻辑形式如下：

S_1是（或不是）P，

S_2是（或不是）P，

……

S_n是（或不是）P，

S_1、S_2……S_n是S类中的部分对象，且未发现反例，所以，所有的S都是（或不是）P。

（三）统计归纳推理

统计归纳推理是根据被考察的样本中百分之几对象具有（或不具有）某种属性，从而推出总体中百分之几的对象具有（或不具有）某种属性的推理。它是总体参数估计的逻辑基础，其结论也具有或然性，但是，它所概括的根据不像简单枚举归纳推理那样随意，而是要经过有规则的抽样及其统计学的检验，使得结论的可靠程度更大，并能用概率明确表示。统计归纳推理在科研中的实际运用及注意事项，见后面章节的有关统计设计与数据处理的内容。

（四）类比推理

类比推理是根据两个（或两类）对象某些属性的相同，以及其中某个（或某类）对象还具有（或不具有）其他属性，推出另一个（或另一类）对象也具有（或不具有）该属性。例如，罗马体育馆的设计师根据人的头盖骨的构造和性质，设计出了多块、薄片、体轻、组合成半球形的馆顶构件，取得了成功。这就是运用类比推理，先对头盖骨与房顶进行类比，再推出相应的结论。

类比推理的逻辑思路是从个别（或特殊）到个别（或特殊），因而，传统的逻辑学者认为类比推理既不同于演绎推理，又不同于归纳推理，而是一种独立的推理。类比推理是以事物的相似性（或相同性）为推理根据的，所以，其前提与结论的联系是或然性的。在科学研究中，类比推理是创造发明不可缺少的工具，科学上的许多重要理论和重大发现，都是运用类比推理取得的成果，在撰写科技成果报告与论文过程中，类比推理在说明和论证这两个环节上发挥了重要的作用。

类比推理以经验材料为基础，同经验的认识方法密切相连，因而，根据所依赖的收集材料方法的不同，类比推理可分为观察类比推理和实验类比推理两种。

1. 观察类比推理

观察类比推理是在事物或现象的自然状态下，对观察到的情况进行类比得出结论的推理。在应用中尽可能多地类比两个（或两类）对象之间的属性，它包括正类比推理、反类比推理、合类比推理三种情况。

（1）正类比推理：它是在观察的基础上，根据两个（或两类）事物具有若干相同或相似的属性，而其中一个（或一类）事物还具有另一属性，从而推出另一个（或一类）事物也具有相同或相似属性的推理。其逻辑形式为，对象 A 具有属性 a、b、c、d；对象 B 具有属性 a、b、c；所以，对象 B 也具有属性 d。

（2）反类比推理：它是从不具有若干属性进行类比，从而推出另一对象也不具有前一对象所没有的属性的推理。其逻辑形式为，对象 A 不具有属性 a、b、c、d；对象 B 不具有属性 a、b、c；所以，对象 B 也不具有属性 d。

（3）合类比推理：它是正类比推理和反类比推理的综合，即根据两事物都有某些属性以及都没有某些属性，推出两事物都有另外的某属性以及都没有另外的某属性。其逻辑形式为，对象 A 具有属性 a、b、c、d，无 e、f、g、h；对象 B 具有属性 a、b、c，无 e、f、g；所以，对象 B 也具有属性 d，无 h 属性。

2. 实验类比推理

实验类比推理是在实验室里参照自然现象或实际对象（即原型）设计出相应的模拟对象（即模型），然后根据两者在性质、关系、结构、功能等方面的共同特点进行类比，从而推出结论。它在科学研究发明这一层次上具有重要的意义。与观察类比推理比较，它是全方位的推理，体现在类推的对象、范围、精确度、可靠性程度等方面。包括原型类比推理和模型类比推理。

（1）原型类比推理：它是从模型来类推原型的推理。其逻辑形式为，试验模型具有属性 a、b、c、d；研制原型具有属性 a、b、c；所以，研制原型也具有属性 d。

（2）模型类比推理：它是从原形来类推模型的推理。其逻辑形式为，自然原型具有属性 a、b、c、d；技术模型具有属性 a、b、c；所以，技术模型也具有属性 d。

二、演绎逻辑

演绎逻辑（deduction logic）是从一般前提到特定结果或结论的推理过程。它是按照一定的逻辑规则从若干命题（前提）直接引出一个命题（结论）的推理。其特点是前提与结论之间有蕴涵关系（即必然关系），就是说，前提正确，若采用正确推理形式，则导出的结论一定正确。在某一学科的研究过程中，尤其是该学科的基本理论的形成过程中，都极大地依赖于演绎逻辑。由于它是通过推理规则来区分判别推理的有效性，所以，能指导研究人员运用有效的推理形式从真前提得出真结论。但是，推出的结论是否正确，主要取决于推理的前提是否正确，以及推理的形式是否合乎逻辑规则。恩格斯说："如果我们有正确的前提，并且把思维规律正确地运用于这些前提，那么结果必定与现实相符。"[1] 因而，演绎逻辑的一个主要特征，就在于其结论具有必然性，体育科学研究领域中的高原训练理论的建立和发展，就是最鲜明的例

[1] 马克思，恩格斯．马克思恩格斯全集［M］．第 20 卷．北京：人民出版社，1956：661.

证。近代自然科学研究的进展表明，演绎推理是进行逻辑证明的有效工具，是发展科学假说和科学理论的一个必要环节，更是作出科学预见的重要手段。

科学研究中演绎逻辑的思路与形式：

科学研究中演绎逻辑的思路是，首先建立一组或一系列关于条件、因素以及行为和动机的假设，然后依据研究人员要解释或预测的许多变量或参数来进行演绎逻辑推理，直至产生期望的研究结果。演绎逻辑推理的形式主要有**三段论法**（syllogism）、选言推理法、假言推理法等，在科学研究运用最多的是三段论法，它由大前提、小前提和结论三部分组成。

科学研究中演绎逻辑形式可表示为大前提：所有的 M 都是 P；小前提：所有的 S 都是 M；结论：所以，所有的 S 都是 P。

例如，“高原训练能提高耐力和速度耐力项目的运动成绩”这一结论的演绎推理是这样进行的，即大前提：有氧代谢能力的提高能提高耐力和速度耐力项目的运动成绩；小前提：高原训练能提高有氧代谢能力；结论：高原训练能提高耐力和速度耐力项目的运动成绩。

三段论法推理有严格的规则与要求，在科学研究中必须遵守，否则会导致逻辑谬论，形成错误的理论。

三、科学研究中归纳与演绎的关系

归纳与演绎在科学研究中不仅仅是逻辑推理，而且是两种重要的研究方法。如何认识归纳与演绎的关系及其在科学中的作用，历史上曾产生过两个对立的派别。演绎派片面夸大演绎的作用，把演绎推理当作唯一的科学方法，归纳派则相反，它完全否定演绎的作用，认为归纳推理是唯一科学的方法，而没有看到两者的相互依存和统一，直到自然科学研究进展到需要系统地说明自然界的形成和发展过程的时候，人们才认识到归纳与演绎的关系是对立统一的辩证关系。正如恩格斯所言：“归纳和演绎正如分析和综合一样，是必然相互联系着的。不应当牺牲一个而把另一个捧到天上去，应当把每一个都用到该用的地方，而要做到这一点，就只有注意它们的相互联系、它们的相互补充。”[1] 也就是说，它们在科学研究中的地位是可以相互转化的。两者的相互关系体现在以下几个方面：

[1] 恩格斯. 自然辩证法[M]. 北京：人民出版社，1971：206.

（一）归纳是演绎的基础

演绎的基本职能在于使思维从一般的原理过渡到个别或特殊的知识。它推理的大前提，是必须先有一般的原理作为出发点，而作为出发点的这个一般性原理，反映了许多个别事物的共同属性或本质特征，它是通过归纳从经验中概括出来的，如果没有归纳，就不可能得出这个一般性原理，演绎也就失去了基础。所以，演绎必须以归纳为前提。

（二）演绎为归纳的指导

尽管归纳是演绎的基础，但是，在归纳过程中又必须依赖于演绎，以确定其研究的目的和方向。因为，运用归纳推理一般的原理时，必须通过观察、实验、调查等方式收集经验材料，这些材料的收集必须以一定的理论作指导，才能按照归纨的原则进行，同时，归纳的不足需要用演绎来补充，其结论的可靠性程度也有赖于运用演绎来检验。

（三）归纳与演绎的相互渗透

在科学研究的实际过程中，归纳和演绎是相互渗透的，首先是通过个别现象认识了许多不同事物的本质，然后才有可能进一步进行概括，以认识共同的本质，在这种共同本质的指导下，继续对尚未深入研究的各种具体事物进行研究。这种从个别到一般又从一般到个别的认识过程，体现了归纳和演绎的相互渗透，即归纳中包含着演绎的成分，演绎中包含着归纳成分，而且两者在一定的条件下可以相互转化。

（四）归纳与演绎的区别

两者的区别主要体现在三个方面，第一，推理的方向不同。归纳逻辑推理的方向有两类，归纳推理的方向都是从具体性前提到普遍性结论；类比推理的方向都是从具体性前提到具体性结论；而演绎逻辑推理的方向主要是从普遍性前提到具体性结论。第二，结论所覆盖的范围不同。归纳逻辑推理的结论所反映对象的范围超出了其前提所反映的范围（完全归纳推理除外）；而演绎逻辑推理的结论所反映对象的范围比其前提所反映的范围小或相等。第三，推理结论的性质不同。归纳逻辑推理的前提和结论之间只有或然联系（完全归纳推理除外），即使前提内容真实，推理形式正确，结论也不一定真实；而演绎逻辑推理的前提与结论之间有必然的联系，只要前提内容真实，推理形式正确，则结论一定是真实的。

（五）归纳与演绎的局限性

归纳逻辑的局限性在于概括出的一般性结论并非可靠，可能被未观察到的事例所推翻；另外一点是归纳逻辑得出的一般原理只适合于一定的时间、地点、场合、范围，它仍停留在经验层次上。从辩证的认识论来看，由感性上升到理性，即由观察结论上升到理论命题，实际上是经历了认识上的一个“飞跃”，这一过程要依靠猜想、想象、洞察或思辨，而并非是靠归纳完成的。可以这样说，归纳逻辑的主要作用是发现经验事实之间的联系，而不是发现一般原理。演绎逻辑的局限是，由于演绎逻辑的大前提，即一般原理或公理有可能是错的，所以，由它推演出的命题也可能是错的，这样的命题不可能有效地解释具体现象。

四、研究过程中的逻辑方法

科学研究中的逻辑方法是指认识客观现实，处理思维材料的一些特定的门路、程序和规则，包括科学解释、科学预测、探求因果联系，以及建立科学假设的方法等。在此阐述与研究工作密切联系的一些内容。

（一）研究中明确概念的逻辑方法

1. 定　义

定义（definitions）是通过一个概念明确另一个概念内涵的逻辑方法。逻辑学认为，定义具有一定的结构，是由被定义项、定义项和定义联项组成的。被定义项是其内涵被明确的概念；定义项是用来明确被定义项的概念，即属概念；定义联项是揭示定义项和被定义项之间逻辑联系的概念，通常为“是”“就是”“是指”等等。下定义的方法很多，但常用的是“属加种差”的方法：种概念=

种差+属概念。种差是区别同属而不同种事物的规定性，属概念的外延大于种概念，其内涵又少于种概念内涵。在课题研究中，给一个种概念下定义，首先要找到种概念的属概念，然后要找到种概念所反映的事物与同属其他种概念所反映的事物相区别的规定性，形成种差，以揭示种概念的内涵。

在对某一个课题研究过程中，总要涉及很多的概念，给某一概念下定义必须遵循一定的逻辑规则，才能使定义明了准确，否则，就会犯逻辑错误。这些规则是：（1）下定义必须用明确的概念。这条规则的具体要求，一是下定义必须用概念，二是下定义的概念的内涵和外延必须明确。（2）下定义必须用全同概念。具体要求是，定义项必须与被定义项是全同概念，否则在逻辑上会产生“定义过宽”和“定义过窄”的错误。（3）定义不得用被定义的概念。定义的目的是通过定义概念去明确被定义概念。在定义中，被定义的概念是需要被明确的概念，如果在定义概念中用到被定义概念，那么定义概念就成为不明确的概念，即成了“循环定义”。（4）定义必须采用肯定形式，否则会犯“定义否定”的错误。

2. 分　类

分类（classify）是根据事物的共同点和差异点，将事物划分为不同种类的逻辑方法。它属于逻辑方法中划分的一种特殊形式，在科学研究中发挥着重要作用。第一，分类方法能帮助研究人员加工、整理资料与事实，并把它们条理化和系统化，为科学研究工作打下基础；第二，分类是科学发展的必要步骤，每一门学科的发展都涉及很多方面，科研任务就揭示这些方面的内在本质和规律，分类是进行此项工作的基础；第三，分类具有科学的预见性，能为研究人员的新发现提供指导。分类对体育科学的研究有着十分重要的意义，例如，关于运动项目的分类，我国学者田麦久教授依据运动项目的本质特征，提出了“项群理论”，通过近十年的研究，形成了《项群训练理论》，为运动训练科学化提供了重要的理论依据。

分类又有本质分类和现象分类之分。本质分类是根据事物本质特征或内部联系进行的分类，例如，运动技术分类中的开放性和闭锁性技术。现象分类是根据事物外部形态或外部联系进行的分类，例如，运动技术中的单一和复合技术。任何分类都必须遵循下列分类规则：

（1）每一种分类必须根据同一标准进行，也就是根据对象本身的某种属性或关系进行，否则，会犯重叠或分类过宽的错误。

（2）分类必须相应、相称，即划分所得各子项之和必须与被划分的母项正好相等，否则，会出现过窄或过宽的错误。

(3) 分类必须按照一定的层次逐级进行，否则，会犯越级划分的逻辑错误。

（二）科学解释的逻辑方法

科学解释（science explanation）又称科学说明，它是运用科学理论说明某一事件或现象何以产生或存在的机理。通常情况下，它是依据作为背景知识的科学理论，结合特定的具体条件，进行逻辑推导的过程。在科学研究中具体有演绎——律则模式（D–N 模式）、归纳——统计模式（I–S 模式）、多元性科学解释模式等。

1. 演绎——律则模式

简单的逻辑结构为：

L：理论原理；
C：相关条件陈述；　　} 解释项

所以，E：事实陈述。　　被解释项

2. 归纳——统计模式

简单的逻辑结构为：

百分之几的 F 是 G；

a 是 F；

所以，a 是 G（这里 F、G 均表示类，a 是个体）。

3. 多元性科学解释模式

在体育科学研究中，对于有些现象可能从不同角度运用不同理论予以解释说明，这就需要多元性科学解释模式。在研究过程中，多元解释并非具有相同的解释力，对同一现象的多元解释也不一定都是正确的。

简单的逻辑结构为：

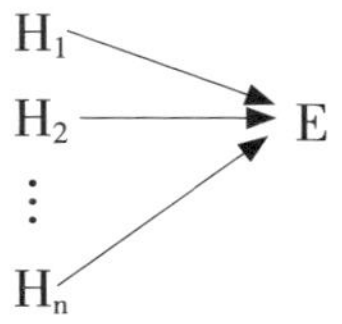

（三）科学预测的逻辑方法

科学预测（science prediction）就是根据已知的科学理论与相关条件陈述，对未知事件所作的推测。科学预测模式与科学解释模式具有逻辑同构性，因而，科学预测模式可兼有科学解释模式的功能。

简单的逻辑结构为：

L_1、$L_2\cdots L_n$ ｝预测根据（L 为定律定理，
C_1、$C_2\cdots C_n$ 　C 为相关条件陈述）

所以，预测有 E。　被预测项

（四）探求因果联系的逻辑方法

因果联系是科学研究中对事件、现象、关系和原因探究分析，它具有以下特点：一是因果联系是确定的，一定质的原因必然产生一定质的结果，而原因的量的变化也必然引起结果的量的增减；二是因果联系在时间上具有先后相继性，即因总在先，果总在后；三是因果联系是复杂的，不仅有一因一果，而且还有一因多果、多因一果、多因多果。这些特点是探求因果联系的客观根据，尤其是在体育科学实验研究中。

英国哲学家穆勒（1806~1873）系统总结出了探求因果联系的五种最基本的逻辑方法：

1. 求同法

它是指被研究的现象发生在两个以上不同场合中，而各个不同场合只有一种先行情况是共同的，那么就可以确定该共同情况是被研究现象的原因。这种方法的特点是“异中求同”，即通过排除各场合中不同先行情况，找出这些不同场合中唯一共同情况，来确定因果联系。其逻辑推理形式为：

场合	先行情况	被研究现象
①	A、B、C	a
②	A、D、E	a
③	A、F、G	a
……	……	……

所以，A 是 a 的原因。

2. 差异法

它是指被研究现象出现的场合与被研究现象不出现的场合，除一种先行情况不同外，其余情况相同，而且这唯一情况的不同表现为与被研究现象同有或同无，那么确定这个唯一不同的情况是被研究现象的原因。这种方法的特点是“同中求异”，即通过排除两个场合中的相同情况，找出相异之处，来确定被研究现象的原因。由于这种方法可在人工控制条件下控制被研究对象的出现和不出现，因而在实验研究中得到了广泛的应用。

其逻辑推理形式为：

场合	先行情况	被研究对象
①	A、B、C	a
②	—、B、C	—

所以，A是a的原因。

3. 求同求异并用法

它是指当被研究现象发生的若干场合（正事例组）只有一种共同情况，而被研究现象不发生的若干场合（负事例组）却都没有这种情况时，则推断这个共同的情况是被研究现象的原因。这种方法的特点是既正面又反面求同，再比较正反得出的结论。

其逻辑推理的形式为

场合	先行情况	被研究现象	
①	A、B、C	a	正面场合
②	A、C、E	a	正面场合
③	A、F、G	a	正面场合
……	……	……	
①’	B、M、N	—	负面场合
②’	K、H、O	—	负面场合
③’	F、P、R	—	负面场合
……	……	……	

所以，A是a的原因。

4. 共变法

它是指在被研究现象发生变化的各个场合中，如果只有一种情况是相应变化的，而其他情况均保持不变，那么就可推断这个唯一变化着的情况就是被研究现象的原因。这种方法的特点是同中求变，具有定量分析的特点。

其逻辑推理形式为：

场合	先行情况	被研究现象
①	A_1、B、C	a_1
②	A_2、B、C	a_2
③	A_3、B、C	a_3
……	……	……

所以，A 是 a 的原因。

5. 剩余法

剩余法是探求复合现象之间因果联系的一种方法。它是指已知某一复合现象是另一复合现象的原因，如果将两者间确认有因果联系的部分排除，则推知剩余部分也有因果联系。这种方法的特点是根据余果找余因。

其逻辑推理形式为：

符合现象 A、B、C、D 是符合现象 a、b、c、d 的原因，

B 是 b 原因；

C 是 c 原因；

D 是 d 原因；

所以，A 是 a 的原因。

（五）论证的逻辑方法

科学研究中的论证是用已知的具体事实和各门科学中的基本原理、定义和公理等，通过逻辑推理对论题的判断过程，其方式主要包括证明和反驳。**证明**（prove）是通过演绎、归纳和类比确定某论题为真的论证，主旨在“立”；**反驳**（refute）是通过演绎、归纳和类比确定某论题为假的论证，主旨在“破”。论证包括内容与形式两方面，在研究中对同一论题可以用不同的方式来论证，论证的主要逻辑规则是论题要明确，论据要真实可靠。

科学研究过程中，论题是论证的中心和核心，而论题的确定往往又取决于论域的选择。对一个研究方向来说，论域的范围可以气势磅礴，但对一个具体研究来说，论域则应节制并须有明确的边界。在论证过程中，作为具体事实和基本原理、定义、公理等内容的论据，必须保证其客观性与准确性，做到这一点，在研

究中选择和确定收集资料的指标就显得非常重要，具体方法和程序见第四章的有关内容。

在论证过程中应保证逻辑的一致性与严密性，同样的材料和数据，具有不同思辨能力、不同逻辑思维特点的研究者常常会得出差别极大的研究结论。另外，在论证过程中，还要注意不同学科的特点，如体育自然科学类研究者长于归纳而疏于演绎、长于定量论证而疏于定性思维；体育人文社会科学研究者则较长于演绎，思维活跃，但却常常不重视定量的论证。因此，在研究过程中，论证必须以研究结果为根据，应善于对表面结果进行深层次和全方位的探索，提高论证的可信度。

第四节　体育科学研究的一般过程

从体育科学体系来看，其研究领域涉及体育生物科学、体育人文社会科学和体育技术科学。这三个领域研究工作的一般过程和研究程序既有相似之处，又有所区别。如前所述，体育科学研究主要涉及“发现”和“证实”这两个基本问题，它们之间具有本质的区别，但又相互之间缠绕在一起。科学发现的一般程序主要包括科学问题的发现和确定、科学的观察与实验的设计和进行、经验事实的获取和积累、理论思维方法对经验事实的整理和加工、科学假说的提出和建立及其检验和证明、科学理论的创立和继续发展等；而技术发明的主要程序包括社会的技术需求、技术发展预测、技术项目的选择和确定、技术目标的确立与评价、技术方案的构思与抉择、技术模型的设计、技术实验的进行及产品的鉴定与推广等。

综上所述，在研究方法论体系中，无论是发现还是证实，无论是技术创造还是发明，都包括一个过程，或由一个过程组成，即在一个大的框架中遵循着科学的方法步骤，但是，不同的研究问题在如何完成这些步骤上存在较大的弹性，下图就是对该过程的简单化描述（图 2-1）[1]。

第一，研究过程始于科学问题，问题是科学研究的起点，发现和提出有意义的科学问题，需要科学研究人员具备很高的素质。某一门学科，在一定的时期内，人们面对的科学问题是多种多样的，科学研究到底要解决哪些问题，需要严

[1] 郑旗，李吉慧. 现代体育科学研究的理论与方法 [M]. 北京：人民体育出版社，2001:56.

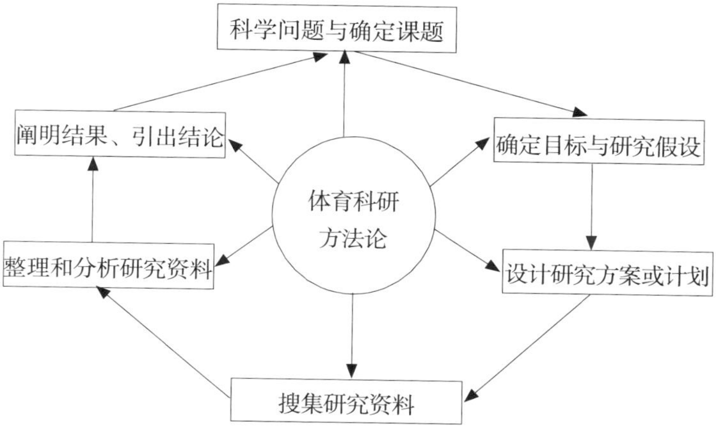

图 2-1　研究过程简明图式

格的选择和确定。对于刚刚涉足科学研究的在校大学生，撰写毕业论文与研究设计有具体的要求和规定，在对科学问题的认识上，要在指导教师的参与下，确定具体的课题和正确表述题目，详细参阅后面的有关章节。

第二，在课题确定之后，便是形成处理问题的目标或建立研究假设。研究目标一般是指获得关于问题的知识、信息或提出的对策和建议。有时一个具体的问题涉及的目标范畴较大，但在研究论文中应该是一组具体的目标，且这一组具体的研究目标是围绕着课题的研究目的的。在论文或科技成果报告中，研究目标要用逻辑清晰的书面形式陈述出来。在这一过程中，一个更重要的研究步骤就是建立科学的研究假设。研究假设是人们对客观事物变化的原因及其运动规律所作的假定性说明，是发展科学理论的必经之路。研究假说的质量是衡量一项研究科学性的重要依据之一。研究假设的提出和形成见第四章有关部分。

第三，研究设计。系统地提出研究设计是为了达到研究目的、实现研究目标，检验研究假设。研究设计包含许多因素，它是使研究结果得到承认的基础，一个研究问题结果的可靠性，完全依赖于研究设计的有效性，而不是研究结果的本身。在体育科学研究中，要注重研究方式与逻辑、研究目的与目标、研究样本与指标、研究假设、统计分析的综合考虑和设计。

第四，研究资料的收集和经验事实的获取与积累。在这一阶段主要使用具体研究方法（例如，文献资料法、调查法、观察法、实验法等）来获取研究中的资料。获取资料的方法取决于研究课题的性质和研究方式的选择，它常常是一个比其之前的步骤更为“机械”的步骤，但并不等于单纯的操作性活动，而是在科学思维支配下进行的一种创造性的实践活动。从科学认识领域来看，研究资料仅仅是科学活动中经验事实的一部分，而经验事实的获取与积累又主要依赖于科学的观察和实验。经验事实不仅概括了研究人员对研究对象的属性、特征和关系，以及运动、变化和发展过程的描述、记录和反映，而且是科学认识的初成果，更是科学认识继续深化和发展并产生飞跃的基础。

第五，对经验事实的整理与加工。达尔文曾说："科学就是整理事实，以便从中得出普遍的规律和结论。"[1] 整理和分析研究资料是达到科学理论的必经环节和过渡桥梁，研究活动不能停留在经验事实的获取与积累阶段，而必须运用各种理论思维的方法，对已经获取和积累起来的经验事实进行整理与加工，使科学认识活动从感性认识上升到理性认识，而且对于经验事实的整理与加工必须富有创造性。这一步在研究过程中可能会涉及很多工具和方法，但概括起来主要有理论工具，即运用现有的科学理论去说明和解释经验事实；思维工具，即运用各种逻辑思维、形象思维和直觉思维去对经验事实进行分析、比较、分类和归纳，最后抽象出经验事实的本质和规律；数学工具，即运用数学的理论和方法定量分析和处理经验事实，以揭示其本质属性、特征和关系；物质技术手段，特别是运用计算机分析和处理大量的复杂的研究资料。

第六，阐明结果与引出结论，撰写研究报告和论文。在科学研究活动过程中，一旦得出研究结果，必须得到解释和分析。在这一环节中，对结果的解释比获得经验事实的过程更为重要，更能引起学术上的争论。同时，还必须清楚，研究结果与研究结论具有实质性的区别，这一点在论文撰写的章节中有详细阐述。

科学研究是一个创新的过程，由科学问题上升到科学理论，在社会实践中发现新的问题，通过科学研究活动，再创造新的科学理论，是一个往复循环的过程。在这一过程中，从某些问题中得出的答案，常常引起其他问题，对一个既定现象了解得越多，就会对尚未了解的这种现象的特殊方面看得越清楚，就越有助于科学理论的深化和形成。

基本术语

方法、方法论、体育科学研究方法论、哲学方法、一般科学方法、具体研究

[1] 贝弗里奇. 科学研究的艺术［M］. 陈捷，译. 北京：科学出版社，1979：96.

方法、实证主义、实用主义、试错法、范式、后现代主义、归纳逻辑、演绎逻辑、定义、分类、科学解释、科学预测、三段论法、证明、反驳。

思考题

1. 方法与方法论的区别是什么?
2. 体育科学研究中选用方法的原则是什么?
3. 简述体育科学研究的方法体系。
4. 根据不同的研究设计，体育科学研究中常见的方法学问题有哪些?
5. 根据“定义”的逻辑学法则，对“体育人口”“社会体育”“休闲体育”等概念下定义。
6. 试述体育科学研究的一般过程。

推荐阅读书目

[1] 刘建能. 科学方法论新探［M］. 北京：中共中央党校出版社，1995.

[2] 何向东. 逻辑学教程［M］. 北京：高等教育出版社，1999.

[3] 张力为. 体育科学研究方法［M］. 北京：高等教育出版社，2002.

[4] 叶澜. 教育研究方法论初探［M］. 上海：上海教育出版社，1999.

[5] 林定夷. 科学研究方法概论［M］. 杭州：浙江人民出版社，1986.

[6] 陈其荣，曹志平. 科学基础方法论［M］. 上海：复旦大学出版社，2004.

第三章

体育科学研究选题

确立研究课题是包括体育科学研究在内的一切科学研究的开始。唯有确立恰当的课题，整个研究工作才可能顺利进行。选题不仅决定了研究的具体方向，为研究计划的制定奠定基础，更重要的是，它体现了科学自主发展的内在动力，体现了一项科学研究的水平、价值与研究者的自主创新能力。一个好的课题能够超越现有的资料，往往可以极大地促进理论的发展与实践应用的进步。这一点对于在理论与应用水平都亟待提高的体育科学研究来说，尤其显得重要。确立研究课题包括发现问题、确定课题、对课题进行论证与评价等多项内容，本章将主要讨论这些问题。

第一节　科学问题概述

一、科学问题的含义

问题（problem）既是一个古老的概念，也是现代认识论和科学哲学中的一个基本概念，同时还是与人类活动和需要相联系的一个概念。从传统意义上来讲，问题就是一种矛盾，是在一定的实践或认识活动中出现的矛盾。从现代意义上来看，问题是客观事物的现时状态与期望状态之间的差距，即已有的理解或认识与需要或希望得到的理解或认识之间的不一致。但是，并非每个问题都可以成为科学问题。**科学问题**（scientific problem）是指一定的科学认识主体在当时的知识背景下，提出的关于科学认识和科学实践中需要解决而又未解决的矛盾，它包含一定的求解目标和应答域，但尚无确定的答案。

科学活动是探索未知世界的过程，而科学问题则是科学探索的焦点。许多科学哲学家都认为，科学问题是科学发现的逻辑起点，一切科学研究、科学知识的增长都是始于问题和终于问题的过程，旧的问题不断澄清解决，新的问题不断涌现，如此周而复始。因此，善于和勇于提出科学问题，用科学批判和理性质疑的科学精神去审视旧的科学问题，充分发挥创新性的想象力去提出新的科学问题，对于一个学科或研究领域来说意义非常重大。

由于科学问题是通过对科学背景知识的深刻分析而得出的问题，时代所提供的知识背景决定着科学的内涵深度和解答途径，因此，科学问题总是一定历史时代的产物。同一问题，在不同知识背景下，其内涵深度是不同的。例如，国民体质研究中涉及人的体质遗传奥妙的问题，而这是一个古老的问题。在19世纪的知识背景下人们提出的是“体质”和“种质”的问题；20世纪初人们提出的则是“基因”的问题，而到了20世纪50年代，人们提出的则是生物大分子DNA的结构问题；显然，问题的内涵因知识背景的不同而有所变化。另外，背景知识还制约着问题解决的途径。有些问题受目前认识和实践水平的限制，一时尚无法进行研究，这些问题还不能称为科学问题，只有在一定条件下，它才能转化为科学问题。

在科学问题中蕴涵着问题的指向、研究的目的和求解的应答域。**应答域**

(the domain of answer) 是指在问题的论述中所确定的域限，并假定所提出问题的解必定在这个域之中。这意味着，在科学问题的结构中已经包含了问题求解的目标和预设的求解范围及方法。尽管这种预设仍是一种猜测，但在科学探索过程中却能起定向和指导作用。其原因在于，这种包含应答域的科学问题，排除了许多因素，能对解决问题提供明确的指向，有利于科学探索。若问题只有求解目标而没有一定的应答域，则只是一般的疑问，求解范围是一个无所限定的全域。这样的问题很难成为科学问题。若一个科学问题预设的应答域是错误的，即问题的解不在所设的应答域之内，它将会使人劳而无获。只有改变应答域，才可能获得成功。

判定一个问题是否属于科学问题的标准是复杂的，波普尔用证伪思想或经验证伪原则作为划分标准。他说："一个问题只要它是可检验的，或可证伪的，就是科学的；反之，不可检验、不能被证伪的，就属于非科学的、形而上学的。"[1] 但应看到，科学总是发展的，因此科学和伪科学问题的区分往往是历史的、可变的，有的问题在过去科学背景下是伪科学，而到了今天却又成为真实的科学问题。例如，气功研究中的人体特异功能，有人认为是虚假问题，有人认为是有重大意义的科学问题。但无论问题多么复杂，应该肯定，在确定的条件下，科学问题与伪科学问题的区别，是客观存在的，并且是确定的。科学研究的应该是真实的科学问题，而决不应陷入虚假的伪科学问题而虚耗时间。

二、科学问题的分类

（一）根据科学问题的性质划分

科学哲学家劳丹根据科学问题的性质将其分为经验问题和概念问题。人们对所考察的事物或现象感到新奇，或企图进行解释就构成了经验问题。例如，体育隐蔽课程对学生体育兴趣影响的问题。概念问题又可分为内部概念和外部概念问题两种。前者是由理论内部的逻辑矛盾产生的，例如，关于唤醒、焦虑与运动成绩的关系问题；而后者是指同一领域不同理论的矛盾，或理论与外部

[1] 刘大椿. 科学哲学通论 [M] .北京：中国人民大学出版社，1998:264.

的哲学思想、文化传统等不一致产生的问题，例如，对我国体育教学目的论的争论问题。

（二）根据科学问题求解的类型划分

这种划分主要有三类，一是关于研究对象的识别与评定的问题，例如，在我国体育人口中，各类职业所占比例是多少。这类问题主要回答“是什么”的问题。二是关于事物内在机制和规律性的研究，例如，短跑途中跑支撑摆动技术生物力学机制的研究。这类问题主要回答“为什么”的问题。三是关于研究对象的状态及运动转化过程的问题，例如，我国国民体质变化趋势的研究。这类问题主要回答“怎么样”的问题。

（三）根据科学问题的层次结构划分

这种划分主要有两类，一是元问题，是指所要研究的基本问题，例如，对体育概念问题的讨论。二是子问题，是从基本问题中分解、派生出来的问题，例如，对社会体育概念的讨论。

三、科学问题的来源

科学问题的来源可概括为理论与实践两个方面，但这两个方面的着眼点不同。下面就体育科学问题的主要来源进行讨论。

（一）来自研究者的个人兴趣

兴趣是最好的教师。研究者感兴趣的多是自己专业范围或研究方向的问题，不是业余爱好。刚刚涉足体育科学研究的大学生，研究自己喜欢的课题，反映了兴趣在一个人研究中的内在动力。从个人兴趣来看，有的人喜欢做实证研究，有的人则擅长于思辨研究，有的人则喜欢动手发明。例如，某体育教师在工作中发现缺少教学器材，在兴趣的驱使下，潜心研究出用于学习和锻炼的体操组合垫，并申请专利，继而发明了系列体育健身器材。感兴趣的问题既可以是理论问题，也可以是实践中的问题。

（二）来自体育实践的发展需要

科学问题的发现，应该是确定认识对象的社会活动。体育科学研究的生命线就是大量的体育实践，包括体育教育、大众健身、竞技运动、体育管理、体育产业与经营等等。可以说，体育实践中面临着这样或那样的问题，有些问题是别人已经研究过的，但是未完全解决，需要继续研究才能加以解决，或者在新的情况下需要新的解决思路；有些是新发现的问题，没有人研究过，因而需要加以研究。体育运动实践中迫切需要解决的问题可直接转化为研究课题。在体育运动实践范畴内，除那些与自己学习、工作相关的问题以外，注意关注近期的重大国际、国内体育事件，如奥运会、全运会、全民健身计划乃至体育博览会等。

（三）来自研究者的学习、工作经验

大多数研究论题往往来自研究者的学习或工作经验。通过体育专业的学习，系统地掌握了专业知识和理论，但有时发现某些新的事实和现象不能由已有理论解释，或者已有理论的预测不符合自己的工作经验，便可从中提出需要研究的问题。例如，在训练岗位工作的教练员，对于运动训练计划和训练负荷的安排方面比较熟悉，可能工作经验与书本的介绍存在差异，这就要提出问题。在发现问题过程中，要善于寻求经验事实之间的联系，并关注相关问题的信息动态，通过这些途径，研究者能够较快地理清头脑中急需关注的问题，而有的问题可能需要经过个人长期的思考，在时机成熟时才能确立为研究的论题。

（四）来自学科发展的前沿

学科是科学研究赖以支撑的知识体系。科学研究的理论水平主要体现在学科的建设和发展上。作为科学问题来源的重要途径之一，在研究的前沿寻找问题。前沿问题可能是已有研究的忽略或未涉及的领域，这就要求研究者在回顾已有研究的基础上，发现具有研究价值的空白点。前沿问题也可能是已有研究方法学上的不足，这就需要研究者以批判性态度辨析已有的研究是否存在方法学上的不足，并在弥补、修正方法缺陷的基础上对问题进行新的探讨。从学科前沿中发现问题，往往具有超前性、领先性、创新性等特征，但也既需要占有某学科的

前沿知识，又需要研究者具有敏锐的观察力和深刻的思考力，具备较高的理论水平。田麦久教授《项群训练理论》的提出与发展即是最好的例证。

第二节　科学研究选题的准则

从整个研究过程来看，发现问题是体育科学研究的开端。发现问题旨在识别未知领域，而确立课题是从未知领域中选择并确定某个特定的问题空间与方向。对于一位研究者来讲，并不是所有科学问题都可以作为其研究课题。课题的选择必须遵循下述准则。

一、价值性准则

体育科学研究课题确定的第一条准则是研究课题要有价值，这包括三个方面。一是具有理论价值，这是指所确定的课题应符合体育科学本身发展的需要，有利于检验、修正和发展体育科学理论，有利于建立科学的体育理论体系。这类课题要求在体育理论上有所突破或者有重要的补充和完善。二是应用价值，这是指所确定的研究课题应符合社会和体育事业发展的需要，有利于提高竞技体育水平和全民健身运动的发展；有助于解决体育发展过程中出现的各种问题，研究成果对体育改革与发展有直接的指导意义。三是综合价值，即兼具有应用价值和理论价值，当然，可以侧重于理论价值，也可以侧重于应用价值。

二、科学性准则

研究问题要有科学性，指所确定的研究问题应该具有明确的指导思想和研究目的，选题的根据要充分、合理，有科学上的现实性。这个准则最重要的是必须有一定的事实根据和科学根据，以保证研究工作最大可能地取得成功。如果选择的课题直接违背被实践反复证明的有关科学理论，毫无事实和科学依据，那么它就难以达到预期效果，不可能得出正确的结论。但是，选题毕竟是科学研究的开端，研究者在提出和确定问题时，所依据的事实是不完全的，也可能存在错误，其理论也会受到一定条件的限制，因此，贯彻该准则既要尊重所依据的科学理论和科学事实，同时还要随着基本事实和背景理论的改变而对选择的课题进行调整，这正是坚持科学性准则所必需的。

三、创新性准则

创新性准则是指所选择的课题在借鉴前人成果的基础上，对所研究的问题能提出新的见解，导出新的结论。创新性主要表现在三个方面，一是课题所涉及的问题在内容上前人未触及或探讨不深的；二是课题中不同问题研究的角度不同于前人；三是课题在解决问题的方法上有所革新。贯彻创新性准则，对于理论性的研究课题来讲，要求有新发现、新观点、新见解；对于应用性的研究课题来讲，要求有新内容，有解决问题的新途径、新方法。事实上，研究选题中的创新，已不是顺应潮流，而是选题中的习惯，尤其是对选题中的原始创新。研究发现，许多具有重大意义的原始创新突破并不都发生在投资最大的地方，而在于创新的科学思想。只有大胆地设定科学知识系统所应当具有的期望状态，提出和建立新的科学概念、假说和理论，并确切地分析科学认识系统的现实状态与期望状态之间的差距，才能提出有意义并正确表述的科学问题。创新将成为衡量科技成果质量与水平的主要评价标准。在体育科学研究中，许多禁区已经被打破，人们可以大胆地选择过去不敢接触的领域去研究，现代信息科学的高度发展，也为体育科学研究的创新创造了前所未有发展条件，只有创新才能真正推动体育科学的快速发展。

四、可行性准则

体育研究课题应具有可行性，也有人称此为“可能性”。研究的可行性包括三个方面的条件，其一是研究者的主观条件，涉及研究人员自身的素质，包括研究者的知识基础、科研能力、实践经验、专业特长、研究兴趣等。从事课题研究必须具备相关的知识背景，需要具备一定的科研能力与技术，以及研究的动力，凡研究者的知识与能力不及者，即使兴趣极致，也必须慎重考虑。二是研究者的客观条件，涉及研究的物质条件，包括研究规模和范围；占有资料的完备程度；研究必需的时间、经费、人力、物力，以及课题的理论准备和科学上的可能性。客观条件是课题研究的硬指标，无论哪个条件不具备或可行性低，都有可能使研究工作只限于纸上谈兵。其三是时机条件，涉及社会环境条件、工具、技术手段发展的成熟程度。当一个课题的提出与研究时机条件不成熟时，任何努力都可能付诸东流。

总之，一个好的研究问题应该同时具备价值、科学、创新和可行四条准则，正如爱因斯坦曾指出的："提出一个问题往往比解决一个问题更为重要，因为解决一个问题也许是一个数学或实验中的技巧问题，而提出新的问题、新的可能性，从新的角度看旧问题，却需创造性的想象力，而且标志着科学的真正进步。"[1]具体而论，一个好的研究问题的特征可概括为10条，供选择课题时参考：[2]

（1）问题能被清晰、准确地陈述。

（2）问题能概括与研究有关的一系列具体问题。

（3）问题具有理论背景或基础。

（4）问题与一个或多个研究学术领域相关。

（5）问题具有一定的研究文献供参考。

（6）问题具有潜在的意义和重要性。

（7）问题能在一定时间和经费范围内完成。

（8）能够获得或收集到足够的资料。

（9）研究者采用的方法适合于这个问题。

（10）问题是新的，还没有充分满意的答案。

第三节　科研选题的程序与过程

当人们提出一个科学问题后并不是立即就投入研究，具体研究课题的确定是一个复杂的过程，一般包括文献调研和实际考察、课题建构、研究论题表述、课题论证与评价四个阶段。每个阶段都有具体步骤和特定的任务，在实施过程中有时需要反复调整和多次论证。具体内容简述如下：

一、文献调研和实际考察

提出科学问题后，查阅和评价已有研究文献是确定课题的起始工作。研究文献的查阅与评价的重要目的之一，就是明确哪些问题已经被研究，进展状况如何，另一个重要目的就是了解已有研究的完成质量，如果发现已有研究质量不

[1] 爱因斯坦，英费尔德. 物理学的进化［M］. 周肇威，译. 上海：上海科学出版社，1962.

[2] G.Anderson. Fundamentals of Educational Research［M］.2 th ed. The Falmer Press，1999:39–41.

高，这就说明该问题值得研究者改进方法进行进一步研究。为此，在查阅与评价研究文献时，本着批判性的态度是十分重要的，它有助于发现已有研究文献的空白点、不足之处及结果之间不一致甚至矛盾之处等等。通过文献调研，主要解决以下几个具体问题：

1. 了解该问题的科学背景知识，前人是否研究过；

2. 如果该问题研究过，取得过哪些代表性成果，存在的主要矛盾（问题）是什么；

3. 如果该问题没有研究过，那么围绕该问题，相关领域或类似的研究取得过哪些成果；

4. 以上的讨论可作为自己课题的依据是什么，切入点在哪里。

文献调研工作是研究课题中比较艰苦又特别重要的工作，从课题研究的程序来看，它贯穿于整个研究过程和每个阶段，最后的落脚点是文献综述与评论，具体细节见第五章中的有关内容。

除此之外，有些问题还需要进入现场进行实际考察，考虑研究工作的现实需要和可能，了解社会和体育运动的发展对解决该课题的需求状况，恰当地估计其理论价值或社会效益，为后面进行的具体研究设计打下基础。

二、研究课题的建构

在广泛的文献调研和实际考察基础上，将零散的问题加以组织化、系统化，即是对研究课题的建构。概括地说，建构研究课题一般以某个有待探讨的主题或现象为中心，根据与该主题或现象有关的问题间的某种内在联系，从某个角度出发，选择和合理地组织问题，初步形成研究者据此开展研究的具体目标、研究对象、研究方法等。这个阶段主要在研究方法论及系统思想指导下，初步理顺课题拟解决的具体问题及如何解决这些问题。

（一）建构研究目标

课题研究目标是对研究目的与任务的具体化，而课题研究的具体问题又是对研究目标的具体化。研究目标在课题论证或论文中常常是最短的部分，习惯的做法是用一句话陈述研究的总目标，具体目标构成了一组或各种有助于总目标实现的子目标，它常常是较为艰苦且花费时间和精力更多的工作，初搞科研的人们更是如此。

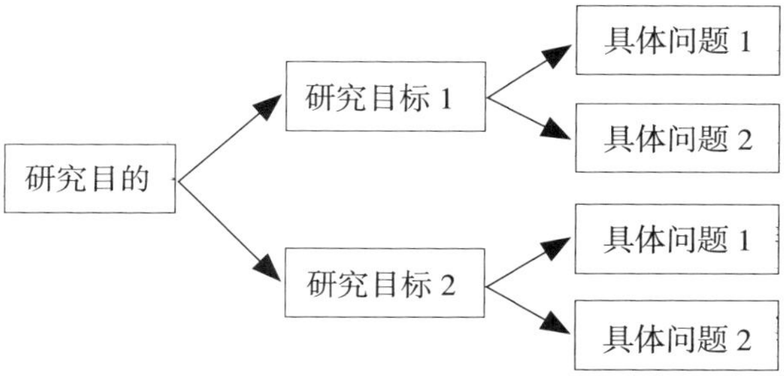

图 3-1　研究目标与具体问题关系示意图

（二）确定研究对象

任何课题总要涉及一定范围的研究对象，它通常与具体研究目标相联系。研究对象的选择不仅影响到具体研究方法的选择与应用，而且对研究结果与结论的准确性、可靠性也带来影响。确定研究对象的具体内容可参见第四章第三节，但在选题阶段要着重考虑以下几个问题：

(1) 根据研究的具体目标选择研究对象，研究对象可以是个人、群体、组织、社区、物品等。

(2) 要明确研究对象的空间（地域）范围、时间范围和条件范围（例如优秀、运动健将等）。

(3) 要考虑研究对象的数量及实际获取资料的可能性。

（三）确定研究的基本方法

研究方法的选择与具体研究目标相联系，也就是与具体问题相联系，同时还要受到研究总体的性质、特点、数量等因素的制约。在确定研究课题的同时，还要确定研究的基本方法。例如，是定性研究还是定量研究，是思辨性研究还是实证性研究，是描述性研究还是分析性研究等。研究方式与具体方法的采用，在很大程度上影响着研究的科学性，从科学研究采用的方法与手段的发展趋势来看，是先进工具和有效程序的高度统一，采用哪一种或哪几种基本研究方法，要在选题阶段作出系统的考虑。

三、研究论题表述

（一）研究题目表述的要求

研究课题经过建构后，变得比较具体明朗了，必须用简洁的文字表述成一个真正的研究题目。约翰·杜威曾说："问题表述的好意味着问题已解决了一半。"[1] 找到一个好的研究课题不容易，但表述好一个课题更重要。从总体上讲，一个确切的题目应清晰地表达研究的对象、范围和解决的具体任务，或者准确地反映出研究对象与施加因素及预期效果之间的联系，并确定研究活动中的关键因素。

常见研究题目的表述形式，一类是研究一个特定领域或带有宏观性质的课题，此类研究的题目着重考虑两个要素，即研究对象与研究内容。例如，对某省民办中学体育教学现状的调查研究。另一类研究题目则要考虑三个或三个以上的要素，即研究对象、施加因素及其效果反应。例如，间歇训练对优秀男子中长跑运动员心血管机能的影响。除此之外，对题目的表述要符合科技论文题名写作的有关要求，还要考虑论题的学科性质，具体参见第十一章中的有关论述。

（二）研究题目表述注意的事项

1. 题目不能只有范围，没有问题

研究题目表述必须限定主题的范围，多数学生最初表述题目，往往是题目只有范围，没有问题，主题太宽泛，在时间、技术和资源有限的条件下很难完成。例如，"体育课堂教学的艺术""运动训练中负荷安排研究""全民健身理论研究"等，作为课题题目，都不是太好的表述，因为这些题目本身没有"问题"，只有"范围"。

2. 题目表述一般不用疑问句形式或对称形式

研究问题作为一个问题，当然要用疑问句形式，但作为一个课题题目一般要

[1] 唐·埃思里奇. 应用经济学研究方法论 [M]. 朱钢，译. 北京：经济科学出版社，1998:112.

用陈述句形式加以描述，不用疑问句形式。例如：“小学生对课外体育活动满意吗？”题目表述也不宜用上下对称形式，例如，“弘扬民族传统文化，振兴民族传统体育”。另外，在课题尚未正式研究之前，将结论性的话语作为课题题目也不合适。

3. 避免道德或伦理上价值判断

体育科学研究是一种具有价值取向的活动，尤其是体育人文社会科学研究，但在研究题目的文字描述上要求避免价值判断，应采取价值中立。例如，“基层社会体育指导员敬业精神低落原因的调查”。这个题目暗示着基层社会体育指导员敬业精神否定性的价值判断。如果改为中性的表述“基层社会体育指导员敬业精神及其影响因素的调查”，就较为恰当了。

四、课题论证与评价

（一）课题论证的意义

课题论证（topic demonstration）主要是指在课题建构、题目表述确定后，根据课题选择的准则对拟研究课题的依据、价值、研究内容、研究设计方案、完成课题的条件、预期成果与效益等方面广泛征求意见的过程。广义的课题论证包括课题的论证与评审两个方面，前者是狭义的课题论证，指研究者本人对拟研究课题的各个方面所进行的详细说明；后者指有关专家、同行和科研管理部门对研究者提出的研究课题的再论证，实质上就是对研究者提交的课题论证报告或项目申请书进行评审。做好课题论证工作，是研究者的一项重要的基本功，具有十分重要的意义。

第一，课题论证使课题的设计更加科学和完美。因为选择一项课题或者承担有关部门下达的一项课题，研究人员的学识水平、思维能力和科研能力是有限的，为确保课题的价值、可行性、创造性，在研究之前，必须进行课题论证。

第二，课题论证将作为整个研究工作的行动指南。课题论证有助于进一步详细阐述研究课题的目的、意义、具体研究问题，把握国内外的研究状况与水平，明确研究将采取的具体途径和方法，指明预期成果，从而使整个研究课题具体化、系统化和程序化，使研究工作有充分的行动依据。

第三，课题论证是有关部门、基金会、评审专家评定科研项目立项和资助的依据。课题论证实际上反映了研究者对课题构想质量的优劣，反映了研究者的研究素养。通过课题论证，评审者可以了解课题的目的、意义、研究内容、研究的技术路线，了解到研究者对该领域已有研究的把握情况，并获得有关研究者工作经验、研究能力、学术成就、研究队伍的水平等多方面信息，从而对该课题能否立项或予以资助作出判断。

第四，学位论文的课题论证，是能否开题研究的唯一根据。学位论文必须要进行课题论证，课题论证能否通过，是进行实际研究的唯一条件。同时，课题论证为今后研究课题进展和完成情况检查、鉴定及学位论文评定提供了相应根据。

（二）研究课题论证的内容构成要点

如上所述，课题论证可以是专家论证，也可以是自我论证，其目的在于说服他人接受课题，并使自己的构想进一步明确。为此，董奇、申继亮提出了研究课题论证的五个方面的内容，即本课题研究什么、为什么要进行研究、怎样进行研究、会获得什么成果、研究者是否可以实现该项研究工作[1]。

1. 课题目标与研究内容

阐明课题目标与研究内容是课题论证的第一步。为清楚阐明“课题是研究什么的”，研究者应从以下几个方面来说明：

（1）本课题的主要目的，是描述现象、揭示本质与规律、建构或修正理论，还是对现实进行改进等。

（2）本课题的具体研究问题。如前所述，课题往往由几个问题建构形成。在这里，研究者应根据研究目标，列出具体的研究问题，并分别提出研究假设。

（3）本课题所涉及的重要概念、变量的含义、操作定义或研究指标。对此方面进行明确界定，在课题论证中十分必要。

2. 课题依据

说明课题所提出的依据是课题论证的关键。它要求研究者联系相关学术和社会需求背景，提出令人信服的证据。为清楚说明“为什么要进行研究”，研究者至少应当阐明下述几方面：

（1）该课题所涉及的领域在学术研究与社会应用中的地位，这是该课题价值

[1] 董奇，申继亮. 心理与教育研究法［M］. 杭州：浙江教育出版社，2005:82-84.

的基础。从逻辑上讲，课题所属领域本身是重要的，是该课题具有重要价值的前提之一。

（2）已有研究工作仍然存在着亟待弥补或改进的地方，表明开展进一步研究是必要的。

（3）对课题拟进行的工作具有突破与创新的潜力，是对已有不足的改进，这是该课题应当研究或立项的直接原因。

3. 研究方案

由于研究本身是一系列具体探索行动，良好的课题构想必须落实在可操作的行动方案上才能实现，因此，切实可行的方案对于课题论证的说服力也极为重要。在呈现研究方案时，为清楚说明“怎样进行研究”，研究者应当着重说明：

（1）研究设计所包括的抽样方法、样本数量与分布、研究信度、效度的实现途径等内容。

（2）研究程序与技术环节，即一系列的具体研究活动如何有序地进行，以及如何控制研究的过程。

（3）研究进度安排，即如何在一定时间期限内高效率地、有步骤地完成课题的研究。

4. 预期成果

一项课题最终的研究成果，在研究之前应预先有一个考虑。实际上，预期成果也是对该课题价值的进一步论证。在对“会获得什么成果”进行说明时，研究者应当简明扼要地说明：

（1）预期成果的主要形式，即该课题成果将如何体现出来。一般而言，成果形式可能是学术论文、研究报告、学术专著、工具书、研究工具（如量表、测验等）、教学软件等。

（2）预期成果的主要内容，如相关的论文、专著、目录索引、研究档案、提案与建议等。

（3）预期成果的数量，如论文几篇、专著字数等。

（4）预期成果的质量，如论文发表在国内外权威学术期刊上，或成果通过国家级鉴定等。

5. 工作基础与条件

课题论证中要如实说明研究者在进行课题研究方面已经具备的工作基础与条

件。工作基础与条件，主要指研究者自身条件、合作者的条件，以及研究者可利用的物质及社会资源等。对于“研究者是否可以实现该项研究工作”的问题，可从以下几方面简要说明：

(1) 研究者过去所接受的研究训练，已获得的成就、专业技术职称等；学生在校所学专业、专修或选修课程、参与学术研究工作的经历等。

(2) 在相关领域的研究经验、指导教师的学术特长及能否全力指导等。

(3) 对于研究者可利用的物质与社会资源，则可以从研究场地、基本研究条件、研究对象的联系、研究成果交流与推广等方面说明。

(三) 研究课题论证报告的格式与撰写要点

1. 课题论证报告的格式

研究课题论证常常以书面形式呈现，即研究课题论证报告。研究课题论证报告可分为两大类，一是用于申请资助的课题论证报告；二是用于学位论文开题的报告。两者内容大体相同，但在格式上有所差异。申请有关部门的课题，通常按照其规定的课题申请书填写并提交有关部门评审；学位论文的开题报告则根据各学校的授予学位层次的具体要求而不同。董奇、申继亮以较为复杂的课题论证为例，提供了课题论证报告中主要部分的格式（表 3–1）[1]。

表 3–1　课题论证报告的一般格式

课题名称 申报人姓名、单位 推荐人姓名、专业技术职称、单位	第一部分
申报人姓名、性别、民族、年龄、学历、职称 研究课题的目的、内容、预期成果的摘要说明	第二部分
申报人完成专业学习与训练的经历（取得各级学位的时间、机构） 申报人在国内外进修的经历（时间、机构、内容） 申报人主持或参加研究工作的经历（时间、项目名称、项目级别、工作内容）	第三部分
申报人已有研究成绩（包括主要研究成果及影响、已发表论著目录、获得各级各类奖励情况）	第四部分

[1] 董奇，申继亮. 心理与教育研究法［M］. 杭州：浙江教育出版社，2005:85.

（续表）

研究课题的目的与范围界定 研究课题的背景	第五部分
已有相关研究的评述 研究课题的创新与意义	
研究课题的具体内容（问题与假设） 研究课题的方法与具体步骤 研究课题的预期成果（形式、内容、数量、质量） 研究课题的进度安排 研究队伍的构成与分工 研究课题的已有工作基础与条件	第六部分
研究课题的经费预算（包括申请资助总金额、年度拨款数、各项具体支出预算及理由）	第七部分
推荐人推荐意见 所在单位学术委员会审核意见 所在单位科研主管审核意见	第八部分

2. 课题论证报告主要内容的撰写要点

总体上看，课题论证报告的撰写应简洁流畅、实事求是，切忌“浮夸”的不良倾向，论证报告要重点突出，充分体现特色与优势。有关部分的撰写要点如下：

（1）课题名称。课题名称应当准确，符合前文所提及的对题目表述的基本要求。课题是否有新意，从题目的表述上就能作出判断。例如，“对建国以来我国体育教学理论发展的初步研究”“身体锻炼方式与中老年人信息加工能力的关系”“我国职业运动员法律意识研究”等。

（2）研究课题的目的与范围界定。研究课题的目的与范围的界定是对该课题“研究什么”的进一步扩展，该部分的撰写力求简约明确，突出研究课题的重点。对研究目的一般表述可参见第四章第一节有关内容。

（3）研究课题的背景。研究者应说明该课题所属领域在学术与社会应用上的重要价值，也即阐述选题依据或课题的立项背景，从较宏观的层面论证该课题的研究价值。由于该项内容旨在提供背景，因此，撰写要简明扼要。

（4）已有相关研究的评述（文献综述）。这一部分主要说明三点，一是该问题研究的主要观点、研究者是谁、研究的进展和发展趋势；二是说明该问题尚未解决的问题及解决这些问题的意义；三是对已有的研究作出价值评价。为此，研究者不仅要概括已有成果，更重要的是要深入分析已有研究在思路、内容、方法等方面的不足，指出现实中存在的亟待满足的研究需求，从而突出地表明研究有待继续。撰写时着重从思路、内容、方法上予以分析，并说明这些研究与所要研究的课题的关系。

(5) 研究课题的创新与意义。一是说明这项研究有什么用；二是从理论和实践两个方面说明研究的意义。这一部分要结合研究课题的背景、已有相关研究的述评来阐明。特别指出的是，该研究有什么新东西、新角度、新假设、新方法，以说明该研究的独特价值。

(6) 研究课题的具体内容。研究的具体内容是对课题题目的具体分解，形成研究的具体问题。这部分要清楚地说明重要的概念、变量、操作定义和研究假设。

(7) 研究课题的方法与具体步骤。研究者应当说明研究对象及其选取方式、研究类型、收集数据的方法、发展或采用的研究工具、使用的数据分析手段，以及上述研究工作的实施步骤等。由于研究设计涉及的内容较多，因而，撰写务求简练，用术语表达有关问题，重点放在研究的总体思路、设计的逻辑思想等方面。

(8) 研究课题的进度安排。研究者应根据课题性质和要求，按照课题各项工作的逻辑顺序，划分各阶段的工作内容。学位论文各个学校都有具体的时间和进度要求，整体安排应体现出研究方案的切实可行和严谨高效的特点。

(9) 研究课题的预期成果。研究者应当着重从成果表现形式、内容种类、数量，以及质量水平等几个方面对研究将要获得什么作出具体说明。

(10) 研究课题的已有工作基础与条件。学位论文主要从课程学习、研究文献的占有情况、指导教师学术特长等方面来说明。申请课题主要从研究者本人及合作者在相关领域已进行的工作、已具备的经验与专业训练、已掌握的文献等方面来说明，并陈述研究者已具备的各种环境条件（实验室等）、设备、仪器等。

（四）研究课题的评价

课题论证主要是从研究者的角度出发，探讨一项研究课题能否实施具体研究工作。课题评价则是从评审者、专家或教师的角度探讨课题的优劣，并判定能否进行研究。如前所述，课题评价与论证有许多共通之处，实际上，课题论证的标准就是课题评价的标准，课题论证的内容也是课题评价的内容。但课题的评价更倾向于课题价值、研究设计的科学性、研究成果的推广应用及研究伦理性等方面。课题研究者从评价者角度审视课题论证报告的价值与可行性，同样具有十分重要的意义和作用。

总之，写好课题论证报告，是研究者必备的基本能力之一，写好开题报告，是学生从事学术工作的良好开端，是研究选题过程的重要组成部分，是研究课题战略思维构成的重要内容。

第四节　体育科学研究选题现状与存在问题

体育科研选题，从根本上决定着体育科研的成果质量和效益，在整个体育科研活动中具有决定性的意义。科研选题不仅确定了研究工作的方向和突破口，而且在一定程度上规定了解决问题的行动方案、步骤和方法，决定了科学研究工作的效率。对科研选题现状与存在问题进行分析，对今后把握体育科研方向具有重要的指导意义。

一、近年来各类重大体育科技成果涉及的研究领域和方向

国家哲学社会科学体育学的选题指南与立项，体现了体育科学的主导研究方向。根据中国体育科学学会各分会各学科专家撰写的体育科学各学科发展综述所提供的资料来看，近年来各类重大体育科技成果涉及的主要领域、研究方向、热点问题、发展趋势见表 3–2。

表 3–2　体育科学各学科研究的主要领域与方向（2000~2004 年）①

体育各学科	研究主要领域和方向（热点问题、发展趋势）
奥林匹克研究 （体育社会科学分会）	**国际奥林匹克研究主要领域** （1）国际奥林匹克对现代社会的贡献 （2）当代运动员 （3）社会环境中的体育运动 （4）体育运动与传播媒介

① 根据中国体育科学学会编印的《体育科学研究现状与展望》编制，北京，2004。

（续表）

体育各学科	研究主要领域和方向（热点问题、发展趋势）
	国内奥林匹克研究主要领域 （1）奥林匹克文化、教育 （2）奥运与经济 （3）奥运与法律 （4）奥运与社会发展 （5）奥运与民族传统文化 （6）奥运与科技 （7）奥运与体育
体育管理学科 （体育社会科学分会）	（1）体育管理的基本理论 （2）我国体育事业的主要业务管理 （3）体育管理对象的要素管理 （4）体育产业管理 （5）体育发展战略管理 （6）国际体育交往管理的研究
体育经济学科 （体育社会科学分会）	（1）体育产业内涵和外延的研究 （2）体育产业在国民经济中地位和作用的研究 （3）体育产业能否成为国民经济的新增长点 （4）体育市场分类、发展重点和路径选择的研究 （5）体育消费研究 （6）体育经纪人制度研究 （7）加入 WTO 对我国体育产业的影响 （8）体育无形资产开发的研究 （9）体育产业统计指标体系的研究 （10）体育俱乐部问题研究 （11）社会主义市场经济条件下我国体育运行机制 （12）2008 年奥运会对中国经济的影响
体育新闻传播学科 （体育新闻传播分会）	（1）体育传播学理论研究 （2）中外体育新闻报道的比较研究 （3）体育新闻传播的特定及规律研究 （4）媒体与体育界及体育新闻受众的关系 （5）各类媒体的体育新闻传播规律、特征及效果的研究
体育史学科 （体育史分会）	（1）奥林匹克运动研究 （2）中国近代史 （3）中国现代体育史 （4）民族体育和民间传统体育

（续表）

体育各学科	研究主要领域和方向（热点问题、发展趋势）
	(5) 专门史研究
运动训练学理论 (运动训练学分会)	(1) 一般训练学理论研究 (2) 项群理论研究的进展 (3) 运动员竞技能力的研究
武术学科 (武术分会)	(1) 武术学科的基础理论研究 (2) 武术学科的体系建立与完善 (3) 武术文化研究 (4) 武术教育问题 (5) 武术管理研究 (6) 武术的国际化发展研究
运动生物力学学科 (运动生物力学分会)	(1) 运动技术研究 (2) 生产劳动动作研究 (3) 运动医学、康复医学和临床医学中的生物力学研究 (4) 肌肉、骨骼力学特性的研究 (5) 肌电测试与定量分析研究 (6) 新方法及仪器的研制与应用
运动心理学 (运动心理学分会)	(1) 竞技运动心理学研究 (2) 体育教育心理学研究 (3) 大众锻炼心理学研究 (4) 运动心理学研究方法
运动医学 (运动医学分会)	(1) 运动创伤治疗与康复技术方法的研究和应用 (2) 关节软骨损伤治疗新方法 (3) 中医药在运动医学中的应用研究 (4) 运动员营养学体能恢复研究 (5) 优秀运动员身体技能的生理生化评定 (6) 模拟高原训练的研究 (7) 体育科研中的基因多态性研究 (8) 线粒体 DNA 多态性与人类运动能力 (9) 运动与骨质疏松 (10) 兴奋剂检测研究
中国国民体质研究 (体质研究分会)	(1) 监测指标体系研究 (2) 监测网点的布局研究 (3) 不同人群的体质评价标准 (4) 体质评价方法的研究

（续表）

体育各学科	研究主要领域和方向（热点问题、发展趋势）
体育信息学科及计算机应用 （体育信息分会、体育计算机应用分会）	（1）体育信息理论研究 （2）文献计量研究 （3）大型比赛的信息与服务研究 （4）各种数据库与网络体育信息建设 （5）体育档案和数字化 （6）体育统计、标准和服务
学校体育学科 （学校体育学分会）	（1）学校体育指导思想与观念研究 （2）大、中、小学体育课程改革研究 （3）体育教师教育与培训 （4）体育高等教育人才培养及课程设置研究 （5）学生体质健康研究 （6）区域性学校体育现状研究 （7）对国外学校体育的吸收与借鉴 （8）中小学课外体育活动研究
体育仪器器材及体育设施 （体育仪器器材分会、体育建筑分会）	（1）体育工程技术学 （2）体育系统仿真（3S）研究 （3）体育设施建设中新材料、新设备、新工艺的应用 （4）体育建筑工艺与标准
体育统计学科 （体育统计学分会）	（1）统计方法的引进与应用 （2）统计计算软件普及和应用 （3）体育科研中统计方法误用

二、对近年来体育科学研究选题与立项的简要分析

（一）研究选题向全方位、多领域、多层次方向发展

较高层次的体育科研成果的选题范围日益广泛，由过去较为局限的微观领域扩展向全方位、多领域、多层次的选题范围及相关领域。由于我国体育科研起步较晚，过去的体育科研成果选题主要局限在以常规体育教学训练领域为主，以个体活动特征研究为主的较窄范围。近年来，我国体育事业突飞猛进的发展，体育实践涌现出的大量新问题迫切要求体育科研从理论上回答，加之研究条件的逐步

改善和研究方法的进步，使当代体育科研选题范围逐步扩大领域，发展到全方位、多层次地对体育的各种现象与矛盾进行广泛研究，这是我国体育科技工作快速发展、体育学术繁荣的重要标志。

（二）体育人文社会科学成为选题的重要方向和领域

近年来，体育人文社会科学在探索体育发展规律，弘扬中华体育精神，为体育决策提供咨询服务等方面发挥了积极的作用，在普及体育基本知识、开展群众体育活动、发展竞技体育、推动体育产业发展等方面作出了积极贡献。因而，体育人文社会科学的选题在适宜的社会经济土壤中得到迅速发展，如体育经济学和体育社会学研究领域，其选题的范围和研究的深度不断扩大，这也充分反映了 20 世纪体育科学发展的必然结果。进一步繁荣发展体育人文社会科学，抓好体育人文社会科学的研究选题和管理，必然带来我国乃至世界体育运动的健康、快速发展。

（三）体育实践中应用性课题占据体育科学研究的主导地位

从体育科研成果研究类型、学科分布来看，当代体育实践中的应用性课题占据主导地位，运动人体科学的应用基础研究和体育教育训练学的应用研究是研究选题的重点学科，如运动医学学科和运动训练理论的选题，既符合当代国际科学研究活动的一般分类特征，又符合体育科学研究的大科学特征及体育实践发展的需要。尤其是近年来我国体育改革与发展实践中的大量实际问题急需解决，2008 年又举办奥运会，竞技体育、社会体育、学校体育发展中的方法、技术问题首当其冲需要研究。这是我国体育事业发展对体育科研选题提出的必然社会需求。

（四）体育信息、软科学、仪器器材研究选题成为新的热点

科技全球化已成为当代科技发展的主导趋势之一。科技活动的主题、领域和目的在全球范围内得到认同，科技活动的要素在全球范围内自由流动与合理配置，科技成果实现全球共享已成为当代科技发展的显著标志。从体育发展的必备条件与实践特征来看，体育信息学科的建设与发展、体育仪器设备的更新将成为一个有重要价值的应用技术研究领域。同时，从体育科研的宏观研究领

域来看，体育发展战略类、前瞻性课题亦成为体育科学研究新的热点。这些研究选题体现了研究者在选题方法论上的进步，反映了当前体育科技工作者主动适应和驾驭体育发展的意志。

三、体育科学研究选题存在的主要问题

科学认识是人类认识的一个重要部分，对客观事物的认识是一个由浅入深、由表及里、由局部到整体、由简单到复杂的过程。研究者进行体育科学研究选题也将经历这一过程。就在校大学生情况而言，由于研究经验、视野和认识能力等因素影响，在研究选题中不可避免地会出现一些问题，比较突出的有以下几个方面：

（一）研究题目偏大，选题重复，缺少新意

初做体育科学研究的人，最容易犯的毛病是不考虑各方面的条件，选择的研究题目往往偏大或者重复，结果不是完不成任务，就是只能得到一些肤浅的材料。如前所述，研究课题不是研究人员主观臆造的，而是来自体育运动实践和社会的需要。许多有重大价值的科学研究题目往往是从日常生活、工作中的普通现象中发掘的。对体育科学研究者而言，选择的题目必须具体明确，界限要清，范围宜小，要明确探索哪些变量之间的关系，不能笼统模糊。近几年来，随着体育科学研究的进展，选择热门话题但无新意的课题较多，造成重复劳动。例如，关于“全民健身”“终身体育”方面的问题是热门话题，但大多数论题仍从全民健身活动的意义作用、终身体育与学校体育的关系来论述，少有新意，就很难说题目有创新了，而是重复选题。

对初搞科研的人来讲，在这一点上尤其要注意题目的内涵与外延的关系。一般题目表述的内容越具体，则题目的外延就越小，反之题目就越大，同时，要注意题目的内涵与外延不能自相矛盾互相否定。例如，“试论体育教师”“体育与法律”“论终身体育的科学基础”等。这样的论题空泛得让人摸不着边际，题目表述得不具体，不易进行研究。研究者应对课题加以限定，将研究范围层层缩小，使之具体明确容易把握。例如，“试论体育教师”可以从广泛的范围逐步向具体化方向深化：试论体育教师——试论体育教师的素质——试论体育教师的人文科学素质——试论新世纪中学体育教师应具备的人文科学素质。

（二）其他学科的普通原则或方法在选题中的简单移植、照搬

移植是现代科学研究中的重要方法，也是体育科学研究课题的重要来源，但选题中的移植不是简单地照抄照搬。近几年，体育科研中的许多课题，简单将其他学科的理论与方法应用到体育科研中，但在应用中没有结合体育的特点加以改造，灵活运用，从而很难发挥其科学的价值与意义。例如，关于体育教育实验的题目，仅仅是将“合作教学法”“掌握教学法”“发现教学法”等模式简单地移植到体育术科教学中，但没有结合具体项目特点、运用的时机、场合、时间、效果进行严格的教学实验，就难以在实践中推广和发挥重要作用。

（三）综述性课题资料不完备，信息陈旧，缺乏提炼

文献综述是科研选题的关键，信息量大，内容系统而全面，是这类课题的最大特点。综述性题目可使读者全面了解国内外该课题研究的历史、现状、水平及发展前景，同时可以了解不同学派的研究方法、学术观点与成果。这类题目要求资料新，占有资料应该全面，但从这类题目的选择来看，缺乏最新信息，有的是资料堆砌，缺乏对课题主要观点和方法的提炼，在这一点上，应该引起研究者的注意。

（四）描述性课题多，因果性和预测性课题少

描述性研究是一门学科在前科学阶段最重要的研究方法，对一门学科发展而言，存在学科诞生阶段、发展阶段、成熟阶段和相对饱和四个阶段。按此划分，体育科学正处在学科的发展阶段，由描述性研究向分析性研究过渡，是学科建设和发展的一个重要标志。但从已发表的体育科学论文和大学生学位论文来看，描述体育领域中的现状性课题多，而对各种体育现象的关系、影响因素、发展规律和发展趋势等方面的课题较少，使体育科学研究难以发挥其解释与预测的功能，缺乏对功能或机制的深入分析，妨碍了研究水平的提高。

（五）基础性研究课题相对薄弱，应用性课题的研究深度及转化、开发率不够

体育是一项与实践紧密结合的社会活动，从近年体育学术刊物刊载的论文来

看，应用性的课题所占的比例较大，但多数成果研究水平不高，转化率更低，选题中忽视对重大现实问题的综合探讨，而基础性、理论性的课题又落后于社会实践的需要，使应用基础研究和应用研究缺乏后劲，这样，选题的社会效益和应用价值很小。例如，“对体育俱乐部管理和运行机制的研究”“体育经营活动从业条件和标准的研究”等，这些应用性强，价值大的发展性、对策性课题，很少在学术刊物上见到对其系统的研究，即便见到也难于在实践中操作，理论深度不够。

（六）论文题目表述中的文字不通、语法错误

题目是科技论文最重要内容的体现。初搞科研的人，尤其是在校大学生，对题目的规范表述及要求不重视，易出现文字不通、词不达意、结构不妥的通病。对题目的表述缺少斟酌和缺乏提炼。因此，当选定一个题目之后，要反复阅读，征求指导教师的意见，力求语法严谨，使人一目了然。

四、毕业论文选题需要注意的事项

体育科研选题是反映研究者学术态度、意识和思维能力的重要环节，在选题过程中要注意考虑学术的道德、创新性问题，要在全面掌握前人研究的基础上，寻找适合自己研究的新题。大学毕业论文选题是体育科学研究的初级成果表现形式，它的选题有自身的规律性。大学毕业论文或研究设计，要求作者运用所学的基础知识和基本技能分析解决本学科内的某一基本问题。因此，毕业论文的选题应注意以下四个方面[1]：

（一）毕业论文的选题应尽可能早地进行酝酿

大学生在校期间，首先必须努力学好本专业的基础知识，认真掌握本专业的基本技能，但这并不是学习的目的，其目的在于把所学的基础理论知识和基本技能，运用到科研和工作中去。因此，大学生在学习过程中，要勤于思索、善于思

[1] 朱礼生. 论文写作与答辩 [M]. 南昌：江西高校出版社，1999:35.

索，一般在掌握了一定的专业知识之后，从二年级开始，根据自己的专业和学习上的长处，初步确定研究方向，平时有意识地搜集和积累有关的材料，为今后写毕业论文创造条件，打下较扎实的基础。这样，早做准备，时间充裕，有利于提高论文质量，不会等到写毕业论文时手足无措。

（二）要考虑个人兴趣和特长

如前所述，考虑自己的特长和兴趣是研究者非常重要的主观条件。刚刚涉足科研，有浓厚兴趣的研究课题，能激起强烈执着的探求欲望和创作冲动，促使自己专心致志，废寝忘食，奋力拼搏，从而更具有创造力；有浓厚兴趣的课题，往往又是自己比较熟悉和初步了解的课题。所以，它不仅会带来研究写作的热情和积极性，而且能使研究、写作有一个较好的基础。同时，在选题时要尽可能从自己的实际研究能力出发，选择那些能发挥自己的专业特长和专业优势，学有所得、学有所感的课题。

（三）毕业论文选题要注重主客观条件

毕业论文选题要考虑作者的主观条件，大小难易程度适当。毕业论文是大学学习的综合知识的应用，但它没有必要也不可能包罗所学的全部知识或某一学科的全部知识。因此，选择毕业论文的题目要大小适中，难易适当，实事求是，量力而行，不要好高骛远，也不要贪图轻便。如果题目太大、太难，力所不及，时间紧促难以完成；如果题目太小、太易，轻而易举，又不能充分发挥自己的能力，甚至不能达到学位论文的要求与标准。

（四）毕业论文要选择突破口

毕业论文要选择突破口，考虑从何入手。选题要尽量缩小研究范围，这样比较容易把握。同时，明确研究的重点、难点，尤其是对毕业论文的整体构思，论文的基本结构和落脚点，并确定具体的写作角度，这样才能目标明确，有的放矢，便于入手。选题的角度不同，研究过程和撰写的难易程度也不尽相同。根据自己的特长和指导教师的优势，充分酝酿，选好课题突破口，有利于毕业论文的写作。

基本术语

问题、科学问题、应答域、课题论证。

思考题

1. 科学问题的内涵是什么，如何分类？
2. 体育科学研究选题的准则是什么？
3. 体育科学研究选题的过程有哪些程序？
4. 研究课题论证报告的主课内容与要求是什么？
5. 大学生毕业论文选题易出现的问题有哪些？
6. 查阅本校近年来本科生和研究生的论文选题，分析这些题目的特点与问题。

推荐阅读书目

[1] 董奇，申继亮. 心理与教育研究法［M］. 杭州：浙江教育出版社，2005.
[2] 风笑天. 社会学研究方法［M］. 北京：中国人民大学出版社，2001.
[3] 中国体育科学学会. 体育科学研究现状与展望［G］. 北京：2004.
[4] 洛兰·布拉克斯特，克里斯蒂娜·休斯，马尔克姆·泰特. 怎样做研究［M］. 2 版. 戴建平，蒋海燕，译. 北京：中国人民大学出版社，2005.
[5] 吴明清. 教育研究：基本观念与方法之分析［M］. 台北：五南图书出版有限公司，1996.
[6] 林定夷. 科学研究方法概论［M］. 杭州：浙江人民出版社，1986.

第四章

体育科学研究设计

研究设计（research design）是一个全局性的问题。在广义上，研究设计包括研究计划的全部过程。在狭义上，研究设计专指确定和安排研究中的变量、选择合适的资料收集与分析方法的研究计划过程，主要包括根据研究目的选择研究对象、确定收集资料的方法、选择适合的研究工具和材料、制定研究程序等一系列步骤。研究设计的根本目的在于保证以经济有效的途径顺利地、有条不紊地完成研究工作，获得客观准确的研究结果。本章从体育科学研究的实际情况和大学生毕业论文的需要出发，着重从以下几个方面述及体育科学研究设计的主要问题。

第一节　研究设计的任务与内容

一、研究设计的任务及取向

如果说选择研究课题是解决“研究什么”的问题的话，那么研究设计就是解决“怎样去研究”的问题。研究设计是研究过程中重要的一环，是整个研究工作的施工蓝图，也是研究选题报告的重要组成部分。一项研究的可靠性、有效性、合理性往往取决于研究设计的准备工作是否充分、完善。

体育科学研究设计的基本任务有两项，其一，选择、确定收集和分析研究资料的方式方法，保证研究采用的方式方法是合理、可靠和经济的；其二，构思、制定实现研究目的的操作程序和控制方案，保证研究是有效、客观和明确的。研究设计的核心内容是保证回答研究的问题和达到研究目的。

研究方式方法是合理的，指针对一定的研究假设或研究内容，采用的方式方法能够满足检验、论证和解释研究内容。

研究方式方法是可靠的，指研究所采用的方式方法是可以信赖的，可以重复的，即使换他人来做同样的工作也能得到基本相同的结果。

研究方式方法是经济的，指对经费、人力、物力、时间的整体考虑和精打细算，既要力所能及，又要以较少的投入争取最大的效益。

整体来看，研究设计确定了解答问题的途径、策略、手段和方案。制定和规划一个良好的研究设计，一般可以从研究类型、问题的特征、设计要素等方面考虑。如何选择一种设计，首先要看研究课题的基本类型，基础研究与应用研究在研究设计上的取向是不一样的，基础研究是理论导向的，旨在建立学术理论；应用研究则是问题导向的，旨在解决实际问题。二者在研究设计的特征项及其基本要素上存在差异。从描述性研究、关系性研究、实验性研究来看，“起点明确”的总方针是研究设计的指导思想，什么样的设计最有利于探知研究变量之间的联系和因果关系，是重要的设计取向。从定性研究和定量研究来看，量的研究重“统计”分析，质的研究重“叙述”描绘，其研究设计不仅仅表现在资料和分析方法上的不同，而且代表了两种不同的世界认识观，研究设计依问题的性质、研究目标、潜在的理论、适用的技术和可能的结果等方面的不同而存在较大差异。

二、研究设计的基本内容

研究设计的内容主要是阐述研究过程中的基本要素、实施要点和基本思路，为最终解决问题提供可操作方案。在体育科学研究中，尽管具体研究方法多种多样，但无论哪一种方法都涉及研究设计的背景、研究目的（或研究目标）、研究假设、变量选择和控制、选取研究对象、研究周期、确定研究程序等一系列问题。一般来说，一项良好的研究设计，主要包括以下几方面的内容。

（一）明确研究目的和选择研究对象

研究目的是研究的基本意图，是研究内容的焦点，也是研究行动的指南。唯有明确的研究目的，研究资料的收集才有依据，研究结果的解释才有意义。因此，课题设计的首要任务就是确定研究目的。研究目的确定之后，根据研究问题的意义与价值，可以确定研究对象的数量和范围（具体要求与方法见本章第三节）。明确研究目的的关键是对研究目的的表述，下述几条策略可以作为研究目的表述的参考[1]。

1. 以提示探究行动的陈述句表述

常用句式为“本研究的目的是……”“本研究探讨的内容是……”“本研究旨在调查……”等。例如，本研究的目的在于了解中小学体育教师对继续教育的态度。

2. 提示研究变量与研究对象

研究目的的表述，使人一看就知道清晰的研究变量和研究对象，并能提示变量的特征、变量特征的群体差异及两个变量之间的关系（相关、因果）。例如，本研究旨在调查社会体育指导员的职业道德（变量特征）；本研究目的是比较城乡体育人口锻炼特征的差异（群体差异）；本研究的主要目的是探讨体育价值观对大学生参与体育锻炼行为的影响（因果关系）。

---

[1] 吴明清. 教育研究：基本观念与方法之分析［M］. 台北：五南图书出版有限公司，1991：186-189.

3. 提示的变量、对象需与研究的其他部分一致

研究目的所提示的研究变量和研究对象必须与研究题目相符合，不能超过研究题目的范围，如果研究题目不足以涵盖研究目的，则需要修改研究题目。

4. 提示可以研究的具体问题

研究设计中，经常面对的一些问题是过于抽象，无法具体操作，还有些问题是它的关系过于复杂，甚至涉及价值判断，不能或无法由实证资料的收集与分析来解释。那么，研究目的设计就要提示可以研究的具体问题。例如，本研究的目的在于探讨未来体育教师应具备的能力（“能力”比较抽象，不易具体操作，可将其转变为具体问题）。

5. 分条列举复杂的研究目的

对于比较复杂的研究课题，如果用单一的陈述说明研究目的，常常流于抽象笼统，可采用分条列举的方法，涵盖较广的研究范围。一般列举具体的研究目的，3~5 条为宜，少了则失去列举的意义，多了则流于烦琐。例如，《中国群众体育现状调查与研究》研究的主要目的是，“全面了解我国群众体育的现状，获得该领域的基础数据，为贯彻落实《全民健身计划纲要》提供决策依据；初步建立群众体育概念体系，并在此基础上建立一套相对完善的群众体育发展程度评价指标体系；对我国群众体育现状进行总体和分类研究，并探索其发展规律；建立群众体育工作调查网络，为我国群众体育发展的追踪研究奠定基础”[1]。

（二）选择研究类型和收集数据的方法

如上所述，体育科学研究类型多种多样，不同的研究类型各有优缺点和设计取向，分别适用于不同的研究课题。研究者应根据研究的中心事件和具体情况选择研究类型。例如，研究的重点是当前的事件或现状，拟选择描述性研究；研究的重点是变量之间的相互作用或因果关系，拟选择相关研究或实验研究；研究的重点是对特定关系、行为、情景或材料的性质进行考察，拟选择质的研究等。

---

[1] 中国群众体育现状调查课题组. 中国群众体育现状调查与研究［M］. 北京：北京体育大学出版社，1998：4.

确定研究类型后，就要考虑选择收集数据的方法。在体育科学研究中，可采用的收集数据方法很多，包括访谈法、问卷法、观察法、量表法、临场或录像统计法、实验法等。研究者应根据研究目的、研究类型取向、研究对象情况和研究的主客观条件，选择最适合的方法。

（三）确定研究变量与指标，明确其定义和测量工具

任何一个研究课题，都涉及一个或多个研究变量问题，诸多的变量又要通过研究指标来收集资料。在选定了研究类型和收集数据方法之后，应根据研究目的确定研究变量，以及有关变量的性质、形式、数量、操纵方式和控制方法，并给出明确的定义，进而确定研究指标。

研究变量与指标设计的另一个重要方面，就是要考虑研究中的环境及工具使用。包括研究对象所处的具体环境、实验仪器、测量工具及操作的规则和程序等。无论使用何种工具，都要考虑研究目的、背景情况、研究的主客观条件，以保证其得到资料的有效性。

（四）确定研究程序与控制研究误差

研究程序是研究进行的具体步骤，用以说明研究过程的主要环节和细节。一般来说，从事定量研究，研究程序需要写得比较详细，要勾勒出整个研究的蓝图，并用研究技术路线框图表示；如果从事定性研究，只需要提供研究的基本构想和框架即可，因为定性研究的设计和程序是应变性的。

由于体育科学研究的复杂性和特殊性，无论是体育技术、战术研究，还是社会调查研究、实验研究，都涉及研究误差控制的问题。研究设计中要估计误差的可能来源和造成误差的原因，从而采用适当的措施对其加以控制。

（五）确定有效分析研究资料的方法

定性分析和定量分析是两种常用的资料分析方法。研究设计需要在大方向上考虑是采用定性分析还是定量分析。事实型资料通常是文字描述性资料，对这一类资料应选用逻辑思维方法进行定性分析。定性分析要求有强有力的文字证明和足够的说服力。定量分析是分析一个被研究对象所包含成分的数量关系，或所具备性质间的数量关系，也可以对几个对象的某些性质、特征、相互联系从数量上

分析比较。数据型资料多采用定量分析，定量分析要求用统计分析确定研究结果。

（六）预先确定恰当的研究成果确认形式

事实上，在研究设计中，研究者就已经设想研究成果的形式和框架了。科学成果的表达形式很多，常见的基本形式有研究报告、学位论文、学术论文等。各科研机构、学术出版单位、高等学校及学术会议对研究成果的确认均有规范的格式，研究设计要恰当体现对此要求及具体形式。

第二节　研究假设的提出

在体育科学研究设计中，常常可以通过提出研究假设来取代待答问题，尤其是实证性研究。提出假设和检验假设是研究设计中最为重要的两个组成部分，假设的质量和实证的能力是科学性的重要标志。

一、研究假设的概念及特征

在体育科学研究过程中，根据已知理论与事实，研究者从自己的知识经验和创造力出发，对研究结果作出一种推测性论断和假定性解释，就是**研究假设**（research hypothesis）。它是一个建立在一定理论基础上的可检验的预测，因此也称科学假说。“假说似乎更抽象，难度更大，涉及的范围更广，理论性更强，因此可称为理论假说，如 $E = MC^2$，行为= F（人格、情境）等等。相比之下，假设更具体，难度小一些，涉及的范围较窄，因此可称为研究假设或工作假设，如‘个人自尊与生活满意感的相关在个人主义文化中更为紧密，集体自尊与生活满意感的相关在集体主义文化中更为紧密’”[1]。因而，在课题设计与论文中可根据需要使用不同的表达方法。

一般说来，一个可研究的问题通常涉及一个或多个变量与另一或多个变量之间的关系。而研究假设与研究问题的不同之处就在于，研究假设指明了研究问

[1] 张力为. 体育科学研究方法［M］.北京：高等教育出版社，2002：26.

题的可能结果，即变量之间关系的性质以及变量作用的程度。可以说研究假设直接来源于问题的陈述。下面是几个研究问题和假设的例子。

问题 1： 身体锻炼方式对中老年人信息加工能力的影响[1]。

研究假设：积极锻炼与不积极锻炼者的认知功能具有明显差异，前者明显优于后者。

问题 2： 体育在促进人的发展和道德健全方面的作用[2]。

研究假设：无论在什么地区，奥林匹克教育计划能够影响学生掌握和传播奥林匹克运动知识的过程。

问题 3： 家庭对中学生参与体育的影响[3]。

研究假设：具有多种属性（身体的、心理的特征以及年龄、性别、学历等）的个体，在社会化机构（家庭、学校等）中受重要的他者（父母、兄弟姐妹同学、老师乃至传播媒介等）的影响，而获得体育角色学习的过程。

由上述研究假设的例子可以看出，假设作为对科学问题的一种试探性回答和预测性解释，应能满足以下几个条件：其一，能够合理地解释原有的理论所能解释的事实和现象；其二，能够解释原有理论不能解释的新的发现；其三，能够明确预言尚未发现的新的事实，为进一步检验假设提供可能性。这就是说，虽然假设是在不完全或不充分的经验事实基础上推导出来的，是有待实践证实的，但它绝非是毫无理论根据的胡乱推测和主观臆断，而是具有一定的科学根据，并且得到一定的科学论证，与早先的正确研究结论相一致的合理推测与解释。好的研究假设具有以下几个特点：

（一）科学性

研究假设以经验和理论为基础的，假设有待检验。但研究假设必须要有一定的事实和理论依据，应符合逻辑，理由充分，能解释与假设有关的事物与现象。

---

[1] 毛志雄，韩旭. 身体锻炼方式对中老年人信息加工能力的关系［J］. 体育科学，1998，(5)：87–90.

[2] 夏秀祯，窦喆. 对北京和香港两地小学生奥林匹克教育计划作用效果的比较研究［J］. 体育科学，2005，(9)：24–28.

[3] 吕树庭，王源，刘一隆，等. 家庭对中学生参与体育的影响［J］. 上海体育学院学报，1995，(3)：9–13.

研究假设应尽可能用量化的形式表达，这样可提高其客观性。

（二）预测性

研究假设的基本思想和主要部分是根据已有事实材料和科学原理对未知的事实或规律所作的假定性解释，因而科学假设具有预测的功能。在科学发展过程中，尽管研究假设有时成功率并不高，但以预测的思想对待科学理论的发展总归是一种科学的态度。

（三）可检验性

研究假设的可检验性，也即可行性。假设中所包含的事件或概念是可以操纵或测量的，是可以通过研究设计进行检验的。如果一个原则上不可检验的假设，自然就没有科学价值，因为一个研究假设，只有所预定的事实及被以后的实践所证实，才能发展成为科学理论。

（四）简明性

假设在表述上应简要明晰，即以清晰、简洁、明确的语言概括所有的重要关系。假设的简明性，体现了科学美，既利于读者的理解，又便于研究者检验。当简单的和复杂的假设具有同等解释能力时，应选择简单的假设。

二、研究假设的类型与作用

（一）研究假设的类型

从不同的角度，依据不同标准，研究假设可分为多种类型。根据研究假设的内容和性质，一般把研究假设分为三类：

1. 比较性假设

在研究过程中，根据已有的事实材料，对不同条件下变量的情况进行比较判断，即是**比较性假设**（comparative hypothesis）。例如，“城市社区居民参与体育锻炼比农村社区居民多”。此类假设常以“A 与 B 存在差异”“A 比 B 高”的形式出现。

2. 相关性假设

在研究过程中，根据一定的理论和事实材料，对客观事物相互联系的性质、方向、密切程度作出的推测判断，即是**相关性假设**（correlation hypothesis）。例如，在一项关于运动技能掌握的实验研究中，根据得到的材料，把“人的身体素质与运动技能的掌握呈正相关”作为相关性的假设。此类假设常以“A 与 B 成正相关”“A 与 B 相关”等形式出现。

3. 因果性假设

在研究过程中，对客观事物之间因果联系所作出的推测判断，即是**因果性假设**（causal hypothesis）。例如，在一项体育锻炼心理学的课题研究中，将“随着年龄的增长和身心功能衰老，人的信息加工的速度和容量会呈现下降趋势”，作为因果性的假设。此类假设常以“如果 A 那么 B”“如果 A 就 B”等形式出现。

另外，还可以根据假设陈述的概括性程度，将研究假设分为一般假设和特定假设。**一般性假设**（general hypothesis）是对客观事物的状况、性质、相互联系的本质和运动变化规律具有较普遍的适用性假说。例如，“在柔韧素质发展上，女生比男生好”。而**特定假设**（specific hypothesis）是对事物之间的某一特定关系所作的陈述。例如，“健身秧歌在甲地推广的效果比在乙地效果好”，这就是一个特定的假设，研究者可以通过收集实际材料来验证这一假设。

科学研究过程中，多数研究假设具有倾向性，因而，还可将研究假设分为**定向假设**（directional hypothesis）和**非定向假设**（non-directional hypothesis）。前者示意假设结果的预期方向，指出变量之间差异的特点和倾向；而后者不显示假设的趋向。特定假设和一般假设通常为定向假设。研究假设的陈述采用哪种形式，关键在于研究者对结果的期望。

（二）研究假设的作用

研究假设在科学研究中具有十分重要的作用，在研究活动中直接体现在以下几个方面：

1. 研究假设使研究目的更具体，研究范围更限定。
2. 研究假设是制定研究计划的重要依据。

3. 研究假设是进行实验设计和提出新的研究方法的根据。

4. 研究假设是获取材料与经验事实的导向标准。

5. 研究假设是探索客观真理，形成科学理论的桥梁。

三、提出研究假设的阶段与基本方法

（一）提出研究假设的阶段

如上所述，研究假设既包含有确实可靠的理性成分，又包含有真实性尚未判定的内容。一般来说，它由一系列概念、判断和推理所构成，最常见的形式是陈述两个事件或概念之间的关系，推测两个或多个变量之间的因果联系。如何提出一个较为完善的研究假说，并没有固定模式，一般要经过以下三个基本阶段：

1. 发现问题阶段

根据科学学的理论，科学问题有两个基本的特点，一是通过科学研究要求回答关于现象之间的某种可观察到的联系有无普遍性；二是通过研究回答为什么会形成这种普遍性。在选择并试图对问题的解释过程中，实质上就已经包含着提出假设的成分，在这一阶段提出对问题的经验性陈述，是假设的雏形，也就是说，这一阶段的假设处在较低的层次，并不能回答和解释研究问题的上述两个特点。

2. 初步假设阶段

当研究的问题明确后，在一定的理论指导下，依据大量的事实，并能以发问的形式明确地陈述出研究变量之间的关系时，就可以提出初步的假设。在这一阶段，需要研究者充分运用各种有关的科学知识和逻辑学的原理，对研究结果展开归纳与演绎、分析与综合、类比与想象。实际上这一阶段，是对研究的问题的本质或规律的初步猜想和推测阶段，即将研究问题转化为备择假设的阶段，它有可能初步回答上述科学问题的特点。

3. 形成假设阶段

对研究问题作出初步的假设，还只是处在科学假设的初级阶段。虽然研究假设已经勾画出了理论框架，但还缺乏体系化水平。因此，在该阶段还需要进行广泛的理论论证，以确立其理论依据，并推演出各相关现象的理论性陈述，使之发展为具有严谨的系统和稳定的结构的科学假说。在研究活动中，研究假设的形成，真正体现了研究课题的理论构思，是发展科学理论的有力手段，研究假设的水平，也体现了研究课题的科学水平。

（二）提出研究假设的基本方法

1. 从先前的研究与自己的经验中归纳出研究假设

研究者可以通过观察，由特定现象出发，提出一般的假设。例如，在体育运动中，多次观察发现排球运动员在进攻扣球、防守拦网时，都经常要连续在网前快速起跳，因而归纳出“排球运动员的连续起跳能力对完成主要进攻与防守技术至关重要”的研究假设。

2. 由一般原理推演研究假设

理论是研究假设的前提，研究者可以应用演绎推理，从一般原理推演出研究假设。例如，在体育运动中根据“儿童少年时期是身体素质和某些运动能力发展的敏感期”的理论，推论出“按不同时期有计划、有针对性发展儿童少年的各种身体素质与运动能力效果显著”的研究假设。

3. 对两个相同或相似事物进行类比推理，形成假设

类比推理是从个别（特殊）到个别（特殊）的逻辑方法。科学史上采用类推方法为科学理论建立研究假设的例子很多，如卢瑟福的原子模型假说是类比了太阳系结构；北京奥运会国家体育场类比了鸟巢的结构；著名教练员马俊仁观察鸵鸟奔跑姿势而进行女子中长跑技术改进，也是采用了类比推理的方法。

4. 通过概念化过程形成研究假设

概念化是将具体事物或现象提升至抽象的概念层次，辨别其特征的过程。例如，在研究程序教学与传统教学效果时，可从“程序教学”的概念化过程入手，从教学的反馈程度、巩固程度、教学方式、进度控制、教学分量、学习行为等方面提出假设，如“程序教学比传统讲授的反馈程度高”等。

四、提出研究假设的注意事项

1. 研究假设要以陈述句形式提出，不能用问句或含糊不清的陈述句形式，

避免使用不必要的复杂概念。

2. 研究假设要针对问题作出推测，并保持与问题的一致性，即“所答为所问”。

3. 并非所有的研究都需要提出假设，也不一定都能提出有意义的假设。一般而言，在描述性研究中常常不用提出假设。

4. 正确地对待不同的研究假设。假设是形成科学理论的初级形态，假设本身就是一个新的概念（新的科学理论系统的缩影），因而在科学研究中要正确对待不同的假设，不要被传统观念所束缚，去验证和创立新的假设。

5. 正确认识错误假设的积极意义。在科学研究活动中，错误假说是人类科学认识运动发展过程中的一种难以避免的现象，它反映了人类对具体事物的认识由不知到知、由知其片面到知其全面、由知其表面到知其内在本质的一般规律的反复曲折的发展过程。从一定的意义上来说，错误假说往往孕育着正确假说的产生。

6. “大胆假设，小心求证”是科学研究过程中的两大基本步骤。一般地讲，理论导向正确，研究假设清晰，是高水平研究的特征性标志之一。“做科学研究，最怕上不着天，下不着地，浮在中间。上不着天就是所做研究没有大胆假设的方向和势头，在理论上无建树；下不着地就是所做研究没有小心求证的态度和行动，在实践上无根基”[1]。

第三节　研究对象与样本选取

研究对象与样本选取是体育科学研究设计的主要内容之一，它不仅与研究目的、内容密切相关，而且直接关系到资料的收集、整理和分析，同时还涉及整个研究费用及研究成果的推广和应用范围。

一、正确地认识总体与研究对象

在体育科学研究中，根据研究目的和某些特定原则加以选择的特定研究对象的总和称为**总体**（population）。总体通常很大，或者根本无法得到，如某地区 20

[1] 张力为. 研究方法总是使我们处于科学研究的十字路口［J］. 体育科学，2004，（6）：1-6.

岁男青年的身高测量值，全部高血压患者的血清总胆固醇测量值。当总体中所有观察单位都能够标识时，如男子 CBA 比赛中所有运动员的注册号码等，称为**有限总体**（finite population）；反之，称为**无限总体**（infinite population）。由于时间、人力、物力等方面的限制，在一项具体的研究中不可能对研究总体中的每一个对象进行分析。因而，必须根据一定的原则，从总体中采用合理的方法抽取出的部分个体就叫**样本**（sample）。总体的统计指标，如均数、率，称为**总体参数**（parameter），样本的统计指标称为**统计量**（statistic），如样本均数、样本率。在研究中常常是由样本统计量来推断总体参数。统计量与总体参数的差别，就是**抽样误差**（sampling error）。所以，正确地认识总体，就成为研究对象与样本选取的关键。

（一）研究总体的界定必须在理论上明确其范围和特征

在体育科学研究中，研究对象可以是个体、群体、组织、人类体育的行为及行为物品和现象，由于其复杂性，实际问题多种多样，就必须对研究总体进行界定，即对它的特征、内涵、外延及数量等方面作出的规定。课题确立时的总体往往是虚拟的，是理论上的总体。所以，必须在理论上明确其范围和特征。例如，在某体育疗法治疗原发性高血压的课题研究中，总体应是“原发性高血压”患者的全体，而不是诸如“运动性高血压”“青年性高血压”或“反应性高血压”等患者的全体。如何对总体进行界定可以参考以下几点：

1. 考虑并说明采用“特定群体”为总体的理由。
2. 考虑并说明不采用“其他群体”为总体的理由。
3. 考虑研究的预期效果，即研究结果的推广程度。
4. 考虑研究的可行性，即研究的必要条件。

（二）研究总体的界定必须考虑统计分析方法的应用

体育科学研究中数据分析方法的选用，总体起着关键作用。研究总体内个体之间的差异是造成抽样误差的直接原因，正因为抽样误差的存在，才需要统计推断。总体情况不同，抽样误差的来源不一样，因而其估计量不同，相应的数据分析方法也不同，总体在数据分析方法运用过程中起着指导作用。例如，在体育实验研究中的独立样本与配对样本所需的统计分析方法，由于总体的性质与研究目的不同，其检验的统计量也不同。

（三）总体与制定抽样框

如上所述，理论总体往往是虚的，不是一个实在的、可操作的总体。**抽样框**（sampling frame）又称抽样范围，它指的是一次直接抽样时总体中所有抽样单位的名单。例如，从一所中学的全体学生中，直接抽取 200 名学生作为样本，那么，这所中学全体学生的名单就是这次抽样的抽样框；如果是从这所中学的所有班级中抽取部分班级的学生作为样本，那么，此时的抽样框就不再是全校学生名单，而是全校所有班级的名单了。在实际抽样中，由于抽样单位有不同的层次，故在实际操作中，抽样框是不同的，如进行复杂的多阶段抽样，在不同阶段使用不同的抽样框，就是制定抽样框。因而，抽样框的质量决定了样本的质量。当确定了研究总体后，应根据总体的范围和特征再去寻找可能的抽样框，然后对这个抽样框进行检验和评估，看这个抽样框是否符合研究的要求。

二、样本容量的确定

样本容量（sample size）是指样本中包含的个体数量，也称样本含量，常用符号“n”表示。样本容量与样本的代表性有关，样本容量越大，代表性越好；反之，样本容量越小就可能失去代表性。但这并不是说样本容量越大越好，而是要考虑研究问题的具体特点。在习惯上常以 30 为界，将样本分为大样本（30 个以上）和小样本（30 个以下），之所以这样区分，是因为当样本规模大于 30 时，其平均值的分布将接近于正态分布，从而有许多统计学公式可以使用，也可以用样本对总体进行推断。但是，在体育科学研究中需要注意的是，小样本对某一课题的研究常常是不够的，而统计学的大样本与实际研究中的样本含量并不是一回事，那么，怎么确定研究中的样本容量呢？

（一）影响样本容量的主要因素

1. 研究的类型和范围

当研究是定量研究，研究范围较广时，要求较大的样本，如定量研究中运用多元分析方法时，由多元统计分析的原理要求样本含量是变量数目的 5 倍以上。

当研究是定性研究，研究范围较窄时，样本容量可适当少一些，如对高水平运动员的医务监督和心理咨询研究，则可能是小样本研究。

2. 总体规模及性质

样本容量与总体规模有关。研究表明，总体越大时，样本也要大，但总体规模大到一定程度时，样本规模的增加与它并不保持同等的增长速度。因此，根据总体规模确定样本含量，既要满足统计学上的要求，又要考虑实际收集资料的可能性和研究中的误差。总体的性质对样本也有一定影响。一般来说，同质性越高，表明总体在各种变量上的分布越集中，波动性越小，同样规模的样本对总体反映的就越准确；反之，同质性越低而异质性越高，表明总体在各种变量上分布越分散，波动性越大，同样规模的样本对总体的反映就越差。

3. 抽样的精确性

抽样的目的是要从样本中推论总体的情况，因而，估计样本容量就要考虑允许的最大误差和推论犯错误的概率。在研究中一般用置信度与置信区间说明样本规模与抽样的可靠性及精确性之间的关系。**置信度**（confidence coefficient）又称为置信水平，它指的是总体参数值落在样本统计值某一区间的概率，或者说总体参数值落在样本统计值某一区间中的把握性程度[①]。它反映了抽样的可靠性程度，例如，置信度为95%，指的是总体参数落在样本统计值某一区间的概率为95%。一般来说，置信度越高，推论的把握性越大，则要求的样本容量就越大。**置信区间**（confidence interval，CI）也称置信间距，是指在一定的置信度下，样本统计值与总体参数之间的误差范围，它反映的是抽样的精确性程度。0.95置信区间，也即0.05显著性水平的置信区间；0.99置信区间，也即0.01显著性水平的置信区间。在其他条件一定的情况下，置信区间越小，即样本统计值与总体参数值之间的误差范围越小，则所需要的样本规模就越大。例如，对一个总数为20000的总体，置信度确定为95%时，若置信区间为±5%，则需要377个样本，若置信区间为±4%，则需要583个样本。

4. 研究者的条件

研究者的条件主要指所拥有的经费、人力和时间。一般情况下，对研究人员

① 置信度（$1-\alpha$），一般是根据实际情况预先给定的，α称显著性水平。通常置信度的标准有：$1-\alpha=0.90$，$1-\alpha=0.95$，$1-\alpha=0.99$。

来说，总费用是固定的，在固定的费用下尽量提高精度或者在必需的精度要求下使费用尽量减少，这是确定样本大小的最基本原则。除此之外，研究实施过程中的具体情况，如可能的样本流失、研究工具和手段的可靠性、问题的特殊性，都是确定样本含量应当综合考虑的因素。

（二）决定样本容量的条件

根据科学研究中样本含量估计的数学原理和方法，样本容量取决于以下四个条件，它们也是估计公式推导的理论依据。

1. 设定检验的第Ⅰ类错误概率 α，即显著性水平。

2. 设定检验的第Ⅱ类错误概率 β，或**检验效能**〔$1-\beta$（power of test）〕，常取值为 0.99、0.95、0.90、0.80，一般不能低于 0.75。例如，$1-\beta=0.90$，意思是若两组确有差别，则在 100 次实验中，平均有 90 次能发现出差别来。很明显，研究设计中所取的检验效能越大，所需要的样本含量就越多。

3. 总体标准差 σ、总体率 p、总体平均数 μ 的估计。通常根据预实验、查阅文献和专业知识判断。

4. 允许的最大误差和处理组间的差别 δ 的估计。如 $\delta=p_1-p_2$ 或 $\delta=\mu_2-\mu_1$。若研究者无法得到总体参数的信息，可作预实验估计，也可根据专业要求或经验估计。

（三）样本容量的估计方法

研究设计中估计样本容量的方法较为复杂，根据体育科研的实际需要，仅就体育科学研究中常见的抽样调查和实验研究的样本容量估计方法介绍如下。

1. 抽样调查样本含量估计

在抽样调查中，常用的是估计总体均数及估计总体百分比要求的样本含量。下面介绍简单随机抽样（含机械抽样）样本容量的确定[1]。

[1] 卢淑华. 社会统计学［M］. 3 版. 北京：北京大学出版社，2005：463-466.

（1）重复抽样时

$$n = \frac{t^2 \times \sigma^2}{\Delta^2} \qquad \text{（推论总体均值）}$$

$$n = \frac{t^2 \times p(1-p)}{\Delta^2} \qquad \text{（推论总体百分比）}$$

上两式中，t 为置信度所对应的临界值，可以从标准正态分布表中查出；Δ 为抽样误差，可根据研究需要事先确定；σ 为总体标准差；p 为总体百分比。在实际抽样过程中，σ 与 p 往往难以得到，只能采用一种变通的办法。根据概率论的原理，一般情况下，由于简单随机抽样的总体方差 σ^2 近似地等于 p（$1-p$），当 $p = 0.5$ 时，总体方差 $\sigma^2 = 0.25$ 达到最大值，因此，即使对 p 一无所知，也可以采用比较保险的办法，取 $p = 0.5$，使推论总体百分比公式变为：

$$n = \frac{t^2}{4\Delta^2}$$

它可以保证样本规模足够大。

例 1　某学校准备采用抽样调查了解学生平均每周用于文体活动的时间。置信度为 0.90，允许误差要求控制在±1 小时之内，所需的样本容量（已知 $\sigma = 5$ 小时）是多少？

解：根据题意，本题采用均值样本容量公式

因 $1-\alpha = 0.90$，所以 $t = 1.65$

已知 $\sigma = 5$　　$\Delta = \pm 1$

所以　$$n = \frac{t^2\sigma^2}{\Delta^2} = \frac{(1.65)^2 \cdot (5)^2}{1^2} = 68 \text{（人）}$$

例 2　某研究者为了了解体育节目的收视率，拟进行一次抽样调查。根据 50 户的试调查，收视率为 68%。现要求抽样调查的结果误差不超过 5%，置信度为 0.95，所需要的样本容量是多少？

解：根据题意，本题采用总体率推论的公式

因 $1-\alpha = 0.95$，所以 $t = 1.96$

已知 $p = 0.68$　　$\Delta = 0.05$

所以 $$n = \frac{t^2 \times p(1-p)}{\Delta^2} = \frac{(1.96)^2 \times 0.68\ (1-0.68)}{(0.05)^2} \approx 334 \text{（户）}$$

（2）非重复抽样时

$$n = \frac{Nt^2\sigma^2}{N\Delta^2 + t^2\sigma^2} \qquad \text{（推论总体均值）}$$

$$n=\frac{Nt^2p^2\ (1-p)}{N\Delta^2+t^2p^2\ (1-p)}$$ （推论总体百分比）

上述两种抽样，当 σ^2 在未知情况下，可用样本方差 S^2 代替 $\sigma^2\approx S^2$，N 为总体中含有的抽样单位个数。

例 3 某单位共有职工 4810 人。为了有 95%的可靠性使非重复抽样的体育消费水平，其误差不超过±5 元，样本容量（已知 $\sigma=18.7$ 元）是多少？

解：根据题意，本题采用非重复抽样均值推论的公式

因 $1-\alpha=0.95$，所以 $t=1.96$

已知 $N=4810$ $\Delta=5$

所以 $$n=\frac{Nt^2\sigma^2}{N\Delta^2+t^2\sigma^2}=\frac{4810\times(1.96)^2\ (18.7)^2}{4810\times(5)^2+(1.96)^2\times(18.7)^2}\approx 54\text{（人）}$$

2. 实验设计中样本含量的估计

实验设计中对样本含量估计的方法更为复杂，常见的有样本均数与总体均数的比较（或配对比较）、两样本均数的比较、两组率的比较等。这里只讨论这三种情况，每种情况都要预先知道一些具体条件，见表 4–1。可采用查表法或公式法进行样本容量估计[1]。

表 4–1 常见实验设计样本容量确定的预知条件

设计类型	统计量	处理组间的差别 δ 估计	α 及 $1-\beta$
两组率的比较	两组的率 p_1 与 p_2	总体率之差 δ，若 δ 未知时，可用（p_2-p_1）作为 δ 的估计值	预先给定
配对比较	各对差数的均数	差数的总体均数 μ 与总体标准差 σ 之比 $\delta=\frac{\mu}{\sigma}$，若 μ 与 σ 未知时，可用样本统计量 $\bar{x}$ 及 S 估计之	预先给定
两组均数的比较	两组的均数 $\bar{x}_1$ 与 $\bar{x}_2$	两总体均数之差与总体标准差 σ 之比 $\delta=\frac{\mu_2-\mu_1}{\sigma}$，若 μ_1 及 μ_2 未知时，可用 $\bar{x}_1$ 及 $\bar{x}_2$ 估计之，若 σ 未知时，可用合并标准差估计之	预先给定

[1] 张明立. 常用体育统计方法［M］. 北京：北京体育大学出版社，1990：460–466.

(1) 用查表法估计样本含量

①两组率的比较时所需样本含量：对于两组率的比较，单侧检验可查常用数表 3，双侧检验可查常用数表 4。查表法的具体步骤是（以下两种情况查表步骤相同）：

第一步，确定 δ；

第二步，确定检验效能 $1-\beta$；

第三步，确定显著性水平 α；

第四步，确定单、双侧检验；

第五步，查统计用表。

例 4　为了提高投篮命中率，某教师采用实验的方法，对实验组采用“意念方法投篮”训练。根据以往经验投篮命中率为 45%，现要求实验组达到 55%，试问最少需要多少次投篮，才能满足实验的要求？（$\alpha = 0.05$，检验效能为 0.80）

解：本例 $p_1 = 45$，$p_2 = 55$，$\delta = 55 - 45 = 10$，$\alpha = 0.05$，检验效能为 0.80，根据题意，可用单侧检验，查常用数表 3，最少需要 310 次投篮，才能满足实验的需要。

②配对比较时所需样本含量：采用上述步骤查常用数表 6。

例 5　为了研究纵跳训练的方法，测出训练前后的成绩进行对比，若训练后的成绩平均提高 2.61 厘米，标准差是 2.9 厘米，如果 $\alpha = 0.05$，检验效能为 0.80，问至少需要多少学生才能使训练前后的成绩之间的差别有显著性？

解：本例为配对比较，差数的均数为 2.61 厘米，标准差是 2.9 厘米，故 $\delta = 2.61/2.9 = 0.90$，查常用数表 6，单侧检验得知，至少需 10 名学生才能进行实验。

③两组均数的比较所需样本含量：采用上述步骤查常用数表 5。

例 6　在研究纵跳训练方法中，比较两种方法的训练成绩，训练方法 A 平均提高 10 厘米，训练方法 B 平均提高 7 厘米，两均数相差 3 厘米，其合并的标准差为 2.11 厘米，若使两组差别显著，需要多少学生参加实验？（$\alpha = 0.05$，检验效能为 0.90）

解：本例，$\delta =（10 - 7）/2.11 = 1.4$，$\alpha = 0.05$，检验效能为 0.90，查常用数表 5，若是单侧检验，需要 10 名学生，两组共需 20 名学生；若是双侧检验，需要 12 名学生，两组共需 24 名学生。

(2) 用公式估计样本含量

采用公式法计算样本含量时，所设定的检验效能均为 0.5，有时计算出来的样本含量小于查表法，因此，在实际应用中，考虑到各种具体情况，可以适当增加一些样本含量。

①两组率的比较所需样本含量

其计算公式为：

$$n=2\left(\frac{u}{p_1-p_2}\right)^2\cdot p_c(1-p_c)$$

$$或\ n=\frac{8p_c(1-p_c)}{(p_1-p_2)^2}\quad(当\ u=2\ 时)$$

其中，p_c 为 p_1、p_2 的合并率，$p_c=(p_1+p_2)/2$，u 为给定的 α 下的临界值。

例 7 以例 4 为例，计算如下：

解：$p_c=(p_1+p_2)/2=(0.45+0.55)/2=0.50$，取 $u=1.96$ 代入公式：

$$n=2\times\left(\frac{1.96}{0.55-0.45}\right)^2\times0.50\times(1-0.50)$$

$$=192\ (次)$$

计算结果与查表法相差很大，是因为检验效能不同所致，在这里检验效能为 0.5，当然需要的投篮次数就少了。

②配对比较所需样本含量

其计算公式为：

$$n=\frac{t^2\cdot s_d^2}{\bar{d}^2}$$

其中，n 是样本含量的估计值（对数）；t 为显著性水平的临界值；s_d 为差值的标准差；$\bar{d}$ 为差值的平均值。使用该公式时，一般采用逐步接近的办法来确定样本含量。

例 8 以例 5 为例，其中 $\bar{d}=2.61$ 厘米，$s_d=2.9$ 厘米，按题意为单侧检验。

解：根据研究设计要求，如果 n 足够大，可取单侧检验 $t_{0.05}=1.645$ 代入公式：

$$n=\frac{1.645^2\times2.9^2}{2.61^2}=3.34$$

再用 $n=4$（略大于 3.34），即 $n_1'=n-1=4-1=3$ 时，单侧检验的 $t_{0.05\ (3)}=2.353$ 代入公式：

$$n=\frac{2.353^2\times2.9^2}{2.61^2}=6.84$$

又用 $n=7$（略大于 6.84），即 $n_1'=n-1=7-1=6$ 时，单侧检验的 $t_{0.05\ (6)}=1.943$ 代入公式：

$$n=\frac{1.943^2\times2.9^2}{2.61^2}=4.66$$

再用 $n=5$，单侧检验的 $t_{0.05}$（4）= 2.132 代入公式：$n=5.61$，直到 n 趋于稳定。本例至少需要 6 对学生，与查表法也有出入，也是由于检验效能不同所致。

③两组均数的比较（t 检验）所需样本含量

其计算公式为：

$$n=\frac{2t_{\alpha}^{2}s_{c}^{2}}{(\bar{x}_1-\bar{x}_2)^2}$$

其中，n 是样本含量的估计值；t_{α} 为显著性水平临界值；s_c 为合并的标准差；$\bar{x}_1$、$\bar{x}_2$ 分别为两样本的均值。

例 9　以例 6 为例，本例 $\bar{x}_1=60$ 厘米，$\bar{x}_2=57$ 厘米。

解：取 $t_{\alpha}=t_{0.05}=1.96$

$$n=\frac{2\times1.96^2\times2.11^2}{(60-57)^2}=3.80$$

再用 $n=4$（略大于 3.80），即 $n'=2n-2=8-2=6$ 时，单侧检验的 $t_{0.05\ (6)}=1.943$ 代入公式，如此计算，直到 n 趋于稳定。该例每组至少需 5 人，两组共需要 10 人。

3. 采用经验估计样本含量

在体育科学研究中，对有些问题还可以用经验的方法来估计样本含量。例如，变异程度大的指标样本含量要大一些；影响因素多的研究样本含量要大一些等。参考有关文献，提供以下取样大小的参考值：

（1）社会调查研究的样本含量一般不能少于 100 个样本。

（2）相关、比较研究较为满意的样本每组至少 30 个样本。

（3）实验研究：实验条件较易控制的研究，例如，运动生理学实验，每组至少 15 个样本；不易控制实验条件的研究，例如，体育教育实验，最好取一个自然教学班且不少于 30 个样本。

（4）社会调查研究中经验确定样本数的范围（表 4–2）。

表 4–2　经验确定样本数的范围 [1]

总体规模	100 以下	100~1000	1000~5000	5000~1 万	1 万~10 万	10 万以上
百分比	50%以上	50%~20%	30%~10%	15%~3%	5%~1%	1%以下

[1] 袁方，等. 社会研究方法教程[M]. 北京：北京大学出版社，1997：228.

三、常用的抽样方法

抽样推断最根本的依据是：样本是总体的一个代表性剖面。常用的抽样方法有概率抽样和非概率抽样两种。**概率抽样**（probability sampling），也称随机抽样，是按照概率原理进行的，它要求样本的抽取具有随机性。所谓随机性，就是总体中的每一个个体都具有同等的被抽中的可能性，实际应用中要注意“随机”与“随意”之间的差别。**非概率抽样**（non-probability sampling）不是按照概率均等的原则，而是根据人们的主观经验或其他条件抽取样本。下面简介这两种常用抽样方法。

（一）概率抽样

1. 简单随机抽样

简单随机抽样（simple random sampling）就是总体中的每一个体均有同等的被选机会，而且样本中的每一个体是被单独地选出来。通常采用抽签、随机数字表或摇号机摇号等来实现。抽签法是先给总体中每个个体编上号码，从中随机抽取，被抽到的签号进入样本。随机数字表是由许多随机组合排列的数字组成的表（见附表 1），表 4–3 就是这种表的一部分。

表 4–3　随机数字表（附表 1 的一部分）

10	09	73	25	33	76	52	01	35	86	34	67	35	48	76	80	95	90	91	17	39	29	27	49	45
37	54	20	48	05	64	89	47	42	96	24	80	52	40	37	20	63	61	04	02	00	82	29	16	65
08	42	26	89	53	19	64	50	93	03	23	20	90	25	60	15	95	33	47	64	35	08	03	36	06
99	01	90	25	29	09	37	67	07	15	38	31	13	11	65	88	67	68	43	97	04	43	62	76	59
12	80	79	99	70	80	15	73	61	47	64	03	23	66	53	98	95	11	68	77	12	17	18	68	33

例如，要从总体 800 人中抽取 100 人的样本，先给 800 人从 001~800 编号，然后从随机数字表中任何一行、任何一列的任何数字开始，按任意方向依此取三位数字（由于本例个体编号为三位数，一般根据总体最大编号的位数确定所用随机数中的位数），凡碰到 001~800 范围的数字即为中选的号，直至取足 100 个号

为止。例如，从表 4-3 中第一行、第一列开始向右取三位数，100、973（略去，因为超过 800）、253、376、520、135、863（略去）、467、354……直到抽足 100 个号为止。

2. 系统抽样

系统抽样（systematic sampling）又称等距抽样或机械抽样。它是根据研究总体中每个个体的某些标志、排列顺序进行编号，然后每隔一定的顺序间隔（距离），抽取一个个体组成研究样本。系统抽样主要考虑抽样间距和抽样比率，两者均由总体大小和样本大小决定，如总体数为 N，样本含量为 n，则抽样间距 $K = N/n$。该方法适用于同质性较高的总体，具体应用中要注意个体的预先排列所具有某种次序上的先后、等级上的高低及间隔对应的周期性分布等情况。

3. 分层抽样

分层抽样（stratified sampling）又称类型抽样。它是先将总体依照一种或几种特征分为几个子总体（类、群），每一个子总体称为一层，然后从每一层或类型中采用随机抽样或系统抽样的办法抽取一个样本，构成分层样本，最后将分层样本和起来构成总体样本。分层抽样又分为按比例分层抽样和非比例分层抽样，适用于总体内个体数目较多，结构复杂，在研究中不但要了解总体情况，而且要了解某些类别的情形，也即异质性较强的总体。

在实际应用分层抽样方法时，研究者要考虑若干分层的原则：

（1）以调查所要分析和研究的主要变量或相关变量作为分层的标准。

（2）以保证各层内部同质性强、各层之间异质性强、突出总体内在结构的变量作为分层变量。

（3）以那些已有明显层次区分的变量作为分层变量。

（4）根据研究目的考虑分层的比例问题。

4. 整群抽样

整群抽样（cluster sampling）是将总体按照某种标准划分为一些子群体，每一个子群体为一个抽样单位，用随机抽样的方法从中抽取若干子群，将抽出的子群中所有个体合起来作为研究样本。采用整群抽样不仅可以简化抽样过程，节省开支，同时可以相应地扩大抽样的应用范围。在实际应用中，整群抽样与分层抽样是有区别的。当某个总体是由若干个有着自然界限和区分的子群（或类别、层次）所组成，同时，不同子群相互之间差别很大，而每个子群内部的差异不大时，则适合于分层抽样的方法；反之，当不同子群相互之间差别不大，而每个子群内部的异质性程度比较大时，则特别适合于采用整群抽样的方法。

5. 多阶抽样和 PPS 抽样

多阶抽样（multistage sampling）又叫多级抽样或分段抽样。在多级抽样中，每一级都可看作是一次整群抽样，每一个抽样中的整群，又可看作是由若干子群所组成，从入样的整群中，再随机抽取若干子群组成子子群，然后依此法继续往下抽取，直到抽中的单位满足了抽样者的要求，成为基本的调查单位。例如，《中国群众体育现状调查与研究》等课题均采用的是多阶抽样。多阶抽样与分层抽样、整群抽样的一个共同特点是将总体分为若干个群；所不同的是分层抽样是每个群内都进行抽样，整群抽样是抽若干个群再在群内普查，而多阶抽样则是抽若干个群再在群内抽样。因此，完全可以将分层抽样与整群抽样看作是多阶抽样的特殊情形。

在多阶段整群抽样中，当被抽样的群规模很大时，应当采用每一整群被抽中的概率并不相等的抽样方法，按照整群的大小比例进行抽样，即**概率比例抽样**（sampling with probability proportionate to size，简称 PPS）。它的优点是不要求各阶段的群规模大小相同，只通过多级不等的抽样概率，最终实现总体中的个体具有相同的抽样概率，从而保证了估计的无偏性。下面以实例来介绍 PPS 抽样方法。

设某校总人数 N = 1000 人，共 5 个班，各班人数不等（表 4–4），用 PPS 法进行二级抽样。第一级是先从 5 个班中按不等概率抽取 4 个班，R = 4。第二级是从抽中的班级、不论其人数多少，都抽 25 名。两级抽样总数为 R × n = 100。总抽样比 f = 100/1000 = 0.1，即每名学生被抽中的概率是 0.1。

表 4–4　PPS 抽样举例

班级	人数	所占比例	累计	序号范围	抽中次数	样本量
A	100	10%	10%	000~099		
B	150	15%	25%	100~249	1	25
C	180	18%	43%	250~429		
D	250	25%	68%	430~679	1	25
E	320	32%	100%	680~999	2	50

对于一级抽样，不妨想象为各班排队入场，A班（也可其他班先走）走完后B班（也可其他班先走）再走，直至E班入场完毕。在每班入场的同时，赋予每个学生一个入场序号，这样一来对应1000个学生就有了从000到999共1000个序号，同时也就有了各班对应的序号范围（该范围的大小等于班级人数规模所占的比例），然后利用随机数表或等距抽样的方法，从中抽出4个序号，例如，200、505、715、805，它们属于相应的B班、D班和E班的序号范围，其中B班和D班各抽中1次，E班被抽中2次。显然班级人数越多，也就是群规模越大，对应的序号范围也越大，抽中的概率也越大，也就是抽样概率与群规模成比例。对于第二级抽样，由于是直接对个体进行操作，只要实施简单随机抽样或等距抽样即可。

体育社会调查研究中，还有一种常见的调查方式是研究者以家庭作为分析单位时，以入户访谈的方法收集资料，不仅需要抽出家庭户的样本，同时还要进行**户内抽样**（within-household sampling），即从所抽取的每户家庭中抽取一个成年人，以构成访谈对象的样本。户内抽样可采取一种被称作“Kish选择法”的方式进行[1]。它不仅可以收集到样本家庭的资料，同时也可以收集到由这些被访者所构成的个人样本的资料。该抽样方法在社会调查研究中被广泛使用。

（二）非概率抽样

非概率抽样是指每个研究对象被抽取的概率是未知的，抽样方式不是随机的，样本通常是按照研究目的而选择的。非概率抽样常用于定性研究或探索性研究中。常用具体方法如下：

1. 目的抽样

目的抽样（purposeful sampling）是在研究情境不能运用随机抽样时，为达到研究目的，研究者根据自己的判断而选择样本的抽样方法。它与随机抽样的区别在于抽样的方式和运用的逻辑基础不同。随机抽样的逻辑基础是选择的样本要有代表性，而目的抽样的逻辑基础是想掌握和了解样本的实际情况。

[1] 风笑天. 社会学研究方法[M]. 北京：中国人民大学出版社，2001：141-142.

2. 偶遇抽样

偶遇抽样（accidental sampling）又称方便抽样，是指研究者根据现实情况，以自己方便的形式抽取偶然遇到的人作为对象，或者仅仅选择那些离得最近的、最容易找到的人作为对象，如为了调查某城市体育设施服务于民的情况，研究者到距他们最近的公共体育场所，把当时正在锻炼的人选作调查对象。

3. 判断抽样

判断抽样（judgmental sampling）又称立意抽样，是指研究者根据研究目标和自己的主观分析选择和确定研究对象的方法。这种抽样首先要确定抽样标准。由于标准的确定带有很大的主观性，所以此法的运用结果往往与研究者的理论修养、实际经验及对对象的熟悉程度有很大关系。在实际运用中，这种抽样多用于总体规模小、所涉及范围较窄，或时间、人力等条件有限而难以进行大规模抽样的情况。

4. 雪球抽样

雪球抽样（snowball sampling）就是根据已有研究对象的建议或线索，找出其他研究对象的累积过程，即先抽取目标群体中的少数成员，然后向他们询问有关信息，再获得更多的研究对象。样本像“雪球”一样越滚越大。这种方法常用在定性的实地调查研究中，或探索性研究中。

四、体育科学研究中抽样方案设计的内容及案例

（一）抽样方案设计的主要内容

1. 根据研究目的，确定所要估计的目标量。因为抽样方案的设计一般都依赖于调查目的和要估计的目标量。

2. 明确总体及抽样单元。

3. 对主要目标量的精度提出要求。

4. 选择抽样方案的类型。

5. 根据抽样方案的类型、对主要目标量的精度要求，以及置信度等确定样本量，并给出总体目标的估计式（点估计或区间估计）和抽样误差的估算式。

6. 制定实施方案的具体办法和步骤。

（二）抽样方案设计的案例

现以《中国群众体育现状调查与研究》中城乡居民问卷调查的抽样方案设计为例（摘引）[1]。

1. 调查对象与抽样总体

调查对象是全国30个省、市、自治区的16岁以上的城乡人口。

调查的抽样总体是全国30个省、市、自治区城乡人口的总户数。抽样单位是城乡的居（村）民户。

2. 抽样方法

调查的抽样方案采用多阶和分层的抽样方法。抽样的分阶与我国的行政体系相对应，以便于获取资料及管理和控制调查活动。各阶的抽样单位依次是省（市、区）、市（地区）、区（市、县）、街道（乡镇）、居（村）委会、家庭户直至调查对象。分层抽样将具有相同类型和特征的样本单位划为一个层进行抽样，可以降低抽样误差，提高精度。此方案进行两种性质的分层，一是以城市规模分层，因为体育活动的发展与人群聚集的程度有较强的相关性。二是以城乡，即市、县分层。全国城乡经济社会发展的显著差别造成体育活动的差别。现规定直辖市、各省省会和100万以上非农业人口的城市为大城市，40万~100万非农业人口的城市为中等城市，中等城市一般为地区级城市，40万以下非农业人口的城市为小城市，小城市一般为县级市。城乡分层的规定是，大城市市辖区总人口，中等城市的非农业人口和小城市的非农业人口划为城市层。考虑到大城市市辖区的农业人口已经城市化或接近城市化，并且一些较大的体育设施在城市郊区，因此将大城市的总人口划为城市层。此外，大城市所辖县的非农业人口也划入城市层，这在概念上是不准确的，但由于这部分人口相对市辖区总人口的比例很小，为了抽样计算的便利，在此做了近似处理。乡村层包括大城市所辖县、中等城市和小城市的农业人口，以及行署所辖县的非农业人口也近似处理为农业人口。

为了便于对调查的管理，节约人力和资金，调查点相对集中是有利的。为此，我们就不在全国范围内进行城乡分层和城市规模的分层，而是首先进行第一阶省的抽样，在第一阶省内进行城市规模的分层，在第二阶各个城市地区内进行

[1] 高嘉陵．《中国群众体育现状调查》城乡居民问卷调查的抽样方案［M］∥课题组．中国群众体育现状调查与研究．北京：北京体育大学出版社，1998：308.

城乡的分层。当然，采用这种低阶抽样单位中进行多次分层的方法，是以牺牲抽样精度为代价的。

3. 抽样操作与样本单位

在进行抽样操作之前，首先要编制各阶的抽样框。抽样框是抽样总体中抽样单位的一个清单名册或地图（也要附有文字的清单名）。我们采用《全国分县市人口统计资料，1995年度》（中华人民共和国公安部编，中国人民公安大学出版社，1996年）提供的数据进行大、中、小城市地区的分层，编制一、二、三阶的抽样框；然后向抽中的市县索取抽中区县的街道、乡镇的清单，进行第四阶的抽样操作；依次类推，最后一阶居（村）委会要根据户口清单名册作为抽样框进行抽样操作。

抽样的第一阶，在全国范围内30个省、市、自治区中采用简单随机抽样方法，抽取9个省（市、自治区）：北京、上海、吉林、河南、内蒙古、甘肃、四川、福建、广东。

第二阶，首先在省内分层（北京、上海除外），分为大城市（省会）、中等城市和小城市三层。层内随机抽取一个调查单位。各省抽中的城市地区有：内蒙古——包头、赤峰、丰镇；甘肃——兰州、天水、敦煌；四川——成都、泸州、什邡；福建——福州、南平、永安；广东——广州、湛江、兴宁；吉林——吉林、白山、龙井；河南——郑州、开封、项城。

第三阶，首先在城市地区分层，大城市分市区、郊区、郊区县；中小城市分市区和农村。大城市市区和郊区样本比例分配，大中城市采用PPS方法抽取若干区，在郊区县中随机抽取一个县。小城市在市区中采用PPS方法抽取若干街道，在农村中采用PPS方法抽取若干乡镇。各省市区抽中的区名称清单略，抽中的县有：北京——顺义；上海——松江；吉林——农安、靖宇；河南——中牟、兰考；内蒙古——和林格尔、林西；甘肃——皋兰、林泽；四川——郫县、梁平；福建——连江、光泽；广东——徐闻（广州市无郊区县）。

第四阶，在区、县内采用PPS方法抽取街道和乡镇。

第五阶，在街道和乡镇中采用PPS方法或简单随机抽样方法，抽取居（村）委会。

第六阶，在抽中的居（村）委会中采用系统抽样方法，抽取调查户。

最后，在抽中的调查户中，选择满足调查要求的、生日接近7月1日的人作为调查对象。

4. 样本量的确定

样本量的确定直接影响抽样效果和调查的经济效益，样本量的大小是由多种因素综合决定的。首要因素是推论指标的精度要求，精度要求高，样本量就大，最小的推论子总体的样本量必须满足最低限度的精度要求，各个子总体样本之和就是总样本量。在此调查中，除大城市外，各抽中的市县不要求作总体推论。因此，市县的样本量可以相对减小。各种城市规模的城乡指标要求作总体推论，各种城市规模的城乡样本量要满足精度要求。其次，指标的实际方差大，样本量就要大，城市的体育活动比农村要丰富多样，样本的差异性大，因此，市的样本量应该比县大。最后，样本量大小的决定因素是资金、人力、物力等客观条件。在调查的客观条件已确定的情况下，就意味着样本量已经确定，只有通过采用最优的抽样组织形式和抽样方法，才能提高抽样的精度和效率。现确定全国的总样本量为 8000 样本，抽中的各市县样本量分配如下：

北京、上海及各大城市 500 样本，其中市辖区 400 份、县 100 份；

中等城市 300 样本，市区 200 份、县 100 份；

小城市 200 样本，市区 100 份、县 100 份。

那么，各层的样本量为：大城市地区城市样本 3600 份、农村样本 800 份；中等城市地区样本 1400 份、农村样本 700 份；小城市（包括行署县）地区城市样本 700 份、农村（包括行署县）样本 700 份。

5. 推论指标的代表性

通过计算的样本指标得到的推论指标是否具有代表性，这是由推论指标的估计是否是无偏估计量和方差是否满足研究者的要求而决定的。抽样方法决定了推论指标是否无偏，抽样方法和样本量共同决定了推论指标的精度。一般推论指标要具有代表性，其目标量估计精度应在 80%以上。此调查的项目大多数是定性变量，目标量是总体比例型的，记作 P。对于比例型目标量，其样本量与最大允许误差的关系在简单随机抽样下的公式为：

$$n=\frac{t^2\times p(1-p)}{\Delta^2}$$

第四节 信度与效度

研究设计的主要目标是提高整个研究的科学水平，即保证研究结果、结论能真实地反映体育运动的客观规律。信度与效度不但是研究设计中特别需要考虑的两个重要方面，而且也是评价研究设计质量乃至整个研究结果科学性水平的主要标准。

一、信　度

（一）信度的概念

研究的**信度**（reliability）指研究方法、程序和结果的可重复性，以及一致性、稳定性程度。任何研究，只要它是从个体的行为样本中得到的东西，就包含着某些误差，难免有不正确之处。因此，信度是一个相对的概念，并非绝对的有或无，而是一个程度上或多或少的问题。由于不同学科和研究问题的要求与背景各不相同，因而信度的种类也不同。

（二）信度的种类与评定

从研究设计的评价标准来看，信度可分为内在信度和外在信度。**内在信度**（internal reliability）是指在同样的条件下，资料的收集、分析和解释的一致性，反映的是不同资料收集者或评价者在同一条件下收集、分析和解释资料之间的一致程度。**外在信度**（external reliability）指不同的研究者能否在相同或相似的背景下重复研究，以及研究结果的一致性。不同的研究设计及取向在研究信度指标上的估算也不一样，具体研究中主要有下述几种：

1. 重测信度

重测信度（test–retest reliability）是指在两个不同时间里进行测量所获的结果的一致性，也称**稳定系数**（coefficient of stability）。重测信度越高，说明测量的稳定性越好，测量受随机因素的影响越小。在体育科学研究中，一般来说，通过仪器设备测定的指标，稳定系数高一些，而通过问卷、量表等测定的指标稳定系数可能会低一些。获得稳定系数时，最需要注意的是再次测定的时间间隔，时间间隔长短会影响再测相关系数，多数学者认为以 2~4 周为宜，因而在研究论文要求报告信度系数时，必须报告两次测定的时间。

2. 等值系数

等值系数（coefficient of equivalence）是指对同一对象实施两个同一性质的测量（A 本和 B 本），所得结果的一致程度，也称**复本信度**（alternate form reliability）。复本是指在测定性质、内容、数量、格式等方面与原测定一样的测评。控制合理的时间对等值系数的获得也同样重要，研究论文同样要求报告间隔时间。在实际研究中，编制理想的复本常常很困难，故使用复本信度的机会也不多，实践中需要注意的是，复本信度高，并不说明测量一定可靠，但其系数低，则说明两个测定中至少一个是不可靠的。

3. 内在一致性系数

内在一致性系数（coefficient of internal consistency）是通过分析同一测定内部各测评项目之间的相互关系的方法估计信度系数。与重测信度、复本信度相比，其意义不同。重测信度反映的是跨时间的一致性，等值系数反映的是跨形式的一致性，而内在一致性则反映的是跨测题的一致性，即测评内部各部分之间是否具有同质性。同质性指的是测量同一特征的各个项目的得分呈正相关，相关越高，同质性程度越高。如果各项目测量的结果呈负相关，则各项目是异质的。因而，运用内在一致性系数来代表信度系数的条件是各个测定项目是同质的。

内在一致性系数的常用估计方法有三种：

（1）分半信度

分半信度（split-half reliability）指的是将一个测量分成对等的两半后，被试在这两个部分所得分数的一致性程度。最常用的分半方法是奇数-偶数法（即单号问题分成一组，双号问题分成一组）。计算两半之间的相关，获得相关系数，再根据两半之间的相关系数估计整个测量的信度。遇到一组相互关联的测题，则要将这一组题目全部归入在一半中，不能分别归在两半中。分半信度的计算需要用斯皮尔曼-布朗公式（Spearman-Brown formula）：

$$r=\frac{2\ (r_{1/2\cdot1/2})}{1+r_{1/2\cdot1/2}}$$

其中，r 为原测量的信度估计值，$r_{1/2\cdot1/2}$ 为两半测量分数间的相关系数。

在实际应用中，分半方法要求各个项目是同质的，并以对应的难易顺序排列，分半两部分的偏差是相等的。如果未满足这些条件，则要应用弗朗纳根（Flanagan formula）公式或卢伦（Rulon formula）公式来计算信度系数：

$$r=2\left[1-\frac{SD_a^2+SD_b^2}{SD_t^2}\right] \qquad \text{（弗朗纳根公式）}$$

其中，r 为信度系数，SD_a、SD_b 为分半测量得分的标准差，SD_t 为全部项目得分的标准差。

$$r=1-\frac{\delta_d^2}{\delta_x^2} \qquad \text{（卢伦公式）}$$

其中，r 为信度系数，δ_d^2 为两半测量分数之差的方差，δ_x^2 为总测量分数的方差。实际上该公式就是后面要说的克龙巴赫 α 系数在分半法中的运用（n = 2）。根据该公式，不必计算相关系数就能得到信度系数。

（2）库德–理查逊信度

库德–理查逊信度（Kuder–Richardson reliability）不需要将测量分成两半，它考虑每个项目得分的一致性。该信度系数常用于二分变量的量表。运用中要满足几个条件，其一，所有测题都采用 0、1 记分，答对记 1 分，答错记 0 分；其二，测题的难度比较接近，项目间的组间相关相等。库德–理查逊信度计算公式简称 KR–20 公式：

$$r = \frac{n}{n-1}\left[\frac{SD_t^2 - \sum_{j=1}^{n} p_j q_j}{SD_t^2}\right] \qquad \text{(KR–20 公式)}$$

其中，r 为信度系数，n 为项目数，SD_t 为全部项目得分的标准差，p_j 为各问题的正答率（通过率），$q_j = 1-p_j$，$\sum_{j=1}^{n} p_j q_j$ 为各问题的（$p_j \times q_j$）总和。

（3）**克龙巴赫 α 系数**（Cronbach’s α coefficient）

当测题不是采用 0、1 记分，而是采用多重记分，如态度测验中的李克特量表（Likert–type scale）填答方式，库德–理查逊信度就无法运用。克龙巴赫（Cronbach.L）提出了适用于各种记分情况的 α 系数，被广泛地应用在问卷和量表的编制上。其计算公式为：

$$r = \frac{n}{n-1}\left[1-\frac{\sum_{j=1}^{n} SD_j^2}{SD_t^2}\right] \qquad \text{(克龙巴赫 } \alpha \text{ 系数公式)}$$

其中，r 为信度系数，n 为项目数，SD_t 为全部项目总得分的标准差，SD_j 为项目 j 得分的标准差。

4. 评分者信度

评分者信度（scorer of reliability）指的是多个评分者给相同被试评分时的一致性。例如，在体育运动中的评分类项群，如体操、武术、跳水等，就明显存在评分者信度问题。在上述项目中，不同评分者的观察角度、注意力、对被试的偏见等都会使评分结果不一致。评分者信度的估计，有各种各样的方法，最简单的是计算两个评分者评判分数之间的相关系数。但是，不同类型的测量分数，评分者信度的估计方法不同，如 Friedman 检验适用于分值不呈正态或有序分类分数，而 Cochran 检验则适用于题目分值为二分类或无序分类分数。体育运动评分中常见的是肯德尔和谐系数，即多个评分者对多个对象采用等级法（有序）记分时的信度系数。计算公式如下：

$$W=\frac{\sum R_i^2-\frac{(\sum R_i)^2}{N}}{\frac{1}{12}K^2(N^3-N)} \qquad \text{(肯德尔系数公式)}$$

其中，3≤K≤20；3≤N≤7。W 为肯德尔和谐系数；R_i 为每个对象被评等级的总和；N 为评价的对象数，K 为评分者人数。W 值还需进行显著性检验，如果 W 值大于统计表中所列的相应数值，就说明评分是一致的。

当 N 大于 7 时，可将 W 代入下式：

$x^2=K(N-1)W$

然后查 $df=N-1$ 时的 x^2 值是否显著，如果 x^2 值达到显著水平，则 W 也达到显著水平。

综上所述，体育科学研究中涉及信度的主要类型及差异见表 4–6。其估计方法均可在 SPSS 中实现。

表 4–5　不同信度指标间的比较

类型	可能的误差源	测定目的	测定次数	常用估计公式
稳定性系数	被测者的不稳定性，如情绪、记忆等	考察在不同时间点上的可靠性	2 次	Pearson’s 相关系数
等值性系数	两种测量方式的等价性	利用复本之间的相关系数估计信度	1 次	Pearson’s 相关系数
内在一致性系数	选用特定问卷测量同一能力而产生的差异	考察某种特质的一致性反应	1 次	KR20 和 Cronbach’s Alpha
评分者系数	评分者或编码人不同引起的差异	评分者或编码者之间的差异	1 次	Kendall’s、Friedman 和 Cochran 系数、F 检验

（三）影响信度的主要因素

具体的研究问题中影响信度的因素很多，下述的几点在应用中要给予注意。

1. 研究中采用的具体测验的长短

一般来说，一个测验长度越长（测验项目越多），信度越高。但项目过多，被试会感到厌烦，答题就会不认真，这也会降低信度。研究者需要根据研究目的和经验在编制测验时，在长测验和短测验之间进行选择。在增加或减少测验条目时，信度如何变化，可根据斯皮尔曼-布朗公式计算。

2. 具体测验内容

测验项目包括的内容越广泛，测验的信度越低；测验项目包括的内容越单调，测验的信度越高。研究者既要考虑问题的代表性和广泛性，又要设法提高测验信度。

3. 被试得分的离散程度

得分之差（用标准差表示）越小的组，测验的信度就越低。因此，对于有较大个体差异的受测群体来说，高信度的测验在运用于高度选择了的对象群体时，信度会变低。

4. 被试群体的能力水平及相关因素

在某种能力水平上，信度高的测验对于其他能力水平的群体未必信度就高。除此而外，被试身心情况、不同年龄、主试情况及测验环境都有可能对信度带来影响。

二、效　度

（一）效度的概念

研究的**效度**（validity）指研究揭示客观事物本质规律的准确程度。它直接反映了研究目的的实现程度，因而是评价研究及其结论的最根本的标准之一。多年来，人们对研究中的效度分类存在不同看法，多数研究者认为对效度的理解可以放在一个宽泛的主题下，不同的效度适用于不同的研究目的。在体育科学研究中，应该根据研究目的和研究设计的取向选择效度指标。例如，成就测验主要选用内容效度；量表编制主要选用构想效度；实验研究既要关注内部效度，又要考虑外部效度；而质的研究多选用解释型效度和推论效度。效度是针对某种特定的研究目的而存在，是衡量研究质量水平的重要指标。

（二）效度的种类及影响因素

如前所述，任何一项具体的研究，其效度都可能不同，但任何研究都涉及理论构思、设计、实施、统计和推论等环节。因此，整个研究的质量取决于各个环节完成的质量。同样，整个研究的效度也取决于研究各个方面的效度。从研究设计来看，其效度主要有构思效度、内部效度、外部效度、统计效度等。其他效度将在后面有关章节涉及具体问题时再解释。

1. 构想效度

构想效度（construct validity）指研究理论构想的合理性及其转换为操作性定义的恰当程度。在体育科学研究工作中常用“构思”来表示解释体育现象的理论框架或特质，而“构思”不能直接测量，需要借助于研究工具将其反映出来。对于每个构思来说，都有两个特定，一是抽象性；二是它们又都和具体的可观察的事件相联系。例如，“体育兴趣”是个抽象的概念，不能直接研究它，但如果一个人对体育活动的喜爱和具体行为超过了其他活动，就可以用“对体育有兴趣”来形容他。在确定某个构思时，一般要遵循三个步骤：

第一，能明确体现该构思的相关行为或事件。

第二，看有没有相关的构思或可能有关系的构思。

第三，将抽象的构思外显化并探询它们之间可能存在的关系。

构想效度就是研究设计能说明构思或特质的程度。可见，构想效度总是和理论假设紧密联系在一起，如果理论假设本身有误，则构想效度就没有意义。

最为常用的构想效度估计方法是因素分析。因素分析可分为探索性因素分析和验证性因素分析。一般来说，验证性因素分析的理论导向更为清晰明确，是估计构想效度最为理想的方法。有关信度估计的方法也可以验证构想效度。例如，内在一致性系数可以判断某一构想是单一特质还是多种特质。

要使研究设计具有较高的构想效度，需要做到以下几点，其一，理论构思必须结构严谨、符合逻辑、层次分明，形成某种“构思思路”。其二，对研究的各种变量作出明确、严格的说明。其三，给变量下明确的操作定义，并制定相应的、客观的测量指标。其四，要消除或控制影响构想效度的各种因素。

影响构想效度的因素主要有以下几个方面：①对构想缺乏明确的说明，概念解释模糊，逻辑关系不清，层次不明；②单一方法和操作引起的偏差；③构想水平之间的混淆；④研究过程中主试的期望、被试因猜测而发生的心理与行为的改变、不同实验处理之间的交互作用等。

2. 内部效度

内部效度（internal validity）是指研究结果的解释能力和可靠性，即研究结果是否完全归因于自变量的操纵，是否真实地反映了自变量和因变量的关系。内部效度与无关变量的控制有关。如果一个研究能有效地控制研究条件、清楚地解释研究结果、合理地推论因果关系，那么这个研究的内部效度就高；反之，内部效度就低。内部效度多用于实验研究，要使研究有较高的内部效度，就必须控制各种外部变量，消除它们对研究结果的影响。

影响内部效度的因素很多，最经典的概括是坎贝尔和斯坦利提出的在实验研究中影响内部效度的 8 个因素，即成熟因素、历史因素、被试选择上的差异、研究被试缺失产生的效应、前测的影响、实验程序不一致或处理扩散产生的效应、统计回归效应、多种研究与因素间的交互作用[1]。

3. 外部效度

外部效度（external validity）指研究结果能够被推广到样本总体和其他条件中的程度，又可分为总体效度和生态效度。**总体效度**（population validity）指研究结果能够适用于被试所来自总体的程度与能力，而**生态效度**（ecological validity）指研究结果能够概括化和适用于其他研究条件及情景的程度和能力。要使研究结果适用于总体，就必须从总体中随机选取样本，使样本对总体具有代表性。要使研究结果能够适用于其他条件和情景，就必须考虑如何使进行某一特定研究的条件与情景对其他条件、情景有一定的代表性。

影响外部效度的因素主要有以下几种：①研究被试的代表性差；②研究变量的抽象与操作定义不明确，测量方式的信度、效度差，致使研究的可重复

[1] D.T.Campbell, J.C. Stanley. Experimental and Quasi-Experimental Designs for Research.［M］. Chicago: Rand Mcnally. 1963: 5.

性减小；③研究对被试的反作用；④事前测量与实验处理的相互影响；⑤多重处理的干扰；⑥实验者效应；⑦研究与实际情景相差较大；⑧被试选择与实验处理的交互作用。要提高研究的外部效度，做好样本的选取工作也是非常重要的一步，此外，还要考虑研究结果的概括性问题，不可任意扩大研究的外延。

整体而论，研究设计以提高研究的内部效度和外部效度为基本目标。内部效度是研究设计的基本要求，是研究质量的根本保证，是外部效度的先决条件。没有内部效度便无所谓外部效度，如果一个研究本身不科学、不精确，即使它外部效度再高，也没有实际价值和意义。况且内部效度高的研究不一定具有较高的外部效度。为此，在研究设计中应根据研究目的做适当的权衡与选择，在保证内部效度的基础上，尽可能使研究结论获得更大的推广能力。

4. 统计效度

统计效度（statistic validity）的目的在于检验研究结果的分析程序与方法的有效性，主要用于误差、变异来源、统计方法的适合性等问题的判断。

影响统计效度的因素很多，主要有以下几种：①数据的质量差，如果研究中得到的数据质量较差，肯定会影响统计效度；②违反统计检验的假设。分析数据的各种统计方法，都有明确的统计检验假设和适用条件，如果违反有关假设和条件，就会降低统计效度；③统计检验能力低。当研究样本较小时，应进行统计功效分析，充分考虑统计检验力，力图增加统计效度。

三、信度与效度的关系

信度和效度分析的主要理论根据是20世纪前半叶发展起来的**真分数测量理论**（Classical Test Theory，简称CTT）。这个理论的框架主要是围绕信度、效度、项目分析、难度等展开的，其基本假设之一是：

实际分数的方差 = 真分数的方差+随机误差的方差

真分数测量理论对信度的定义为：真分数方差与实际分数方差的比值；对效度的定义为：有效分数的方差与实际分数方差的比值。因此，可得到信度与效度的关系，即效度高，信度一定高；但信度高，效度不一定高。所以，信度是效度的必要而非充分条件，在数量上效度不会大于信度的平方根，即效度最大值 = $\sqrt{信度}$。例如，信度系数是0.70，它的效度不可能超出0.837。

信度与效度之间存在着既相互联系，又相互制约的关系。一般来说，研究者在追求信度时，往往会在一定程度上损害或降低效度，反之，当研究者努力提高效度时，信度同样会受到影响。二者之间的关系可见图 4–1[1]。

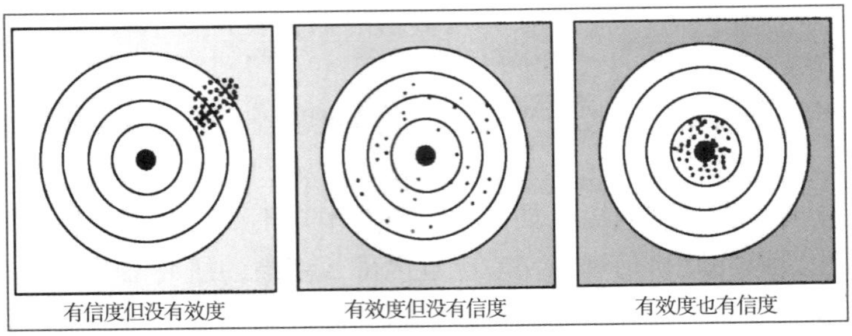

图 4–1　信度与效度关系示意图

第五节　维数、变量与研究指标设计

维数、变量、指标是研究设计中紧密联系的几个概念，一个研究问题可能包括多个维数，一个维数又可用多个变量来揭示，而同一研究变量，常常可以用多个研究指标共同代表。因而，确定研究维数与变量，进行研究指标的开发与选择就成为研究设计的另一重要方面。

一、维数、变量、指标概述

（一）维　数

维数（dimension）也称维度，这是一个属于量纲范畴的概念，在几何学及空间理论中，直线具有一维性，平面具有二维性，普通空间具有三维性。如果在三维空间引入空间直角坐标，就可用有次序的三个实数（x、y、z）表示空间的一点 P；n 维空间的一点可用 n 个有次序的实数（x_1、$x_2 \cdots x_n$）表示。在同一个问题

[1] 艾尔·巴比. 社会研究方法［M］. 10 版. 邱泽奇，译. 北京：华夏出版社，2005：141.

空间，任意维度之间一般是不相交的。在体育科学研究中，对于特定体育现象的描述、解释、预测都属于科学的认识活动。科学认识活动最基本的工具是概念。在研究活动中，人们发现对构成某一特定现象的概念往往抽象程度较高，越是感兴趣的概念越复杂，有时尽管研究者在讨论概念或明确定义方面花费大量的心血，但总能发现某些不协调或各方面想法不一致的事例。例如，运动心理学对"赛前情绪"这一概念的讨论，多维焦虑理论将"自信"归为焦虑维度而出现的逻辑矛盾，就深刻地说明了这一点。

为了加深研究者对研究对象的了解，减少认识上的不协调性及想法的不一致性，根据研究者掌握的有关资料及其研究的背景将概念分为不同的类或亚类，每类表示概念的一个具体方面或层面，这就是维数。如果仅由一个层面（或具体方面）构画了概念，则成为单维数。如果由多个层面（或具体方面）构画了概念，则称为多维数。例如，可将"赛前情绪"分为四个维度，即自信、躯体焦虑、个体失败焦虑和社会期待焦虑（图 4–2）[1]。

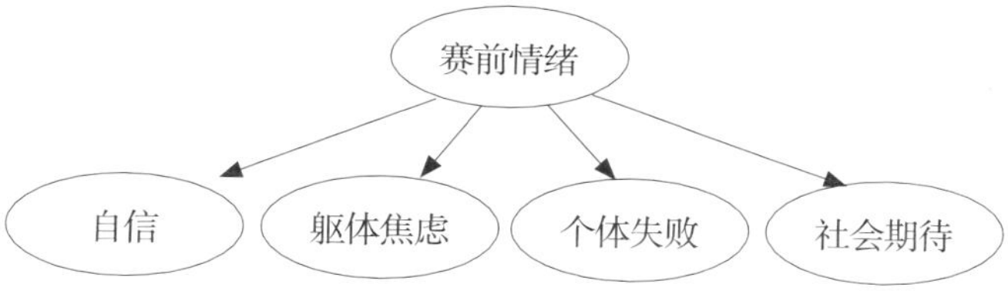

图 4–2　赛前情绪的理论维度

在体育科学研究中，诸多难以界定的概念都可用维度表示。例如，对"体育兴趣"的探讨，可以分为两种层面的兴趣，即"表达兴趣层面"和"表现兴趣层面"。前者指对体育活动偏好的表达，而后者指以实际行动主动参与体育活动而显示出来对它的喜爱。又如，在研究"教师讲课水平"的调查中，所涉及的问题是：你觉得这个教师讲得好、不好、还是不知道？研究者可将教师的讲课水平分为如下多维数，即讲课风格；语言表达；组织能力；知识的现代性；讲课节奏、温和亲切及一贯性等等。显然，教师的授课水平是一个多维数概念，对此人们不

[1] 张力为. 赛前情绪的因素结构、自陈评定及注意特征［D］. 北京：北京体育大学出版社，2001：24.

能不产生一个问题，即从多个层面（即多维数）反映概念具有很多的优越性，但是否维数越多就越好？显然选择过多的维数必然带来研究工作的复杂。在对某一具体问题的研究过程中，如何确定其维度，主要是理论和实践中的根据及其相应的实证检验。

（二）变　量

变量是研究设计的基本要素。不同类型的研究设计对变量有不同的要求。明确变量的类型、变量的测量、变量之间的关系，是分析前人的研究成果和进行自己的研究设计的必要条件。

1. 什么是研究变量

变量（variable）是指在质或量上可以变化的事物的特征，或可以测量、操纵的条件和现象。通常的变量具有一个以上的取值，或者包括一个以上的范畴，每个变量由多个属性构成。研究变量则是研究者感兴趣的、所要研究与测量的、随条件变化而变化的因素。例如，有研究者对有氧运动的抗衰老作用感兴趣，遂提出有氧训练可能会对小鼠体内自由基代谢产生影响。这里，有氧训练看作是一个研究变量，小鼠体内自由基代谢可看作是另一个变量。显然，研究者之所以选择研究某些变量，是因为怀疑这些变量之间可能存在某种程度的关联，如果能够揭示这些联系的本质，将有助于增加对客观事物的理解。

由于研究设计中遵循思路各异，因而所涉及的变量也就不一样。例如，根据行为主义的思路界定研究设计时，常涉及刺激变量、机体变量、反应变量和无关变量（或控制变量）四个术语；而根据统计技术的思路界定研究设计时，常涉及自变量、因变量、协变量、调节变量和中介变量五个术语。因此，研究设计中一般必须事先确定主要变量，了解研究情景中变量的性质，并努力理清变量之间可能的关系。

2. 变量的类型

研究设计中所涉及的变量，根据不同的标准可分为多种类型。根据体育科学研究的特点，主要简述以下几种：

（1）根据变量的取值划分。根据变量取值将其分为连续变量和类别变量。**连续变量**（continuous variable）即在本质上以连续数值表示其特性的变量，如某地区男性健康成人的身高、体重值等。**类别变量**（categorical variable）是指本质上不能以连续数值而只能用类别表示的变量，如职业、在球队中的位置等。

（2）根据变量在研究中的地位划分。这种划分有下述几种：

①**自变量**（或自变项）（independent variable）：是指由研究者有意选择测量或加以改变的因素。它能够独立变化，并引起因变量的变化。一项具体的研究可能只包含一个自变量，也可能包含两个或两个以上的自变量。一个自变量可以影响一个或多个因素。

②**因变量**（或依变项）（dependent variable）：是指被观察和被测量的随自变量变化而变化的有关因素或特征。

③**调节变量**（moderator variable）：是指在研究中对自变量与因变量的关系产生影响的变量。

④**控制变量**（controlled variable）：在一项研究中，不可能对所有变量同时进行研究，有些变量必须消除或加以控制，这些变量称为控制变量。

⑤**中介变量**（intervening variable）：是指那些无法直接观测的，但在理论上影响所观察的现象、测量或操作的因素。中间变量用于解释自变量与因变量之间的关系，其效果必须由自变量和调节变量在所观察的因变量上发生的作用来推断。

（3）根据是否可以直接观测划分。根据变量是否可以直接观测，可划分为直接测量变量和间接测量变量。可以直接观测的变量称为**直接测量变量**（direct measured variable），如身高、反应时、运动负荷等。无法直接观察、测量的内部心理状态、特征或过程称为**间接测量变量**（indirect measured variable），如动机、态度、价值观等。

（4）根据研究者是否可以主动加以操作划分。根据变量能否被研究者主动加以操作，可划分为操作性变量和非操作性变量，**操作性变量**（manipulated variable）是研究者可以主动加以操作的变量，如锻炼方式、教育水平等。**非操作性变量**（non-manipulated variable）是指在研究前就已经存在，或研究时研究者无法主动加以操作的变量，如性别、年龄。非操作性变量虽然无法操作，但通常是可以测量的，因此，可以作为自变量使用。

（5）根据研究变量与研究被试的关系划分。根据研究变量与研究被试的关系，可划分为主体变量和客体变量。**主体变量**〔（或被试变量）relative variable〕指存在于被试自身的变量；**客体变量**（causal variable）指存在于被试自身以外的变量。具体研究中涉及的被试年龄、性别、受教育水平等就是主体变量；而主试自身的一些因素存在于被试之外，因而是一种客体变量。

（三）研究指标

承上所述，研究变量往往包括若干个范畴或多个属性，如“性别”这一变量，就包括男性和女性两个范畴。**研究指标**（research indexes）就是表示某一个概念或变量含义的一组可观察到的事物，用来说明概念的属性。上述的“性别”变量由男性和女性两个属性组成，研究指标既可以是男性，也可以是女性。因而，研究指标实际是用来具体测量研究变量的类别、状态、水平、速度等特性。同一研究变量，常常可以用多个研究指标共同代表。变量的测量水平实质上就是研究指标的测量水平。在研究中的概念可能是抽象的、是人们的主观印象，而研究指标是具体的、是客观存在的事物，可被研究者或仪器辨认和观察到。

显而易见，研究指标设计的优劣很大程度上决定了研究结果的可靠性。如何选定研究中的指标，国内外学者提出了不少建议，如指标的合理性、灵敏性、技术上的可能性、特异性等。根据体育科学研究的性质和特点，在此提出确定指标的几个基本要求：

1. 指标的目的性

在研究中选用指标必须符合研究目的，与研究假设之间应存在一致性，否则整个研究都将是无效的，或出现研究目的与研究结果之间的逻辑矛盾。

2. 指标的控制性

控制无关变量是研究设计中最重要、最复杂的内容。为了避免研究过程中变量的相互混淆，指标必须具备控制性，尽可能地控制与排除同研究目的无关的变异对研究结果的影响。

3. 指标的重复性

重复性指的是研究指标的稳定，他人使用也应该得出相同或相似的测试结果，同时，重复性也意味着无偏性或小偏性，从而反映研究对象的实际情况。

4. 指标的可行性

可行性是指指标在技术上的可能性和实际操作的简便性，体现了指标经济实用，考虑到指标的推广及人、财、物的利用。

二、操作定义

在研究设计过程中，由于研究者不同的经验、认识、理解角度等方面的差异，对变量与指标可能会作出不同的解释。为了使他人在共同理解的基础上探讨问题，必须厘清变量与指标的含义，即给它们下定义。

1. 操作定义的概念

所谓定义，是指对于一种事物的本质特征或一个概念的内涵和外延的确切而简要的说明[1]。**抽象定义**（conceptual definition）是对研究变量或指标共同本质的概括，其作用在于揭示变量或指标的内涵。抽象定义明确了变量或指标在研究中的真正含义，提醒研究者要围绕这一含义进行研究。但抽象定义还不能将它与现实的、具体的客观世界相联系。而且，仅仅凭抽象定义还很难直接获得研究中收集资料的指标，这就需要将抽象定义转换为操作定义。

操作定义（operational definition）就是建立一些具体的程序，或者用可感知和可度量的具体事物、现象、方法，对抽象定义作出的具体界定与说明。显而易见，明确概念的抽象定义是设计好操作定义的重要基础。抽象定义限定了概念的内涵，而操作定义可以说是规定了概念的外延。例如，“体育人口”这一概念，是指“在一定时期、一定地域，以增进身心健康或提高运动成绩为目标，以身体活动为共同标志的个人所组成的社会群体”。而将其操作定义确定为“每周身体活动频度 3 次以上；每次身体活动时间 20 分钟以上；每次身体活动强度中等程度以上”[2]。

2. 操作定义的作用

操作定义在体育科学研究中有着极其重要的作用，尤其是在社会调查研究中。可以说，它是由理论到实际、由抽象到具体这一过程的瓶颈。因为，无论是体育教育训练学还是体育人文社会学，总是涉及太多的抽象程度较高的变量与概念，而操作定义在抽象概念与具体经验事实之间建立起了一座桥梁，使得那些本来只有靠思维去理解和体验的东西，变成了看得见、摸得着的东西。具体而言，

[1] 韩铁稳. 普通逻辑[M]. 北京：北京师范大学出版社，1989：16.

[2] 仇军. 中国体育人口的理论探索与实证研究［D］. 北京：北京体育大学出版社，2002：21.

它有下述作用：

(1) 有利于提高研究的客观性。

(2) 有助于研究假设的检验。

(3) 澄清了一个变量、概念或指标在研究中所选用的意义。

(4) 说明了测量变量、概念或指标的操作方法。

(5) 使今后同样的研究有所根据，以利于研究结果的评估与检验。

3. 建立操作定义的方法

(1) 用客观事物发生的状态、数量和具体现象界定。例如，将“足球球迷”这一抽象概念转化为“凡是与足球发生联系的行为活动，诸如观看足球比赛的次数、消费、侃球等方面”的外显行为，通过行为的客观表现描述他或她是否属于球迷。

(2) 用被定义概念的维度界定。正如前面所述，许多抽象概念往往具有若干不同的属性或维度，列出概念所具有的不同属性或维度，对抽象概念的具体化十分有用。例如，新世纪体育教育专业的大学生，应具备的能力包括“思维创新能力、教育教学能力、组织合作能力、应用操作能力、保健与训练能力、独立自学能力”六个维度。但在这类操作定义的设计时，为了保证其客观性和可靠性，一般要采用专家调查法对其进行认定，或采用多因素分析进行验证。

(3) 用变量、指标，或概念的主要属性的特征和数量标准进行界定。例如，对“优秀中学生”“优秀体育教师”这类抽象概念的界定，可以采用“各门功课考试平均成绩在85分以上”“获省级优秀教师荣誉称号一次以上”来界定。

4. 建立操作定义的注意事项

(1) 研究课题中重要的概念、变量必须给出操作定义。

(2) 操作定义的设计要具体、明确，所提示的测量或操作必须可行。

(3) 操作定义在使用过程中应该是独特的，可兼顾排他性与普遍性。

(4) 操作定义最好能将概念、变量转化成数据形式，便于直接观测。

实际上，界定研究变量是研究从“概念化”过渡到“操作化”的桥梁，是研究设计的关键。需要说明的是，对概念进行操作化处理，存在多种不同的方式，不仅仅局限于上述三种方法，尤其是对具有模糊属性的概念，其操作定义的建立往往比给事物的属性下一个清楚和普遍为人们所接受的抽象定义更为困难。与此对应的是，有些概念很难、甚至不可能在具体现象中找到其所对应的指标，需要研究者先进行一段时间的探索性调查，并不断地完善其操作定义的程序与法则，也就是说变量的操作化永无止境。另外，在撰写课题报告或研究论文中，对操作定义必须清楚地在前言或研究方法中予以说明。

三、“三性理论”与研究指标设计

在体育科学研究过程中，对同一个概念或对象研究时，可能会提出不同的研究指标，众多理论概念的操作化结果也不是唯一的，指标选择存在多样性的问题。如何科学合理地选择和评价研究指标，“三性理论（可靠性、有效性、客观性）”是其重要的理论根据。

（一）研究指标的可靠性

研究指标的可靠性即指标的信度。它是指在相同的条件下，对同一批受试者使用相同的测量指标，重复测量结果的一致性。对研究指标的设计而言，重要的是研究指标的一致可靠性与稳定可靠性。例如，在一项关于优秀运动员耐力训练效果评定的实验研究中，如果用心率这一指标推算最大摄氧量，就不如用血乳酸稳定，因为，对优秀运动员而言，在一定周期训练后，其最大摄氧量没有变化，而血乳酸有一定变化。研究指标的可靠性主要采用皮尔逊积差相关法来估计。

（二）研究指标的有效性

研究指标的有效性即指标的效度。它指所选择的指标在测量欲测属性时的准确性程度。具体包含两个方面的含义，一是所选择的指标能否测出变量的某一属性或特征；二是反映的程度怎么样。在研究指标设计中，常用的有内容有效性、结构有效性和效标有效性。

1. 内容有效性估计方法

内容有效性是指设计的指标能反映变量或概念所涵盖的总体属性与特征的准确程度。一般用指标所能测量的特性与指标设计所要测量特性的相关程度进行估计。但是，在这种情况下无法像可靠性那样来求相关系数，因为所要测量的总体属性或特征常常难以准确把握。因而，研究中主要用逻辑分析、经验判断、专业知识分析的方法来估计。例如，反映跳高专项能力的弧线助跑摸高和足球运动员射门技术的跑动中接球、传球、射门准确性等指标。

2. 结构有效性估计方法

结构有效性是指一组指标所包含的各种属性与总体属性各种拟测成分在结构上的一致性程度。结构有效性的拟测属性是一种综合的、整体的属性，而实际用指标测量出来的只是构成总体属性的各个成分或特征。故所选用指标代表的属性与总体属性的理论结构方面越吻合，指标结构的有效性越高。通常根据以下几个方面估计：

（1）结合专业知识经验，从逻辑上进行推理和判断。

（2）结合数理统计分析结果进行判断。

（3）结合体育教学和训练所产生的预期效果进行判断。

例如，用 100 米、立定跳远、8~10 米助跑跳、最后 5 米的速度四个指标组成一套测验，评定优秀跳远运动员的专项能力的结构有效性。按照上述步骤，从专业知识出发，用逻辑推理分析，上述四个指标包括了跳远运动员的专项能力，用这组测验评定优秀跳远运动员的能力，在结构上是有效的；结合统计分析将专项成绩与各单项成绩的相关系数看作有效性系数，若相关系数足够大，说明这组指标能反映跳远所需要的专项素质；用这四项指标作为专项训练手段，经过一段训练后，看其专项成绩是否随各单项成绩的提高而提高，如果达到了提高专项成绩的预期效果，则证明用这几项指标评定跳远运动员的专项能力是有效的。结构有效性还可以用因子分析结合专项理论来进行。

3. 效标有效性估计方法

效标有效性是指研究设计中的指标与某个公认的、且已被证明是有效的测量，或实验结果之间的相关程度。指标的效标有效性估计分为有可以测量的效标和没有可用的统一效标两种。

（1）有可以测量的效标：有可以测量的效标是指已被实践证明能有效地测量某总体属性或特征的测量或实验手段。体育科学研究中常用的效标有可以客观地测量并能用一定计量单位描述的专项运动成绩；非客观测量的专项等级和比赛名次；有某种数量特征的指标，如步长、投篮命中率、起跑段与冲刺段的时间等；合成效标，如全能运动的总分，若干项目标准百分的总和等；专家评定的名次、等级；已被证明有效的标准化实验结果，如用水下称重法测得的身体成分作为估计、自行车功率计测得的最大摄氧量等几种。

（2）没有统一的效标：研究指标的设计有时没有统一效标，往往采用数理统计中多因素分析确定效标。常见方法包括主成分分析、因子分析、聚类分析等。

例如，在《我国儿童、少年篮球运动员选材标准的研制过程与方法》课题中，根据篮球项目的特点，不能以成绩作为效标，因此其选材指标的筛选采用了主成分分析，根据各类指标中的因子载荷进行分类，从众多的指标中找出与篮球运动密切相关的选材指标[1]。

（三）研究指标的客观性

研究指标的客观性指不同测试者或同一测试者对同一受试者测量结果的一致性。指标的客观性常见于一些主观性指标的评分，它往往与一个变量或概念的操作定义联系在一起，例如，对同一人某一指标技术录像的多次统计，如篮球比赛中的“助攻次数”“协防次数”“基础配合次数”等指标。指标的客观性分为多人测量的客观性和一人测量的客观性。前述估计信度的一些方法，也适用于估计研究指标的客观性。

（四）研究指标设计的逻辑程序

按照上述确定研究指标的要求和“三性理论”的原则，体育科学研究中的指标筛选，大致可按以下基本程序进行。

1. 查阅有关文献资料，将收集到的尽可能多的有关研究对象的本质属性或特征指标归纳、整理，并列入调查表。

2. 进行专家调查。将设计好的调查表发给有关专家，一般要求专家按指标总数的 50%或 70%的入选率对指标进行初选。

3. 对专家的调查结果进行专业理论分析，进一步筛选测试指标。

4. 根据研究总体的特征，抽取一个样本，对专家经验筛选出的指标进行测试，获得进行定量分析的资料。

5. 用统计方法对指标进一步筛选。

6. 确定研究中收集资料的指标。

上述指标筛选的逻辑框图如下（图 4-3）[2]：

---

[1] 池建，邢文华，等. 我国儿童、少年篮球运动员选材标准的研制过程与方法 [J]. 北京体育大学学报，1995，(增刊)：95~99.

[2] 郑旗，李吉慧. 现代体育科学研究的理论与方法 [M]. 北京：人民体育出版社，2001.

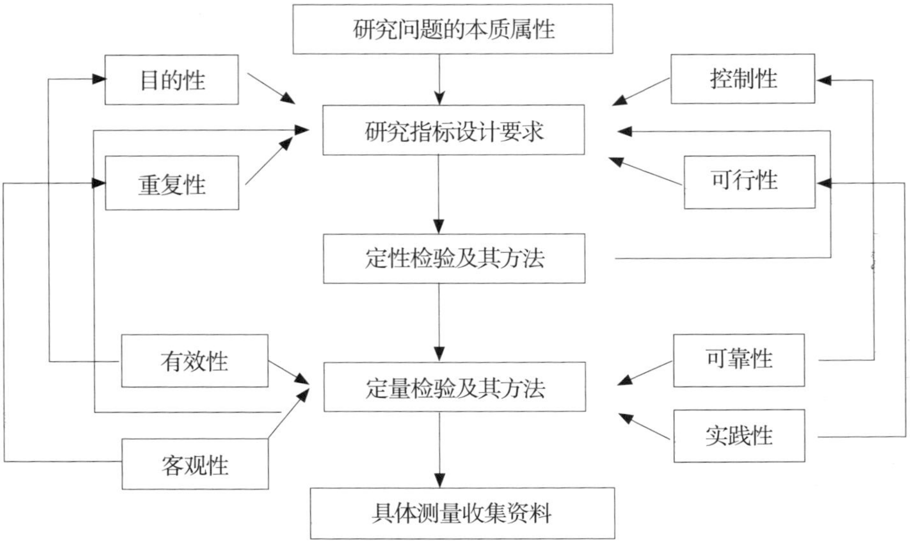

图 4-3　研究指标筛选逻辑框图

四、研究指标筛选案例

（一）有明确效标的指标筛选案例

《不同等级女子标枪运动员身体素质发展水平的检查与评定》的指标筛选[1]。

对标枪运动员身体素质发展水平的评价，不仅要以运动员各项素质的高低为标准，还要以各项素质在人体运动系统中所处的位置、所占的比例以及相互关系来综合评定，而这些都建立在科学的评价指标上，本案例的指标筛选步骤如下：

1. 在阅读文献资料和专家调查的基础上，初选出 12 项能反映标枪运动员身体素质水平的指标。

2. 选取 54 名国内女子标枪运动员进行 12 项指标测试，并根据专项成绩分为 A、B、C 组。

3. 以专项成绩为效标，以 12 项指标为自变量分别建立回归方程。

[1] 李竹青. 不同等级女子标枪运动员身体素质发展水平的检查与评定［J］. 体育科学，1997，(3)：33-36.

表 4-6 标枪运动员 12 项指标一览表

指标名称	指标名称
X_1 30 米行进间跑	X_7 立定跳远
X_2 抓举	X_8 单臂投 150 克垒球
X_3 卧推	X_9 3 步助跑 5 级跳
X_4 深蹲杠铃	X_{10} 原地投标枪
X_5 原地双手后抛 3 公斤铅球	X_{11} 半蹲
X_6 上 3 步双手投 1.5 公斤实心球	X_{12} 头后拉杠铃

表 4-7 各组的回归方程及其检验

回归方程	S_y	F	R	P
A $y_A = 3.27 + 0.65x_{10} + 0.46x_6 + 0.16x_2 + 0.1x_8$	0.12	17.8	0.8	<0.01
B $y_B = 5.69 + 0.4x_{10} + 0.33x_8 + 0.61x_6 + 0.17x_9$	1.15	50.8	0.9	<0.01
C $y_C = 14.36 + 0.12x_{10} + 0.48x_8 - 0.47x_9 + 0.94x_6 - 0.22x_2$	0.13	16.4	0.8	<0.01

4. 对选入方程的指标结合专业理论进行分析和效度检验。可见，对不同等级女子标枪运动员的身体素质水平进行评价，原地投枪、单臂投 150 克垒球、双手前投实心球、3 步助跑 5 级跳是主要诊断指标。

5. 根据各单项指标制定评分表，对不同等级女子标枪运动员的身体素质发展水平进行综合评价分析。

（二）没有效标的指标筛选案例

如上所述，没有效标的指标筛选往往要通过多元分析，在此以聚类分析为手段，以《运动员心脏功能典型指标的选择与评价》为例，来说明没有效标的指标筛选[1]。

心脏功能是由诸多生理因素综合反映的，只用一、两个指标不可能说明问题，必须有较多指标的综合才能评定。据文献报道，可用于心脏功能研究的指标已有三十多个，但指标过多，不仅增加了分析的复杂性，同时使得工作量浩

[1] 任建生. 运动员心脏功能典型指标的选择与评价［J］. 武汉体育学院学报，1996，(1)：59-64.

繁，而且相互重复。要解决这一问题必须筛选出心脏功能典型指标，具体步骤如下：

1. 查阅文献资料，采用超声心动图测试 200 多名运动员的心脏形态、功能指标 38 个。

2. 聚类分析要求入选的指标有统一的量纲，否则可能扩大或缩小某些指标的本质差异，因此对原始指标要进行标准化处理。

3. 聚类分析方法有多种，这个案例采用了系统聚类法，以各个指标间的相关系数作为聚类的相似系数，建立相似矩阵。

4. 聚类时，将相似矩阵中具有最大相似系数的类合并为新类，然后计算新类与原有各类间的相似系数，得到新的相似矩阵，如此反复，指标间不断归并，最终全部并为一大类，制成树形图（限于篇幅，从略）。

5. 树形图是分类的主要基础，结合专业知识和显著性水平，这个例子取 $r>0.5$ 为水平分类依据，可将 38 个指标大致分为 6 类（表 4–8）。

表 4–8　运动员心脏功能各类典型指标及正常值表

序号	指标类别	典型指标	正常范围
1	心脏收缩频率	心率（HR）	50~65 次/分钟
2~7	心脏搏血压力	心室应力（mWS）	250~550mmHg
8~29	心脏搏血量、搏功量	每搏功（SW）	3000~13000dyne.cm
30~32	心肌收缩速度、血流速度	左室射血时间（LVET）	260~350msec
33~35	心肌收缩性能	收缩前期/左室射血时间（PER/LVET）	0.27~0.24
36~38	心肌纤维缩短率	环形心肌纤维平均向心缩短率（Vcf）	0.88~1.2 周边/S

6. 在同类指标中，通过计算相关指数 R^2 的平均数并结合专业知识，确定运动员心脏功能的典型指标。

第六节　数据分析设计

著名的英国统计学家费歇尔（Fisher.R.A.）多次在他的著作中强调，统计学家与科学研究者的合作应该在实验设计阶段，而不是在需要数据处理的时候。他精辟地指出："试验完成后再找统计学家，无异于请统计学家为试验进行'尸体解剖'。统计学家或许只能告诉你失败的原因。"[1] 可见，数据分析是研究设计中的一个重要组成部分。

一、数据分析概述

统计学作为一种科学的认识方法，其特点在于完全依据人的认识过程，凭借客观事物发展、变化所表现的数量特征，通过观察或实验，取得大量数据，作为感性认识的第一手材料，然后对它进行科学加工、统计、计算、综合、分析，从中作出描述或推断，旨在揭示客观事物固有的而非臆造的规律。当科学的探索者在问题的丛林中遇到难以逾越的障碍时，唯有统计学工具可以为其开辟一条前进的通道。

从体育科学研究涉及的数据分析方法来看，主要有两个层次，一个是数理统计方法的层次，即通过观察和实验，以及其他途径将收集到的资料进行数值分析；另一个是数学模型的层次，即通过建立数学模型来揭示研究对象的本质特征和变化规律。但从体育科学研究应用数学方法的程度来看，仍处于数理统计的水平。正如第二章体育科学研究方法论所言，从科学发展的阶段论观点来看，体育科学目前尚处于前科学阶段或科学革命阶段，即体育科学正处在大量积累经验、广泛收集材料的"初级阶段"。这一状况，植根于体育本身的复杂性，具体地说，一方面，体育科学的方法论基础较薄弱，至今还未形成一套比较成熟的独立的研究方法和方法论体系；另一方面，体育科学固然产生了一些重要的理论，如超量恢复理论、项群训练理论、高原训练理论、运动心脏学说、肌纤维类型转化学说，但是，至今体育科学不但没有指引研究者统一理论或统一方向，也鲜见提出这种设想的尝试，体育科学的理论水平还没有能力将许多体育现象归纳、抽象出其基本要素、基本关系和基本结构。

体育科学在目前这样一个"初级阶段"，就必须有本学科独特的研究方法或借鉴其他学科的研究方法作为中介和桥梁。那么，在这一阶段对资料的数据分析，必须结合体育领域研究课题的具体特点，分层次区别对待，切忌片面追求数学的方法，而要强调统计思想的现实意义。具体说来，在研究课题设计与论文撰

[1] 杜晓琀，郭秀娥，徐勇勇. 生物统计著名人物其言其人其事 [J]. 中国卫生统计，2001，(5)：310.

写中，注意以下几点：其一，统计分析的结论，是研究人员归纳、推理的一种反映，不能脱离体育现象的客观存在；其二，统计学的术语，都是在一定条件下的统计概念，不可与日常生活中的语言概念混同，例如，显著性水平、贡献率、置信度、方差齐性等；其三，认识是可能犯错误的，统计推论也可能犯错误；其四，统计方法都有其使用的前提条件，研究设计中要充分考虑统计分析本身的局限性。

二、体育科学研究中数据类型与特征

数据类型，特别是结果变量的数据类型与特点，是数据分析时选择统计学方法的重要依据。统计学教材中按变量的取值将数据分为离散型变量和连续性变量；按变量的性质将数据分为定类变量、定序变量、定距变量和定比变量；而有的教材中又将数据分为计量资料、计数资料和等级资料。如何理解“计数资料”这一术语等等，在某种程度上容易混淆刚刚接触统计学诸多概念的大学生。图4-4的数据分类，对于认识数据类型及其相互关系具有借鉴意义[1]。

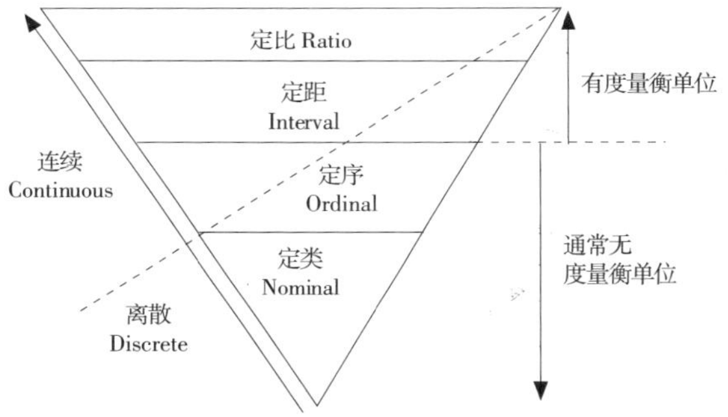

图 4-4　科学研究中的数据分类

根据统计分析的实际需要，在此主要简述定类、定序、定距和定比这四类变量，具体应用中可将定距变量与定比变量合并为一类来处理。

[1] Kleinbaum DK, Kupper LL, Muller KE, et al. Applied Regression Analysis and Other Multivariable Methods [M] . 3rd Edition. Brooks/Cole, 1998.

（一）定类变量

定类变量（nominal variable）也称名义变量或类别变量，它的取值只有类别属性之分，而无大小、程度之分。定类变量的数学特征主要是等于与不等于，或者属于与不属于，如社会调查问卷中的性别、民族、职业、地区、年级、职称等都可以用作定类变量。定类变量实质上是一种分类体系，是其他几种变量的基础。数据分析设计中应充分发挥好定类变量的作用。

（二）定序变量

定序变量（ordinal variable）也称等级变量，它的层次高于定类变量。定序变量的取值除了有类别属性之外，还有等级、次序的差别，其数学特征除具有等于或不等于之外，还有大于或小于之分，如比赛名次可以分为第一名、第二名等；文化程度可以分为文盲、小学、初中、高中、大学等。定序变量不仅能够像定类变量一样，把不同的事物分为不同的类别，而且还能反映出事物或现象在高低、大小、先后等序列上的差异。

（三）定距变量

定距变量（interval variable）也称等距变量，它的取值除了类别、次序属性之外，取值之间的距离还可用标准化的距离去度量它，其数学特征除了等于、不等于、大于或小于之外，还可以进行加减运算。例如，空气温度数就是定距变量。定距变量一般能反映出不同数字之间的差距，但数字没有绝对的零点。

（四）定比变量

定比变量（ratio variable）也称等比变量，它的取值除了具有上述三种属性之外，还可以构成一个有意义的比率。定比变量的数学特征是可以进行任何数学运算，具有一个绝对的零点。例如，年龄有一个真正有意义的零点（即刚出生），故可以说一个年龄 30 岁的人比一个 10 岁的长三倍。

表 4–9　四种变量属性的数学特征与统计方法

类别	基本数学特征	主要统计方法
定类变量	= =	频数、百分比、列联相关、 x^2 检验
定序变量	> <	中位数、百分位数、等级相关、秩次检验
定距变量	+ −	平均数、标准差、相关系数、t 检验、F 检验、多元分析等
定比变量	× ÷	除上述外，还有几何均数、相对差异量、等比量数，等等

三、数据分析方法的选择

数据类型确定后，就要考虑数据分析方法的选择。它是一个较为复杂的问题，需要结合统计学的知识和研究课题的具体情况来进行。从体育科学研究涉及的统计方法来看，有许多的统计方法可以为研究者所用，但在此处的目的不是全面细致地介绍各种统计方法，而是作为研究者要熟悉数据分析的逻辑及常用的统计方法与条件，其中常用的有描述统计、推断统计和多元统计等。

（一）数据的描述统计

数据**描述统计**（descriptive statistics）是用特定的算式对资料数据计算出一些综合指标，用以综合说明事物或数据资料特征的一种方法。常用的指标有集中趋势量数和离散趋势量数两大类，广泛应用于描述性研究这一层次。

1. 集中趋势量数

(1) **算术平均数**（mean）是指所有变量之和除以变量值的个数所得的商，常记为$\bar{x}$。计算公式如下：

$$\bar{x} = \frac{\sum x}{n}$$

其中 n 为变量个数，x 为变量的每个取值。

(2) **中位数**（median）是指数据资料按大小顺序排列后，位于序列中点的那个数，常记为 M_d。计算分为小样本和大样本两种情况。

①小样本中位数

当 n 为奇数时，M_d 为第 $\frac{n+1}{2}$ 个数即为中位数

当 n 为偶数时，$M_d=\frac{x_{\frac{n}{2}}+x_{\frac{n}{2}+1}}{2}$

②大样本中位数

大样本中位数的计算采用频数分布表来进行。通用公式如下：

$$M_d=L+\frac{i}{f}\left(\frac{n}{2}-C\right)$$

其中，L 为中位数所在组的下限；C 为中位数所在组前一组的累积频数；f 为中位数所在组的频数；i 为组距。

(3) **四分位数** (quartiles) 是指将变量值从小到大排列，再将其分为 4 份，每一个分点的值就是一个四分位数，常记为 Q_x。其计算公式由中位数演变而来，通用公式如下：

$$Q_x=L+\frac{i}{f}\left(\frac{nx}{4}-C\right)$$

其中，Q_x 为第 x 个四分位数，公式中的其余符号同中位数。

(4) **众数** (mode) 是指一组数据中，出现次数最多的数，常记为 M_0。众数的求法如果是小样本，用观察法即可求出，如是大样本，通常把频数最多一组的组中值〔(本组上限+本组下限/2)〕作为众数。当然也可以用公式计算：

$$M_0=3M_d-2\bar{x}$$

(5) **百分位数** (percentile) 是指将所有的变量值按从小到大排列，将所有变量值的个数分为 100 等份，每一个分点值就是一个百分位数，常记为 P_x。通用公式如下：

$$P_x=L+\frac{i}{f}\left(\frac{xn}{100}-C\right)$$

其中，P_x 为所求百分位数，如第 5 百分位数或第 95 百分位数可以表示为 P_5 或 P_{95}，其余符号的含义同中位数。

2. 离散趋势量数

(1) **极差** (range) 是指全部数据中最大值与最小值之差，常记为 R。计算公式如下：

$$R=x_{max}-x_{min}$$

(2) **四分位差** (quartiles range) 是指第一四分位数 (Q_1) 与第三四分位数 (Q_3)

之间距离的一半。计算公式如下：

$$Q=\frac{Q_3-Q_1}{2}$$

（3）**方差**（variance）是指离均差平方和除以变量值的个数所得之商，记为 σ^2。计算公式如下：

$$\sigma^2=\frac{\sum(x-\bar{x})^2}{N}$$

其中，N 为总体的个数。

（4）**标准差**（standard deviation）是指变量值与均数之差的平方和平均后的平方根值，常记为 S。一般多采用样本的标准差估计总体的标准差，所以其计算公式为：

$$S=\sqrt{\frac{\sum(x-\bar{x})^2}{n-1}}$$

其中 n 为样本含量，$n-1$ 为自由度。

（5）**变异系数**（coefficient variation）是指样本标准差与平均数的百分比，常记为 cv。计算公式如下：

$$cv=\frac{S}{\bar{x}}\times 100\%$$

（二）数据推断统计

数据**推断统计**（inferential statistics）是根据统计推断的基本原理（概率论、假设检验、相关分析等），从个体推断总体、从已知推断未知的统计分析方法。从统计学的角度来看，近代统计学的中心课题是推断性分析，它涉及两类问题，即**估计总体参数**（estimation of parameter）和进行**假设检验**（hypothesis testing）。在研究设计中较为复杂的是假设检验，而其又有参数检验和非参数检验两种。**参数检验**（parameter tests）是在符合某些假定条件，如在总体分布为正态、方差齐性等情况下，就总体的某些参数进行检验。它适合于定距变量和定比变量的数据类型。如果对总体分布是否呈正态不清楚，且研究资料是定类变量或定序变量，就需要用**非参数检验**（nonparameter tests）。

在研究设计中，经常要讨论统计量之间的差异问题，如两个平均数、两个比例、两个方差、两个相关系数的差异。对这些差异的讨论又分两种情况，一是样本统计量与对应的总体参数之间是否存在差异，例如，“某地区体育人口是否低于 15.4%”；二是两个相关的统计量是否存在差异，例如，“两个城市某一年龄段的男学生平均身高是否存在差异”。研究人员关心的问题是，从样本统计量得出的差异是否能作出一般性结论，即总体参数之间确实存在差异。这种统计推论的过程，就是假设检验。经过检验，如果所得的差异超过了统计学规定的某一限度，则表明这个差异已不属于抽样误差，而是总体上确实有差异，这种情况称差异显著。反之，若所得差异未达到规定限度，说明这个差异主要来源于抽样误差，这时称之为差异不显著。如本章所述，这一限度用显著性水平 α 来表示，常用显著性水平与临界值见表 4–10，α 等于 0.05、0.01、0.001，也称之为小概率的取值。假设检验就是根据“小概率事件在一次实验中不会发生”的原理来推论是否接受统计假设。在此，结合研究设计，重点讨论参数检验的问题。

表 4–10　常用显著性水平与临界值

显著性水平（α）	临界值（Z）	
	单侧检验	双侧检验
0.05	1.65	1.96
0.01	2.33	2.58
0.001	3.09	3.30

1. 研究设计中假设检验的基本思想与步骤

（1）提出统计假设：在假设检验中，必须规定一个总体参数假设，然后抽取样本，检验所做假设的正确性，所要检验的这个假设称作**统计假设**（statistical hypothesis）。具体研究中，一般每个检验的问题要提出两个统计假设。如前所述，在研究中根据已有的理论和经验事实，事先对研究结果作出一种预想希望证实的假设，这种假设在统计假设中称**备择假设**（alternative hypothesis），常记为 H_1；在统计假设中把与备择假设相反的假设称作零假设或**虚无假设**（null hypothesis），常记为 H_0。例如，在一种新的教学法实验研究中，把“新教学法与原教学法有显著差异”称作是备择假设，把“新教学法与原教学法没有差异”称零假设。

（2）选择检验方法，计算统计量的值：在体育科学研究中，当设计一个需要用假设检验来解决的实际问题时，首先要对问题进行分析，并根据问题的类型和满足的条件选择一个适用的检验方法，然后根据实际得到的样本计算统计量值。例如，两组平均数的差异检验，可以分为平均数的显著性检验和平均数差异的显著性检验，它们用于不同的目的。平均数的显著性检验是指对样本平均数与总体平均数的差异进行检验；而平均数差异的显著性检验，是指检验两个样本平均数差异的问题，检验的目的在于由样本平均数之间的差异，检验各自代表的两个总体之间的差异。显然，这两种检验所要考虑的条件和检验方法是不一样的。

(3) 确定显著性水平 α，求临界值：显著性水平 α，一般是指在零假设成立的条件下，统计检验中所规定的最小概率标准。如上所述，在假设检验中，无论接受或拒绝假设，都不可能做到百分之百的正确，总会伴有一定的错误。当零假设（H_0）正确而被拒绝时，称做弃真错误（第一类错误），其概率为 α；当零假设不正确而被接受时，称做纳伪错误（第二类错误），其概率记为 β。因而，$\alpha+\beta$ 不等于 1，其具体情况见下表：

表 4–11　统计推断中假设检验的两类错误

真实情况	判断结果	
	接受 H_0	拒绝 H_0
H_0 为真	正确概率 $1-\alpha$	弃真概率 α（第一类错误）
H_0 为假	纳伪概率 β（第二类错误）	正确概率 $1-\beta$

(4) 将临界值与统计量值相比较，判断结果：将统计量的值与临界值比较，若统计量的值落在拒绝域中，则小概率事件发生了，即零假设不能成立，故拒绝零假设，接受备择假设；若统计量的值未落在拒绝域中，则无充分的理由拒绝零假设，只能暂且接受零假设。

在假设检验中，往往根据提出的问题专注于均数与总体均数、两个样本均数是否有差异，而不关注二者是大还是小，因此，统计检验中将强调差异而不强调方向性的检验称为**双侧检验**（two-sided test）。如果根据专业知识或者实验设计，从理论上推断均数一定大于（或者小于）总体均数或某一均数，则在检验中要用**单侧检验**（one-sided test）。在实际研究中何时用单侧检验，何时用双侧检验，一定要根据研究的目的来确定，不能随心所欲地选用，并注意以下几点，其一，问题的提法不同。双侧检验的提法是某一均数和已知常数是否有显著性差异，而单侧检验的提法是某一均数是否显著地高于已知常数，或显著地低于已知常数；其二，建立假设的形式不同。双侧检验假设是比较两个参数相等或不相等，而单侧检验假设是一个大于（或小于）另一个；其三，拒绝域不同。如果显著性水平 α 定为 0.05，双侧检验的两端拒绝域的面积比率各为 0.025，单侧检验为 0.05。

2. 研究中常用参数检验的条件及统计量计算

(1) 总体均值的显著性检验

①总体服从正态分布，总体方差 σ^2 已知时，采用 z 检验：

$$z=\frac{\bar{X}-\mu_0}{\sigma_0/\sqrt{n}}$$

②总体服从正态分布，总体方差 σ^2 未知时，采用 t 检验：

$$t=\frac{\bar{X}-\mu_0}{S/\sqrt{n}}$$

③总体不服从正态分布，采用非参数检验，如果是大样本，仍可用 z 检验。

(2) 两总体均值差异的显著性检验

①两组样本相互独立时分三种情况：

第一种情况，两个总体方差都已知，采用 z 检验，

$$z=\frac{\bar{X}-\bar{Y}}{\sqrt{\frac{\sigma_1^2}{n_1}+\frac{\sigma_2^2}{n_2}}}$$

第二种情况，两个总体方差都未知，且两总体方差相差不大或相等，采用 t 检验，

$$t=\frac{\bar{X}-\bar{Y}}{\sqrt{\frac{(n_1-1)\ s_1^2+\ (n_2-1)\ s_2^2}{n_1+n_2-2}\ (\frac{1}{n_1}+\frac{1}{n_2})}}$$

第三种情况，两个总体方差都未知，且为大样本，采用 z 检验：

$$z=\frac{\bar{X}-\bar{Y}}{\sqrt{\frac{s_1^2}{n_1}+\frac{s_2^2}{n_2}}}$$

②两组样本相关时分两种情况：

第一种情况，配对数据平均数采用 t 检验，

$$t=\frac{\bar{d}}{s_d/\sqrt{n}}$$

第二种情况，已知两组样本相关系数，采用 t 检验，

$$t=\frac{\overline{X}-\overline{Y}}{\sqrt{\frac{s_1^2+s_2^2-2rs_1s_2}{n}}}$$

(3) 两正态总体方差的显著性检验（方差齐性）

①样本方差与总体方差之间，采用 x^2 检验：

$$x^2=\frac{(n-1)\ s^2}{\sigma_0^2}$$

②样本方差与样本方差之间，采用 F 检验：

$$F=\frac{s^2_{大}}{s^2_{小}}$$

(4) 比例系数（率）的假设检验

①总体比例的假设检验，采用 z 检验：

$$z=\frac{p-\pi_0}{\sqrt{\frac{\pi_0\ (1-\pi_0)}{n}}}$$

其中，π_0 为已知总比例，p 为欲检验样本比例。

②两总体比例差异的假设检验，采用 z 检验：

$$z=\frac{p_1-p_2}{\sqrt{p_c\ (1-p_c)\ \left(\frac{1}{n_1}+\frac{1}{n_2}\right)}}$$

其中，$p_c=\frac{n_1p_1+n_2p_2}{n_1+n_2}$

(三) 多元统计分析

多元统计（multivariate statistics）又称多变量分析。大学本科阶段学习的单因素的和单元的统计方法还没有完全使用，为何还需要引入多元统计方法？“简单的回答是，如果不了解这些多元统计方法，就无法看懂生物科学、教育科学、心理科学、体育科学中的许多高水平论文，因为这些论文中大量使用了多元统计方法，看不懂高水平的论文，就无法在一个较高的起点上做新的研究。复杂的回答是，体育科学以运动的人体和人体的运动为研究对象，包含在生物科学中的人的复杂性和包含在社会科学中的人的复杂性，均体现在体育科学中。”[1] 引入多

[1] 张力为. 研究方法总是使我们处在科学研究的十字路口 [J]. 体育科学，2004，(6)：5.

元统计是提高研究方法应用水平的重要标志之一。

研究设计中的多元统计分析方法主要分为两大类，一类用于分析自变量与因变量之间的关系，在多个自变量的基础上预测某一因变量的情况；另一类则用来解释一组变量之间的相互关系或者对多个变量进行分类，并不明确划分自变量与因变量，或者作出有关因果关系的假设。属于前一种方法的有多元回归、判别分析、多元方差分析和典型相关分析；属于后者的主要有主成分分析、因素分析、聚类分析等。

在研究设计中，具体多元统计分析方法的选择，主要取决于研究目的和数据的特点。例如，本章研究指标的筛选，有确定的效标，就可以采用多元回归的方法，没有确定的效标，则要采用聚类分析或因素分析。在各种多元统计方法中，分层线性模型（HLM）和结构公式模型（SEM）是值得关注的两项最新的研究方法。常见的多元分析方法的思路和程序见图 4–5[1]。

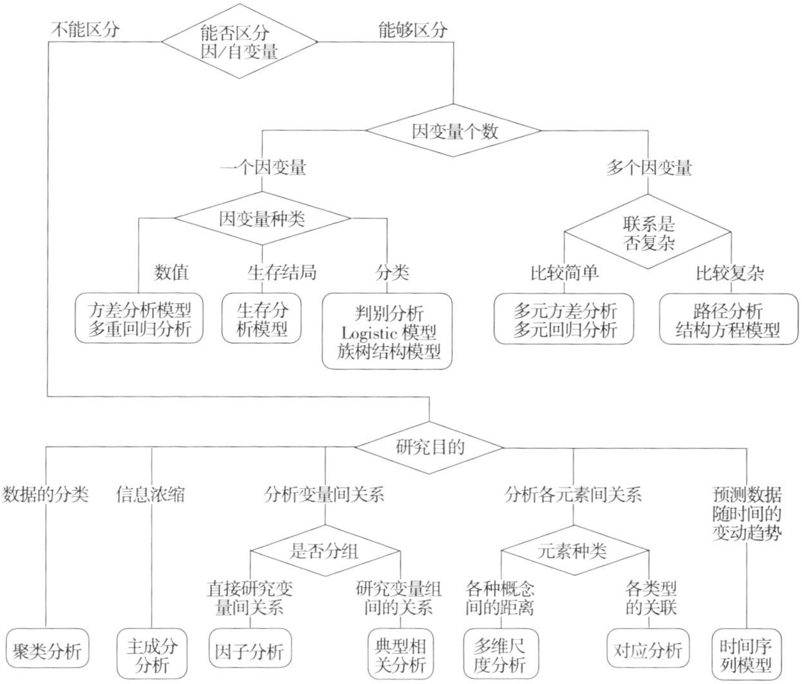

图 4–5　多元统计分析的简明思路

[1] 张文彤，等. SPSS 统计分析高级教程 ［M］. 北京：高等教育出版社，2004：424.

四、计算机统计分析基本过程与统计软件简介

（一）计算机统计分析基本过程

工欲善其事，必先利其器。研究者根据研究目的确定统计方法后，还要确定和选定与统计方法相应的程序，这往往根据研究者个人偏好及掌握计算机统计分析技术的程度决定，但选用何种统计软件必须在研究设计阶段做到心中有数。计算机并不能判断数据质量的好坏和统计分析结果是否有效，也不知道研究设计是否正确，只能由研究者的理论素养、研究方法知识，以及研究设计等因素来决定。计算机统计分析一般包括数据的组织、数据的录入、统计分析和结果输出等主要环节，其基本过程见图 4–6。

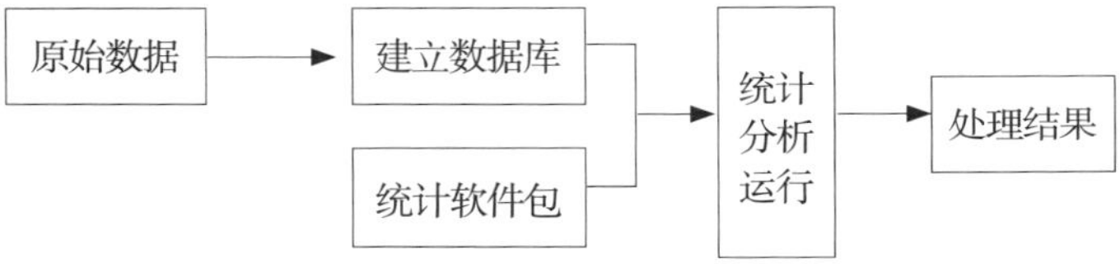

图 4–6　计算机统计分析基本过程

（二）统计分析软件包——SPSS

SPSS（Statistical Package for the Social Science）意为“社会科学统计软件包”，是世界上最为流行的三大统计分析软件包（SPSS、SAS 和 BDMP）之一，在国际学术交流中，凡是用 SPSS 软件完成的计算和统计分析，可以不说明算法。20 世纪 70 年代随着微型计算机的问世，SPSS 率先推出了微机版本，短短几年，在 SPSS/PC（for DOS）基础上发展成为 SPSS for Windows，在社会科学、自然科学的各个领域发挥了巨大的作用，已被广泛地应用于经济学、生物学、心理学、教育、医疗卫生、体育、金融等领域。SPSS 的版本更新很快，具有强大的数据管理和统计分析功能，除数据输入需要使用键盘完成外，均通过 Windows 的窗口方式展开各种数据管理和分析的方法，通过“菜单”“图标按钮”“对话框”展示出各种功能的选择项，操作简便，直观清晰，只要具有一般统计分析原

理和算法知识，通过菜单和对话框，即可要求系统作出分析处理，立即得到所需要的统计分析的结果。同时，SPSS 还具有很强的图表生成和编辑功能，并与其他软件有数据转换接口，例如，FoxPro、Excel、Lotus1.2.3 等，以便数据文件的处理与转换。

SPSS 统计分析过程包括描述性统计、均值比较、一般线性模型、相关分析、回归分析、对数线性模型、聚类分析、数据简化、生存分析、时间序列分析等几大类，每类中又分为几个统计过程，例如，回归分析中又分线性回归分析、曲线估计、Logistic 回归、Probit 回归、加权估计、两阶段最小二乘法、非线性回归等多个统计过程，而且每个过程中又允许用户选择不同的方法及参数。最新版本的 SPSS 采用 DAA（Distributed Analysis Architecture，分布式分析系统），全面适应互联网，支持动态收集、分析数据和 HTML 格式报告。SPSS 已引入体育院校通用教材《体育统计》教学中[1]，在体育科学研究中被广泛推广和使用。

（三）统计分析软件包——SAS

SAS（Statistics Analysis System）是美国软件研究所研制的一套大型集成应用软件系统，具有完备的数据存取、数据管理、数据分析和数据展现功能。由于其具有强大的数据分析能力，在数据处理和统计分析领域，被誉为国际上标准软件和最权威的优秀统计软件包，广泛应用于政府管理、科研、教育、生产和金融等不同领域，发挥着重要的作用。SAS 系统中提供的主要分析功能包括统计分析、经济计量分析、时间序列分析、决策分析、财务分析和全面质量管理工具等等。

SAS 系统是一个组合软件系统，它由多个功能模块组合而成，其基本部分是 BASE SAS 模块。BASE SAS 模块是 SAS 系统的核心，承担着主要的数据管理任务，并管理用户环境，进行用户语言的处理，调用其他 SAS 模块和产品。SAS 系统的运行，首先必须启动 BASE SAS 模块，它除了本身所具有的数据管理、程序设计及描述统计功能外，还是 SAS 系统的中央调度室，各模块的安装及更新都可通过其安装程序方便地进行。SAS 系统具有灵活的功能扩展接口和强大的功能模块，在 BASE SAS 模块基础上，可增加如下不同的模块和功能：SAS/STAS（统计分析模块）、SAS/GRAPH（绘图模块）、SAS/QS（质量控制模块）、SAS/ETS（经济计量学和时间分析模块）、SAS/OR（运筹学模块）、SAS/LML（交互式矩

[1] 全国体育院校教材委员会. 体育院校通用教材——体育统计［M］.北京：人民体育出版社，2002.

阵程序设计语言模块)、SAS/AF(交互式全屏幕软件应用系统模块)等等。SAS有一个智能绘图系统,不仅能绘出各种统计图,还能绘出地图。SAS提供多个统计过程,可以对数据进行一连串加工,实现更为复杂的统计分析。SAS软件已成为专业研究人员进行统计分析的标准软件,但是,由于SAS系统人机对话界面不够直观,往往令初学者甚为困惑。随着计算机应用的进一步普及和提高,SAS系统定能在体育科学研究中得到更多的使用。

(四)结构方程式模型分析软件——Amos

Amos(Analysis of Moment Structures)是近年来非常流行和易用的结构方程式模型(Structural Equation Modeling,简称SEM)分析软件。它是由Small Waters公司开发的SEM独立分析软件,并且SPSS公司也将Amos捆绑作为SEM独立模块嵌入SPSS软件。随着SEM理论的不断发展,在心理学、社会学、管理学、体育学、行为科学等领域都得到了广泛应用。Amos为研究者提供了更为快捷、便于理解和可视化呈现分析结果的工具,包括定义数据、模型设定、估计方法、输出结果等,读者可以直接参考《Amos5.0用户手册》,或者下载免费学生试用版进行练习。

基本术语

研究设计、研究假设、总体、样本、抽样框、抽样误差、样本容量、置信度、置信区间、概率抽样、非概率抽样、简单随机抽样、系统抽样、分层抽样、整群抽样、多阶抽样、PPS抽样、目的抽样、偶遇抽样、判断抽样、雪球抽样、信度、效度、内在信度、外在信度、构想效度、统计效度、内部效度、外部效度、维度、变量、指标、自变量、因变量、调节变量、控制变量、中介变量、操作定义、描述统计、推断统计、多元统计。

思考题

1. 体育科学研究设计的主要内容是什么?
2. 体育科学研究为什么要重视理论或研究假设?
3. 查阅文献资料,试分析文献中提出的信度和效度种类,并说明其估计方法。

4. 样本容量估计预先要知道哪些条件？
5. 体育社会调查研究中的样本容量如何估计？实验研究中的样本容量如何估计？
6. 简述“三性理论”与研究指标设计的关系。
7. 体育科学研究中的数据有哪些类型？举例说明其特征。
8. 为什么说数据分析在研究设计阶段，而不是在数据处理的时候。

推荐阅读书目

[1] 董奇，申继亮. 心理与教育研究法［M］. 杭州：浙江教育出版社，2005.
[2] 张力为. 体育科学研究方法［M］. 北京：高等教育出版社，2002.
[3] 郑旗，李吉慧. 现代体育科学研究的理论与方法［M］. 北京：人民体育出版社，2001.
[4] 陶保平. 研究设计指导［M］. 北京：教育科学出版社，2004.
[5] 柯惠新，沈浩. 调查研究中的统计分析法［M］. 北京：中国传媒大学出版社，2005.
[6] 张厚粲，徐建平. 心理与教育统计学［M］. 北京：北京师范大学出版社，2003.

第五章

文献研究

文献研究是体育科学研究活动的基础，人类知识体系的积累特性与科学研究的继承性，决定了任何一项具体的研究课题都必须建立在已有研究成果的基础之上。文献研究工作既应集中于研究的构思与设计阶段，也应贯穿于研究过程的始终，从而为研究选题、研究设计与实施、数据的分析与结果的解释、研究论文的撰写提供坚实的理论根据与经验背景。本章将对文献研究的基本内容进行阐述。

第一节　文献研究概述

一、文献与文献研究

文献（literature）是用特定符号记录知识的一切载体的总称[1]。它承担着汇集和传承人类文化知识的重任，在信息时代的今天，更成为人类社会不可或缺的重要资源。对于文献的理解，不同组织有不同的定义。国际标准化组织在《文献情报术语国际标准》（ISO/DIS5217）中对文献的定义是，"文献是在储存、检索、利用或传递记录信息过程中，可作为一个单元处理的，在载体内和载体上，或依附载体而存储有信息或数据的载体"。《国际标准书目著录（总则）》[ISBD（G）]对文献的定义是，"文献是指以任何形式出现的，作为标准书目著录的书目文献实体"。我国颁布的《中华人民共和国国家标准—文献著录总则》（GB3792·1-83）对文献的定义是，"文献是记录已有知识的一切载体"。综上可见，文献的范围非常广泛，但其基本要素主要包括载体（媒介）、知识（信息）和记录手段（文字、图形、声音、符号等）。

体育文献（sport literature）是记录体育科学、技术、实践和成果等内容的各种体育知识的载体[2]。它是人类体育运动实践和体育科学技术成果的表现形式之一。体育文献同其他文献一样，是体育科学知识赖以记录、存贮、交流和传播的重要工具。

文献研究（literature study）是指围绕研究课题，搜集与课题有关的大量知识和信息，研究其间的相互关系和作用，经过归纳整理、去伪辨新、演绎推理、审议评价，使与课题相关的知识系统化、综合化和适用化，以揭示事物或过程的状态和发展。文献研究的水平在一定程度上制约着整个研究水平，尤其可能会对研究的前沿性、深入性、创新性产生重要影响。特别是在当前的信息时代，高效率地收集相关文献并加以充分把握，已经成为研究者开展研究工作的必备

[1] 时雪峰，陈萍秀，刘艳磊. 科技文献信息检索与利用［M］. 北京：清华大学出版社，2005：1.

[2] 全国体育院校教材委员会. 体育院校通用教材——体育文献检索[M]. 北京：人民体育出版社，2000：3.

能力与条件。

进入21世纪以来，科学技术的发展呈现出了一系列新的特征与趋势。表现在科技文献上，就是文献数量以惊人的速度迅猛增长，使得人们处于文献信息的海洋中。面对浩如烟海的各类文献资料与信息，研究人员甚至普通老百姓都希望迅速、准确地占有他们所需的资料与信息。研究表明，一项科研成果的完成，在研究之前要花费40%~60%的时间和精力去筛选课题所需要的文献。为了节省研究者查找文献的时间和精力，应付由于科学技术高速发展造成的科技文献绝对数目的急剧增加，以及由此而产生的科技文献种类繁多、质量不一的混乱局面，研究者在文献研究中要注意以下几点：

（一）目的明确

文献研究是实现某种目标的知识，能够对知识的状况作出改进之前，首先必须要了解知识的现状。研究目的不同，所需要的文献也不同。因此，要明确搜集文献的目的，避免无的放矢。文献研究的最基本目的是提供和总结与研究课题有关的以前的科学工作。在这个目的中涵盖了更多的具体目的，详述见下文。

（二）准确可靠

文献研究是课题立项的重要依据，是研究过程中决策和行动的指南，对科学技术研究的速度和科研成果的产出率有着重大影响。不可靠、不准确的数据及其论点，不仅不能达到预期的效果，还可能导致决策的失误甚至社会实践活动的失败。

（三）迅速及时

文献研究的效果不仅体现在所搜集的文献的数量、质量等方面，在现代科学研究中还体现在时间上。科技文献著名学者普赖斯曾谈到，似乎没有理由怀疑任何正常的、日益增长的科学领域内的文献是按指数增长的，每间隔10~15年的时间增长一倍。科学发展史上的“科学发展的非常时期”即是最好的证明。只有迅速及时地掌握与研究课题有关的文献信息，才能发挥出文献的重大作用。

二、文献研究的目的

（一）发现与界定研究问题

文献研究的重要目的是发现与界定研究问题，拓展新的研究领域。为达到这一目的，研究者要熟悉研究领域的渊源、进展与发展趋势，通过查阅有关文献，从中把握相关领域研究的历史脉络，了解这个领域的研究进展与主要成果，并取得最新发展趋势的信息。在查阅文献的过程中，要深入了解有关研究的具体内容，对重要内容作系统性和评价性分析，从而为界定研究问题、证实自己研究课题的价值，寻找研究的最佳切入点提供依据。

（二）避免无根据和过度重复的研究

在科学研究中对研究结果的一些重复和证实是必要的，但过度的重复研究，浪费人力、物力和财力，影响科学研究的效率。现代科学研究的发展，使人们越来越认识到文献检索的重要性，研究者只有熟悉某一研究领域或方向的学术背景，把握相关领域研究的发展动态，才能避免进行无价值的重复工作或停留于过时的研究领域，避免重复前人已经研究和犯过的错误。

（三）检查已有研究的优缺点

具体而论，文献研究是要展示自己对以往研究的了解和理解，使研究者和读者了解以前的研究与自己的研究有何联系，了解以前研究的优点和不足。在这个过程中，文献研究往往与研究评论联系在一起，其间主要考虑他人是如何着手提出问题和研究目标的；相似的问题或相同的研究目标与自己的研究有何联系。阐述他人的研究方法，也从另外一个方面表明了自己的研究方法的可行性，或为遴选方法与工具提供佐证。

（四）揭示重要概念的背景和深化概念

研究课题中的概念是非常重要的要素，对概念的定义、发展往往是文献评论的关键所在。通过大量阅读和研究相关文献，深刻领会和理解有关概念及其内涵发展变化的过程与背景，明确有关概念的适用范围，能够进一步完善自己课题中与之相关的概念。同时，引证他人的一个相似或相关的概念依据，可以为自己的问题概念提供基础或深化发展自己的概念。

（五）学位论文的重要组成部分

文献研究在任何性质的研究中都起着关键作用，在大学生的学位论文中有着更重要的作用。规范的英式学位论文一般由六个基本部分组成：前言、文献综述、研究方法、研究结果、分析或讨论、结论或总结。其中"文献综述"是不可缺少的一部分，一般要占到全文的20%左右。哈特（Chris Hart）在其《如何进行研究文献回顾》一书中指出："对研究文献的回顾是你的学术研究和写作所必需的部分。要想使你的学术有所发展进而成为这一领域的专家学者，你就必须重视研究文献的回顾。"[1] 英式学位论文的要求，充分体现了其倡导的实证研究的方向，在这种结构要求的背后是对学生从事科学研究基本能力的检验和培养。很显然，在一个领域的研究中，如果不知道知识的现状就不能提高知识和认识水平。所以，在大学生的学位论文中，指导教师应要求学生在没有完成文献综述之前，不可以确定问题的定义或具体的研究目标，研究生学位论文中在没有完成文献研究与评论之前不能开题。

（六）拓展分析角度与提高结果的解释水平

文献研究不仅可服务于研究的前期阶段，而且在数据处理与分析、结果的呈现与解释等研究的后期环节中也占据着重要的地位，即文献研究贯穿于研究工作的全过程。通过文献研究，研究者可以吸收他人在数据分析方面的独到之处，扩展数据分析的深度与广度，修正不恰当的分析角度，为检验研究假设提供基础。同时，在拓展研究结果分析的基础上，提高论文研究结果的呈现与解释水平，从而提高论文的撰写质量。

三、文献研究的基本步骤

文献研究是大学生科研能力和科学素养教育的重要内容。一般而论，在文献

[1] Hart, Chris. Doing a Literature Review: Releasing the Social Science Research Imagination [M]. London: Sage. 1998.

研究之前，应该就所研究的问题写一个详细陈述，第三章研究选题时曾讨论过这一个过程。提出研究问题的陈述后，可大致按照下述四个相互衔接、紧密结合的步骤来进行。

（一）初步查找文献

初步查阅研究文献因课题特点、可利用资源特点及研究者自身工作方式的特点而有所不同。要注意的一点就是，并非所有与研究有关的文献在内容上都符合要求，但这并不表明阅读其他文献就不重要。在初步查阅文献的过程中，有时可能存在徒劳无功，但也应围绕研究课题，尽可能占有第一手资料。

（二）阅读与整理文献

文献的查询与阅读整理同步进行。学生常常会犯这样的错误，就是试图在收集到所有能找到的文献之后，再进行阅读与整理。这种做法常使其在大量文献面前无所适从，或者经过艰苦的整理后发现以往的收集存在着严重失误，遗漏了重要文献，费时费力而无效。在这一过程中，要重视对间接资料的利用。与课题紧密相关的间接资料能够提供重要文献的来源，对初步整理文献提示了方向，但文献研究过度依赖间接资料而不是原始资料是常犯的典型错误。

（三）重要文献的利用及进一步查找

一般来讲，初做科研时，对重要文献的利用特别重要，它甚至能够为研究者提供一种研究模式。研究者应以质量较高、影响广泛、学术性强的文献为对象。间接资料虽然对许多研究进行评论，但并不详细。基本的原则是，尽量使用第一手资料，它是指原来的或该事件及经历的首次记录，第二手资料则是至少被援引一次的关于该事件的叙述。研究者应避免受到多次转述资料的误导而难以正确、全面地了解研究的成就与不足，必要时对重要文献重新核对并进一步查找。

（四）撰写文献综述

文献研究最为关键的一步，就是在查阅所有相关文献与间接资料之后，对这些资料进行相应的整理并撰写文献综述。文献综述是文献研究成果的重要反映，综述的目的是告诉读者，对于这一课题的研究来说，哪些是已知的，哪些是未知的，研究课题与文献中所叙述的现有知识如何联系，又如何以它们为基础。文献综述是大学生科研能力的基本功，也是学会尊重他人研究成果、养成良好科学研究态度的重要途径，撰写文献综述的详细内容与具体要求见本章后文。

第二节　文献的类型与检索

高质量的科学研究，是建立在高质量的文献研究与评论的基础之上，而占有丰富的文献资料是进行文献研究与评论的前提。就体育科学研究而言，国内外的有关文献十分繁多。了解研究文献的主要种类与掌握文献检索的方法，对于研究者高效地查询文献很有助益。

一、研究文献的类型

文献依据不同的标准有多种分类，较为常见的分类有如下几种：按文献加工程度可分为零次文献、一次文献、二次文献和三次文献；按文献载体形式可分为印刷型文献、缩微型文献、机读型文献和声像型文献；依据不同的流通范围可分为公开文献、内部文献和机密文献。通常文献包含在情报载体中，情报连同载体又称为情报源。按情报载体的分类将文献分为以下四种。

（一）书面文献

1. 图　书

图书是论述或介绍某一领域知识的出版物。图书可分为三类，即一类是教科书、科普读物和一般生产技术图书，属阅读性图书；一类是辞典、手册和百科全书等，属工具性图书；另一类是含独创性内容的专著，它属于原始文献。图书的特点是篇幅大，内容系统全面，传播的知识比较成熟、定型。但是，图书由于编写的时间和出版周期较长，在某种程度上削弱了作为情报源的价值。如果研究的问题范围较广或涉及基本理论较多，图书更能发挥文献的作用。

2. 期　刊

期刊一般是指名称固定、开本一致的定期或不定期连续出版物。与图书相比较，期刊的特点是出版周期短，报道文献快，品种多，数量大，内容新颖，反映了科技发展的水平和动态，是文献研究与评论的重要来源。就体育期刊而言，当今世界上共有5000多种，在我国有百余种，根据《科学技术期刊管理办法》将其分为指导类（综合）、学术类、技术类、科普类、检索类五种，其中学术类有50余种。因此，对体育科技期刊的检索，可将重点放在体育学术类期刊，尤其是中文核心期刊上。《中文核心期刊要目总览》（2004版）选定了52种体育学术期刊作为统计源，根据期刊的被索量、被摘量、被引量、它引量、影响因子、被摘率、获奖或被重要检索工具收录等指标，筛选出13种期刊为中文体育类核心期刊（表5-1）[1]。

表 5-1　中文体育类核心期刊

序号	刊名	序号	刊名
1	体育科学	8	上海体育学院学报
2	北京体育大学学报	9	体育文化导刊
3	武汉体育学院学报	10	西安体育学院学报
4	体育与科学	11	天津体育学院学报
5	成都体育学院学报	12	广州体育学院学报
6	体育学刊	13	山东体育学院学报
7	中国体育科技		

3. 会议文献

会议文献是指在各种学术会议上宣读的研究报告或论文，属于一次文献。这类文献往往代表着一门学科或专业的最新成就或趋势，反映了某一学科当时的发展水平和动态，内容新颖，问题集中，日益受到科研人员的重视。

4. 科技报告

科技报告是指提供科技研究成果的正式报告，或者对研究成果的阶段性总

[1]　戴龙基，蔡蓉华. 中文核心期刊要目总览［M］. 北京：北京大学出版社，2004.

结，也属于一次文献。科技成果报告往往具有成熟、可靠、保密性强等特点，具有重要的参考价值。科技报告一般被主管部门收藏，现代科学研究中根据具体情况要求科技报告公开出版。

5. 专利文献

专利文献主要由专利说明书构成。专利说明书是指专利申请人向专利局递交的叙述专利技术发明的现状、背景、方案和效果的技术文件。一般来说，专利文献能够反映当代科学技术发展的水平，通过专利能够预测技术发展的新方向，它是一种重要的情报来源，受法律保护。

6. 政府出版物

政府出版物是各国政府部门发表的有关文件。它对于了解某一个国家或地区的某一个事物的发展现状、演变情况，具有一定的参考价值。

7. 学位论文

学位论文是大学生、研究生为了取得各级学位而撰写的学术论文。学位论文一般被授予学位的高等学校或研究机构收藏。学位论文依学位层次及其作用、性质和价值而不同。

8. 文摘与复印资料

文摘是一种将大量分散的文献加以搜集、摘录并分类组织整理的刊物或复印资料。它又可分为指示性文摘、报道性文摘、复印资料等类。各类文摘是检索国内外科技文献的主要工具，属于二次文献，文摘摘录了原始文献的精华或复印了在一个时期内的重要文献，很受科研人员和大学生的欢迎。国内体育文摘与复印资料较权威的是《体育科技文献通报》（国家体育总局体育信息所编）和中国人民大学报刊资料复印中心的《体育》月刊。

（二）电子信息

20世纪90年代以来，Internet（国际计算机互联网络）实现了全球通讯和资源共享。世界上有许多联机检索网络系统和各种各样的数据库，以及存储在磁盘、光盘等载体上的电子出版物。它们存储有数量巨大的文献情报和数据，供各类人员使用。

1. 中国期刊网

由中国学术期刊杂志社开办的《中国期刊网》是目前国内最大型的学术期刊数据库，收录了1994年以后国内6600余种期刊的题录、摘要，以及5000多种期刊的全文数据一千多万篇。《中国期刊网》属于中国知网（http://www.cnki.net）中的一个数据库，许多大学图书馆都购买了期刊网的使用权，校园网IP范围内的电脑用户都能通过图书馆进入这个数据库免费检索、浏览及全文下载。其他用户可以通过购买CNKI数字图书馆个人检索阅读卡的方式获得检索服务。

2.《复印报刊资料》全文数据库

中国人民大学《复印报刊资料》全文数据库的数据《复印报刊资料》系列刊（1995~），其中的部分专题已经回溯到其创刊年度。信息资源涵盖了人文科学和社会科学领域国内公开出版的3000多种核心期刊和报刊。目前，《复印报刊资料》全文数据库提供光盘数据库和网络检索两种方式。光盘数据库分成5大类，其中全文和题录光盘都有体育类的内容。

3. 万方数据（wanfangdata）资源系统

万方数据资源系统（http://www.wanfangdata.com.cn）是国家“九五”重点科技攻关项目，包括科技信息系统、数字化期刊、企业服务系统等主要部分，其中数字化期刊集纳了理、工、农、医、哲学、人文、社会科学、经济管理与科教文艺8大类100多个类目近5000种期刊，实现全文上网、论文引文关联检索和指标统计。从2001年开始，数字化期刊已囊括我国所有科技统计源期刊和重要社科类核心期刊，成为中国网上期刊的第一大门户。万方数据资源系统采用国际流行的HTML格式和PDF格式制作上网，整体数字化期刊遵循电子期刊以刊为单位的原则，按理、工、农、医、人文排列，交叉入类、刊名查询，多达2495万条的海量数据库资源；先进、高效的检索引擎为工作和学习带来极大的方便。

4. 电子图书馆

大多数大学图书馆都提供馆藏书目的网上查询。各校图书馆使用的网上查询系统多数是由中国高等教育文献保障系统（China Academic Library & Information System，简称CALIS）开发的联机公共检索系统。CALIS是经国务院批准的我国高等教育“211工程”总体规划中两个公共服务体系之一。CALIS项目管理中心设在北京大学，其宗旨是将国家的投资、现代图书管理理念、先进的技术手段、高校丰富的文献资源和人力资源整合起来，建设以中国高等教育数字图书馆为核心的教育文献保障体系，实现信息资源共建、共知、共享，以发挥最大的社会效益和经济效益，为中国的高等教育服务。我国电子图书馆发展很快，如超星图书馆（http://www.ssreader.com）及一些私立图书网站，为进行体育科学研究提供了极大的方便。

5. 体育信息研究中心 SIRC

体育信息研究中心 SIRC（http://www.sirc.ca/index.cfm）是国际体育信息协会（IASI，International Association for Sports Information）的信息库，是关于体育、健康和运动医学情报最著名的数据库，已建立 30 多年。国际体育信息协会是体育信息与体育文献领域的国际组织，前身是 1960 年在罗马成立的国际运动与体育理事会（ICSPE）的工作机构——文献与信息局，1974 年改组为国际体育信息协会。进入 SIRC 主页，可进行在线资源检索。

6. Web of Science 数据库系统

Web of Science（SCI、SSCI、A & HCI）是美国科学情报研究所三大引文数据库的 Web 版，于 1997 年正式推出。SCI 即《科学引文索引》（Science Citation Index），创刊于 1961 年，是一部国际性的检索刊物，包括自然科学、生物、医学、农业、技术和行为科学等，主要侧重于基础科学。SSCI 即《社会科学引文索引》（Social Science Citation Index），提供覆盖 50 余种学科，来自各国 5000 种重要的社会科学期刊和书目信息、作者文摘和引用参考书目的查询检索。A & HCI 即艺术与人文科学引文索引，是综合性人文与艺术类文献检索数据库。在 SCI 与 SSCI 上能检索到我国作者撰写的体育科技论文的篇数还很少，提高我国体育科技论文在 SCI 与 SSCI 上的收录率，是今后扩大我国体育科技国际影响的主要途径之一。

7. 中国科学引文数据库与中国社会科学引文数据库

中国科学引文数据库和学科数据库（Chinese Science Citation Database，简称 CSCD）是中国科学文献数据服务系统的主要组成部分，数据起始于 1989 年，收录了我国自然科学和管理科学领域出版的中英文科技核心期刊和优秀期刊近千种，其中核心库来源期刊 670 种，扩展库期刊为 378 种。中国社会科学引文索引（Chinese Social Sciences Citation Index，简称 CSSCI）是由南京大学、中国社会科学研究评价中心开发研制的数据库，用来检索中文社会科学领域的论文收录和文献被引用情况。

8. 国际体育文献数据库

SPORT DISCUS（http://www.sirc.ca）是目前唯一收录全球运动信息的数据库，其数据来自加拿大国际体育运动情报协会体育文献中心编制的《国际体育文献数据库》，由美国运动信息资源中心编制出版。此数据库提供了自 1975 年至今的文献，数据每季度更新一次，累积文献量已达 60 万篇。

（三）声像资料

声像资料是一种非文字形式的文献。包括录像资料和录音资料。常见的有各种视听资料，如电影、录像、磁带和幻灯等。在体育科学研究中，尤其是对体育运动技术、战术的诊断，声像资料发挥着重要的作用。国家体育总局体育信息研究所有重大国际赛事录像资料 7000 多小时，并建立了《体育声像资料数据库》。

（四）实物情报

实物情报主要是指科学研究中的出土文物、标本、模型、样品等。它反映的是客观实体，具有直观、具体、一目了然的特点。实物情报在体育考古学、运动人体科学的研究中具有独特的作用。

二、文献检索的基本过程

文献检索（literature search）是以文献为对象，从已存贮的文献库中查找出特定文献的过程。

（一）文献检索的途径

文献检索途径主要有以下几种：

1. 题名检索途径

属于题名检索途径的有书名目录（索引）、刊名索引、篇名索引、数据库名称索引等，统称为题名索引。题名索引主要在计算机检索系统中应用较多。

2. 著者检索途径

著者检索途径是指根据已知文献著者来查找文献的途径，它依据的是著者索引。著者索引采用文献上署名的著者、译者、编者的姓名或团体名称作为查找的依据。

3. 分类检索途径

分类检索途径是按照文献资料所属学科（专业）类别进行检索的途径，所依据的检索工具是分类索引，如利用《中国图书馆分类法》编制的索引。

4. 主题检索途径

主题检索途径是指通过文献的内容进行检索的途径，它的最大优点就是直接性。主题法直接用文字作标题，表达概念准确、灵活，易于理解、熟悉和掌握，而且它把同类主题性质的事物集中起来，突破了分类的严格框架限制，尤其能适应现代科学的发展。

（二）文献检索步骤

1. 分析研究课题，明确检索要求、时间和范围

分析研究课题的目的在于明确课题所要解决的问题，把握关键，有的放矢。在检索之前，分析课题的内容实质、所涉及的学科范围及其相互关系；明确所要检索的文献内容、性质等，并根据检索目的和要求，确定检索年限、语种、文献类型等。

2. 检索工具的选择

根据检索题目的内容、性质，恰当地选择检索工具，一般以专业检索工具为主，综合性检索工具进行配合、补充。在技术手段上，由于计算机检索系统适应多点检索、多属性检索，以及检索精度高，因此应首选机检工具和合适的文献数据库，为了避免检索工具在编辑出版过程中的滞后性，必要时补充查找主要相关期刊的现刊，以防漏检。

3. 检索途径的确定

检索工具确定后，需要确定检索途径。一般检索工具都根据文献的内容特征和外部特征提供多种检索途径。选用何种检索途径，应根据课题的要求及所包括的检索标识、检索系统所提供的检索途径来确定。如果课题内容较窄，宜选用主题途径；课题内容涉及面广，宜选用分类途径。

4. 检索策略的制定

对现有检索工具和检索课题，要确定科学的检索策略，解决怎么查找的方法问题。要充分利用已知条件，进一步扩大未知文献的查找线索，或者从三次文献着手，缩小检索范围，然后再查阅二次文献或通过二次文献检索，进而找到所需的原始文献。

5. 实际的检索操作

在实施既定的检索策略中，要注意修改检索策略，及时记录检索到的新信息，补充到下一步的检索过程中。

6. 原始文献的索取

文献检索的最终目的是获取原始文献。当检索到文献线索并识别文献类型后，即可根据不同的文献类型和语种索取原始文献。原始文献的获取方法有很多种，如利用馆藏目录索取原文、利用网上全文数据库索取原文、向著者索取原文等。

（三）文献检索的方法

1. 手工检索

手工检索（handicraft search）是根据文献的外部标识（如书名、篇名、作者、出版社、标准书号等）和内容特征（如学科、主题、分类号等）全面系统地查找科研活动中所需要的文献资料。常用的方法有如下几种：

（1）常规法：这是以主题、分类、著者等为检索标识，通过检索工具获得文献的一种方法，也是人们在图书馆查阅资料最常用的方法。它又具体分为顺查法和倒查法。

①顺查法：按文献发表的顺序，从时间上由远及近地查找文献的方法。其优点是获得文献系统全面，不致遗漏重要文献，但工作量大，浪费时间。在撰写文献综述与评论时，由于要对某一课题的发展变化情况等做系统的评论，故科研人员经常采用顺查法。

②倒查法：按文献发表的顺序，从时间上由近到远地去查找文献。在一个具体问题的研究中，如果检索目标明确、限定时空、课题涉及面较窄，就可以用倒查法，从而节省时间，提高效率。

(2) 追溯法：它是以文章后参考文献的情况为线索，追踪查找文献的方法，属于专题检索。这种方法是在检索工具不全的情况下，有针对性地查找一些必要的文献，但漏检的可能性较大。

(3) 纵横法：它是以某一专业领域的代表性作者为线索，利用检索工具，采用纵向和横向扩大查找范围获取文献的方法。纵向主要是通过检索工具的著者索引，以时间为纵轴，查找有代表性的文献；横向是指在这些代表性的著者文章所属类别下，以学科类别为横轴，查找一些其他著者的文章。此法方便可行，使用效果显著。

2. 计算机检索

计算机检索（computer search）系统方式可以分为脱机检索、联机检索、Internet 检索。从计算机检索系统的发展阶段来看，已走过了脱机检索、联机检索和国际联机检索等阶段，进入当今 Internet 网络检索阶段。

(1) 计算机文献检索的具体程序：第一，文献需求分析；第二，选择数据库和检索系统；第三，确定检索词；第四，构造检索策略及检索式（逻辑组配）；第五，上机检索和编辑打印。

(2) 计算机文献检索的主要技术

① 布尔检索：布尔检索是采用布尔逻辑运算符编制检索式的检索方法。其运算符有逻辑或（OR 或+）、逻辑与（AND 或 *）、逻辑非（NOT 或-）。例如，体育 AND 科研 AND 方法。

② 截断检索：截断检索是采用一个具体的符号（如 #、*、$）代替被截断的部分，有后截断、前截断和中截断三种形式。例如，“科研$”检索，则表示代表科研、科研方法、科研课题、科研计划等等。

③ 集合检索：集合检索是为了扩大检索范围而采用系统所带的联机词或建立 ANY 文件来实现的检索。例如，在某一检索系统中用“ANY 科研”检索，系统会自动将“科研”下的检索词作逻辑或运算。

④ 限定检索：限定检索是为了查找文献或缩小检索范围的检索。其检索的方式很多，常用字段前缀较多，例如，AU 表示文献作者；PY 表示出版年代；LA 表示语种；SO 表示文献出处；DT 表示文献类型等等。

⑤ 全文检索：全文检索正处在发展阶段，检索结果主要取决于检索系统。全文检索目前在国际上发展很快，随着计算机技术的进步，汉语文献的全文检索也进入了实用阶段。

三、互联网体育资源检索

20 世纪后期，Internet 的迅速发展，改变了人们的学习、工作和思维方式，使现代信息传输方式实现了质的飞跃，使得人们足不出户便可查询到所需要的文献。对体育科研信息而言，从当代体育运动的信息到体育新闻的评述，从赛事、赛况最新动态到运动员的个人资料等方面，都能在网上及时查到。Internet 的迅速发展，已成为人们日常交流中不可缺少的组成部分，成为促进体育科学研究可持续发展的重要工具和条件。

（一）网络体育文献信息检索简述

承前所述，当今网络体育文献的信息十分庞大，仅通过网址和网页浏览的方法或不恰当地选用检索工具，则无法获取所需文献的查准率和查全率。恰当地选用检索工具，灵活运用检索手段，则能获得理想的检索结果。但迄今为止，在检索工具中还没有最佳查全率、查准率和易用性的权威性检索工具。

在 Internet 上按其检索功能大致可分为两类检索工具。一类是网络**搜索引擎**（search engine），广义上是指一种基于 Internet 的信息查询系统，包括信息抓取、信息管理和信息检索；狭义上是指一种为搜集 Internet 上的网页而设计的检索软件。目前网络搜索引擎基本上有独立搜索引擎（single search engine）、元搜索引擎（meta search engine）和网络搜索软件（net search software）三种。通过 Robot、Spider 等软件自动搜索网络资源，并自动排序或索引，形成一个庞大的主页信息数据库，查全率高，但查准率较低。另一类检索是主题指南或目录（subject guides or directory），由人工干预，按某种分类规则建成树状等级目录，最常见的是主题分类目录，这种检索结果较为可靠，查准率较高，但查全率较低。在较流行的 Web 检索工具中，大多数都具有以上两种功能。

随着互联网规模的急剧膨胀，如何充分利用 Internet 上的信息资源，已成为科研人员和在校大学生所关注的热点。Internet 作为信息的主要载体之一，已充分认识到用网络搜索引擎组织查询网上信息资源是解决网络资源利用的有效方式，并产生了专业的搜索引擎技术和搜索数据库服务提供商。可以这样说，第一代搜索引擎是以 Yahoo 为代表的网站搜索，第二代是以 Google 为代表的网页搜索，第三代的搜索引擎，将是智能化的搜索，即通过智能化的分类识别直接判定内容的重要性。在此主要介绍几种流行的 Web 独立检索工具。

（二）通用型全文搜索引擎

通用型全文搜索引擎常用的主要有 Google、Baidu（百度）等。

1. Google 搜索引擎（http://www.google.com）

Google 成立于 1997 年，几年间迅速发展成为目前规模最大的搜索引擎，并向 Yahoo、AOG 等其他搜索引擎提供后台网页查询服务。目前 Google 每天处理的搜索请求已超过 2 亿次，而且这一数字还在不断增长。Google 数据库存有 30 亿个 Web 文件，允许以多种语言进行搜索，在操作界面中提供多达 30 余种语言选择，其中包括中文简、繁体等。第一次进入 Google，它会根据操作系统确定语言界面，图 5-1 为 Google 的首页。

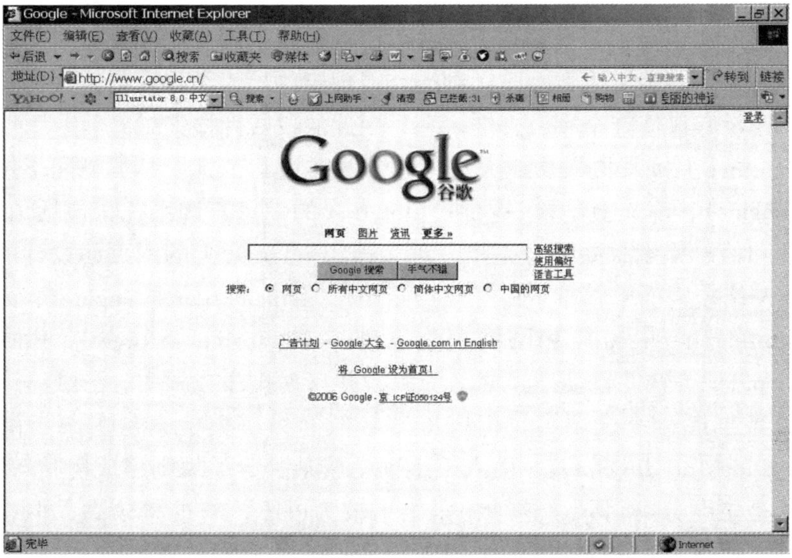

图 5-1 Google 搜索引擎的首页

Google 支持布尔逻辑检索，用“AND”表示逻辑与关系，但在查询时不需要键入“AND”，因为 Google 会在关键词之间自动添加“AND”。Google 的特色服务有网页快照，即当搜索内容站点或网页不存在时，用户可以调用 Google 事先为用户储存的大量应急网页，经处理后用不同颜色标明，并提醒用户这只是存档资料。特色服务还有相似网页、查找 PDF 文件、查找字典释义，以及查询电话号码和查找地图等。就体育文献信息检索而言，根据亨利·彭斯（Harry E.Pence）的实验结果和实际使用经验表明，在搜索引擎的三大评价指标（查全率、查准率和有效性）中，Google 是目前网上体育科研文献检索的最好工具。实证研究表明，常用的检索工具 Yahoo、Hotbot 和 Lycos 在查准率和效率方面都逊于 Google。因此，在检索网上体育科研文献时应首先选用 Google，以提高体育文献检索的命中率[1]。

Google 还可以进行高级检索，可将搜索范围限制在某个特定的网站中，可排除某个特定网站的网页，查找与指定网页相关的网页等。这些功能的实现可通过特点的语句在搜索栏里实现。常用的语句有：

Site——表示搜索结果局限于某个具体网站或网络频道。

Link——返回所有链接到某个 URL 地址的网页。

Inurl——返回的网页链接中包含第一个关键字，后面的关键字则出现在链接中或网页文档中。

Allinurl——返回的网页链接中包含所有查询的关键字。

allintitle 和 intitle——用法类似于 allinurl 和 inurl，只是后者对 URL 进行查询，而前者对网页的标题栏进行查询。

Filetype——查找某一类文件，如 PDF 文档、.xls、.doc 等。

2. Baidu 搜索引擎（http:∥www. baidu.com）

Baidu 公司于 1999 年底成立于美国硅谷，2000 年在中国成立它的全球子公司，其名源于“众里寻她千百度”和突破“事情做到九十九度就是做到头”的西方说法。Baidu 搜索引擎由蜘蛛程序、监控程序、索引数据库和检索程序四部分组成。Baidu 搜索引擎拥有目前世界上最大的中文信息库，总量达到 1.2

[1] 钟炼. 网络体育文献信息检索研究［C］∥第七届全国体育科学大会论文摘要汇编（二），2004，645-646.

亿页以上，并且还在以每天几十万页的速度增长。图 5-2 为 Baidu 搜索引擎的首页。

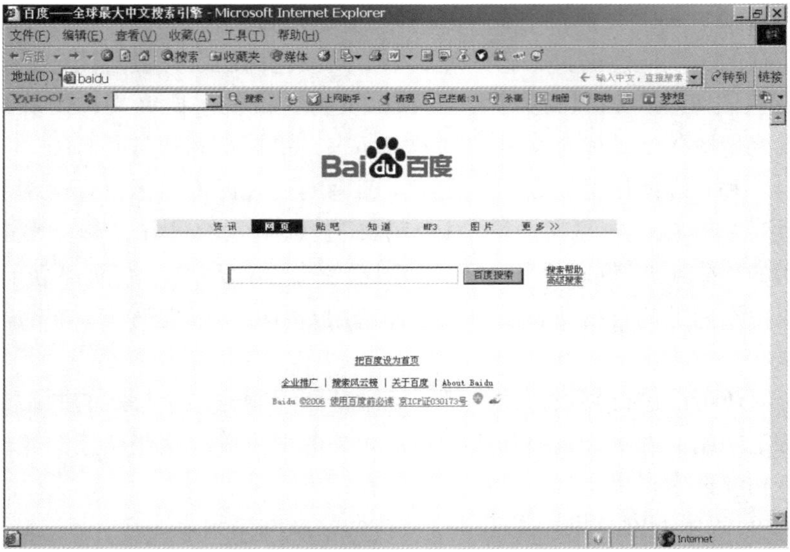

图 5-2　Baidu 搜索引擎首页

使用 Baidu 搜索引擎，最常用的是关键词检索途径，它支持任意关键词检索，无论中文、英文、数字，还是各种形式文字的混合。输入的查询内容可以是一个词、多个词语或一句话。其中，在输入多个词语进行检索时，各词用空格隔开。Baidu 搜索引擎支持布尔逻辑检索，查询时不需要键入“AND”，在检索词间用空格隔开即可。Baidu 搜索提供相关检索，不区分英文字母大小写，所有字母均当作小写处理，提供中文繁、简体的检索。

Baidu 搜索引擎支持搜索位置的限定。检索时，在一个网址前加“site”，可以限定只搜索某个具体的网站或某个域名内的网页，需要注意的是，在输入时，关键词与“site”之间必须用空格分隔；在一个或几个关键词前加“intitle:”，可以限定只搜索网页标题中含有这些关键词的网页；在“inurl:”后加 url 中的内容，可以限定检索范围只控制在 url 中。除此之外，Baidu 搜索引擎还有一种更为直接的高级检索方法，就是利用其搜索引擎的高级检索功能进行限定检索。图 5-3 是 Baidu 搜索引擎的高级检索界面。

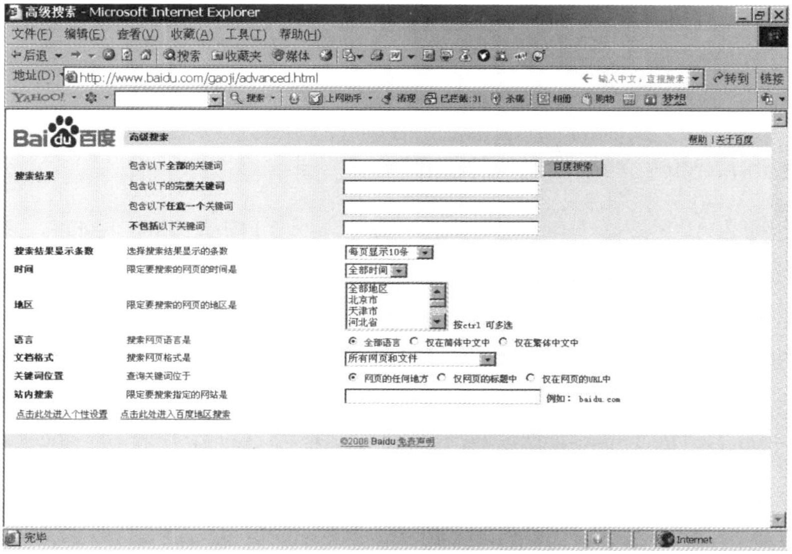

图5-3　Baidu 高级检索界面

（三）通用型分类搜索引擎

通用型分类搜索引擎常用的主要有 Yahoo（雅虎）、sohu（搜狐）、163（网易）等。

1. Yahoo（http:∥www.yahoo.com.cn）

Yahoo 公司是一家全球性互联网通讯、商贸及媒体公司，其网络每月为全球超过 1.8 亿用户提供多元化的网上服务。Yahoo 是互联网上最早的也是最成功的分类目录，按主题分为 14 个大类，是人们最为熟知的搜索引擎之一。Yahoo 有简单检索和高级检索两种界面。简单检索可在框内输入检索词或根据分类目录选择相关内容，类目后标有数字，表示此类下的 URL（Uniform Resource Locators，统一资源定位器，描述了浏览器检索资源所用的协议，及资源所在的计算机名、路径、文件名，即一个文件在环球网上的标准通用地址）的数量，类目后标有 @，表示此类目同时分属于不同的大类下。高级检索按如下顺序进行，在检索框内输入检索词；选择检索范围：Yahoo、Usenet、E-mail address；选择检索方式：默认检索、短语检索和组配检索、人员检索；选择检索区域：Yahoo 分类目录、Web 网址检索；选择检索年限；选择每屏显示篇数。Yahoo 输出的结果不按相关性高低排列，而是分别列于 URL 地址所从属的各级目录下。

2. sohu（http：//www.sohu.com）

sohu 搜索引擎是最大的分类搜索引擎之一，可搜索网站、网页、类目、新闻、黄页、网址等。sohu 公司于 1996 年成立，它的搜索与 Yahoo 搜索类似，以目录搜索为主，有最先进的人工分类技术，友好的中文界面，把超过 5 万个精选的中文站点归为 18 个大类，例如，娱乐、计算机与互联网、公商经济、科学、体育、艺术、文学、政治法律等。对于科研人员来说，sohu 查询的结果，部分是经过其网站编辑审核过的网站信息，大部分是程序自动在互联网上获得的。其结果会优先列出与搜索关键词具有较强相关性的网站。

3. 163 搜索（http://www.163.com）

163（网易）公司成立于 1997 年，在中国是首家提供在线互动社区服务，网易虚拟社区提供主题广泛的数千个论坛，2000 年正式推出全中文搜索引擎服务，并拥有国内唯一的互动性开放式目录管理系统（ODP），163 提供超过一万个类目，它的特色是提供近期热门查询主题，搜索引擎根据互联网本身的链接结构对相关网站用自动方法进行分类，并提供开放式信息目录管理。

第三节　文献的整理与加工

如前所述，文献研究的基本目的是提供和总结与研究课题有关的以前的科学工作。收集文献为实现这一基本目的提供了前提，然而，要真正实现这一目的，关键在于整理与加工文献的质量。能否对文献进行有效的整理与加工，直接关系到对文献的掌握，并影响整个研究水平。

一、文献的筛选

筛选收集到的文献，是文献整理与加工的重要工作。筛选文献的标准一般有三个方面：

（一）文献与研究课题的相关程度

研究者对文献的研究内容、方法、结果、结论与当前课题的关系进行判断，如果在任何一方面均没有实质性的联系，则此文献应剔除。事实上，一个具有创新的课题，在文献的筛选过程中，很难查阅到与课题完全相关的文献，可根据文献相关和拥有程度来取舍。

（二）文献的代表性程度

文献种类繁多，受传播媒介等因素的影响，各学科之间文献相互交叉、重复发表的现象越来越多，文献的代表性主要体现在选题、理论取向、方法与结果等方面。研究者既要选择不同时期的典型性文献，也要重视独特性文献，可考虑文献的作者、出版发行单位、社会传播等方面的因素。

（三）文献的学术水平

对于不同类型的文献，其学术水平评定标准存在一些差异，研究者可考虑文献的理论框架、研究设计、研究方法是否严密、阐述深度、研究结论的可靠性等判定其学术水平，决定剔除与保留。

二、文献的阅读和积累

（一）文献的阅读

一般来说，文献综述是在大量占有文献资料的基础上进行的。文献综述的素材是通过对文献资料的阅读实现的。阅读文献资料是对文献综述角度和内容选定的过程，是文献整理与加工的核心内容。在这一过程中要求通读原文，一般习惯的做法是：

1. 把握范围，从最近的成果读起

把握文献范围，从最近的研究成果读起。这样做，可以达到两个目的，一是更快地注意到研究问题的现状，加深对课题的了解和认识；二是最新的研究成果常常包括以前研究的参考资料，可以弥补在文献检索过程中重要资料的遗漏。如此而已，可以提高文献研究与评论的深度和效果。

2. 紧扣选题，掌握重点内容

在文献资料的阅读过程中，主要目的是辨别和描述与自己课题相关的研究。通过阅读，拓宽自己的观点，甚至引起对研究问题和研究目标的重新思考与修订。因此，在阅读过程中，紧扣主题，掌握他人文献的研究目的、研究对象与方法、研究结果、主要结论等重要内容，也称之为阅读文献的“四要素”，这一点，对刚刚涉足科学研究的高年级大学生更为重要。

3. 随读随记，注意阅读方法

在阅读文献资料的过程中，准确地理解原文献的内容和观点，边读边记，手抄笔录，手脑并用是研究工作中一个非常好的习惯。同时要注意掌握阅读文献中的基本方法。研究人员习惯的阅读方法是：

(1) 浏览：浏览的目的是对所收集的文献资料做进一步的取舍，对有关的资料建立一个初步的概念。浏览阶段，应着重文献资料的下列部分，一是看书名、题名、作者、期刊及所属范围；二是浏览文献资料的大小标题、段旨、主题句、要点等内容和结构纲目；三是文献资料的前后，了解作者的写作意图、主要结论与今后研究意向等；四是通过浏览，了解文献资料的内容梗概，并做上标记以备后用。

(2) 通读：通过浏览挑选出来的文献资料，要全部通读。通读的基本要领是，着重搜寻表达文献基本观点的重点数据、事实；通晓文献资料基本事实、数据等方面的研究方法；把握文献资料中的概念框架、观点及其事实、数据与它们的联系；全面掌握文献资料的内容实质，并判断文献资料的质量。

(3) 精读：精读是在通读的基础上对所了解的文献资料内容进行消化吸收的过程。精读是结合研究工作的需要在研究过程中进行的，其目的在于理解、鉴别、评价、质疑和创新。精读过程中，要注意理解原始素材的内容含义和精髓所在，大胆联系自己的研究课题，萌发联想和体会。在精读过程中要保持书面记录，不要凭记忆，即使自己的记忆很好，也要对精读过程中的思考、评述详细地记录下来，这对撰写文献综述与评论十分必要。一个精读过程要做到“读懂、钻深、吃透、发展”等阶段才能完成。

（二）文献的积累

文献是前人知识的结晶。然而，一个人在学校学习的时间有限，要想在有限的时间里掌握足够终身应用的知识，几乎是不可能的。因此，“学会学习”就成为学生学习的首要任务。而学会文献积累是“学会学习”的重要内容，主要包括文献积累形式、方法、记录载体三个方面。

1. 文献的积累形式

文献的积累过程，也是认识世界和知识提高的过程。对于研究者而言，重大的发明和创造有一个知识积累时期，在整个研究生涯中，文献的积累占据着重要的地位。

(1) 日常积累：研究者根据自己的业务范围和兴趣爱好，常年点滴汇集起来，如报刊文章的剪贴、平时阅读材料的摘记等。

(2) 突击积累：在限定的时期内，为完成课题任务的需要，短时间内突击查阅文献资料，一般侧重于专题研究。

(3) 公共积累：主要是指情报研究人员或专职资料员依靠集体的力量共同建立起来的一种系统性文献资料积累，它在科学研究中发挥着重要作用，为科研人员带来很大的方便。

2. 文献记录的常用方法

在日常生活中，记下所阅读文献的论点、见解、目标、研究方法和存在的问题、观点的不足，以及尚未提出的问题，甚至是优雅深刻的佳言、警句，这对以后集中地组织有关文献的思想及其评论都是有帮助的。文献记录的方法有两种，一种是摘录式笔记，包括索引、引语、摘要、提纲四种；另一种是评注式笔记，包括批注、札记、概述、感言四种。

(1) 索引：索引只记录文献资料的名称、作者、出版者、出版期、卷期、页码等，供检索使用。在日常工作中，由于阅读材料太多，可以作索引，并妥善分类，保存备查。

(2) 引语：是直接抄录文献中的论点、数据、典型材料、精辟语言、语录等。摘录引语时，力求完整、准确，不断章取义，甚至标点符号都不改动，并要注明完整的出处。

(3) 摘要：又称提要，它与引语不同，不是摘录原文献中的片段，而是在阅读原文献的基础上，全面概括文献的主要内容、方法、论点，可以运用原文献中的一些措辞语句，不要加进自己的观点。

(4) 提纲：指对原文献的标题、论点，提纲挈领地记录下来，可以是原文献的大小标题，也可以在阅读的基础上，整理成一个主要纲目。

(5) 批注：是在原文献资料上加批语、作记号，即在空白处，写上自己的见解、评语以及质疑等。批注有自己的习惯符号，切忌在别人和公用图书上批注。

(6) 札记：是将摘录内容的要点与自己的认识、评论联系在一起，探讨商榷、争论批驳、释疑解惑等，对文献综述与评论很有价值。

(7) 概述：是用自己的语言概括原文献资料的主要内容、论点，可以不同于原文献的结构层次，它是文献研究综述与评论的基础。

(8) 感言：也称心得，是在阅读文献过程中的随感，内容广泛，形式多样，篇幅可长可短，在文献阅读过程中的“心中所得”皆可记录。

3. 文献的记录载体

在体育科学研究中，文献记录的载体很多，有卡片、活页、笔记本、稿纸、剪报、复印等，数据资料还可以储存在磁盘上。许多富有经验的研究人员，建议在对文献的研究过程中使用卡片，最好使用电脑以分类储存和管理。总之，可以采用任何自己觉得便利的专门工具，只要能系统地记录阅读过的文献，并为自己方便地撰写文献综述服务即可。

三、文献综述的撰写

（一）文献综述及其作用

文献综述 (literature review) 是对某一学科、某一研究领域或某一研究问题在一定时期内的研究状况进行较全面、系统的综合概括与评论。综述是文献分析报告的重要形式，它的特点在于不仅以一定的逻辑关系与框架归纳整理已有的相关研究成果，而且对当前研究中存在的不足予以剖析，还可指出研究的发展方向，提出改进研究的建议。概言之，文献综述反映了作者对特定研究问题感兴趣的其他研究者的观点的认识与判断，是作者利用大量文献对其有关研究的历史、现状与趋势的论证。它既是学位论文的基本组成部分，又是课题研究中的一项技术性要求，而且贯穿于整个研究过程。文献综述在课题或论文中的直接作用，体现在以下几方面：

1. 说明课题为何有足够的重要性值得去研究。

2. 给读者提供一个与课题有关问题的文献的最新简要介绍和讨论。

3. 提供研究主题所处的概念和理论背景，并为随后的概念思考以及方法和程序定下基调。

4. 讨论同一课题或相近课题上已开展的相关研究，为拓展课题的分析视角奠定基础。

5. 文献综述以其严密分析和评价为课题立项提供了逻辑证据，便于立项的评审和研究工作的管理。

6. 学会尊重他人的研究成果，培养学生的科学态度和学术道德，保证自己的研究论文真实可信。

（二）文献综述的内容与格式

1. 文献综述的主要内容

文献综述在内容上主要包括两个方面，一是已有研究的历史发展与现状，其主要内容包括该研究问题或领域的缘起、研究内容、研究方法、已获得及尚未涉及的问题，并概括当前的研究思路、重点问题和方法成果等；二是综述者的评价、建议和预测，其主要内容包括研究者对该研究问题或领域研究价值的认识、研究发展过程和研究发展特点的评述，综述当前研究的理论与实践意义及存在的主要问题，并提出进一步研究的改进和设想等。

2. 文献综述的格式

文献综述的格式与内容安排没有固定的模式。如果是研究报告或学位论文，既可以放在前言部分，又可以作为成果报告或学位论文中的独立部分。如果文献综述是相对独立的论文，主要有以下四个部分：

(1) 引言。综述撰写的学术背景、目的、意义、基本内容和范围等，或者简要说明研究问题的现状和争论的焦点，以便为将要综述的内容定好基调并使读者对随后介绍的内容有所了解。

(2) 主题。这是文献综述与评论的核心部分，它不仅仅是对与研究主题相关的问题的叙述，而且是对以前相关研究的思路综合。

文献综述与评论主题部分内容材料的选择要求“确凿、切题、典型、新颖、充分”。“确凿”是所选材料，一要真实，二要准确，其关键是对第一手材料要反复核实，可靠无误，没有阅读文献则不要注明一个观点的资料来源。有较多作者找文献综述写作的捷径，常常是借助别人对原始文献的解释，如此就有可能断章取义，歪曲原文。“切题”是所选材料有明确的目的和定向性，能够说明综述的主题，要避免泛泛涉猎，对与主题无关的材料，即使很生动、精彩，也应割爱、剔除。“典型”是指所选用材料的代表性，能否充分说明问题的本质、很好地表达综述的主题。“新颖”是指综述材料的时间性，在文献综述与评论中，别人没有提过、没有用过的新的动态、信息、事物，能给人一种新鲜感，如果材料过于陈旧，就很难说明问题。“充分”是指文献综述与评论中，所选的原材料，要有足够的量，一篇或一段综述不能仅有一两篇材料。

主题部分综述的方法一般有两种：

①按问题的历史发展过程或阶段来综述与评论。

②按问题的相关内容的联系程度来综述与评论。

(3) 结尾或小结。文献综述的结尾部分主要是概括作者综合分析后的见解、趋势预测与展望、改进意见及新的设想等。通过文献综述与评论，争取留给读者一个清晰的结论。

(4) 参考文献目录。参考文献对于文献综述与评论至关重要，一个原因是为自己提出的主张、结果和观点提供支持或反对证据；另一个是为明确是谁给出了某个观点、主张、概念或成果，同时，也表明了对他人学术思想的尊重和赞扬。参考文献中的具体著录格式与要求，见第十一章中的参考文献著录规则。

（三）文献综述的撰写要领

1. 紧紧围绕研究课题进行有针对性的综述，着力揭示已有研究与现研究课题的内在关系。针对性主要体现在文献综述的切入点上，一般从理论基础、研究内容、研究方法、思路与设计、存在问题等方面切入。

2. 文献综述中使用小标题是非常必要的。通常是在某个专题的标题之下，对逻辑上相似的研究重点进行归类，有时一个简单的文献需要在一个以上的小标题下进行评述。

3. 综述中应当重视使用恰当的方式表述自己的观点，特别强调文献的观点与作者个人观点的明显区别。综述中既可以安排专门段落表述自己的分析和评价，也可以采用边述边议的方法。

4. 文献综述与评论应避免引文过长，也不宜评论过多。文献综述是对文献的概括、分析、比较、对照，综述是综述者认为已有研究是怎样的，而不是已有研究者在研究中表述了什么。因而，综述中要注意材料与评论相统一，评论客观，言之有据。

5. 综述本身就是一种研究方法，应结构合理、详略得当，提纲挈领，根据课题报告或论文的整体结构安排比例。如何在大量的相关文献中选择典型代表文献，以支持和证明自己的选题意义与价值，是初学者必须面对的问题。

第四节　文献计量分析

回顾科学发展的历史过程，无论是自然科学还是社会科学，都是从初始阶段的定性描述逐步发展为定量描述，这是科学发展的必由之路。随着体育科学研究的深入与发展，系统论、控制论、信息论早已成为体育科学研究方法论的重要内容，如体育信息学现已是体育科学体系中一门重要的学科，而且它已成为体育科学研究中的重要方法，其中的文献计量分析就是一种。

一、文献计量分析概述

文献计量分析（statistical analysis of the literature）是指采用数学、统计学方法，对各类文献的诸多计量指标进行统计分析，研究文献情报的规律，进而揭示学科或某一专题发展现状、趋势的一种方法。经过几十年的发展，文献计量分析已成为有自己特定研究领域、对象和方法的学科，尤其是近二十年来，文献计量分析已渗透到各门学科，进入了广泛的应用阶段。例如，在体育信息学的研究中，卢石等人运用引文分析法对 1981~1995 年北京体育大学硕士和博士学位论文的 13138 条引文数据进行了统计分析，结果是博士学位论文的人均引文量为 129.8 篇，与国外博士学位论文的人均 150 篇的标准接近，而硕士学位论文的人均引文为 32.1 篇，与国外硕士学位论文的人均引文 100 篇相差很大[1]。提示了对硕士学位研究生要注重文献检索意识及文献研究能力的培养。所以，文献计量分析，作为科学研究中的一种信息学的方法，在科学研究中具有重要的方法论意义和作用。

1. 采用文献计量分析，对未来体育科学发展的趋势、远景规划、预测提供重要的依据。

[1]　卢石，牛敬莹，刘文娟. 从论文的引文分析探讨体育专业研究生的文献需求规律[J]. 北京体育大学学报，1999,(2)：7-10.

2. 对科研人员、体育科研机构、高等学校在某一学科发展中的作用和科技文献的交流状况作出定量和定性的评价;对他们的学术水平作出客观的评定。

3. 采用文献计量分析,对体育信息学科的建设、开发和利用,特别是对我国体育信息网络的建设具有重要的意义。

二、文献计量分析的主要内容

文献计量分析作为现代信息科学与体育科学相结合的研究方法，迄今为止，约有 20 余个计量元素，可测量的指标多达 50~60 个，这使得人们以文献计量分析作为研究方法时，有许多可资计量的入口，方法的内涵很丰富，为研究方便，表 5–2 列出了文献计量分析方法的主要元素和内容。

表 5–2　文献计量分析方法的主要元素与内容 [1]

元素类别	元素名称	计量分析的主要内容
出版物	1　期刊	数量、文种、国别、影响因子、页码、载文量等
	2　专著	数量、文种、学科、出版社、版次等
	3　特种文献	数量、编制单位、完成周期、分类报告号等
	4　论文	语种、学科、类别、发表年度、数量等
著者	5　作者	学位、职称、性别、年龄、单位、基金、研究领域或方向等
	6　合作者	同上
	7　译者	同上
	8　编辑者	同上
词汇	9　控制词汇	频次、参见项、相关项等
	10 自然词汇	频次、长度、词性、音素等
引文	11 著文	语种、学科、发表年度、数量、引文偶
	12 引文	数量、类型、语种、作者、自引、学科、时间等
检索工具	13 数目	数量、检索工具等
	14 文摘条目	数量、类型等
	15 索引词	索引
其他	16 分类号	数量、被标引的频次、标记、方式等
	17 读者	结构、数量、阅读方式、借阅周期等
	18 复件	数量、语种、年度、学科等
	19 文献载体	类型、流通范围等
	20 机构	数量、服务方式及对象等

［1］ 何浩，王学东. 情报研究与预测的方法［M］. 武汉：华中师范大学出版社，1998：151.

三、文献计量分析的重要方法——引文分析

在科学研究论文的撰写中，一篇完整的科学论文一般是由作者的正文部分和附于其后的若干引用文献所构成的。著名信息学家克罗宁说：“引文是科学工作者在科学大观园中永恒保留的驻足之处，这些印迹构成了人类进行探索思维的轨迹。”[1] 文献计量分析中的**引文分析**(citation analysis)是利用著文所引及的文献，采用数学和逻辑的方法,对著文所体现的内容进行分析与综合,可以由表及里地探索事物的结构和规律。引文分析在体育信息学的研究中已取得了不少成果,例如,《我国体育学术期刊引文研究的文献计量学分析》[2]《国内外体育科技期刊作者和合著类型比较研究》[3] 等论文，对体育科研人员加强科学方法理论的修养，具有一定的指导作用。

（一）引文含有丰富的信息和内容

引文分析的基本计量单位是引文条数，其数目不仅巨大，而且每条引文记录均含有丰富的内容。例如，被引作者的姓名、被引文献的标题、刊载被引论文的文献类型、撰写论文的语种，以及被引文献发表的时间、卷、期、页等。引文分析研究表明，国外期刊的平均引文数为 15 条，而我国科学论文的平均引文数为 8~9 条。代表我国体育科学研究水平的《体育科学》1987~1997 年发表的 1100 篇论文中，有引文的论文数 826 篇，引文总数为 7265 条，按有引文论文数计算，篇均引文量为 8.8 条 [4]。可见,我国体育科学研究者，在研究过程中的消化文献能力上，与国际科学界的水平有一定的差距，但达到了国内同行的水平。

[1] 丁学东. 文献计量学基础［M］. 北京：北京大学出版社，1993：298.

[2] 朱恺，许治平，周跃生. 我国体育学术期刊引文研究的文献计量学分析［J］. 体育科学，2003，(2)：64–66.

[3] 许红峰，黄汉升，陈俊钦. 国内外体育科技期刊作者和合著类型比较研究［J］. 体育科学，1997，(4)：19~22.

[4] 杨俊材，刘廷元，彭雪雪. 1987~1997 年体育科学论文著引统计分析［J］. 体育科学，1998，(4)：17~21.

（二）引文分析的主要方法

引文款目作为独立计量单位是引文分析的主要方法。现以科技期刊为例，说明引文分析的一般步骤。

1. 统计对象的选择

引文分析中统计对象选择，首先要根据研究需要，明确学科选择的范围，范围中的对象应具有一定的代表性，也可以是某一专题；其次是明确统计时间选择，时间选择要能反映学科发展的动态规律。

2. 建立数据库进行文献的款项统计

3. 常用的引文分析款目

（1）引文量的分析：引文量的分布，通常是指引用文献所拥有被引文献数量的分布。其指标有引文论文数、无引文论文数、引文总数、篇均引文数等。

（2）引文量按被引作者的分布：它是了解和评价某学科或专业中科技人员成绩的重要根据。在一个学科或专业中高频被引作者，具有鲜明的学科特点，反映了作者对体育科学研究的贡献。

（3）引文量按文献类型的分布：它可以了解某学科及与这个学科有关文献的质量、数量问题；这个学科科研人员使用各类文献的情况；这个学科各专业的现状与发展速度。引文类型反映在论文的参考文献著录格式中，详见第十一章有关内容。

（4）引文量按语种的分布：它可以了解科技工作利用国外文献的能力和其他国家的科技发展水平。

（5）引文量按时间的分布：它是研究文献老化的重要根据，其中具体指标有文献老化的“半衰期”、最大引文年限等。

综上所述，引文分析作为文献计量分析中的主要方法，揭示了科技工作者对文献的一些需求规律。通过引文分析，可以对某一地区、部门、机构、个人等科研状况进行评价，对某一期刊的学术水平作出分析，也为科技人员在查找文献资料方面，提供优化首选的科学依据。但是，引文分析也存在一定的局限性，诸如引文动机、文献收录的不完全性等，在实际应用中必须保持清醒的认识。

基本术语

文献、体育文献、文献研究、文献检索、手工检索、计算机检索、搜索引擎、文献综述、文献计量分析、引文分析。

思考题

1. 文献研究的目的是什么？
2. 如何利用互联网进行体育文献的检索？
3. 什么是文献综述，它的主要作用是什么？
4. 对研究者来说，在进行一项研究之前不做文献综述为什么是不明智的？
5. 撰写文献综述的基本要领有哪些？根据你的毕业论文选题撰写文献综述。
6. 引文分析有什么价值？

推荐阅读书目

[1] 谭华. 体育文献检索［M］. 北京：高等教育出版社，2004.
[2] 董奇，申继亮. 心理与教育研究法［M］. 杭州：浙江教育出版社，2005.
[3] 洛兰·布拉克斯特，克里斯蒂娜·休斯，马尔克姆·泰特. 怎样做研究［M］. 2版. 戴建平，蒋海燕，译. 北京：中国人民大学出版社，2005.

第六章

社会调查研究

调查研究（survey research）或简称调查，是体育科学研究中一种最常见的研究方式。许多资料的收集和测量过程都可称作调查，但本章关注的调查具有以下特征，即调查的目的是产生统计数据，也就是说用定量的或数字的描述方式来体现研究总体的某些方面；收集资料的主要方式是向**受访者**（respondents）或资料提供者提问，受访者的答案组成了待分析的资料；一般而言，收集的资料只是来自总体的一部分成员，即来自一个样本，而不是来自总体中的每个成员。本章将围绕上述特征对体育科学领域中的调查原理和方法进行陈述。

第一节　社会调查研究概述

一、调查研究的概念

体育科学是一门横跨自然、社会、人文三大科学领域的综合性学科，研究的根本任务是发现有关体育运动的理论和方法，揭示体育领域中各种现象、关系的本质和规律。调查研究是社会研究的主要方式，也是体育科学研究的主流方式。国内外研究人员对调查研究的名称、内涵和外延、知识、体系构成的认识不尽相同。在名称上，有的叫“调查方法”或“社会调查方法”，还有叫“调查研究方法”或“抽样调查方法”；在具体定义上，有的在比较抽象的层次上将它看作是人们认识社会现象的一种实践活动，而有的只在具体的层次上将它看作是一种收集资料的方法；在分类上，国内主要把社会调查分为普遍调查、典型调查、个案研究和抽样调查，而国外的社会调查多指抽样调查。本章介绍的调查研究是指一种采用自填式问卷或结构访谈的方法，系统地、直接地从一个取自某种社会群体的样本那里收集资料，并通过分析这些资料来认识体育现象及其规律的研究方式。

二、社会调查研究的特点与不足

（一）社会调查研究的主要特点

1. 调查研究主要依靠对受访者运用特定的方式来收集资料，这种方式既可以用来描述某一总体的概况和特征，以及进行总体各个部分之间的比较，也可以用来解释不同变量相互之间的关系。

2. 调查研究方式严格、规范的操作程序，使得其研究结果具有较高的信度，即描述和概括事物的精确性较高。

3. 调查研究可以迅速高效地提供有关某一总体丰富的资料和详细的信息，在了解和掌握不断变动的体育现象方面具有很大的优越性。

4. 调查研究强调用客观的、统计的和演绎的方法分析资料的重要性，体现了科学研究中感性与理性活动的有机结合，使得其应用范围十分广泛，已成为体育科学研究中的主流研究方式。

（二）社会调查研究的不足

虽然调查研究具有许多优点，但与其他几种研究方式一样，它也存在着力所不能及的地方。例如，在探讨和分析变量之间的因果关系方面，就不及实验研究的方式那么有力；在对事物理解和解释的深入性方面，又不及质的研究；在研究的反应性方面，也不及文献研究的方式。特别是调查研究收集资料所依据的主要是被调查者的自我报告，这种被动的、间接的行为测量方式，往往难以真正了解体育运动实践中人们的行为。同时，它所采用的自填式问卷或结构式访谈的形式，无形中限制了受访者对问题的回答，使所得的资料较为表面化、简单化，很难深入被调查者的思想深处和感受其思想和行为的整体背景。另外，问卷调查中的强迫选择、削足适履等问题，也都会使所得资料的质量受到一定影响。作为体育科学研究者必须熟知这一研究方式的优缺点，便于在研究工作中选择使用。

三、社会调查研究的作用

（一）描述状况

社会调查研究多用于对体育领域中某一总体或现象的描述，通过描述发现客观事物在某些特征上的分布状况。例如，国家哲学社会科学基金项目《中国群众体育现状调查与研究》，在总体上描述了中国城乡居民参加体育活动的情况、群众体育活动的现状特点、体育场馆的情况、体育系统群众体育工作情况等基本状况。这种客观的并且是多方面的综合描述，为我国《全民健身计划纲要》的实施提供了直接的依据。在体育科学研究中描述性的调查，无论是大的研究课题还是小的研究题目，在现阶段都发挥着重要的作用。具体调查设计中要注意其系统性、准确性和结构性。

（二）解释原因

社会调查所具有的上述描述状况的作用，可以理解为科学研究中的“是什么”或“怎么样”这类问题，社会调查的另一个作用就是解释某一社会现状的原因，即“为什么这样”，通过调查研究寻找客观事物呈现某种状况的原因。例如，通过调查研究，可得出影响我国群众参加体育锻炼的主要原因有锻炼环境的条件、家庭环境的条件、个人身体状况、个人生活方式、个人经济条件与社会特征等。调查研究还更多地用于探索变量之间的相关关系，因而，在研究设计上，往往要求样本选择的代表性和内容上的针对性，并注意解释中的**“区位谬误”**（ecological fallacy）和**“简化论”**（reductionism）①。尽管社会调查研究能解释行为原因，但如果是要确立其因果关系，仍然具有较大的或然性。

（三）预测趋势

社会调查的作用除了描述与解释之外，还可以对体育领域中客观事物未来的发展状况和趋势等作出预测，这种预测是建立在对某一现象的准确描述和正确解释的基础之上。例如，关于社会体育的发展与人们的生活水平和闲暇时间的占有量问题，有关专家“预计在21世纪初，我国16岁以上的城市人口的人均闲暇时间由19.6小时/周可达到约30小时/周”[1]。这就是一种预测性的社会调查结果，常与探索变量之间的关系联系在一起。

第二节　结构访谈

一、结构访谈的概念与特点

结构访谈（structured interview）又称标准化访谈，指按照统一的设计要求和一定结构的提纲、问卷进行的较正式访谈。结构访谈对选择访谈对象的标准和方法、访谈中提出的问题、提问的方式和顺序、被访谈者回答的方式、访谈记录的方式等都有统一的要求，有时甚至对于访谈的时间、地点、周围环境等外部条件，也要求基本保持一致。由于结构访谈在很大程度上依赖于访谈提纲或问卷，所以访谈提纲或

① 区位谬误：在只对群体进行观察的基础上，错误地得出个体层次上的结论。
简化论：用一组特别的、狭窄的概念看待和解释所有事物。

[1] 谢琼桓，刘德佩，白君玲. 2010年中国社会体育的战略构想［J］. 体育科学，1997，(5)：1–5.

问卷的设计及访谈实施中的技巧就成为这种方法的核心。结构访谈的特点主要有以下几点：

（一）调查资料的质量较好

由于在访谈过程中，研究人员或调查人员面对被调查的对象，可以对调查的环境、被调查者的态度及表情等进行观察，对回答问题的质量进行有效的控制，使获得资料的准确性和可靠性大大提高，例如，在问卷调查的过程中回答“您的家庭是否进行过户外健身活动”时，提供的答案是从来不、每周1~2次、每周3次、每周3次以上。如果有家庭一个月进行一次户外活动，或者更长时间，就无法填写问卷了，而这一情况在访谈过程中完全可以避免。

（二）调查对象的适用范围较广

社会调查研究的性质很复杂，研究对象的层次也不同。被调查者对有些问题的理解与回答常与其文化水平及语言表达能力有关。由于文化水平的差异，有些被调查者无法正确地理解问卷的内容，用结构访谈的方法就可以克服这些缺点，如在访谈过程中，调查人员可以当面解释调查的问题，使调查得以顺利进行。

（三）问题的回答率较高

由于结构访谈是以口头语言直接与研究对象发生互动作用，研究对象拒绝回答问题的可能性很小，因此提高了问题的回答率和访问问卷的回收率。

二、结构访谈的设计与实施

（一）根据研究问题编制访谈提纲

首先将研究的问题分解为若干个主题，再根据每个主题将其分为独立的小问题，然后确定对小问题提问的具体措辞和详细的记录方式。此过程需要重点考虑访谈问题的具体形式和记录方式。访谈问题的形式主要有以下两种，一是封闭式问题（又称固定选择式问题、限定性问题），二是开放式问题（又称非限定性问题）。在设计访谈提纲或问卷时究竟采用哪种形式，需要根据结构访谈的具体目的、访谈对象的情况、访谈者的有关经验而定。结构访谈的记录方式应事先确定。

（二）确定访谈对象与访谈方式

一般根据研究目的确定访谈对象。在具体访谈中，又有面对面访谈与电话访谈两种方式。**面对面访谈**（face to face interview）要求社会调查员严格按照问卷的规定进行，它的最大优点是能够对调查过程加以控制，提高研究结果的可靠性。**电话访谈**（telephone interview）是以**随机数字拨号技术**（random digit dialing，RDD）为基础，对电话所覆盖的全体人群进行的一个随机样本的抽样调查。作为现场调查的方法之一，电话访谈具有成本低廉、快速便捷、覆盖面广、应答率较高等特点。如今电话访谈已成为发达国家抽样调查搜集信息的主要模式[1]。在我国，电话访谈的应用则比较少，虽然在某些领域已经开始使用这种方法，但入户访谈仍然是现场调查的主要模式，其原因与我国电话普及较晚有关，而且人们对电话访谈比较陌生，对其获得信息的可信度心存疑惑。因此，采用电话访谈要特别注意总体的性质及样本的代表性。

（三）调查员的选择及其培训

调查员的选择一般根据课题的性质、被访对象的特点及其调查员的责任心和能力等因素决定。在培训中主要向调查员讲清楚调查的目的、方法、步骤、记录的方式等特殊要求，并在调查实施前进行预备调查。

（四）访谈的实施与技巧

在访谈的具体实施过程中，要向被访对象介绍自己的身份、调查目的与意义、所需时间，并征得被访者的同意。在调查过程中要严格遵循规定的要求，事先掌握一些诸如拒绝、追问等方面的技巧。调查者应当学会随机应变，根据具体情况选择最佳的方式提问。如果研究的问题属于敏感性话题，调查者应十分小心谨慎，采取迂回的方式进行。如果受访者性格比较内向、不善言谈，调查者可以

[1]　保罗.J.拉弗拉卡斯. 电话调查方法：抽样、选择和督导［M］. 2版. 沈崇麟，译. 重庆：重庆大学出版社，2005:6–17.

多问细节，来启发对方作出回应。

三、结构访谈中的注意事项

（一）编制具体访谈问题时

拟定具体访谈问题时，要注意以下几方面，即问题要清楚，不含糊，不模棱两可；问题的文字表述要适合访谈对象的文化程度和知识水平，避免用专业术语；不要提访谈对象不好作出回答的问题；避免提及引导性问题；对某些问题可能需要解释，应制定统一的解释方式、范围、内容和说明语。

（二）实施结构访谈时

结构访谈实施过程中，访谈员要注意自己的角色，考虑外观与举止可能对被访者的影响，特别要熟悉访谈中的问题，注意问题表达的遣词造句对于收集答案的重要性。有时某些措辞的细微改变，就可能使受访者倾向回答“是”而不回答“否”。同时，适度控制和掌握访谈的时间，注意访谈中敏感性问题处理的技巧。

（三）访谈工作结束后

结构访谈工作结束后，应感谢访谈对象的合作与帮助，如果需要，则考虑为以后的访谈做好铺垫和安排，对受访者的某些合理要求应当予以满足。访谈结束后尽快整理访谈结果，并做好记录和分析工作。大规模的结构访谈，要制定管理机构和复核检查等方面的具体措施，保证调查工作的顺利完成。

四、结构访谈中敏感性问题的处理技术

（一）敏感性问题概念

所谓**敏感性问题**（sensitive question）是指与个人或单位的隐私或私人利益有关而不便向外界透露的问题。例如，学生在考试中是否有作弊行为、运动员在竞赛中是否服用兴奋剂等。敏感性问题按总体特征可分为属性特征的和数量特征

的敏感性问题。前者是指被调查者是否具有敏感性问题的特征，一般是估计具有敏感性特征的人在总体中所占的比例，因此，又可称作敏感性比例问题。后者是指被调查者具有敏感性问题数量多少的特征，一般是估计敏感性数量的均值或总和，也可称作敏感性均值问题。对于这类问题的访谈与调查，如果采用直接问答的方式，被调查者为了保护自己的隐私或出于其他目的，往往会拒绝回答或故意作出错误的回答，这样就破坏了数据的真实性，而且破坏程度的大小无法度量。例如，“你在比赛中是否有服用兴奋剂的行为，服用兴奋剂有多长时间”。因为服用兴奋剂是违法行为，对于第一个问题，往往会得到否定的回答，即使有些服用兴奋剂的运动员敢于回答“是”，但在回答第二个问题时肯定比真实的时间或服用量要少，从而使调查的结果没有可靠性。

（二）敏感性问题处理方法

在现代社会调查研究中，对于敏感性问题的处理可以采用**随机回答技术**（randomized response technique，简称 RRT）。这里介绍一种常用的敏感性问题处理模型——**沃纳模型**（Warner model）。这一模型是 1965 年由沃纳提出的，其设计原则是根据敏感性特征设计两个相互对立的问题，让被调查者按预定的概率从中选一个回答，调查者无权过问被调查者究竟回答的是哪一个问题，从而起到了为被调查者保密的效果。

设总体具有互不相容的两类，具有敏感性特征的一类 A 和不具敏感性特征的一类 $\overline{A}$。即总体中的每一个个体或者具有敏感性特征 A（属于 A），或者不具有敏感性特征 $\overline{A}$（属于 $\overline{A}$）。其目的是估计具有敏感性特征（属于 A）的人在总体中所占的比例。在总体中随机抽取 n 个观察单位，然后对这 n 个观察单位进行随机化回答调查，所使用的随机化装置描述如下：外形相同的卡片上写有问题：“你属于 A 吗？”与“你属于 $\overline{A}$ 吗？”以预定的比例混合后放入一盒子中，调查时，被调查者从盒子中任拿一张卡片，根据卡片上的问题进行回答。估计公式如下[1,2]：

[1]　孙山泽，孙明举，段刚. 二项选择敏感性问题调查的基本方法［J］. 数理统计与管理，2000，(1)：58-64.

[2]　王春平，王志锋，张光成. 属性特征敏感性问题的设计、分析及评价［J］. 中国卫生统计，2006，(1)：60-62.

$$R=\frac{\frac{n_1}{n}-(1-p)}{2p-1} \qquad (p=\neq\frac{1}{2})$$

R 是具有敏感性特征的人数所占的比例；n 是样本数；n_1 是调查结果回答“是”的人数；p 是写有问题“你属于 A 吗”的卡片所占的比例。从公式中可以看出，p 越靠近 1/2，则 R 的值越大。当 p 比较靠近 0 或 1 时，R 就比较小。但另一方面，当 p 比较接近 0 或 1 时，对被调查的保护程度就会降低，从而降低被调查者的合作程度，增加了收集到真实数据的难度。p 的取值一般介于 0.7~0.8 之间较合适，可根据问题的敏感性程度设定，若敏感程度高，则 p 的取值小一点，但一般不低于 0.6；若敏感程度低，则 p 可取大一点，但一般不宜高于 0.85。

（三）敏感性问题的具体操作技术与计算

随机回答技术采用特定的随机化装置，使受访者以预定的概率 p 来回答敏感性问题。这一技术最大限度地为受访者保守机密，从而取得受访者的信任。对问题设计的原则是根据问题的特征，设计两个相互对立的问题，让受访者按预定的概率从中选一个回答，调查者无权过问受访者究竟回答的是哪一个问题。

例 6-1　印度教育当局研究大学生酗酒的流行程度。如果一个学生在调查前的一个月内饮酒至少 1250 毫升，则称他（她）是一个酗酒者。在这个定义下，从加尔各答市大学生中简单随机有放回地抽取了 100 名大学生，目标是估计加尔各答大学中酗酒者所占的比例 R。所用随机化装置为一装有 60 张卡片的盒子，其中 45 张卡片上写有 “在上一个月你是否至少饮酒 1250 毫升？”占全部卡片概率 p=45 / 60=0.75，即，75%剩余 15 张卡片上写有 “在上一个月内你是否饮酒少于 1250 毫升？”调查时，在没有调查员观察的情况下，被调查者将盒子中的卡片摇匀后从中随机抽取一张，而后根据所抽到的问题如实地回答“是”或“不是”。调查结果是 28 人回答 “是”，72 人回答“不是”。

根据公式：

$$R = [28/100 - (1 - 0.75)] / (2 \times 0.75 - 1) = 0.06$$

即有 6%的大学生是酗酒者。

第三节　特 尔 菲 法

一、 特尔菲法的概念与特点

（一）特尔菲法的概念

特尔菲法（Delphi method）是指就某些问题分别依靠有关专家的知识经验和判断能力，采用系统的逻辑方法和匿名问卷的形式请专家分别对事物进行评价、预测与判断，从而获得客观可靠的意见与信息的方法。

“特尔菲”一词来源于古希腊的一个神话传说。特尔菲是古希腊的一个地名，相传太阳神阿波罗在这个地方杀死了彼索斯龙之后成为当地的主人。阿波罗不仅英俊年少，而且具有准确地预测与判断能力，在特尔菲这个地方受到人们的推崇，后人为了纪念阿波罗神，在此地建造了阿波罗神殿。从此古希腊阿波罗神殿的遗址，被传说是众神预卜未来的圣地。

特尔菲作为一种可操作的方法，最早出现于20世纪50年代末期。50年代，美国著名的咨询企业兰德公司与道格拉斯公司合作，研究如何通过有控制的反馈来收集专家意见的方法时，以“Delphi”为代号，特尔菲法由此得名。该方法迅速被世界上许多国家普遍使用。

20世纪80年代，我国许多研究领域运用特尔菲法进行了大量的技术预测、决策分析和规划编制工作，并获得成功。此后，随着我国体育科学研究的不断发展，特尔菲法及其派生的特尔菲法在体育领域中的发展战略、技战术发展趋势、研究生学位论文、研究方法与手段评价等方面得到了广泛的应用。

（二）特尔菲法的特点

特尔菲法是在专家和专家会议调查法的基础上发展起来的一种方法，其本质是有效地运用专家的知识、实践经验、创造性智慧等难以量化的信息，按规定程序向专家进行调查并得出结论的方法。它具有以下特点：

1. 匿名性

特尔菲法主要采用匿名书面问卷方式进行调查，在调查过程中，对专家实行系统隔离，彼此互不通气，不暴露自己的姓名，保证各位专家在不受外界和其他专家影响的情况下，充分发表自己的见解，同时便于组织者对所有专家（不论知名度大小）一视同仁，保证各种不同观点都可以得到充分地发表。

2. 反馈性

反馈是特尔菲法的核心，这种方法要经过多轮次的专家反馈。由于专家之间不接触，为了使他们能够了解每一轮的意见，研究人员要对每一轮的专家意见进行整理、分析和综合，因此在下一轮咨询前匿名反馈给每一位专家，以便专家们在相互学习、借鉴中深化自己对问题的认识，并据以作出进一步的评价和判断。

3. 定量性

特尔菲法在实施过程中，对诸多专家的回答必须进行统计学处理。专家调查的结果往往是以定量形式表达的，它反映了每一轮专家反馈意见的集中趋势和离散程度，这个特点提醒研究人员在设计专家调查问卷的时候，其内容应使专家的回答结果便于统计学处理。

二、特尔菲法的设计与实施

（一）特尔菲法的设计

1. 专家调查表（咨询表）的设计

为了使专家全面了解情况，调查表一般都应有前言，用以简要说明调查的目的与任务，以及专家应答在调查中的作用。同时，还要对特尔菲法作出简要说明，因为并不是所有参与的专家都对特尔菲法十分了解。

专家调查表是特尔菲法的工具，它既是研究人员与专家之间交流的媒介，也是专家之间进行沟通的桥梁，调查表设计得好坏，直接关系到研究结果的有效性。专家调查表的设计没有固定的格式，它因研究课题的不同而不同。研究者应根据课题的性质、内容及要求设计调查表的格式、项目、问题和表达方式，而且随着课题研究的进展，在原先一轮调查表和专家意见的基础上，再设计新的一轮调查表，直到课题的完成。调查表中的常见问题及其基本形式如下：

（1）要求作出定量估计的问题：例如，事件的完成时间、能达到的水平（如不同人群参与体育活动的程度）、必需的条件（如场地、器材、资金、人才等）、各种因素的相互作用等。事件完成时间咨询表的形式如表 6–1。

表 6–1　事件完成或实现时间的专家调查表

问题陈述（示例）	10%概率	50%概率	90%概率
不同年龄的体育人口	A_{1i}	B_{1i}	C_{1i}
某一健身方法的普及	A_{2i}	B_{2i}	C_{2i}
解决某一个技术问题	A_{3i}	B_{3i}	C_{3i}

注：i 即第 i 个专家；概率为 10%的日期意味着可能性不大；概率为 50%的日期意味着事件实现或不实现的可能性一样大；概率为 90%的日期则意味着事件很可能实现。

（2）关于实现目标——手段的问题：对于此问题，首先是研究者自己或与专家一起，根据已经掌握的资料，在分析的基础上，初步确定研究对象发展的总目标与子目标，以及达到目标的手段，然后请专家对所提出的手段在达到总目标和子目标过程中的作用打分（一般采用百分制），以便确定它们的相对重要性。它的基本形式如表 6–2。

表 6–2　实现目标——手段专家咨询表

目标 / 手段	总目标		
	子目标 1	子目标 2	子目标 3
推行科学的训练大纲			
加速训练科学化进程			
规定运动员合理流向与流量			
加强教练员岗位培训			

（3）要求作出一定或充分说明的问题：专家调查表对这类问题，一般有肯定式、推断式及其有条件的回答。如果要求专家作出充分说明，应根据具体问题设计出适宜的调查表。肯定式回答的调查表形式见表 6–3。

表 6–3 肯定式回答咨询表

咨询问题 措施	为实现大学教学目标，下述哪种措施肯定有效
男女体育课合上	
实行学校“体育俱乐部”制	
体育课不分年级，只分高、中、低三级	
全面实行体育专项课	

(4) 关于研究方法、研究指标的问题：专家对研究方法的评价，主要是对研究指标的筛选、社会调查问卷的效度评定等问题。对研究指标的筛选，常是在研究人员设计指标的基础上，采用某一定额或百分比来表示。如第一轮咨询，通常要求专家以 70%或 50%的比例筛选指标。对问卷效度与信度的检验，见本章后文关于效度与信度检验的内容。

2. 专家的选择

特尔菲法的主要信息来源于专家，因此，选择与所研究的问题相适应的专家，就成为对此问题研究成功与否的关键。

(1) 对专家的要求：首先应明确什么人可以称作专家。在特尔菲法的应用中，一般专家的概念比较广，泛指在该研究问题方面有专长的人，即具有良好的科学素养，广博的科学知识，在本领域内造诣深，得到同行承认的学术研究者，而不是仅仅指那些名人、官员。例如，研究一个与足球有关的问题，某一个球迷可能会被聘为专家。其次，在对专家的聘任中，还应注意他们的代表性，即考虑不同的研究学派。研究学派是现代科学研究者中的一个重要部分，是不同理论、学说、研究传统相互竞争的一种社会表达方式。选用不同学派的专家，从不同角度和方面来听取专家的意见，是特尔菲法研究绩效的一个关键。

(2) 对研究人员的要求：在专家参与调查之前，研究人员必须向他们说明特尔菲法的基本要求，特别是要说明多轮次循环和反馈调查的意义，并交代清楚整个工作所需的时间和专家所花费的时间。科研实践证明，在特尔菲法工作中，专家的工作负荷并不大，诸如对有关研究方法、指标筛选、效度的评价等方面，所需时间就更少了，研究人员主要的时间和精力都花费在设计专家调查问卷和调查表的发放与回收等环节上。因此，研究者事先征求专家的意见是完全必要的，尤其是在学位论文工作中。

（3）专家的数量：选择专家的数量视所要研究问题的情况而定，一般以 15~35 人为宜。专家的人数太少会限制学科的代表性，缺乏权威，影响研究结果的精度；人数太多则难以组织，研究结果的处理也比较复杂。在具体工作中，要预先考虑专家因故不能始终坚持的可能性，使选择的人数略多于所需要的合理人数。

3. 准备工作注意事项

（1）专家调查表的设计用词要确切，避免含糊其词。

（2）问题要集中、有针对性，并按等级排队，先整体后局部。

（3）在调查表中向专家提供必要的背景材料。

（4）要限制问题的数量，一般情况下问题的上限以 25 个为宜。

（5）避免组合事件。如果一个事件包括两个方面，对问题可以分开设计。

（6）专家调查表中不应掺入研究者或组织者的意见。

（二）特尔菲法的实施

特尔菲法的基本程序如图 6-1。

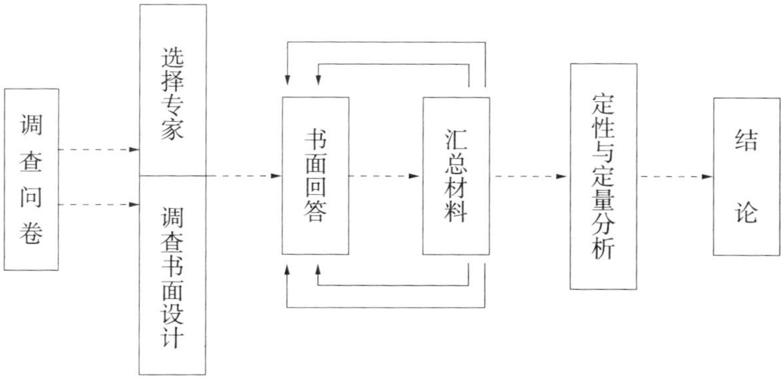

图 6-1　特尔菲法的基本程序

特尔菲法在具体实施过程中，根据研究课题的性质一般要经过 3~4 轮的调查。由于采用匿名方式，专家之间互不接触，为了使每个专家在调查过程中能够了解每一轮的结果和其他专家的意见，以便于他们之间互相借鉴，互相启发，促使认识的不断深化，研究者要善于利用调查与反馈的作用，变换调查表的形式，使专家不仅仅是在提供知识和经验，更有意义的是通过交流信息，使专家丰富知识，提高研究工作的可靠性。

在具体过程中，3~4 轮的调查不是简单的重复，随着每一次的循环和反馈，都能使专家提供信息的准确性提高一步。实践证明，在专家的调查中，对研究方法、研究指标筛选、问卷效度检验一般咨询到第二轮，专家的意见就比较集中了，其他性质的调查，常进行三轮即可以解决问题。

第一轮调查：经典的特尔菲调查。在此轮中只给专家一张应调查或预测的主题表，由其填写要调查的具体问题。但是，由于有些专家对特尔菲法不太了解或不知从何下手，使得研究工作效率不高，因此，研究者在第一轮调查时应按上述要求，设计出符合研究目的和需要的调查表，只不过在调查时，要求专家根据研究的主题提出修改和补充意见，作为第二轮设计专家调查问卷的依据（表 6–4）。

表 6–4　对妇女锻炼动机一级指标的第一轮专家调查表

序号　指标　等级	很重要	重要	一般	较重要	不重要
1　生理需要					
2　美的需要					
3　自我实现的需要					
4　爱、情感的需要					
5　心理需要					
6　社会交往的需要					
7　安全、归属感的需要					
8　认知的需要					
9　自尊、自我价值的需要					
专家意见					

第二轮调查：在这一轮调查中，专家要对调查表中的每一个问题作出回答，并阐明理由。调查表回收后，由研究者对调查的结果进行综合分析和统计处理，其结果在第三轮调查中反馈给专家（表 6–5）。

表 6–5　对妇女锻炼动机一级指标的第二、三轮专家调查表

指标序号及专家评定 / 专家序号及综合评分		1	2	3	4	5	6	7	8	9	偏差总值
		评价值 / 偏差值	评价值 / 偏差值	评价值 / 偏差值	评价值 / 偏差值	评价值 / 偏差值	评价值 / 偏差值	评价值 / 偏差值	评价值 / 偏差值	评价值 / 偏差值	
1		5	4	4	4	5	3	2	2	4	
2		4	4	4	4	3	4	4	5	4	
3		3	5	4	4	4	5	4	2	2	
4		3	5	3	2	4	4	2	4	4	
5		4	5	4	5	5	5	4	4	4	
6		5	5	4	3	4	3	2	4	4	
7		4	4	4	3	4	4	2	3	4	
8		5	5	3	4	4	3	2	3	4	
9		3	5	2	3	5	1	1	3	2	
10		4	4	2	3	3	3	3	4	4	
11		2	3	4	3	3	3	4	3	2	
平均值		3.818	4.455	3.455	3.455	4.000	3.455	2.727	3.364	3.455	
方差		0.982	0.688	0.820	0.820	0.775	1.128	1.104	0.924	0.934	
评价理由											

第三轮调查：根据第二轮调查结果，专家们再次对调查的问题进行回答，并充分阐述理由，有些问题要进行必要的说明或论证。

第四轮调查：根据第三轮调查结果，专家们再次回答问题。有时，在这轮要求专家自我评估对问题的熟悉程度，并计算回答问题的置信概率。当然，这种做法也可以在第三轮进行，主要取决于研究者实施特尔菲法的具体轮次。

事实上，在科学研究工作中，要根据工作需要尽量减少专家调查的轮数，并对不同的研究问题，采用不同的专家调查方法。例如，在调查中可以部分地取消匿名性，也可以部分地取消反馈，对特尔菲法进行合理的改进和完善，不断推进特尔菲法的发展。

三、特尔菲法的结果处理和表达

特尔菲法的统计结果与处理，是整个方法过程中的一个重要环节，常用的处理方法与表达方式如下：

（一）对事件实现时间预测结果的处理方法和表达

对这类问题的结果进行处理时，一般以中位数（M_d）表示专家意见的集中程度，以四分位数（Q_x）表示专家意见的分散程度。

1. 中位数、四分位数在预测结果中的含义

将专家预测的时间结果按从小到大的顺序排列并分成四等份，其中分点就是中位数。中位数表示专家中有一半人预测的时间早于中位数时间，另一半人预测的时间晚于中位数时间，第一个四分点称下四分点，表示专家中有25%的人估计的时间早于下四分点，第三个四分点称上四分点，表示有25%的专家估计的时间晚于上四分点，上下四分点之间称四分位区间或50%置信区间。

2. 预测结果的表达方式

(1) 列表形式：列表形式是最常用的形式，例如，对事件实现时间的专家评价，可采用表6–6的示例形式。

表 6-6　事件实现时间专家评价表（示例）

序号	预测事件	中位数与四分位数（年）
1	新建居民小区有完善的体育设施	2008、2013、2016
2	公共体育场地设施全面开放	2007、2012、2015
3	学校体育场地设施全面开放	2006、2010、2013

（2）文字叙述：文字叙述是用文字的形式直接叙述专家的回答与评价结果。例如，根据有关专家预测，到 2025 年我国老龄人口会达到人口总数的五分之一。

（二）对某方案在总体方案中所占最佳比重评价结果的数据处理和表达

对这类结果进行处理时，专家的评价按 0%~100%的比例排列。一般对专家的评价按 20%的间距分成五等份，计算在每一间距上专家的人数及其百分比，结果可用直方图或表格表示（表 6-7）。同时，对专家的权威程度还可以赋权评价。某一间距的评价值在总评价值中所占的比重越大，其结果的可能性相对越大。

表 6-7　某一方案在总体方案中所占的最佳比重专家评价

“某一方案”应占最佳比例	0%~20%	20%~40%	40%~60%	60%~80%	80%~100%
专家人数					
百 分 比					

（三）从若干个方案中选择最佳方案评价结果的数据处理和表达

从若干个备选方案中选择最佳方案的评价结果一般用直方图来表示。直方图的纵坐标表示选择方案的专家在全部专家中所占的比重。一般来说，选择某一方案的专家在全部专家中所占的比重越大，说明这个方案最优的可能性相对越大。

（四）对方案相对重要性评价结果的数据处理和表达

方案相对重要性的评价，对于从事体育领域中方案的择优和决策分析非常重要。这里从应用的角度，重点介绍方案相对重要性及专家意见协调程度的计算方法。

1. 方案相对重要性计算

方案相对重要性的计算一般采用等级相关法，由专家对每一个方案按其可能实现的概率定量评分，评分值为 0~100 分，实现的概率越大则评分越高。或按等级排队，等级排队用自然数表示，1 级最高，依此类推。具体计算方法如下：

首先将全部专家对所有方案的评价值 C_{ij} 列表（表 6–8）或等级排序表，如果是等级排序表，相同的评价求其评价排序的平均值。例如，方案 1 和方案 3，某一专家评分都是 80 分，排序为 2、3，则其等级评分为（2+3）=2.5 分。

表 6–8　方案相对重要性评价表

专家	方案 1	方案 2	…	方案 j	…	方案 n
1	C_{11}	C_{12}	…	C_{1j}	…	C_{1n}
2	C_{21}	C_{22}	…	C_{2j}	…	C_{2n}
…	…	…	…	…	…	…
i	C_{i1}	C_{i2}	…	C_{ij}	…	C_{in}
…	…	…	…	…	…	…
M	C_{m1}	C_{m2}	…	C_{mj}	…	C_{mn}

各方案的算术平均值可按下式求得：

$$M_j=\frac{1}{m_j}\sum_{i=1}^{m_j} C_{ij}$$

其中，M_j 为对 j 方案全部评价的算术平均值；C_{ij} 为第 i 个专家对第 j 个方案的评价值；m_j 为参加 j 方案评价的专家人数。

算术平均值 M_j 的值为 0~100 分。M_j 值越大，方案的相对重要性就越大。如果是等级排序表，则计算各方案的等级和，等级和越小，方案的相对重要就越大。

2. 专家意见协调程度

专家意见协调程度可采用第四章介绍的肯德尔和谐系数来计算，并进行显著性检验。

3. 寻求意见高度协调的专家组

高度协调专家组就是意见相当接近的一些专家所组成的专家组。寻求意见高度协调的专家组的简单办法是，从专家组先取一名专家，然后计算其余专家意见的协调系数，即肯德尔和谐系数。如果新计算的系数大于原系数，就将这名专家从专家组中排除掉；如果新计算的系数小于原系数，则这位专家继续留在专家组。依此进行，最后留在组中的专家便属于高度协调的专家组。

第四节　问　卷　调　查

问卷调查研究不但是目前体育科学研究中最常应用的研究方法之一，也是社会学、管理科学和教育科学研究的重要方法。随着体育科学研究领域的扩大，问卷调查研究的作用越来越重要。因此，作为了解体育现象的重要中介手段——调查问卷，其质量的好坏，将直接影响到整个调查资料的真实性、适用性，影响到问卷的回收率，进而影响到整个研究结果的可靠性。同时，由于问卷调查在资料收集工作中往往具有“一次性”的特点，所有的问题必须在正式调查前考虑好，一旦问卷发出，就难以更改和补救。所以，问卷设计在整个社会调查研究中占有十分重要的地位。

一、问卷的概念与特点

问卷（questionnaire）是通过书面形式，以严格设计的问题或项目，向受访者收集研究资料和经验事实的一种工具。在体育科学研究中，它既可以描述某种社会现象的主要特征，又可以解释客观事物发生与存在的原因，还可以用来测量在体育活动中人们的行为、态度及其价值等。体育科学研究中的问卷调查，具有以下特点：

（一）目的明确，效率较高

通过问卷收集研究资料，所设计的问题与项目都是由研究人员根据研究目的及其有关法则严格筛选和精心设计的，因而它的标准化程度较高。一般在问卷调查中不记名，使答卷人更加开放，真实地反映自己的各种观点和态度，得来的资料较为客观，又可以采用团体方式进行，提高工作效率。

（二）节时省力，费用较低

与其他方法相比，问卷调查更加节省时间和经费，在短时间内能获取大量的研究资料，因而很受大学本科生、研究生的喜爱，据有关方面统计，在体育专业大学生、研究生学位论文中，半数以上采用了问卷调查的研究方法。

（三）系统设计，较易量化

现代体育科学研究方法中由定性向定量的趋势更加明显，强调研究方法的系统性。如上所述，从现代意义上讲，社会调查是收集资料与分析资料的统一，而问卷调查研究，通过对问题的数量化，便于数据处理，使研究结果更为清晰、科学和可靠。

问卷调查也有不足之处，它不够灵活。多数问卷要求用结构方式回答问题，使人感到不能充分说明自己的态度与观点，有时还因为各种原因使有些问题得不到回答或漏答而使问卷失效；有时问卷调查的结果与被调查者的文化素质有关，使应用范围受到限制等。这些都是在问卷设计和具体应用中应加以注意的。

二、问卷的类型与结构

（一）问卷的主要类型

1. 依据填答或使用的方式可以分为自填式和访问式

（1）**自填式问卷**（self-administered questionnaire）是由调查员发给或邮寄到被调查者手中，由其本人填答的问卷。

（2）**访问式问卷**（interview questionnaire）是由调查员按照问卷向被调查者提问，并根据被调查者的回答进行填写的问卷。

2. 依据问题的回答方式及其组合分为开放式、封闭式、综合式

（1）**开放式问卷**（open-ended questionnaire）又称自由式问卷，它是研究人员不为被调查者提供备择答案，被调查者可根据问卷提出的问题，不受限制地陈述自己的意见。这种问卷的特点是可以得到丰富的材料，但对材料的整理工作量较大，而且不便于统计分析，这种问卷常应用于“对策性”和“预测性”研究。

（2）**封闭式问卷**（closed-ended questionnaire）又称限制式问卷，它是研究人员设计问题时，为被调查者提供备择答案，让被调查者在此范围内选择答案或对答案进行评价、排序的问卷方法。这种问卷的特点是回答简便，有利于问卷的回收，便于对问卷的统计分析，但研究人员提供的答案未必完全符合被调查者的意愿，有时为了覆盖研究的话题，需要更多的问题。

（3）**综合式问卷**（synthetic questionnaire）是根据问卷设计的原则与要求，将自由回答与限制性回答的问题编排在一起的调查问卷。在运用中，常常是这种结合在一起的问卷可以收集到更多的信息。

（二）问卷的结构

社会调查研究中的问卷结构包括问卷标题、答卷指南（指导语）、问卷主体、问卷编码四部分。

1. 问卷标题

根据研究问题的目的与性质，问卷标题有两种呈现方式，一是问卷标题要反映调查内容的主题，一目了然，中心明确，如《中国城乡居民参加体育活动情况调查问卷》。二是隐含被调查的主题，仅呈现《调查问卷》等字样。

2. 答卷指南

答卷指南的内容主要包括对有关问题的介绍与答卷指导语。首先向被调查者介绍和说明调查者的身份、调查目的、调查单位、调查主题及与被调查者的关系等内容。这部分的写作语言要简明、中肯，篇幅宜小不宜大，为消除被调查者的疑虑，对有关问题向其作出简要说明，如调查对象的选取方法和调查结果的保密措施，例如，“课题按照科学的方法挑选部分居民代表参与体育活动的情况调

查，您是其中的一位，本调查以不记名方式进行，答案无对错之分，请您不必有任何顾虑”等。

指导语是用来指导被调查者填写问卷的方法、要求和注意事项等方面的说明，如“请根据自己的实际情况选择一种最适合于您的答案，并在号码上打圈”。还有些问卷根据问题的性质将指导语分散在调查问题后。最后在问卷上需印有调查者的地址、电话、邮政编码、负责人和时间。

3. 问卷主体

问卷的主体部分是对调查项目与问题的系统设计，主要包括提出的问题及形式、回答的方式与问题的排列格式等。

4. 问卷编码

在较大规模的社会调查研究中，研究者对问卷的设计，还需对调查的问题进行编码，以便对调查的结果进行计算机管理与统计处理。**编码**（coding）就是对每一个问题及其答案赋予一个数字或符号。编码既可以在问卷设计的同时，也可以在调查完成后进行。前者称为预编码，后者称为后编码。实际应用中大多数采用预编码。例如，用数字“1”表示男性、“2”表示女性。

三、问卷设计的内容与步骤

（一）问卷设计构思及层次

根据系统思想，问卷设计包含四个层次，即问卷的理论构思或探索性工作、问卷的具体形式或格式、问卷项目的语句与措辞、问卷的统计处理。在进行问卷设计时，要明确各个层次的具体设计要求，以便确定问卷的结构设计及设计重点。

1. 理论构思或探索性工作

问卷设计中的理论构思或探索性工作是至关重要的，它是整个问卷设计的出发点。要设计一份调查问卷，并不是立即动手罗列调查的问题，而是要做一定的探索性工作。不同目的和理论思路，决定了问卷项目的总体安排、内容和结构。对任何一项问卷的设计工作来说，理论思路和目的决定了问卷的内容与形式。如果调查的目的是了解被调查者的一般情况，问卷设计的思路就要围绕调查对象的基本事实与特征来进行；如果调查的目的是对客观事实作出解释和说明，那么问卷设计的理论构思就要围绕研究假设或关键变量来进行。在许多的问卷调查中，由于不重视理论构思与指导，没有探索性工作，得到的研究结论十分肤浅或粗糙，这样的社会调查研究就很难说会有真正的意义。

2. 具体形式或格式

这是问卷设计的第二个层次，它决定了问卷的整体结构与框架，例如，提出的问题是采用陈述式还是表格式、对某一问题的等级评定采用 5 点还是 7 点、对提出的问题是开放式还是封闭式等。

3. 语句与措辞

这是问卷设计中的微观层次，对于调查中的具体问题，用词应十分慎重，语句的陈述要明确、具体，措辞要适合于被调查者。对简单、明了、具体的问题直接发问，对敏感性问题做释疑、缓冲处理（加功能性句子）或增加条件，再进行提问，用词避免过于抽象和一般。

4. 问卷项目的统计处理

问卷设计中的统计处理是社会调查研究中一个非常重要的环节。在对问卷设计时要结合理论构思，考虑到问题的数量化方法和统计处理，要依据计算机处理或手工处理的不同设计问卷。

（二）问题形式及答案

1. 问题的形式

（1）填空式：在问题后画一短线，让回答者直接在空白处填写。填空式一般用于容易回答的问题及基本信息的调查。

例 6–2　您的年龄________岁。

例 6–3　您每天锻炼________分钟。

（2）是否式：问题的答案只有是和不是，或肯定与否定两种，回答者根据具体情况选择一种答案。这种形式是答案简单，能将被调查者分成两类群体，便于其他问题的分析，但不足之处是所回答的问题信息量太小，对有些问题不能了解被调查者意愿的不同层次。

例 6–4 您是否爱好足球？

① 爱好　　② 不爱好

例 6–5 您认为运动员的智能与战术意识水平是否成比例。

① 是　　② 不是

（3）多项选择式：给出的问题答案至少在两个以上，回答者根据自己的情况选择其一或多个答案。这是调查问卷中所采用最多的一种形式。

例 6–6 您参加体育活动的形式是（多项选择）：

① 个人锻炼　　② 参加单位组织的锻炼

③ 参加社区组织的活动　④ 体育辅导站、俱乐部锻炼

⑤ 与朋友同事一起　　⑥ 与家人一起锻炼

例 6–7 您最喜欢参加何处组织的体育活动（单项选择）？

①工作单位　②居住社区　③体育协会　④其他部门

（4）矩阵式：将同一类型的若干个问题集中在一起，构成一个问题的表达方式。这种形式的优点是节省问卷的篇幅，有利于回答者阅读和填写。

例 6–8 您觉得在你们学校体育课中下述现象是否严重？

	很严重	比较严重	不太严重	不严重	不知道
A. 迟到	□	□	□	□	□
B. 早退	□	□	□	□	□
C. 请假	□	□	□	□	□
D. 旷课	□	□	□	□	□

（5）排列式：这种提问要求回答者将所提供的问题根据重要程度排出顺序。常应用于对已知影响因素重要性的判断，或外延已经限定了的问题调查。

例 6–9 您认为体育职业俱乐部资源生成的主要因素是什么？（请根据重要性程度排序）

a. 广告赞助　（　）

b. 产品开发　（　）

c. 运动员转会　（　）

d. 体育门票　（　）

e. 冠名、转播权　（　）

（6）量表式:根据问题的性质，采用量表让调查对象对问题作出评定。量表主要有 5 点量表、7 点量表和百分量表等。

例 6–10 在体育活动中竞赛获胜是重要的（5 点量表问卷项目）。

①绝对赞成 ②有点赞成 ③中立 ④有点反对 ⑤绝对反对

例 6-11　您在多大程度上对你校体育课感到满意？（百分量表项目）。

0%	10%	20%	30%	40%	50%	60%	70%	80%	90%	100%
□	□	□	□	□	□	□	□	□	□	□

2. 答案的设计

问卷中的答案设计，不仅要便于研究者研究，而且也要便于被调查者回答，尽量消除他们的顾虑。答案设计要与所提出的问题一致，并注意答案的穷尽性、互斥性及相倚问题的处理。

（1）答案的穷尽性：是指答案的分类应该穷尽所有的可能，研究者常常通过增加诸如“其他”一项来保证穷尽。如果被调查者对“其他”回答的过多，则说明问题的答案设计就不恰当，即没有反映出某些重要的答案。穷尽性看起来简单，实际执行起来却不容易。因为问卷调查一般面对的是大量样本，如果它的设计客观上只了解其中一部分，而主观上却认为已掌握了全部，那么设计的答案很可能满足不了这一要求。例如，诸多的关于居民体育锻炼的调查，其中在“职业”这一项目上，经常看到答案没有穷尽的情况。

（2）答案的互斥性：是指答案之间不能交叉重叠或相互包含。对于每一个被调查者来说，根据问题的性质应该只有一个答案适合于他的情况，如果一个被调查者可以选择属于某一个问题的两个或更多的答案，那么这一问题的答案就不是互斥的。例如，例 6-6 中的“您参加体育活动的形式”这一问题，答案里有“参加社区组织的活动”“与朋友同事一起”，这两个答案就不是互斥性问题，“参加社区组织的活动”中也包含了“与朋友同事”一起活动。

（3）**相倚问题**：也称**关联问题**（contingency question），是指前后两个或多个相连的问题中，被调查者是否应当回答后一个或后几个问题，要由其对前一个问题的回答结果来决定。这类问题的回答与排列要做特殊说明。

例 6-12　您在中学或大学参加过体育方面的业余训练吗？

A. 参加过。 ——→ ①请问你参加的是什么项目？（　　）
　　　　　　　　　②业余训练了几年？　　　　　（　　）

B. 没有

（三）问卷题目数量与排列

1. 问题的数量

一份问卷应包括多少问题，这要根据调查的内容、样本的性质、分析的方法，以及人力、财力、物力状况综合而定。但总的来说,问题不宜太多,问卷不宜太长。实践中通常以回答问卷的时间而定的一般以 25~40 分钟为宜。

2. 排列方式

问卷问题的排列方式是指问卷主题的结构，它往往影响到回答问题的质量与问卷的回收率。一般应遵循以下原则：

（1）根据问题的逻辑关系，将同类性质的问题放在一起。

（2）简单易答的问题放在前面，复杂难答的问题放在后面。

（3）感兴趣的问题放在前面，易引起顾虑、敏感性的问题放在后面。

（4）行为、状态等方面的问题放在前面，态度、意见、原因方面的问题放在后面。

（5）开放式、论述性问题常放在问卷的后面。

（6）如果问卷含有检验性问题，要把这些问题分开排列，不可集中排在一起，否则易被识破。

（四）问卷设计的步骤

问卷设计主要包括下列步骤：

1. 探索性工作与研究问题的理论基础。

2. 设计问卷初稿，主要考虑研究目的、研究范围和研究对象，以及分析方法和解释方法等因素。具体做法常用卡片法和框图法进行。

（1）卡片法：根据探索性工作，将问题写在卡片上并分类，再根据问卷的逻辑结构排出各类顺序，形成问卷初稿。

（2）框图法：根据研究假设和所需资料的内容，画出整个问卷的各个部分及前后顺序的框图，再具体地写出每一个部分中的问题及答案，并对问题进行检查、调整和补充，形成问卷初稿。

3. 选取受试者预试。

4. 进行项目分析。

5. 进行问卷的信度、效度分析。

6. 修改定稿并印制。

（五）问卷设计的常见错误

1. 问题有多重含义或答案犯了嵌套的错误

在问卷设计中，提出一个问题，不能同时询问几件不同的事情。

例 6–13　您父母是否经常锻炼？

①是　　　②不是

这个问题的错误在于“父母”，有的家庭是父亲经常锻炼，有的家庭是母亲经常锻炼，有的都不或都锻炼，所以，这个问题应改为：

例 6–14　你父母谁经常锻炼？

①父亲　　②母亲　　③都不锻炼　　④都锻炼

2. 问题与答案不协调

在问卷设计中，问题与答案是不可分割的整体，二者必须相互协调，避免出现“答非所问”或失去数据的真正意义。

例 6–15　你平均月工资是多少？

①200 元以下　　②200~400 元　　③400~600 元

④600~800 元　　⑤800 元以上

很显然，这个问题与答案不协调。问题的核心是想知道工资是多少元，但给出的答案却是工资的选择区间，不便于计算工资的平均数，失去了数据的真正意义。这种题目的答案用填空即可。

3. 概念抽象或含糊不清

在对问题设计时，调查的问题应尽量具体，要考虑被调查者的学识水平，如在调查居民参加体育锻炼的价值时，有这样一个问题：

例 6–16　体育锻炼能保持最佳的自我效能。

①完全同意　　②比较同意　　③不清楚

④不大同意　　⑤完全不同意

在收回的问卷中，被调查者普遍对“自我效能”这一专业术语的含义搞不清楚，就出现了许多“不清楚”这一答案的调查结果。因此，对居民进行调查，这一问题应改为：

例 6–17　经常参加体育锻炼能保持一个人成功地完成一项任务的信心和

期望。

①完全同意　　②比较同意　　③不清楚

④不大同意　　⑤完全不同意

4. 问题带有倾向性

在问卷设计时，提出的问题应该具有客观性，即每一个问题是中性的，不能带有某种倾向性，否则问卷的信度和效度将受到影响，也调查不出所需要的信息。

例 6–18　有人认为，减轻中小学生学习负担的最终结果将会使教育质量下降，你的看法是：

①同意　　②不同意　　③不知道

在这种问卷的设计中，单向的陈述对被调查者是一种刺激或诱导，使被调查者可能作出肯定的回答，因此，应将问题改为：

例 6–19　一些人认为，减轻中小学生学习负担的最终结果将会使教育质量下降；另一些人认为，“减负”不会影响教育质量。你的看法如何？

①同意前者　　②同意后者　　③不知道

5. 问卷的设计超出了数据结果的实际意义

例 6–20　你不喜欢体操的原因（任选三项并排序）：

①怕危险　　②动作太难，无法完成　　③没意义

④器械不太好　　⑤缺女教师

从问题的答案来看，被调查者由于情况不同，有可能作出五花八门的答案，因此输入计算机统计出的结果就没有任何实际意义，纠正的办法是将每个答案各作一个项目，采用“是”“否”来回答或重新设计答案。

四、问卷调查实施中的要点问题

（一）问卷的信度

问卷的信度是指通过问卷调查得到材料的稳定与可靠程度。在使用问卷作为主要研究方法时，一般而言，研究者最关心的问题就是信度和效度。但是，并不是所有问卷都需要交代信度，需要交代信度的问卷也并不一定是所有问题都需要交代信度，只有在理论上存在测量误差的问卷才需要交代信度。以下几点可作为

是否需要交代和如何交代信度的参照[1]：

第一，单条目问卷不需要交代信度。例如，对于“如果给我一次机会，我会重新选择生活方式”（完全同意、比较同意、不知道，不太同意、完全不同意）这样的单条目问卷，研制者需要考虑重测信度问题，如果研制时的重测信度达到了可以接受的水平，那么以后人们在使用时一般就不必再做其他信度检验。

第二，理论上不存在测量误差的问卷或问题不应进行信度检验。例如，人口统计学的问题就不必进行信度检验。不难看出，对性别、年龄、教育程度、婚姻状况、运动等级、每周锻炼次数等问题进行信度检验完全没有必要。

第三，采用具有较好的测量学特征的现成问卷，一般需要再次交代本研究中使用此问卷的内部一致性信度，但未必需要进行重测信度的检验。

第四，在一项研究中，采用这项研究研制的问卷时，一般需要提供信度证据。最常用的两种信度是内部一致性信度和重测信度。

社会调查问卷中信度检验的方法多种多样，但都具有使用的前提条件，最为常用的方法是“再测法”，即用同一个调查问卷，在第一次施测后经过一段时期，对同一对象群再进行测验，求两次测验成绩的相关系数并进行统计显著性检验。但是，社会调查问卷的实施多为大样本，如果对大样本中的每个个体再进行一次测量，既浪费时间又消耗精力。常用的做法是，在大规模调查之前，选择一个小样本进行信度检验，或者是第一次对全部受试者进行测量，第二次在受试者中随机抽取一定比例的受试者进行再测量，然后估计其信度系数。具体计算方法可参见第四章“体育科学研究设计”的第四节和第八章“量表编制与应用研究”的有关内容。

（二）问卷的效度

信度是效度的基础。研究者在取得了可接受的信度之后，还应当寻求和提供可接受的效度证据。问卷的效度是指问卷设计的内容和结构特征与要调查研究的事物、问题特征的一致性程度。至于对问卷需要分析哪些效度，这要根据问卷的种类和研究的目的而定。问卷的效度主要有表面效度、内容效度、准则效度、结构效度，具体计算方法可参见第四章“体育科学研究设计”的第四节和第八章“量表编制与应用研究”的有关内容。检验问卷效度时需要注意以下几点：

[1]　张力为. 研究方法在制约我们的追求吗？［J］. 体育科学，2005,(4):74–80.

第一，采用具有较好测量学特征的现成问卷，研究本身已经含有效度检验的理念，一般不必进行效度检验。

第二，在一项研究中，采用这项研究研制的问卷时，一般需要提供效度证据。这类情况常见的误区是仅提供专家评定法确定的内容效度证据，不提供其他效度证据，这常常有证据不足之嫌。

第三，效度种类较多，问卷所涉及的究竟是哪一类效度，需要在论文中用准确的术语交代清楚。例如，问卷的实证效度、聚合效度或区分效度等。

第四，效度的估计方法较为复杂，论文中要简明扼要地说明具体计算方法和过程，不能仅仅或笼统地提供一个效度系数，这样做的目的是供读者判断效度的科学性。

（三）问卷的分发和回收率

问卷的分发和回收是实际调查工作中的重要环节。分发通常采用邮寄、代理分发和研究者分发等方式。无论采用哪种方式，监控问卷的回收是研究者的主要责任。邮寄问卷时，受访者未能将问卷寄回的主要原因是嫌麻烦，研究者可采用一些简单方法提高回收率，如在回寄信封上写上地址、贴上邮票等，或者补寄问卷（follow-up mailings）并附上一封催收的信函，并注意补寄问卷的时机。代理分发问卷，又分为个别送发和集中送发两种情况，主要工作是研究者对代理人交代清楚问卷回收的具体要求和细节。无论如何，问卷的分发涉及一个核心问题，就是“可接受的**回收率**（return rate）”，即回收有效问卷的份数与发放问卷份数之比。

回收率是受访者样本代表性的一项重要指标，在调查研究的分析中如果运用统计推论，回收的样本应该近似于原始样本的一个随机抽样，较低的回收率是一项危险的信号。怎样的回收率是可以接受的呢？艾尔·巴比认为，“问卷回收率至少要有 50%才是足够的；达到 60%才是好的；达到 70%就非常好。事实上，一个经过验证且没有偏误的回收问卷要比有偏误的高回收率重要得多”[1]。考虑到问卷回收率不可能达到 100%，研究者在决定样本大小时就需要将预定的回收率考虑在内。例如，设定一个 1000 人的样本误差为±3%，如果要保持 3%的样本误差，在选样时就必须将实际样本人数扩大。设预定回收率为 55%，实际样本人数为 X，根

[1] 艾尔·巴比. 社会研究方法［M］. 10 版. 邱泽奇，译. 北京：华夏出版社，2005：254.

据 55/100=1000/X，可得到 X=1818，即以 55%的回收率计算，要保持±3%的样本误差，实际样本应为 1818 人。

（四）新技术与问卷调查

随着社会、经济的快速发展，问卷调查已由自填式问卷、面对面访谈等传统方式向电话调查、在线调查和万维网利用等方面发展。例如，随机数字拨号技术、**电脑辅助电话访谈**（computer assisted telephone interview，简称 CATI）、**电子化的自我填答问卷**（computerized self-administered questionnaire，简称 CSAQ）、**电脑辅助自我访谈**（computer assisted self- interviewing，简称 CASI）等新技术已得到使用。了解和掌握这些新技术，以符合自己的研究需要或弥补传统问卷调查的缺失具有很大帮助。

五、社会调查问卷示例

××省中学田径课程现状与改革方向的调查问卷

尊敬的 ________ 同志：

您好！为了了解中学田径课程的建设和发展现状，我们设计了这份调查问卷。问卷中的问题是为研究使用的，回答采用不记名方式，请您仔细阅读每一问题，在横线上填写合适的信息或在问题中选择最符合您的观点的答案（无特殊说明，只选择一种），您的回答将对中学田径课程的改革提供有益的帮助！

衷心感谢您的合作与支持！

《XX 省中学田径课程现状与改革》课题组

2005 年 5 月

一、填表人基本信息

A1. 性别____　A2. 年龄____　A3. 教龄____年　A4. 职称____

A5. 所在学校：①高中　②初中　③完全中学

A6. 学校类别：①省重点校　②市重点校　③普通中学

A7. 您本人擅长的专项（可复选）：

①田径　②篮球　③排球　④足球　⑤体操

⑥武术　⑦健美操　⑧乒乓球　⑨羽毛球　⑩其他

二、中学田径课程开展的现状调查

B1. 您认为目前中学田径课程开设的主要目的是什么？

①学习技术、提高技能 ②比赛需要 ③掌握一些田径运动知识

④全面发展基础运动能力　　⑤其他

B2. 您认为在实施《课程标准》的过程中田径课程需要进行改革吗？

①很有必要　　②有必要　　③无所谓　　④没有必要

B3. 请您对目前“田径课程目标”与“体育与健康课程的5个学习领域（维度）目标”的相关一致性进行判断：

领域目标	完全一致	比较一致	说不清	不太一致	不一致
运动参与					
运动技能					
身体健康					
心理健康					
社会适应					

B4. 目前中学田径课的价值主要体现在：（可复选）

①培养学生掌握基本的知识和技能、提高身体素质。

②让学生养成锻炼的习惯、形成健身的意识。

③掌握一定的田径运动技能,提高运动技术水平。

④作为其他运动项目的基础和补充。

⑤其他。

B5. 根据您的观察和经验，现行田径教学的内容能否做到：

（1= 完全能 2= 基本能 3= 不清楚 4= 不太能　5= 完全不能）

问　题	1	2	3	4	5
能否引起学生对田径的学习兴趣					
能否完成技术技能的教学目标与任务					
能否对学生身心健康发展有积极的影响					
能否体现“面向全体学生”的教育思想					
能否与学生田径认知学习能力的水平一致					
能否与学生未来的生活、工作、学习相联系					

B6.请根据贵校田径课的实际开展情况在相应的项目下画“√”:

运动项目	目前你校开设的田径项目	目前教师喜欢进行教学的田径项目	目前学生比较喜欢的田径项目
快速跑			
接力跑			
耐久跑			
障碍跑			
跨越式跳高			
背越式跳高			
蹲踞式跳远			
挺身式跳远			
铅球			
实心球			
其　他			

B7. 您认为当前田径教材内容存在的主要问题是什么？（可复选）

①教材选择过于陈旧。

②对学生未来发展没有太大帮助。

③教材规定的标准太高、太难。

④竞技项目教学脱离生活实际,学生不喜欢。

⑤其他问题。

B8. 目前贵校田径课程实行的考评方法是什么？

①达标　②达标与技评　③综合评定　④其他

B9. 贵校每学期田径课时占体育课总课时的百分比是多少？

①10% 以下　②10%~20%　③20%~30%　④30%以上

三、田经健身课程的可行性调查

C1.您认为田径健身课程的内涵应当是什么？（可复选）

①注重技术技能的传授。

②注重课程的基础性、健身性、参与性、知识性。

③教师教学方法的改革。

④侧重对教材的选择和改造。

⑤其他。

C2. 田径运动竞技与健康的双重属性在田径课程中应如何体现?

①技术性项目应该占主导 ②健身性项目应该占主导

③两者并不矛盾可以融合 ④健身性为主,提倡竞技教材健身化

C3. 您认为竞技化田径教材有没有必要进行健身化的改造，以适应新课程教学目标的要求?

①很有必要　②有必要　③无所谓　④没有必要

C4. 您觉得要进行田径健身课程改革与建设应该从何处入手?(可复选)

①提高教师素质、加强教师业务水平。

②改革考评标准与方法。

③改变原来的授课方式，强调灵活的授课方式。

④开展田径项目的课外俱乐部。

⑤充分发挥学生的主体性，注重学生的参与。

⑥对教学的内容进行重新选择。

⑦其他途径。

C5. 您认为在田径健身课程教学中如何发挥教师的主导作用？（可复选)

①在学习和练习的方法上多加以指导。

②多了解学生的需要。

③引导学生主动参与学习过程。

④创设有助于学生学习的情景。

⑤教学组织严密。

⑥其他方法。

C6. 您认为在田径健身课程教学中如何发挥学生的主体作用？（可复选)

①教师多讲解一些健身锻炼的知识，以供学生选用。

②展开专题讨论，倡导研究性学习。

③提供试教和实习的机会让学生担当小教师角色。

④充分发挥学生骨干的模范带头作用。

⑤让学生选择感兴趣的方法去自主锻炼。

⑥指定学习和锻炼的量表或标准让学生参照执行。

⑦其他形式。

C7. 您认为在田径健身课程中学生之间如何进行评价?

①学生自我评价　②学生相互之间评价　③没有必要进行

④可以作为参考，但意义不大　⑤其他

C8. 您认为有哪些因素影响田径课程的改革?

再次谢谢您的支持与合作，如您需要了解本次调查的结果，请留下您的通信地址:

姓名: 单位: 邮编:

第五节 社会调查资料的数量化

研究方法论告诉我们，任何事物都有质和量两个方面，而且两者是辩证统一的，社会调查中的体育现象也不例外。对社会调查资料的数量化，即把调查得来的资料分类，变换成数值的形式，并进行统计分析的过程。分析可以是描述性的或解释性的，也可以是单变量、双变量或多变量的。统计分析之前要确定变量的属性，根据不同的变量属性，选用合适的统计方法，否则，可能会误用统计方法。

一、调查资料的定量化

调查资料的定量化就是将问卷、访谈等所得到的资料转化成机读形式，即电脑和定量分析中所使用的其他机器所能够识别和处理的形式。资料的定量化通常要经过如下过程:

（一）设计编码类别

现代科学研究对数据的分析基本上都由计算机操作，而计算机必须能够阅读在研究中所收集的资料。如前所述，对问卷编码是其结构设计中不可少的一部分，问卷收集的部分资料天生的就是数值形式，如年龄、收入，而部分资料是定性的，如性别、职业，但“性别”很容易定量化，将男性和女性转化成“1”和“2”，如果研究者问受访者：“你们从事什么职业?”可能得到的答案是多种多样的，设计编码就比较复杂。再如，开放式问卷所得的资料更加复杂，编码也就更加复杂。因而，研究中设计编码类别的总原则是，必须和研究中所使用的理论概念相符，编码时若将资料分得很细，一旦不再需要这么细的分类时，很容易将资料重新归并。

设计编码类别的基本要求:

(1) 编码号不能重复，定类变量的码号最好与其意义内涵有关。例如，性别：SEX，年龄：AGE。

(2) 同一类别的题号最好有相同的识别码，如前文问卷示例第一题受访者的基本信息：A1~A7、第二题中学田径课程现状：B1~B9。

(3) 题项答案最好用数字表示，便于数据录入。

(4) 复选题每个选项均单独成一个题项，如 B4 为复选题，有 5 个选项，则编码为 B41、B42、B43、B44、B45，在数据录入时，被选中的以“1”表示，没选中的以“0”表示，便于计算机处理。

(5) 开放式问题可根据理论与实践依据，设计几种分类，选择最适合于答案和理论分析的类别。例如，前文问卷示例的最后一个问题，可从教学方法、教学内容、场地器材、教师水平、教学管理等方面进行编码类别的设计。

(二) 建立编码本与数据登录

编码本（codebook）是资料处理和分析中所需的一个文档。每本编码本必须对变量进行完整的定义，并指出每种变量的属性。编码本有两个基本功能，其一，它是编码过程中的基本指南；其二，在分析的时候，它告诉每个变量在资料文档中的位置及每个号码所代表的意思。在分析资料中，如果想看看某两个变量之间的关系，只要在编码本中查看其信息即可。表 6–9 是对前文所示例的问卷编码本的部分范例。编码本建立后就可以对原始问卷的数据进行计算机录入了。

表 6–9　XX 省中学田径课程现状与改革方向的调查问卷编码（部分范例）

编码	题项内容	赋值方案	备注
A1	性别	1=男，2=女	定类
A2	年龄	原始数据	定比
…	…	…	…
A4	职称	1=高级，2=中级，3=初级，4=未定	…
B1	课程目的	1=学习技术、提高技能；2=比赛需要；3=掌握田径运动知识；4=发展基础运动能力；5=其他	…
…	…	…	…
C11	健身课程内涵之一	1=选中，0=没选	复选题
C12	健身课程内涵之二	1=选中，0=没选	复选题
…	…	…	
C8	健身课程影响因素	1=教学方法，2=教学内容，3=场地器材，4=教师水平，5=教学管理，6= 其他	开放式问题

二、单变量统计分析

单变量分析（univariate analysis）是一次只检验一个或多个相对独立的变量分布情形，尤其是集中和离散的特征。在调查研究中常用的分析方法有下述几种。

（一）单变量的频数分析（frequencies）和描述性分析（descriptive）

1. 集中趋势分析

集中趋势分析，就是找出一个数值来代表变量的资料分布，以反映资料的集结情况。应用中根据这个代表值估计或预测每个研究对象（即个案）的数值。对定类变量常用众值（mode）、定序变量用中位值（median）、定距变量用均值（mean）来计算。

2. 离散趋势分析

在离散趋势分析中，要求出一个值来表示个案与个案之间的差异情况。对定类变量常用**离异比率**（variation ratio）①、定序变量用四分位差（interquartile range）、定距变量用标准差（standard deviation）或方差（variance）来计算。

（二）得分率统计法

得分率常用于按顺序排列的单变量题目的统计分析，计算公式为：

$$F=\frac{\sum a\cdot n}{A\cdot N}$$

其中，F 为得分率；a 为等级分值；A 为等级分值中的最高分值；N 为答题的总人数；n 为选择某等级的人数。表 6–10 为调查问卷得分率统计分析示例。

① 离异比率（简写 V）：非众值的次数与全部个案数目的比率。$v=n/(n-f_{mo})$，其中 n 是个案数目，f_{mo} 是众值的次数，$(n-f_{mo})$是非众值的次数。

表 6–10　调查问卷得分率统计分析示例（N=100）

你在上体育课时的认真程度	很认真（+2）	认真（+1）	有时不认真（–1）	经常不认真（–2）	F
	39	43	16	2	0.505

F=（$2\times39+1\times43-1\times16-2\times2$）/（$2\times100$）$=0.505$

（三）排序统计法

排序统计常见于单变量封闭式原因分析的问卷调查题目，计算公式为：

$$W=\frac{\sum a\cdot n}{N\sum a}$$

其中，a 为排序等级分值；n 为选择某等级的人数；N 为总人数。表 6–11 为调查问卷排序统计分析示例。

表 6–11　调查问卷排序统计分析示例（N=50）

原因	第一位（4 分）	第二位（3 分）	第三位（2 分）	第四位（1 分）	W
A	16	14	12	8	0.276
B	8	10	16	16	0.220
C	20	14	10	6	0.296
D	6	12	12	20	0.208

W（A）=（$4\times16+3\times14+2\times12+1\times8$）/［$50\times$（$4+3+2+1$）］$=0.276$

B、C、D 用同样方法可求得。

（四）平均选择系数

平均选择系数常用于单变量原因分析的复选题，一般把平均选择系数大于 1 的问题，认为是具有普遍性的问题。表 6–12 为平均选择系数计算的示例。

单项平均值 = 总选择人次/项目总数= 65 / 5 = 13

平均选择系数 = 单项选择人次/单项平均值 = 5 / 13 = 0.38

表 6-12　中学田径课程改革的影响因素调查结果

序号	选择项	选择人次	平均选择系数
1	教学方法改革问题	5	0.38
2	教学内容改革问题	17	1.31
3	教学管理改革问题	14	1.08
4	教师水平与素质问题	19	1.46
5	教学场地器材问题	10	0.77

三、双变量统计分析

双变量分析（bivariate analysis）是为了研究两个变量之间的经验关系而同时对两个变量进行分析。双变量分析探讨的是自变量和因变量之间的统计关系，其目的通常是解释，而不是描述。

（一）双变量之间的关系

1. 相关关系

相关关系（correlation）是指两个变量间存在一种相依关系，即 X 变化，Y 也随之变化；反之，Y 变化，X 也随之变化。相关关系有正相关与负相关之分。双变量之间的相关程度，用**相关系数**（coefficient of correlation）表示，相关系数取值在 0~1 之间。一般而言，数值在 0~0.19 之间，提示微弱的相关关系；数值在 0.2~0.5 之间，提示中等的相关关系；数值在 0.5 以上提示较强的相关关系。

2. 因果关系

在具有相关关系的两个变量中，如果能够确定一个变量的变化引起另一个变量的变化，即 X 的变化造成了 Y 的变化，变量之间的这种关系属于**因果关系**（causal）。它们之间的关系是单向的。社会调查研究中的因果关系与自然科学所讲的因果关系有一定区别，它对因果关系的定义没有自然科学那么严格。

3. 虚无关系

若从某一变量的变化很难预测另一个变量的变化，那么变量之间的这种关系称**虚无关系**（spuriousness），即两个变量间不存在共变关系。在统计分析中，通常是以两变量之间存在虚无关系这一统计假设进行检验的。

（二）双变量的交互分类表

在体育社会调查研究中，经常碰到低类型层次的变量，即定类变量与定序变量，故对两个变量之间关系进行描述与分析时，经常要使用交互分类表，又称**列联表**（contingency table）。所谓**交互分类**（cross classification）是指同时依据两个变量的值，将所研究的个体分类，其目的是将两个变量分组，它综合了两个变量的共同分布，具有对变量进行描述的作用。同时，通过对各组分布状况的比较，旨在寻找变量间是否存在某种关系，故它又是对变量关系的一种解释性分析。一般对列联表所体现出来的关系采用 x^2 检验的方法，以确定列联表变量间是否存在关系。在确定了存在关系之后，要进一步探讨的问题是相关关系的程度如何。相关程度的度量根据变量层次的不同而有所不同。

（三）变量关系的详析模式

在体育社会调查研究中，对两个变量关系的相关分析和假设检验仅是两个变量关系分析的开始。从统计学与体育实践来看，具有相关关系的两个变量，它们之间的关系有下列三种可能情况，即统计相关，实际也相关；实际具有因果关系；统计相关，而实际上无关。为了使两个变量间的关系真实化、清晰化，在社会研究中采用引入第三个变量（此变量称检验因素或控制变量）的方法，然后检验自变量与因变量原有关系的变化情况，由此澄清与深化对原关系的认识，并揭示两个变量的真实关系。这种引入第三个变量对两变量关系进行检验，以解释或确定变量之间关系的过程，就是变量关系的详析化，其分析模式称作变量**详析模式**（the elaboration model）。

变量关系详析的基本步骤如下：

第一步，两变量间观察到有关系存在。

第二步，控制第三个变量，而将所有样本依照第三个变量的属性再划分开。

第三步，两变量间原有关系在每个新划分的次级群体内重新计算。

第四步，比较原有关系和每个次群体内所发现的关系，提供对原有关系更全面的了解。

表 6–13 说明了两个变量关系的详析模式[1]。

表 6–13　年龄与参与体育活动状况的关系

年龄（岁）	20~	35~	50~
积极参加（人数）	31	29	42
一般（人数）	110	106	83
极少参加或不参加（人数）	185	196	164
P		<0.05	

表 6–13 的检验结果表明，年龄与参加体育活动情况有关，即老年人比较喜欢参加体育活动。这种年龄与体育活动状况的关系是否真实，为什么会产生这种现象？为了解释这个问题，可以假设可能是闲暇时间的影响，然后引入第三个变量——闲暇时间，即老年人喜欢参加体育活动可能是因为他们闲暇时间比较充裕。为了检验这个假设，将调查对象按闲暇时间不同分组，编制新的交互分类表（表 6–14）。

表 6–14　年龄与参加体育活动状况的关系（控制休闲时间）

	休闲时间充裕			休闲时间不充裕		
年龄（岁）	20~	35~	50~	20~	35~	50~
积极参加（人数）	21	13	33	33	13	16
一般（人数）	34	23	41	41	76	83
极少参加或不参加（人数）	45	31	80	80	140	165
P		>0.05			>0.05	

上述例子中，引入的第三个变量即检验因素是闲暇时间，具体方法是分表法。在此例中，当引入第三个变量后，年龄与参与体育活动没有统计学显著性意义，说明原关系主要是由被引入的变量的影响造成。如果两个变量的原关系在各分表中依然存在，说明两个变量的关系不受引入变量的影响，即两个变量属于条件关系。在对体育社会现象的调查研究中，两个变量可能会受到更多其他变量的

[1]　杨威. 体育社会学研究中变量关系详析［J］. 体育学刊，1999，(5)：46–49.

影响，其方法与引入一个变量相同，只是交互分类表更为复杂。变量的详析模式是一种很好的逻辑分析工具，使检验体育社会现象中变量之间的因果关系成为可能。

（四）双变量统计分析

承前所述，当确定了两个变量有关系存在时，就要度量相关强弱程度，相关程度越高，说明两个变量之间的关系越密切。在实际工作中，一要注意变量的层次，即定类、定序和定距（定距和定比看作一种变量来处理），属于不同测量层次的变量，就要用不同的相关测量法；二要注意两个变量之间关系是对称（symmetrical），即不区分自变量与因变量，还是不对称（asymmetrical），即有自变量与因变量之分；三要注意两个变量统计值的意义，最好选用统计值具有**减少误差比例**（proportionate reduction in error，简称 PRE）的测量法[①]。依据变量的层次，研究两个变量的关系时，可能产生以下六种情况：

1. 定类变量——定类变量

如果两个变量都属于定类层次，可用 Lambda 相关系数和古德曼（Goodman）、古鲁斯卡（Kruskal）的 tau-y 相关系数，以及 phi 相关系数和 V 相关系数等方法计算，均可在 SPSS 的 Crosstabs 过程中实现，并对其进行显著性检验。在此以 Lambda 相关系数为例：

$$\lambda = \frac{\sum f_{mo} - Fy}{n - Fy} \quad \text{（Lambda 相关系数，不对称形式）}$$

其中，f_{mo} 表示变量 X 的每一个值之下变量 Y 的众值次数；Fy 表示变量 Y 的边际分布中的众值次数。

例如，研究 100 名老年体育锻炼者选择锻炼方式是否男女有别（表 6-15）。研究者认为，性别（X）是自变量，锻炼方式（Y）是因变量，两变量都是定类变量，计算其 Lambda 相关系数。

① PRE 数值的意义：表示用一个现象（如变量 X）解释另一个现象（如变量 Y）时，能够减除百分之几的错误。PRE 数值越大，就表示以 X 值预测 Y 值时能够减少的误差所占的比例越大，也就是 X 与 Y 的关系越强。

表 6-15　定类与定类变量交互分类计算示例（n=100）

锻炼方式	性别		总数
	男	女	
西方流行方式	10	30	40
东方传统方式	40	10	50
其他锻炼方式	10	0	10
总数	60	40	100

可见，$F_y=50$，$\sum f_{mo}=40+30=70$，$n=100$，所以：

$\lambda=(70-50)/(100-50)=0.40$

这个统计值表示以性别预测锻炼方式，可以减少 40%的误差。

2. 定序变量——定序变量

如果两个变量都属于定序层次，则要计算古德曼和古鲁斯卡 Gamma 系数，也可应用萨默斯（Somers）的 d_y 系数，前者适用于分析对称关系，后者适用于不对称关系，此外，还可以计算肯德尔的 tau 系数等。这些系数的计算均可通过 SPSS 中的 Crosstabs 过程选项 Ordinal 来实现，并进行显著性检验。在此以 Gamma 系数计算为例，计算公式为：

$$G=\frac{N_s-N_d}{N_s+N_d} \qquad \text{(Gamma 系数)}$$

其中，N_s 表示同序对数目；N_d 表示异序对数目。所谓**同序对**（same-ordered pair），指的是变量大小顺序相同的两个样本点，即它在变量 X 上的等级高低顺序与在变量 Y 上的等级高低顺序相同；否则就称之为**异序对**（different-ordered pair）。

例如，假如研究 100 名城镇居民体育健身意识，是否他们的文化程度不同，其健身意识也不同呢（表 6-16）？文化程度分为大专以上、高中、初中及以下，健身意识分为很高、一般、较低，两变量都是定序变量，计算其 Gamma 系数。

表 6-16　定序与定序变量交互类计算示例（n=100）

健身意识	文化程度			总数
	大专以上	中专	小学以下	
很高	16	10	6	32
一般	10	32	5	47
较低	6	8	7	21
总数	32	50	18	100

第一步，先将数据按两个变量高低次序排列；

第二步，计算同序对，即

N_s=16（32+5+8+7）+10（5+7）+10（8+7）+32（7）=1326;

第三步，计算异序对，即

N_d=6（10+32+6+8）+10（10+6）+5（6+8）+32（6）=758;

第四步，G=（1326−758）/（1326 + 758）= 0.27；

第五步，统计显著性检验：Gamma 系数分为两种情况，即当样本规模属于大样本（n≥100）时，用 Z 检验，当样本量（n<100）时，则用 t 检验。此例的显著性检验由 SPSS 来实现。

表 6–17 Gamma 系数及其统计检验

		Value	Asymp.Std. Error	Approx. T	Approx. Sig.
Ordinal by Ordinal	Gamma	.273	.152	1.753	.080
N of Valid Cases		100			

可见，Gamma 系数与手工计算的结果一样，统计显著性检验表明，文化程度与健身意识之间没有统计学意义（此例为模拟数据）。

3. 定距变量——定距变量

对于定距与定距变量，通常由体育统计学中的积差相关系数来计算，并需要经过统计学的 F 检验或 t 检验，在此不再举例。

4. 定类变量——定距变量

如果一个变量是定类，另一个变量是定距的话，要采用**相关比率**（Correlation ratio）计算分析。相关比率，又称 Eta 平方系数，简写为 E^2，具有减少误差比例的意义，计算公式为：

$$E^2=\frac{\sum n_i\overline{Y}_i^2-n\overline{Y}^2}{\sum Y^2-n\overline{Y}^2}$$

其中，Y 为因变量的数值；n_i 为 X 变量每一取值频数的合计值；n 为总的频数值；$\overline{Y}_i$ 为在自变量 X 的每个取值上的因变量的均值；$\overline{Y}$是因变量的平均数。

例如，20 名分别来自某市区、郊区、农村的居民在体育消费上的情况见表 6–18，不同地区对居民体育消费有影响吗？

表 6-18 定类变量与定距变量交互计算示例 (n = 20)

	市区	郊区	农村	
体育消费（元）	36	36	21	
	34	31	19	
	33	27	17	
	27	24	14	
	24	17	12	
	19	15	9	
		11	4	
频数	6	7	7	20
均值	28.8	23	13.7	21.5

第一步，先计算出$\sum y^2$：

$$\sum y^2 = (36)^2 + (34)^2 + (33)^2 + \cdots + 4^2 = 10932$$

第二步，将上述结果代入公式计算 Eta 平方系数：

$$E^2 = \frac{6\times(28.8)^2 + 7\times(23)^2 + 7\times(13.7)^2 - 20\times(21.5)^2}{10932 - 20\times(21.5)^2} \approx 0.44$$

故 $E = \sqrt{0.44} \approx 0.67$

从上例数据来看，体育消费与不同地区之间存在一定相关。这种计算可用 SPSS 中的 Crosstabs 过程选项 Nominal by Interval 来实现。

5. 定类变量——定序变量

由于定序变量具有定类变量的数学特征，因此大部分社会调查研究都采用 Lambda 相关系数，或 tau-y 系数来计算一个定类变量与一个定序变量的关系。换言之，将定序变量作为定类变量看待。虽然会损失一些数学特质，但优点是方便了统计处理，且便于相互比较。

6. 定序变量——定距变量

如果一个变量是定序，可看作是定类变量，那么它的计算也就等同于相关比率 Eta 的系数了。

为了全面了解双变量分析方法，可将两变量测量层次类型和与之相应的相关系数计算方法及假设检验方法汇总（表6–19）[1]。

表 6–19 双变量分析方法一览表

双变量的测量层次	相关测量法（PRE）	假设的检验
定类—定类 定类—定序	λ、tau–y	x^2 检验
定类—定序	G、d_y	Z 检验或 t 检验
定类—定距 定序—定距	Eta Eta	F 检验或 t 检验
定距—定距	r、b	

四、多变量数据分析

多变量分析（multivariate analysis）是指涉及三个或三个以上的变量（其中至少一个因变量）的统计方法。由于计算机统计软件的开发和普及，为多变量分析提供了现实的可能。在社会调查研究中，常见的有多变量相关分析、多元回归分析、因子分析、聚类分析、通径分析、Logistic 回归、对数线性模型、多元方差分析、鉴别分析、典型相关分析、结构方程模型、事件史分析、对应分析等。统计软件的使用大大降低了统计分析的操作难度，学会并熟悉使用统计软件，是顺利进行统计分析的必要条件。

基本术语

调查研究、受访者、结构访谈、电话访谈、特尔菲法、问卷、开放式问卷、封闭式问卷、综合式问卷、自填式问卷、访问式问卷、敏感性问题、关联问题、资料数量化、编码、编码本、列联表、交互分类、详析模式、单变量分析、双变量分析、多变量分析、相关关系、因果关系、虚无关系、减少误差比例、相关比率、离异比率、回收率、区位谬误、简化论、随机回答技术、随机拨号技术。

[1] 李沛良. 社会研究的统计应用［M］. 北京：社会科学文献出版社，2001：206.

思考题

1. 结合实际说明调查问卷与结构访谈各有什么优缺点。
2. 在问卷设计中，对问题的表达和提问方式有哪些要求，为什么？
3. 在中文类体育核心期刊上找一份调查问卷，就其设计加以评论。
4. 如何对调查问卷进行信度、效度检验？说明其具体过程。
5. 详析模式的基本步骤是什么？研究中对变量关系详析有什么意义？
6. 怎样理解减少误差比例的含义与作用？

推荐阅读书目

[1] 风笑天. 社会学研究方法 [M]. 北京：中国人民大学出版社，2001.
[2] 艾尔·巴比. 社会研究方法 [M]. 10 版. 邱泽奇，译. 北京：华夏出版社，2005 年.
[3] 李沛良. 社会研究的统计应用 [M]. 北京：社会科学文献出版社，2001.
[4] 郑旗，李吉慧. 现代体育科学研究的理论与方法 [M]. 北京：人民体育出版社，2001.
[5] 卢淑华. 社会统计学 [M]. 3 版. 北京：北京大学出版社，2005.
[6] 柯惠新，沈浩. 调查研究中的统计分析法 [M]. 2 版. 北京：中国传媒大学出版社，2005.

第七章

实验研究

体育科学研究的主要目的，就是探索体育运动中存在的客观规律，寻求体育现象发生、发展及其变化的原因。实验研究作为科学研究的主要方式之一，是探讨因果关系的最有力的武器。实验研究的方式起源于自然科学，同时这种方式也更多地在自然科学中应用。在现代科学研究活动中，实验研究几乎无处不在，除自然科学领域广泛应用之外，在社会科学研究中也得到了应用。事实上，实验方法与数学方法被并列为现代科学研究的两大支柱，实验研究已成为各门学科基础研究中应用最广泛、获得成果最切实可靠的一条途径。本章主要阐述实验研究的基本原理和实验设计。

第一节　实验研究概述

一、实验研究的含义及特点

（一）实验研究的含义

“**实验**（experiment）的辞源意义及早期用法是指验证某种说法或做法的尝试性活动”[1]。它在人类研究历史上有着悠久的历史，常被作为研究因果关系的最有效的方法而受到赞誉。客观事物是相互联系的，而且联系的方式可能很复杂，如何确定事物之间的关系，尤其是因果关系，实验研究发挥着重要的作用。一般来说，在实验过程中，研究者通过引入（或操纵）一个变量（即自变量），以观察和分析它对另一个变量（即因变量）所产生的效果。因此，**实验研究**（experimental research）可定义为，经过精心设计，在高度控制的条件下，通过操纵某些因素，从而发现变量间因果关系以验证预定假设的研究方法。

（二）实验研究的基本特点

1. 实验研究要操纵或控制变量

实验研究区别于其他所有研究的最重要的特点之一，是实验研究要操纵或控制变量。一个典型的例子就是美国哈佛大学心理学教授罗森塔尔和雅各布森在1968年所做的一项实验。这项实验的研究假设是“人们对他人行为的期望通常可使他人向期望方向改变”。由此他们提出的工作假设是，那些被教师认为更聪明的学生，会由于教师的这种偏见而在实际上变得比其他学生更聪明。这个实验的自变量是教师的期望，他们在某学校随机地选出20%的学生，对他们的老师说

[1]　王策三. 教学实验论［M］. 北京：人民教育出版社，1998：24.

这些孩子很有潜力，将来可能比其他学生更有出息。实验结束后，奇迹出现了，被随机指定的那 20%的学生成绩有了显著提高。这就是著名的**“罗森塔尔效应”**（Rosenthal effect）。也就是说，实验者可以通过操纵实验刺激（即自变量）使其作用显现出来。

2. 实验研究在于揭示变量的因果关系

检验变量之间是否存在因果关系是实验研究区别于其他研究方法的又一个特点。方法论研究者认为，实验研究是对因果关系假设进行检验的最佳方法。上述“罗森塔尔效应”的假设，是一种因果关系的陈述，它假定的某些自变量（如教师的期望）会引起某些因变量（如学生的成绩）的变化。实验设计为那些由研究者精心操作和控制变量的研究提供了框架，借以检验变量之间的因果关系。

3. 实验研究者的主动性

实验研究的主动性来自实验者在实验中的主体地位。从事实验的主体是在进行一种特殊的理性活动，研究者必须具备一定的能力和水平。研究者可以根据自己的理论思维，设计合理的实验方案，简化、纯化以至强化自然过程，人为地控制、模拟和操纵客观事物发生、发展及变化的过程。在这一过程中，研究者采用各种手段控制和变换实验对象及其环境条件，从而控制和分析实验的进程，极大地发挥了他们的主动性和创造性，反映了实验研究的主客体结构特征。

4. 实验研究的可重复性

任何一个实验事实，至少应该被另一位研究者重复实现，否则就不能确立。实验的重复特点，体现了实验过程在本质上是客观的物质过程。由于实验的主动性和人为性，可重复性对实验的客观性和现实可行性作出了保证。

综上所述，实验研究拥有很多的特点，但也难免有其不足。最大的弱点在于人为做作，如在实验室内发生的实验过程，未必能在较自然的社会环境里发生。

（三）实验研究的目的

实验在体育科学研究中主要被用于两种目的，其一是探索体育领域中的新现象或新规律，这类研究可以被看作为探索性研究；其二是检验体育科学活动中的研究假设或理论，这类研究可以被看作为验证性研究。

在体育科学研究中，探索性研究至少存在两种情况，一是对体育运动中的客体或现象，运用实验的手段找到它并在实验者面前再现它。例如，目前国内外较为广泛地应用血乳酸在 4mmol/L（毫摩尔/升）时的值，作为实验室或运动现场测定运动强度时的乳酸阈值，并找到运动强度达到血乳酸在 4mmol/L 时的对应心率，这样在训练课中就可以用对应的心率掌握血乳酸在 4mmol/L 时的训练强度，不用每次训练课都测定血乳酸。二是创造不违反体育运动客观规律的人工自然或器械、器材等。例如，体育运动中的生物工程产品、新型游泳服、竞技体育中新型器材等。

在验证性研究中，相当一部分实验是为检验体育运动中的理论而设计的。例如，全民健身理论研究中关于从事体育锻炼的心理效应的可能机制、主观幸福感的影响因素、家庭对学生参与体育活动的影响等，都可以运用实验研究来进行。

二、实验研究的分类

根据实验研究的本质和特点，从不同的方面或按照不同的标准，可以将实验研究分为不同的类型（表 7–1）。从各种实验分类运用的情况来看，根据被试的选择和被试分配时的随机化程度、对实验处理的操作程度，以及对无关因素的控制程度，本章主要讨论前实验设计、真实验设计、准实验设计及介绍多因素实验设计。

表 7–1　常见的实验研究分类

分类依据	实验类型
研究性质	直接实验、间接实验、模拟实验
研究目的	探索性实验、验证性实验
实验中变量间的质、量关系	定性实验、定量实验
实验情境	现场实验、实验室实验
实验设计的层次	前实验、真实验、准实验
实验中控制、操纵的自变量多少	单因素实验、多因素实验
实验客体的性质	人类实验、动物实验

三、实验研究中的基本术语

做任何实验，都需要具备两个方面的知识，一是有关研究课题的知识，例如，有关概念的理论背景、研究的基本假设、预期结果等。二是有关实验研究的设计原则、实验技巧、实验结果的统计分析等知识。这两个方面都涉及以下实验研究中的基本术语。

（一）实验因素与因素水平

实验因素（experimental factor）是研究者在实验中感兴趣的一个变量。研究者通过操纵、改变这个因素来研究其对因变量的影响，这个变量也称自变量，它在体育教学实验中可能是某一种教学方法、教学手段、运动负荷或年级、年龄、性别等。

在实验中，实验因素的某一个特定取值，称为**因素水平**（factorial level）。因素水平可能是数值的，如“心率”“年龄”；也有可能是分类的，如“性别”作为实验因素，就有男和女两个水平。所以，在设定因素水平时，可以根据某一因素的类别或取值设定。

（二）单因素与多因素

在一项（次）实验中，施加和验证的是一种（个）新加因素内容，称为**单因素实验**（single factor experiment）。表现为在实验中控制和操纵一个自变量。例如，在某一项体育教学实验中只考虑某一种教学法这个因素对学生成绩的影响，而不考虑其他因素，就是单因素实验。

在一项（次）实验中，施加和验证的是两种（个）以上新加因素内容，称为**多因素实验**（multiple factor experiment）。表现为在实验中控制和操纵两个以上自变量。例如，在体育教学实验中除了考虑教学法这个因素外，还要考虑性别这一因素对学生成绩的影响。

这样，在实验研究中，根据因素与因素水平的情况，就有单因素单水平实验、单因素多水平实验、多因素单水平实验和多因素多水平实验。这些不同因素与水平相结合的实验，都有严格的设计要求。目前在体育科学研究中应用较多的是多因素单水平实验，随着计算机的普及和统计软件的应用，多因素设计在体育科学研究中将发挥重要的作用。

（三）实验处理与处理水平的结合

实验处理（experimental treatment）与处理水平的结合（treatment

combinations）是指在一项（个）实验中一个特定的、独特的实验条件。例如，在一项关于教学方法的实验中，有教学方法（A）和性别（B）两个实验因素，教学方法有掌握教学法（A_1）和传统教学法（A_2）两个水平，性别有男（B_1）和女（B_2）两个水平，这样在实验中就有 A_1B_1、A_1B_2、A_2B_1、A_2B_2 4 种实验处理水平的结合，它们都可以作为特定的实验条件。

（四）主效应与交互作用

实验中一个因素的不同水平引起的变异称实验的**主效应**（main effects）。在单因素实验中，由于自变量不同水平产生的变异，就是这个因素的主效应。在一个多因素实验中，计算一个因素的主效应时应忽略实验中其他因素不同水平的差异。

在一个多因素实验中，当一个因素的水平在另一个因素的不同水平上变化趋势不一致时，称之为两个因素之间存在**交互作用**（interaction effect）。如果一个因素的水平在另一个因素的不同水平上变化趋势一致，这两个因素是相互独立的。在体育教学实验中，这种因素之间的交互效应很普遍。例如，某一种体育教学方法，对男生和女生体育动作技能的掌握所产生的效果不一样；某一种训练方法，对不同年龄的运动员所产生的训练效果也不一样等。寻找它们的规律可以通过实验研究来进行。

（五）简单效应与处理效应

在因素实验中，一个因素的水平在另一个因素的某个水平上的变异称**简单效应**（simple effects）。例如，在一个 2×2 两因素实验中，A 因素和 B 因素各有两个水平，那么，A 因素的两个水平在 B_1 水平上的方差叫 A 在 B_1 水平的简单效应；A 因素的两个水平在 B_2 水平上的方差叫 A 在 B_2 水平的简单效应。同样，B 因素的两个水平在 A_1 水平或 A_2 水平的方差也是简单效应。

处理效应（treatment effect）是指在实验的总变异中由自变量引起的变异，主效应、简单效应、交互效应都是处理效应。

（六）组内设计与组间设计

组内设计、组间设计已涉及实验的设计工作，但它们是实验研究中的一对很重要的术语。**组内设计**（within group design）是指每个或每组被试接受所有自变量水平的实验处理。例如，为了研究不同力量训练方法的效应，可让12名被试均参加A、B、C、D四种力量负荷的训练，这就是一个单因素、四水平的组内设计。**组间设计**（between group design）是指每个或每组被试只接受一种自变量水平的实验处理，而不同的组别接受不同的实验处理。

（七）前测与后测

在实验设计中，受试者首先作为因变量接受测量，称为**前测**（pre-testing），然后接受自变量的刺激，之后作为因变量再接受测量，称为**后测**（post-testing）。因变量前后测之间的差异，被视为自变量的影响力。

四、实验研究的思想基础

假设检验与方差分析是实验设计的思想基础。在实验研究中，无论研究假设多么复杂，进行假设检验的基本思想却很简单，就是在第四章数据分析设计中所讲述的某种带有概率性质的反证法，即按“小概率事件在一次观察中实际上不可能发生”的统计原则进行检验。所以，在实验中，首先是将研究假设转变为统计检验的假设，再来区别实验因素或观察条件所造成的差异。

方差分析（analysis of variance，或ANOVA）由英国统计学家费希尔（R.A. Fisher）发明。在实验研究中，由于各种因素的影响，在不同条件下所做的实验，通常会得到一批呈波动状态的数据。引起波动的原因大致可以分为两类，一类由随机因素引起，是实验中的不可控因素，由此产生的变动是随机的，但也是不可避免的；另一类由实验条件不同所致，是实验中的可控因素。如果实验因素对结果有显著影响，必然会引起实验结果的明显波动，并且与随机性波动混杂在一起。相反，如果实验因素对实验结果无显著影响，相应的变动不会表现出来，实验结果的变动将基本上归因于随机性。方差分析的思想就是分析实验数据中不同来源的变异对总体变异贡献的大小，从而确定实验中的可控因素（自变量）是否对实验结果（因变量）有重要的影响。方差分析的特点是可以同时检验两个或多个平均数之间的差异，并且可以解释几个因素水平之间的交互作用。

第二节　实验设计的原则与程序

实验设计的实质是考虑如何操作及控制变量，主要目的是使自变量的变异尽可能大而误差变量的变异尽可能小，同时对无关变量进行有效的控制。人们通常认为实验一定与实验室相联系，在实验室有复杂的设备，有养动物的笼子。其实实验并不一定与实验室相联系，实验可以在教室、政府、机关、企业，也可以在大马路上进行，但关键在于实验设计。

一、实验设计的原则

（一）随机化原则

随机化原则是指在实验研究中，每一个被试是根据研究目的从总体中任意抽取的，总体中的每一个研究对象被抽到的机会都是均等的。在实验中遵循随机化原则，主要体现在两个方面，一是实验的被试是从一个更大的、研究者感兴趣的总体中随机选择，这样实验的结果可以推论到所取样的总体；二是实验中的每一个被试是随机分配给各个实验处理的，这样从理论上来说，实验中的各个实验处理组可以被认为是没有差异的。

（二）重复性原则

重复性原则是指在实验中通过重复实验逐步消除各种误差，或通过重复实验逐渐逼近真理的过程。在实验研究中遵循重复性原则，一是通过重复测量的实验最大限度地控制由被试的个体差异带来的变异；二是通过重复实验不断补充、修正假设，逐步接近真理，发现规律。

（三）对照性原则

对照性原则是指在实验中通过干预或控制被试，观察或测量实验因素与非处理因素之间的差异。实验设计中通常采用的对照方法有空白对照、标准对照、比较对照等。比较对照又有单组比较、组间比较、配对组比较、随机区组比较和多循环比较等方法。

（四）控制性原则

控制性原则是指在实验中采用一定的方法消除或控制影响研究结果的各种无关的变异。在实验中变异主要有被试方面、主试方面、实验设计方面、实验条件与环境等方面。对变异的控制可根据变异性质采用不同的方法。常用的方法有随机化、消除、匹配、附加自变量、统计控制等具体技术与方法。

二、实验设计的基本步骤

实验设计的基本步骤可分为实验准备、实验实施和实验资料处理三个阶段。

（一）实验准备阶段

1. 确定研究问题和研究目的。
2. 提出研究假设和实验计划。
3. 进行实验设计。
4. 实验物质条件的准备。
5. 熟悉实验仪器及进行预实验。

（二）实验实施阶段

1. 选取实验对象，采用随机、随机区组等方法进行分组。
2. 控制实验过程，仔细观察、测量，做好实验记录。
3. 留心意外情况，把握实验中的机遇。

（三）实验资料处理阶段

1. 整理、分析实验资料。
2. 撰写实验报告。

三、实验设计的内容

在上述基本步骤中，最重要的是实验设计内容，它是进行实验研究的主要依据，又是以实验研究方法为主的课题论证的重要组成部分，更是获得实验材料的可靠保证。实验设计的主要内容有：

（一）实验的目的任务。

（二）建立与研究假设有关的统计假说。

（三）确定实验中使用的实验处理（自变量个数）和必须控制的无关变异。

（四）确定实验中的被试数量或样本含量。

（五）确定实验效应（因变量）的观测指标。

（六）明确观察测试指标的具体方法、技巧和要求。

（七）与实验有关的物质条件、环境、仪器设备的要求及经费预算。

（八）实验结果的统计处理方法。

四、实验设计的程序化思路

从本质上说，任何实验都是从提出问题和研究假设开始的，由于研究假设是关于变量之间关系的一般猜测，因而，在实验中确立研究假设就能明确实验目的，给整个实验一个明确的方向。在明确实验设计思想和统计检验原理的基础上，可根据实验设计的程序化思路和流程图（图 7–1）完成具体的实验设计[1]。

（一）根据研究假设和控制被试变量的要求确定采用组内设计或组间设计。

（二）根据自变量的个数确定单因素设计或多因素设计。

（三）根据自变量的水平个数确定两组设计或多组设计。

（四）根据控制被试变量的方法确定配对组设计或独立组设计。

（五）根据统计学原理确定相应的假设检验方法。

（六）根据实验要求确定实验材料和测量因变量的指标。

[1]　袁登华. 教育实验设计的程序化思路［J］. 教育研究与实验，1990,(1)：60–65.

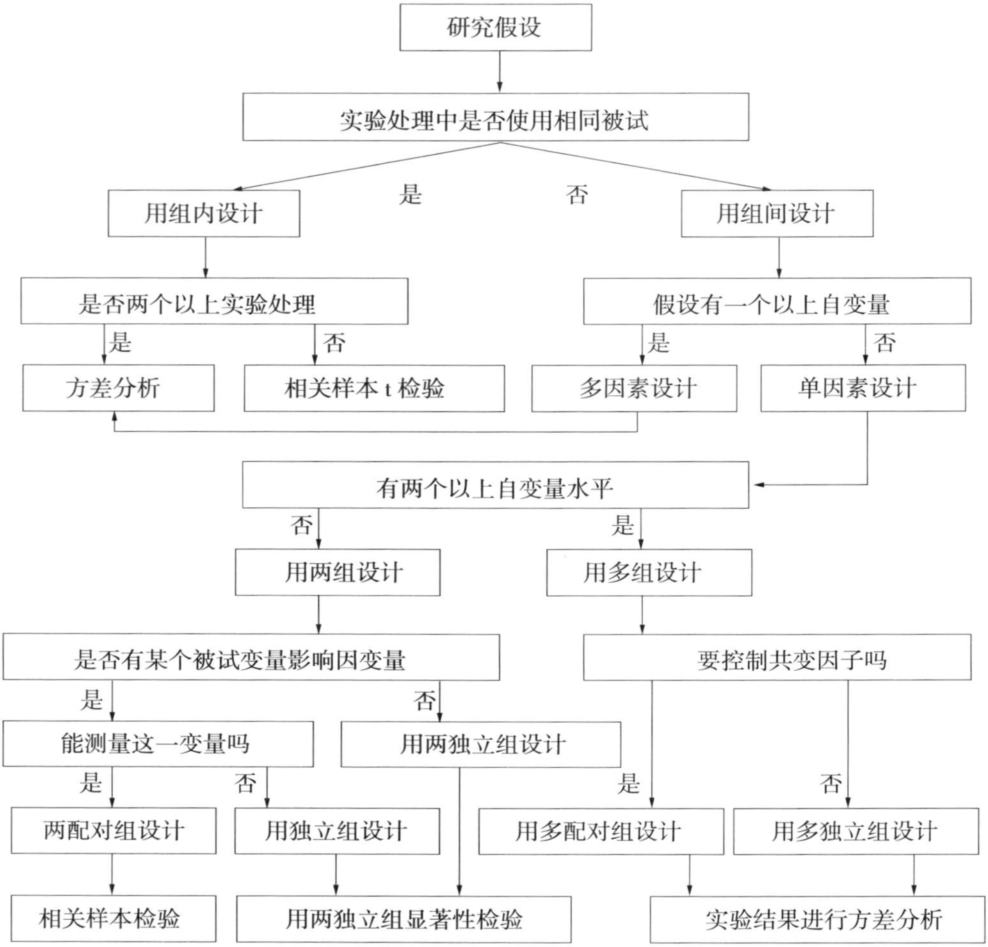

图 7-1　实验设计流程图

第三节　实验研究中的变量关系与控制

在一项实验研究中，变量的选择及其关系的设定对实验的成功与否有重要的意义，它涉及实验是否能回答研究所提出的问题。在第四章关于研究设计中曾提到变量的种类问题。实验研究中，涉及的变量较为复杂，对变量关系的确定又依方法论的思想和研究设计不同而不同。自变量、因变量和无关变量是实验研究中必须明确的几类变量，但在进行实验设计时，自变量和因变量是在假设意义上区分的，亦即假设某一因变量是受某些自变量影响的。因此，选择和确定实验研究中的自变量和因变量并试图控制无关变量，是直接关系到实验的科学性和有效性的关键环节之一。

一、自变量的选择与确定

在实验控制情境下，由实验者操纵、控制的变量，称作自变量，亦称独立变量、实验变量。在实验中自变量有连续变量和类别变量之分，如果在实验中自变量是连续变量，则实验是函授型实验；如果自变量是类别变量，则实验是因素型实验。在有些实验中，自变量具有预测的性质，故可称为**预测变量**（predictive variable）。

在实验中，为了操作自变量，要有明确的指导语，将要做的事项、程序、步骤呈现给被试。因此，自变量在实验中必须经过严格的定义和操作化，以便于在实验中观察与测量。一个研究中自变量数量的确定，决定于研究问题的复杂程度和研究者所选用的实验设计方法。例如，在研究药物对运动员运动损伤康复疗效的实验过程中，药量就是自变量，研究者可以根据需要取 0 毫升、1 毫升或更多值。一般在实验中自变量的选择与确定需要考虑以下几个因素：

（一）理论因素与研究假设

理论因素是自变量选择与确定的根本。实验研究应根据研究目的和已有的相关成果，在理论基础上提出明确的研究假设，即对变量之间的因果关系作出假设，从而初步选择出自变量和因变量。

（二）实验设计类型与统计要求

如上所述，在一项研究中自变量数量的确定，决定于研究问题的复杂程度和研究者所选用的实验设计类型。选用单因素实验设计，仅能探讨一个自变量的影响，选用因素实验设计，可探讨多个自变量的影响及其交互作用。同时，还要考虑自变量的水平和统计要求，在一项实验中，每个自变量至少有两个水平，以便研究者观察自变量的改变对因变量的影响。选择自变量的水平要注意代表性、典型性和概括性，自变量水平值的变化要能反映自变量与因变量的真实关系。

（三）对无关变异的控制

实验设计中是否恰当地控制了各种无关变量及其具体方法，也是选择自变量必须考虑的。例如，要研究不同性别的主试对被试完成某项任务的效果影响，因变量为被试完成任务的效果，自变量为主试的性别，但是，经过分析发现，被试性别是影响其完成任务效果的重要无关变量之一，因此，有必要将被试性别带来的变异分离出来，其中方法之一，就是将被试性别作为自变量。可见，无关变量的控制是自变量选择必须考虑的。

二、因变量的选择与确定

因变量是结果变量，是一种应该由自变量引起的实验客体的状况，亦称依存变量。在实验中，它是研究的关键点，是要被解释的现象。在体育科学研究的实验设计中，因变量可根据实验设计分为单因变量、多因变量。一般在实验中应尽可能让因变量处于一种自然变化的状态中，也应经过操作化处理，便于观察与测量。

自变量与因变量是相对而言的，在一项实验中的自变量，也可能成为另一项实验的因变量，反之亦然。例如，在“成就动机与运动成绩关系”的研究中，成就动机是自变量，而在“不同性别运动员成就动机水平差异”的研究中，成就动机就是因变量。因变量的选择与确定一般要考虑以下因素：

（一）实验的目的和要求

因变量涉及实验研究的最终结果，一般而言，要根据实验的目的和要求选择因变量。在分析自变量的基础上，充分考虑实验中选取的因变量观测值是否能反映要研究的问题。

（二）因变量要具有敏感性和一致性

实验中选择的因变量应对自变量的变化敏感，而且观测量应可靠，能得出稳定一致的结果。例如，巴甫洛夫的经典条件实验，以铃声作为刺激物（自变量），观察狗的唾液分泌（因变量）。事实上，狗对铃声的条件反射有很多，如摇尾、抖腿、竖耳等，但巴甫洛夫选择唾液分泌作为因变量，是因为唾液分泌有较高的一致性，即狗对在同一刺激情况下产生的众多反应中，唾液分泌反应的变异程度最小。当然，现在研究者不再利用唾液分泌作为高级神经活动的指标，因为“脑电”这个指标比唾液分泌的指标更灵敏。

（三）与自变量的时间顺序性和方向性

作为原因的实验，自变量总是发生在作为实验结果的因变量之前或同时，否则实验自变量和因变量之间的因果关系就不能成立。例如，研究锻炼和焦虑之间的关系，研究者获得大量数据后，经过分析，发现锻炼与焦虑有负性关系，即人们锻炼得越多，他们的焦虑越少。但是，对于锻炼能够使焦虑降低，要具体分析，不能一概而论，有可能是焦虑水平引起锻炼或高焦虑的经验与锻炼能力相冲突。这种因与果的方向问题或时间顺序性一定要考虑。

（四）可测性及相关因素

实验的效果必须通过测量得到，否则就无法得到验证。因而，因变量必须具备可测性。因变量的测量一般有三种类型，即自我报告、行为测量和生理测量。自我报告是一种典型的纸笔测验；行为测量是对行为的直接观察；生理测量是对身体生理反应的记录。为了保证因变量的可测性，要参考前人有关研究中所选用的因变量及选择的原因，还要考虑被试的情况、实验程序、实验仪器、测验形式等因素。在其他条件相同的情况下，应选择在观测和数据转换上容易，并节省时间和精力的变量作因变量。

（五）采用多因变量

为了保证因变量的效度，提高准确性和可靠性，可在因变量的选择上，采用多种方式，互相印证自变量对因变量的作用，也可以重复进行对因变量的测试，确认自变量与因变量之间的关系。

三、实验变量的相互关系

一般而言，研究要探讨的是自变量与因变量的对应关系，自变量是研究者要安排或操纵的因素，因变量是研究者要观察或测定的因素。自变量的变化能引起或影响因变量的变化，而因变量的变化依赖于或取决于自变量的变化。从这个意义上讲，自变量和因变量的关系可以看作某种因果关系，即 $y=f(x)$，自变量类似于 x，而因变量相当于 y。

在一项研究中，除了自变量和因变量之外，还可能有许多变量介入到研究过程中来，并且干扰自变量和因变量的对应关系，这些变量通称为无关变量。无关变量是研究者要控制的因素，如果不排除这些无关因素的干扰，便难以解释自变量与因变量的对应关系。自变量、因变量和无关变量三者之间的关系可用图 7–2 解释。例如，采用两种不同体育教学方法（自变量）的班级，在对其学习成绩（因变量）进行比较时，研究中可能存在的无关变量是班级大小、学生性别、教师性别、教师教龄、学生身体素质、教材、场地器材等。

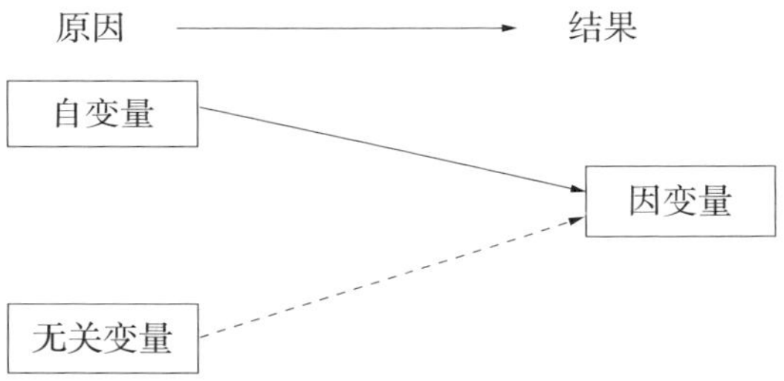

图 7–2　自变量、因变量和无关变量的关系

从图 7–2 来看，为了达到研究目的，获取准确的研究结果，必须对无关变量进行有效的控制，尽可能排除无关变量对因变量的影响。推断自变量和因变量之间是否存在因果关系，通常要同时满足以下三个条件：

第一，自变量和因变量要共同变化，即共变关系。

第二，自变量的变化必须发生在因变量变化之前，即顺序关系。

第三，排除无关变量对自变量和因变量对应关系的影响，即纯化关系。

自变量、因变量、无关变量、调节变量都是具体的、可观测的变量，而中介变量则是假设的、潜在的概念变量，它不能直接观测，只能从自变量或调节变量对因变量所产生的作用中推导出来，如个体的人格特征、群体凝聚力等。为了更好地理解各种变量的作用，图 7–3 表示了它们之间的关系。

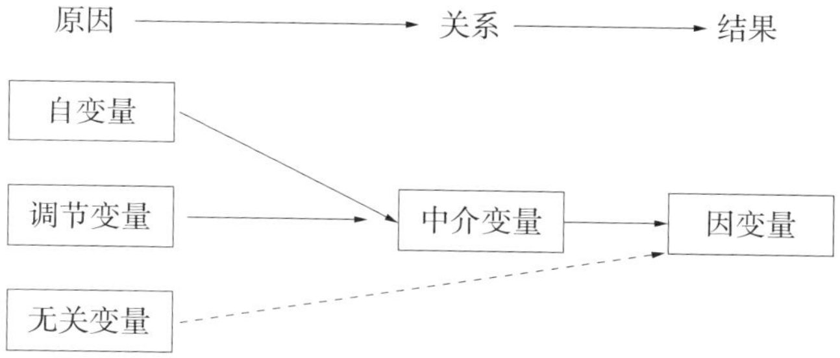

图 7–3　研究变量相互关系示意图

在图 7–3 中，自变量、因变量、无关变量的关系照旧，调节变量是从无关变量中分离出来的一种变量，它的作用相当于一个次要的自变量，并与自变量一起作为原因纳入研究。中介变量是原因和结果之间、自变量和因变量之间的可能中介，它的存在会对自变量、调节变量效果的解释产生影响。张力为将调节变量和中介变量归一，提出了**第三变量**（the third variable）的概念，对深化变量之间的关系和提高研究设计的科学水平具有重要的学术意义[1]。例如，在上面提到的锻炼与焦虑的例子中，一个可能的第三变量就是收入水平。或许高收入使人有更多的时间去锻炼，同时也有较低的焦虑。假如收入是确定的变量，那么在锻炼和焦虑之间就没有直接的因果关系，关系是由第三变量的“收入”引起的。

实验研究中变量关系的举例：蛙泳教学中采用形象语言和多媒体教学效果的比较研究。

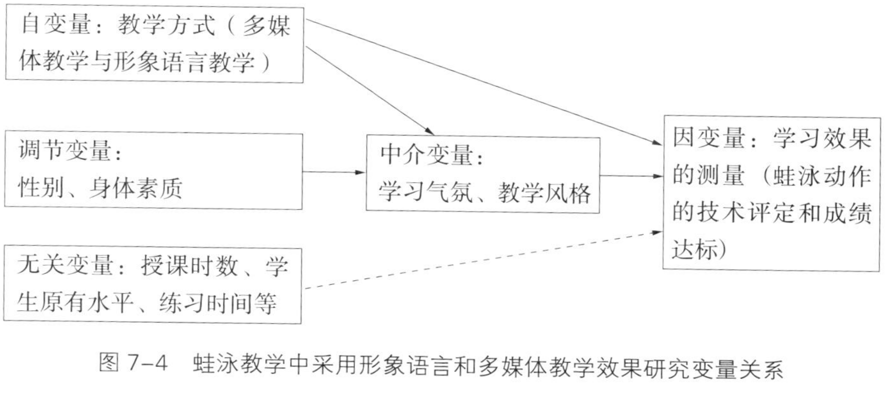

图 7–4　蛙泳教学中采用形象语言和多媒体教学效果研究变量关系

[1]　张力为. 第三变量与四维时空——体育科学研究中的多维视角［J］. 北京体育大学学报，2005,(6)：758–760.

研究假设:采用多媒体教学效果优于形象语言教学效果。

四、实验变量的控制

实验变量的控制主要包括对自变量的控制、对因变量的控制和对无关变量的控制三个方面。

(一) 对自变量的控制

承前所述，自变量是研究者主动操纵、直接控制的变量。根据自变量的性质可将其分为刺激变量和机体变量。**刺激变量** (stimulus variables) 是指促使个体产生反应的一切事物。这些事物可以是来自外部环境的能量变化，也可以是来自个体内部的生理变化。如果自变量属于刺激类变量，那么研究者就能直接操纵这个变量，改变它的数量和强度。对自变量的控制主要涉及自变量的个数、水平、操纵的次数、强度、方式、程序及时间等因素。例如，运动负荷对锻炼效果的影响。而**机体变量** (organism variables) 是指个体的生理特征，如性别、年龄乃至文化水平等。在研究过程中，研究者无法直接操纵机体变量，只能采用选择的手段来控制自变量。例如，身体素质是机体变量，可从总体中选择身体素质好的、中等的和差的被试进行研究。

(二) 对因变量的控制

因变量的一个重要特征是它可以通过直接或间接的方式被观察和测评，并且可以转化为数据形式，如考试成绩、比赛名次、完成某项任务好坏的原因、感情状态、态度、行为发生的次数、行为持续时间及人的体温、心率、皮电反应 (GSR)、肌电图 (EMG)、脑电图 (EEG) 等。因变量控制的关键是选择合适的测量指标，尽可能采用直接测量和权威的测量工具。选择指标要考虑敏感性、稳定性和客观性等因素。

(三) 对无关变量的控制

一项实验研究中所有可能对因变量产生影响的因素，只要它不在这个研究假设探讨的范围内，就成为无关变量。可以说，所有各类自变量可能的来源同时又是无关变量可能的来源。研究中对无关变量的识别和控制，主要是通过精心设计各个变量和选择合适的实验设计来达到。控制可以从三个方面考虑，一是对研究的外部环境和条件进行控制；二是对被试的个体差异进行控制；三是对研究者或主试在实施研究中可能产生的实验者效应进行控制。常用方法有以下几种：

1. 消　除

通过一定的措施，将影响研究结果的各种无关变量消除掉。由于无关变量产生的原因很多，因此具体消除的方法也很多。例如，为了消除“**霍桑效应**(Hawthorne effect)”[①]，可采用**双盲实验**（double-blind experiment），即主试和被试都不知道哪些人接受实验处理，哪些人没有接受实验处理，也不知道实验设计的真正意图。

2. 恒　定

采取一定的措施，使某些无关变量在整个研究过程中保持恒定不变。例如，在比较两种不同教学方法效果的研究中，当研究者意识到教师的个人特征等无关变量对教学方法的效果带来影响时，可让这名教师分别担任实验班和对照班的教学。

3. 均　衡

对某些不能消除，又不能或不便被恒定的无关变量，通过采取某些综合平衡的方式使其效果均衡。通常的做法是设置实验组和控制组，让无关变量对二者的作用一致。均衡与恒定有相似之处，只是控制手段不同。采用恒定控制时，无关变量在组内及组间都没有变化；采用均衡控制时，无关变量在组内有变化，但是变化所产生的作用在各组间是相等的。例如，随机取样 20 人，其中男性 12 人，女性 8 人，假设性别是无关变量，如果采用恒定控制，就要以男性或女性为被试，如果采用均衡控制，则将男性 12 人随机分为两组，女性 8 人也随机分为两组，这样每一组内性别变量有变异（6 男 4 女），而两组间的性别为均衡。

① 霍桑效应：罗茨里伯格和迪克森（F.J.Roethlisberger & W.J.Dickson）在 20 世纪 20 年代晚期和 30 年代早期，在美国伊利诺伊州芝加哥市郊霍桑的西部电器工厂所做的一系列关于员工满意度的研究发现，研究者对他们的注意而使满足感与生产力提高的现象，被称为“霍桑效应”。

4. 统计控制

当无关变量的影响无法消除或未能加以控制，可采用统计控制的方法将影响从研究结果中排除。例如，在两种不同控制体重方法效果评价的研究中，当研究者意识到实验组与对照组原体重不相等时，可采用协方差分析方法控制其影响。

第四节 常用实验设计

实验设计的内容很丰富，方法也很多。坎贝尔和斯坦利（Donald Campbell, Julian Stanley）曾述及 16 种典型的实验设计[1]。研究者在选择适当的实验设计时,首先要根据研究目的确定实验情境,即确定进行实验室实验还是现场实验;其次根据实验中所研究变量的多少,确定采用单因素还是多因素实验设计;再依据实验设计的程序化思路,选用不同的实验设计。本节主要介绍常见的前实验设计、真实验设计、准实验设计和多因素实验设计。

一、前实验设计

前实验设计（pre-experimental design）是最为原始的一种实验类型，它对实验中涉及的无关变量几乎没有任何控制，因而实验效度较低，通常被称为**非实验设计**（non-experimental design），研究者一般很少采用，但它是其他实验设计发展的基础。前实验设计主要有三种类型。

（一）单组后测设计

单组后测设计（one-group posttest-only design）是对一组被试实施实验处理，然后再对这组被试进行观测，以评价实验处理的效果。这种实验设计的基本模式为：

X　　　　　O

[1] Donald Campbel and Julian Stanley: Experimental and Quasi- Experimental Design for Research [M]. Chicago: Rand McNally.1963.

其中，X 表示实验处理，O 表示观测结果。

由于这个设计没有控制无关变量的干扰和影响，因而难以下结论认为实验 X 引起了实验结果 O。

例如，某研究者对女大学生进行为期 3 个月的健美操训练，训练结束后，对其音乐的听觉适应与音乐频率进行测试。这种实验设计由于没有前测和对照组，很难有确切的根据说明健美操训练对听觉适应与音乐频率成绩的影响。

（二）单组前后测设计

单组前后测设计（one-group pretest-posttest design）是对单组后测设计的一种改进，增加了实验处理前的前测，其基本模式为：

$$O_1 \qquad X \qquad O_2$$

其中，O_1 表示在接受实验处理 X 之前对因变量的前测；X 表示实验处理；O_2 表示在接受实验处理 X 之后对因变量的后测。

这种设计由于形成了自身对照，选择变量的影响得到控制，如果前测与后测有显著性差异，可在一定程度上将差异归因于实验处理。但这种设计也有很大的局限，因为后测中表现出来的变化可能是前测造成的练习效应，也可能是实验过程中历史、成熟等干扰因素的影响带来。可见，这种设计对无关变量的控制仍然无力，因而研究结论缺乏可靠性。

例如，上例中的对女大学生进行健美操训练，训练一开始就进行听觉适应与音乐频率成绩的测验，3 个月后，再对其音乐的听觉适应与音乐频率进行后测，对测试数据进行相关样本的 t 检验，如果有显著性差异，在某种程度上能说明健美操训练对听觉适应与音乐频率成绩的影响，但其结论依然缺乏足够的可靠性。

（三）静态组比较设计

在**静态组比较设计**（static-group comparison）中，与接受实验处理的**实验组**（experimental group）相对照，设置了一个不接受处理的**控制组**（control group），也称**对照组**（comparison），其基本模式为：

$$X \qquad O_1$$

....

$$\qquad\quad O_2$$

其中，虚线上面为实验组，研究者可操纵实验处理 X、O_1 为实验处理后的测试成绩，虚线下面为控制组，不接受任何实验处理，O_2 为控制组的测试成绩。

这种设置控制组的设计，使历史、测量工具和统计回归等因素的影响都得到了控制，但是，其中实验组和控制组被试的选取和分配不是随机的，而且没有前测，这样就造成实验组与控制组后测的结果差异不能肯定地归因于实验处理。不难看出，静态组比较设计已经开始对无关变量采取控制措施，但还未达到能够正确作出结论的程度。由于研究者的不断探索和总结，实验设计日趋完善，因此出现了真实验设计和准实验设计。

二、真实验设计

真实验设计（true experimental design）就是通常所说的实验设计，其本质特征在于对影响内部效度的无关变量采取了严格的控制并有效地操纵研究变量。实验设计中综合采取随机取样、前测和控制组等手段。

一般认为，随机取样是保证实验组和控制组被试特征相同的有效手段，因为它排除了被试取样偏差造成的系统误差。实验设计中还常采取匹配方法，即将在各个与实验相关因素上相近或相同的被试匹配成对，随机分配到实验组和控制组。这种方法在一定程度上保证了两组被试的相等性。但实际上配对因素的数量是有限的，研究中不可能保证被试的所有相关因素都相同，而且这种方法比较烦琐，因而不如随机取样方法运用得广泛。

在实验程序安排中，前测和控制组用于消除或平衡无关变量的干扰。实际上，由于采用随机取样，使前测的意义有所降低，当然，是否采用前测需视具体情况而定。

体育科学研究中的真实验设计主要有随机化设计、配对设计与重复测量设计三种类型。

（一）随机化设计

随机化设计（randomized design）是将不同的实验处理分别施于两个由随机化过程确定的被试分组。被试分组由于完全是随机分配，因此可以认为组间被试互相独立且没有差异，差异产生的原因在于不同的实验处理。在这种设计中，由于被试是随机取样并随机安排进行不同的实验处理，各实验处理组之间没有相关，因而又称独立样本设计。

随机化设计的数据在统计分析时，通常是对实验组和控制组的结果进行差异显著性的检验或方差分析。如果差异显著，就表明实验处理有效。在进行结果解释和结论概括时，要结合被试赖以取样的总体，不能超过总体范围。

随机化设计有三种形式：

1. 控制组后测设计

控制组后测设计（posttest-only control group design），也称仅有后测等组设计，其基本模式为：

实验组：随机取样 R_1 ⟶ 实验处理 X ⟶ 后测 O_1

控制组：随机取样 R_2 ⟶ 后测 O_2

其中，经随机分配形式两个等组，即实验组与控制组，分别用 R_1 和 R_2 表示，X 为实验处理；O_1 为实验组的后测；O_2 为控制组的后测。

控制组后测设计是真实验设计中运用较广的一种设计。这种设计采用了随机取样的方法，有效地控制了选择、选择与成熟交互作用等无关变量对实验结果的干扰；在实验处理之前没有前测，可避免练习效应的影响，但正因为没有前测，所以不能进行实验处理前后差异的比较；控制组的设置控制了历史、成熟、测验和统计回归等无关变量的影响。对控制组后测设计可采用独立样本 t 检验的方法进行数据分析。这种设计的局限是，因为只有一个自变量，所以不能分析多因素对因变量的影响。当然，这是所有单因素实验设计的共同局限。这一缺陷，可用多因素完全随机设计的方法解决。

例如，某研究者要研究运动负荷对动觉准确性的影响，将随机抽取的学生样本分为两组，一组为实验组，即承担一定的运动负荷，另一组为控制组，不承担运动负荷，实验结束后进行后测，比较两组在动觉准确性上有无差异。

2. 控制组前测后测设计

控制组前测后测设计（pretest-posttest control group design）亦称前测–后测等组设计，其基本模式为：

实验组　随机取样 R_1 ⟶ 前测 O_1 ⟶ 实验处理 X ⟶ 后测 O_2

控制组　随机取样 R_2 ⟶ 前测 O_3 ⟶ 后测 O_4

可见，控制组前测后测设计比后测设计增加了前测，因此，这种设计可以对实验组前后测的差异（O_2 与 O_1）和控制组前后测的差异（O_4 与 O_3）进行比较。但是，前测也可能造成练习效应，对结果产生影响。此外，前测后测设计具有后测设计的其他优点。前测后测设计的研究结果的统计分析，可以先比较实验组与控制组的前测（O_3 与 O_1），如果二者基本相等，就可以比较后测（O_4 与 O_2）；反之，就要比较实验组和控制组前后测的变化，即（O_2 与 O_1）与（O_4 与 O_3）的比较，一般可用独立样本 t 检验，如果有多个实验处理组，可用方差分析。

仍以运动负荷对动觉准确性的影响研究为例，将随机抽取的学生样本分为两组，一组为实验组，另一组为控制组，在正式实验前，首先对所有被试进行动觉准确性的测量，然后让实验组的学生承担一定的运动负荷，实验结束后再对所有被试进行动觉准确性后测，按照上述分析比较两组在动觉准确性上的差异。

3. 所罗门四组设计

所罗门四组设计（Solomon four-group design）是所罗门（R.L.Solomon）1949 年鉴于随机设计的局限性，提出的四组设计方案，其中分别有两个实验组和控制组，其设计的基本模式为：

实验组 1 随机取样 R_1 → 前测 O_1 → 实验处理 X → 后测 O_2

控制组 1 随机取样 R_2 → 前测 O_3 → 后测 O_4

实验组 2 随机取样 R_3 → 实验处理 X → 后测 O_5

控制组 2 随机取样 R_4 → 后测 O_6

可见，所罗门四组设计实际上是将控制组后测设计和前测后测设计加以合并，因而又称“重叠实验设计”。这种真实验设计除了具有上述两种设计的优点外，对实验处理的效果进行了两次检验，可以确认实验处理的效果；还可以检验测验与实验处理的交互作用。所罗门四组设计是一种比较完善的真实验设计，它对无关变量的控制比较全面，实验的内部效度和外部效度都很高，唯一的不足在于四组同质的被试较难选取，实验程序也比较复杂。

所罗门四组设计的数据处理有三种选择[1]。其一，当研究者有充分把握，不担心前测会使后测的成绩有所增进，或者研究者有根据认为前测的主要效应及其与实验处理的交互作用较小，且允许忽略不计，则可用单因素方差分析直接对后测的平均数进行比较和检验。其二，如果研究者没有充分把握时，可将前测成绩作为协变量，用协方差分析比较 O_2 与 O_4；用 t 检验比较 O_5 与 O_6。如果二者均有统计学显著性差异，便可以确切地作出 O_2 和 O_5 确实是实验处理效应的结论。其三，可用 2×2 的方差分析方法，以检验实验处理 X 的主效应、前测效应及

[1] 张力为. 体育科学研究方法［M］. 北京：高等教育出版社，2002：139–140.

二者的交互作用（表 7–2）。在 2 × 2 列联表中，根据各栏的平均数可以估计实验处理主效应；根据各行平均数可以估计前测主效应；根据 4 个方格的平均数可以估计实验主效应和前测主效应的交互作用。

表 7–2　所罗门四组设计的多因素方差分析

	无实验处理	有实验处理（X）
有前测	O_4	O_2
无前测	O_6	O_5

（二）配对设计

配对设计（matching design）主要应用于希望平衡某些对因变量有较大影响的变量实验中。配对设计的基本模式如下：

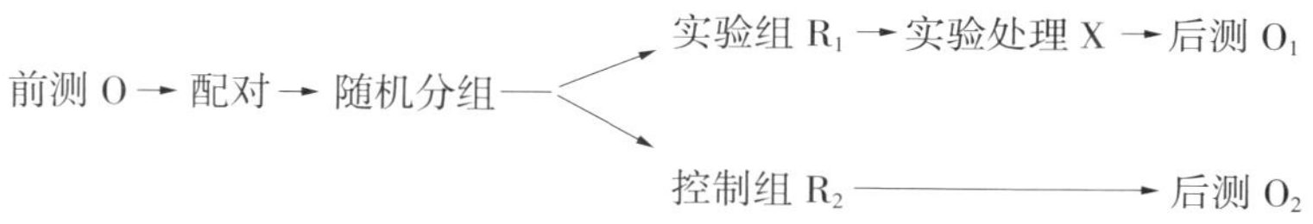

可见，配对设计具有随机化设计的某些特点，每组被试接受一种实验处理，正因为如此，有的研究者将其归入被试间设计。由于配对组设计的实验组与控制组同质，平衡了被试变量，因而它又有被试内设计的优点，基于共同的前测 O，在考察实验处理的效果时只需比较两个后测（O_1、O_2）即可。配对设计的数据分析采用相关样本的 t 检验。在实际研究中，如果实验要求样本量较大时，用匹配成对的方法形成足够大的对子比较困难，也难以找到适当的匹配变量将被试配对，尤其是当前测的内容与因变量关系无关时，进行配对更是不适当的。在进行实验设计时应注意这一点。

（三）重复测量设计

重复测量设计（repeated–measures design）是指实验中所有被试均接受全部实验处理水平，其基本模式见表 7–3。

表 7–3 重复测量设计模式

	X_1	X_2	……	Xn
S_1	O_{11}	O_{12}	……	O_{1n}
S_2	O_{21}	O_{22}	……	O_{2n}
……	……	……	……	……
S_n	O_{n1}	O_{n2}	……	O_{nn}

注：S 为被试或被试分组，X 为实验处理或实验处理水平。

在重复测量设计中，接受实验处理水平的是单个被试，称为**被试内设计**（within–subjects design）。被试内设计也可以用被试组代替单个被试，每组都要接受所有的实验处理，但组中的每个被试随机地接受一种实验处理，这样的组称为区组，这种设计称为**"随机区组设计"**（randomized bleock design），同一区组内的被试应尽量同质，即在各个方面相似或相同。如果被试组的每个被试随机接受一种实验处理水平，就称为**被试间设计**（between–subjects design）。重复测量设计的优点在于，将被试的个体差异分离出来进行单独处理，提高了实验处理的效果。但在被试内设计中，由于被试要接受所有处理水平，可能会影响实验的效度，而在被试间设计中，研究者又很难保证所有被试分组的真正同质。

三、准实验设计

随着体育科学研究的发展，以真实验设计为主的实验室实验的局限性逐渐显露出来，许多情形都使研究者难以满足真实验设计的苛刻条件。例如，体育教学方法的实验，往往难以将学生随机分入实验组和控制组，更为常见的做法是，将一个自然班作为实验组，另一个自然班作为控制组。在这种情况下就要采用准实验设计进行研究。

准实验设计（quasi–experimental design）是介于前实验设计和真实验设计之间的实验研究设计，它对无关变量的控制比前实验设计要严格一些，能对一部分无关变量进行控制，但却不如真实验设计对无关变量控制得充分和广泛。准实验设计常运用原始群体（如一个班级、一个运动队、一个小组）作为被试，不能像真实验设计那样随机选择被试和随机部署实验组和控制组，也不能像真实验那样完全地操纵自变量。在体育科学研究中，一般说来，以动物为被试的实验，采用真实验设计的较多，而以人为被试的实验，采用准实验设计的较多。

准实验设计在发展中有许多类型，基本类型有时间序列设计、不相等控制组前后测设计、相等时间样本设计等类型。

（一）时间序列设计

在**时间序列设计**（time-series design）是指对一组非随机取样的被试实施实验处理，并在实验处理前后周期性地作一系列处理，分析处理分数是否具有非连续性，以考察实验处理的效果。其基本模式如下：

$$O_1 \quad O_2 \quad \cdots\cdots \quad X \quad \cdots\cdots \quad O_{n-1} \quad O_n$$

时间序列设计中，研究者事先通过对被试的连续测量并获得较稳定的分数，以表示被试的最初水平和状态，称为**基线**（base line）。确定正确的基线在时间序列设计中是一个重要的环节，其关键在于收集到的观测数据能充分地描述出被试稳定的水平和状态。在施加实验处理以后，研究者可以观察到被试反应水平的变化状况，从而对实验处理的效应作出相应的分析。

实验获得的结果有两种基本情况，即连续变化与非连续变化，如图 7-5 所示[1]。

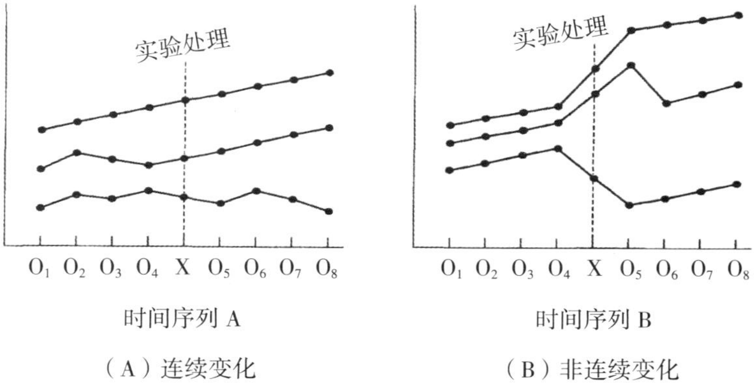

图 7-5 时间序列设计的结果

[1] 董奇，申纪亮. 心理与教育研究法［M］. 杭州：浙江教育出版社，2005：221.

在图（A）中，被试反应在实验处理前后没有明显的跳跃，说明实验处理无效；图（B）中，被试反应在实验处理前后出现跳跃，说明实验处理对测量结果产生了影响。

时间序列设计的特点是采用了一系列的前测和后测，成熟因素得到较好控制，历史因素也受到了一定程度的控制。但是，它对历史因素的控制不能像真实验设计那样完全，研究者可以借助一系列测量来解释历史因素干扰的程度。另一个特点是它很好地控制了测验效应。时间序列设计最大的缺陷是没有控制组，不能控制与实验处理同时发生的偶发事件的影响，同时由于实验过程被试反复测量，可能发生疲劳效应。

在体育科学研究中，许多条件都限制了研究者找到合适的对照组，且是小样本。时间序列设计适用于小样本实验，进行统计分析时，研究者往往对实验处理前的测量分数建立回归方程，预测实验处理不产生影响条件下的后续测量分数，然后对预测分数与真实分数进行 t 检验，考察实验处理的效果。因此，时间序列设计在体育科学研究中有着广泛的应用前景。

（二）不相等控制组前后测设计

在体育科学研究中，研究者往往不可能完全随机地抽取被试，如在学校中进行教学研究，一般不能改变教学单位，而现有教学单位可能并不相等，且存在系统偏差。为适应这种条件，就要采用**不相等控制组前后测设计**（non-equivalent control group pretest-posttest design），这种设计的基本模式为：

实验组　前测 O_1 ——→ 实验处理 X ——→ 后测 O_2

控制组　前测 O_3 ————————————→ 后测 O_4

这种设计由于控制组和前后测结合，因而控制了历史、成熟、测验等因素，但还不如真实验中的前后测设计，因为它只是采用原有的静态组，实验组与控制组之间可能存在选择偏差。要解决这个问题只能通过用前测来保证在因变量上实验组与控制组之间的相等，或偏差不至于影响实验结果。但如果通过比较发现它们是不相等的，则必须考虑其他的设计。

需要注意的是，真实验控制组前后测设计中的前测和准实验不相等控制组前后测设计中的前测的作用是不同的。前者的前测只是为分析实验处理后的变化提供基线，或者是为了进一步控制选择的偏差，而后者只有通过前测才能控制被试的选择偏差。不相等控制组设计的统计分析一般是将两组前后测的分数进行比较，即 O_2 与 O_1 和 O_4 与 O_3 比较，采用独立样本的 t 检验和协方差分析。

（三）相等时间样本设计

相等时间样本设计（equivalent time-samples design）是利用一组被试，抽取不同的时间样本，进行实验组与控制组设计。其基本模式如下：

$X_1\ O_1 \qquad X_0\ O_2 \qquad X_1\ O_3 \qquad X_0\ O_4$

其中，X_0 表示常规安排；O_1 与 O_3 为接受实验处理 X_1 后的测试结果；O_2 与 O_4 表示被试接受常规安排后的测试结果。

相等时间样本设计的特点是有效地控制了历史因素的影响，其内部效度较高，但在控制影响外部效度的因素方面并不理想。这种设计曾被广泛应用于学习研究，其典型应用是研究不同条件下学生学习的效果。对相等时间样本设计的数据分析，主要是比较两种条件下的实验效应、顺序效应及二者的交互作用。

四、多因素实验设计

在体育科学研究中，影响因变量的因素很多，某一因变量的变化通常是多个自变量影响，或是多个自变量相互作用的产物。因此，仅将其中一种因素或变量作为自变量进行研究，而将其他因素作为无关变量加以控制，还不足以揭示自变量和因变量之间真实的共变关系。采用多因素实验设计的方法，在实验设计中设置多个变量，其研究结果可能更接近真实的情况，研究的外部效度会有进一步的提高。

（一）多因素实验设计的类型及特点

多因素实验设计（multiple factorial design）又称多因子设计，指在同一实验研究中控制、操纵两个或两个以上自变量对因变量的效应。依据不同的分类标准，有不同的类型，表 7-4 是根据董奇提出的多因素实验设计分类标准整理而成[1]。

[1] 董奇. 心理与教育研究方法［M］. 修订版. 北京：北京师范大学出版社，2004：268-273.

表 7-4　多因素实验的种类

分类依据	主要类型
自变量的数目	两因素设计 三因素设计等
被试的选择与接受实验处理的情况	完全随机化多因素设计 完全重测多因素设计 分组重测多因素设计
自变量的类型	操作变量的多因素设计 被试变量的多因素设计 混合变量的多因素设计

多因素设计的主要特征为：

1. 实验中尽可能容纳较多的自变量，提高实验的外部效度。
2. 实验中尽可能地控制更多的无关变量，改善实验的内部效度。
3. 实验中能研究一个自变量与多个其他变量的交互作用。
4. 实验效度的提高主要通过设计方案实现。

（二）两因素实验设计

两因素实验设计（two-factorial design）是指有两个自变量的实验设计。根据每个自变量的水平数不同，又可分为 2 × 2、2 × 3 等亚型。式中“ × ”前后的数字个数表示因素个数，数字的内容表示自变量的水平数，乘积为实验所需要的处理数。如“3 × 4”表示此实验有两个因素，其中一个因素有 3 个水平，另一个因素有 4 个水平，完成实验共需 12 种处理。

2 × 2 因素实验设计是最简单的两因素设计，其基本模式如下：

		自变量 B	
		B_1	B_2
自变量 A	A_1	A_1B_1	A_1B_2
	A_2	A_2B_1	A_2B_2

图 7-6　2 × 2 因素实验设计的基本模式

可见，2×2 因素实验设计有四种不同的实验处理，实验处理后，对被试进行测量便获得了在不同处理下因变量的指标。这种实验设计可以解决两个最基本的问题，即自变量的主效应和交互效应。

例如，在研究某体育教学实验中，要检验两种不同的教学方法对学生成绩的影响，可以用学习成绩作因变量，以教学方法为自变量（A），其中一种教学方法为 A_1，另一种为 A_2。同时考虑不同的性别对学习成绩也有影响，那么以性别作另一自变量（B），有男学生（B_1）和女学生（B_2）两个水平，在实验中选择运动水平和身体素质相当的学生随机分入 4 个组做实验，检验教学方法、性别对学习成绩的影响，以及教学方法和性别之间交互作用对学习成绩的影响。如果交互作用显著，即从学习成绩来分析，可能某种教学方法更适合于女学生或者是男学生。

两因素实验设计，除了最基本的 2×2 因素型之外，还有两因素随机区组实验设计、重复测量一个因素的两因素实验设计、重复测量两个因素的两因素实验设计等，这些设计均可采用 SPSS 做统计分析。

（三）三因素实验设计

三因素实验设计（three-factorial design）是指实验中有三个自变量，每个自变量有两个或多个水平。它的基本方法是随机分配被试接受不同实验处理水平的结合，每个被试只接受一个实验处理的结合。最基本的三因素实验设计是 2×2×2 因素实验设计，可见，这种实验共有 8 种不同的实验处理。三因素设计的程序、被试、统计处理等方面比两因素时更为复杂。一个三因素完全随机设计能检验多个研究假设，它可以检验三个因素的主效应，还可以检验两两自变量相互作用和三个自变量间的交互作用。同两因素实验设计一样，三因素实验设计也有重复测量一个因素、两个因素、三个因素的三因素实验设计。

（四）混合实验设计

混合实验设计（mixed experimental design）是现代实验研究中应用最广泛和最有实用价值的实验设计。在一个实验中，被试带来的无关变异是最大的误差变异源，而采用被试间实验设计对由被试带来的无关变异控制得不够理想，如果采用被试内设计，即由一个被试接受所有的自变量水平，或自变量水平的结合，可以将实验中的无关变异控制到最小限度。但是，采用被试内设计的一个前提是，先实施给被试的自变量水平或自变量水平的结合对后实施的自变量或自变量水平的结合没有长期影响。当这种影响存在时，例如有学习、记忆效应时，就不能使用被试内设计。混合设计是吸取了二者优点的实验设计。

1. 混合实验设计简介

混合设计是指在一个多因素实验中，至少包含一个自变量和一个被试间自变量的实验设计。它是重复测量实验设计的一种形式。在混合实验设计中，对实验中的被试内变量，每个被试接受所有的自变量水平或自变量水平的结合，对实验中的被试间变量，每个被试仅接受一个自变量水平或自变量水平结合的处理。目前在实验研究中，常见的是两因素混合设计、三因素混合设计和四因素混合设计，而五因素以上的混合设计则不多见。

以两因素混合设计为例，说明混合实验设计的使用方法。首先是确定一个被试内自变量和一个被试间自变量。一般来说，被试间自变量是每个被试所独有而又不可能同时具备的一些特征，如性别、年龄、个性等。其次，将被试随机分配给被试间自变量的所有水平，然后使每个被试接受与被试间自变量的某一水平相结合的被试内自变量所有水平的处理。例如，在一个 2×3 两因素混合设计中，A 因素是被试间的自变量，有 A_1、A_2 两个水平，B 因素是被试内自变量，有 B_1、B_2、B_3 三个水平，实验中应将被试随机分为两组，一组被试接受 A_1 水平与 B 因素的所有水平的结合，即这组的每个被试接受 A_1B_1、A_1B_2、A_1B_3 的处理；另一组接受 A_2B_1、A_2B_2、A_2B_3 的处理。两因素混合设计的常见形式有 2×2、2×3、2×4、3×3、3×4 和 4×4 等。

2. 混合实验设计应用案例

石岩采用混合实验设计所做的“定量运动负荷和个性特征对动觉准确性和动作稳定性的影响”的实验研究[1]，试图考查被试在不同的定量运动负荷后动觉准确性和动作稳定性的变化情况,同时考虑个性特征的影响。它有定量运动负荷和个性特征两个自变量,前者为被试内变量,后者为被试间变量。定量运动负荷有 4 个水平,即安静时、负荷Ⅰ、负荷Ⅱ、负荷Ⅲ;个性特征也有 4 个水平,采用艾森克人格问卷(EPQ)团体测试后,将被试分为情绪不稳定外向、情绪不稳定内向、情绪稳定

[1] 石岩. 定量运动负荷和个性特征对动觉准确性和动作稳定性的影响 [J]. 心理学报，1996，(2)：131–138.

外向、情绪稳定内向 4 个水平。这样,这个实验构成了 4×4 二因素的混合设计。

在实验中,采用艾森克人格问卷随机测试了 206 名体育专业大学生,按标准选取其中的 48 名大学生(每组 12 人,共 4 组)作为被试。为了克服练习和疲劳因素的影响,将 4 组被试每组随机抽出 4 人,组成 3 个实验组(每组 16 人),3 个实验组分别按定量运动负荷Ⅰ、Ⅱ、Ⅲ;定量运动负荷Ⅱ、Ⅲ、Ⅰ;定量运动负荷Ⅲ、Ⅰ、Ⅱ顺序进行实验。为了实验实施的便利,又将每个实验组分为两个实验小组(各 8 人)进行实验,这样可以保证每个被试在每一种定量运动负荷后休息半小时,而又不使被试等待的时间过长。在实验前每个被试均要测定安静时动觉准确性和动作稳定性的情况,实验中每个被试在经受了不同定量运动负荷后要立即测量动觉准确性和动作稳定性的情况。

3. 混合实验设计的数据处理与分析

混合设计的数据处理通常采用方差分析和协方差分析,通过方差分析检验实验中因素的主效应、交互效应、简单效应。协方差分析是利用线性回归的方法消除混杂因素的影响后进行的方差分析,通过协方差分析诊断一些不可控的协变量对实验结果的影响。例如,上述实验中,个性特征对动觉准确性影响不显著,定量运动负荷对动觉准确性影响有一定的显著性,并且两者之间不存在交互作用,因此,不需要做简单效应分析,但不同组别被试安静时动觉准确性之间存在显著差异,在这种情况下,可以采用协方差分析,将安静时动觉准确性作为协变量处理,从而得到准确的实验结果。

基本术语

实验研究、自变量、因变量、因素、因素水平、单因素、多因素、实验处理、实验效应、主效应、交互作用、简单效应、处理效应、组内设计、组间设计、前测、后测、双盲实验、第三变量、实验组、控制组、对照组、罗森塔尔效应、霍桑效应、随机化设计、前实验设计、真实验设计、准实验设计、所罗门四组设计、重复测量设计、随机区组设计、配对设计、时间序列设计、相等时间样本设计、多因素实验设计、混合实验设计。

思考题

1. 实验研究的特点是什么?实验研究与其他研究方式的区别在哪里?

2. 实验设计应遵循哪些原则？为什么？
3. 前实验、真实验和准实验有何异同？
4. 如何对实验中的变量进行控制？举例说明实验中变量的关系。
5. 请设计一项实验，比较传统体育教学方法和按新课程标准进行体育教学活动对学生身体和心理的影响。
6. 从中文体育类核心期刊上检索 2~3 篇运用实验设计的论文，分析其设计类型与优缺点。

推荐阅读书目

［1］舒华. 心理与教育研究中多因素实验设计［M］. 北京：北京师范大学出版社，1994.

［2］董奇. 心理与教育研究方法［M］. 修订版. 北京：北京师范大学出版社，2004.

［3］张力为. 体育科学研究方法［M］. 北京：高等教育出版社，2002.

［4］郑旗，李吉慧. 现代体育科学研究的理论与方法［M］. 北京：人民体育出版社，2001.

［5］王策三. 教学实验论［M］. 北京：人民教育出版社，1998.

［6］杰克.R.费林克尔，等. 教育研究的设计与评估［M］. 蔡永红，等译. 北京：华夏出版社，2004.

第八章

量表编制与应用研究

体育科学研究是一个不断提出问题到解决问题的过程，在这个过程中，搜集资料是研究者的主要任务。纸笔测验是应用非常广泛的方法之一，其多数内容见诸于体育测量与评价等学科。量表作为纸笔测验和研究工作中一种有效的测量工具，近年来已被广泛地应用在体育科学研究的诸多领域。然而，在研究工作中能否真正找到适合其研究目的的量表，或者如何选择一个好的量表，需要对量表编制的基本理论及其应用有一个入门的了解。本章结合学生的需要和实际研究案例，介绍量表编制理论与应用的基础知识。

第一节　量表概述

一、测量与测量量表

测量是一个基本的科学活动。**测量**（measurement）是按照明确的构想或规则，对人、事或物的属性或特征赋值的过程[1]，也即用一定规则给事物属性指派数字或符号的过程。例如，要衡量人的形态、身体素质等属性，就可以根据某种相应法则制成量具，如尺子、磅秤等，再利用量具将物体的属性表示成数字。可见，测量这一定义包含三个基本要素：

（一）事物及属性

事物及属性（objects and property）即研究者要测量的对象和目标。就体育科学研究而言，有些研究对象或事物的属性是很明确的，而有些就不明确，如要测量立定跳远成绩，这个属性就很明确，因为立定跳远距离的远近能直接反映出成绩的好坏，所以“距离”就是其成绩的属性。如果要通过立定跳远推测下肢爆发力，它的属性就不是很明确，必须要搞清楚什么是爆发力及其爆发力的属性是什么。再如，对中学生体育兴趣的研究，要测量体育兴趣，必须抓住体育兴趣的本质属性。通过什么手段与程序来推测爆发力和体育兴趣的属性，这就涉及“法则”这个要素了。

（二）法　则

法则（rule）是指衡量事物属性的规则与尺度，或者说法则是一套能显示事物属性的程序。法则的制定包括测量的方法、内容、步骤、记分规定等。

[1]　吉尔伯特·萨克斯. 教育和心理的评价与原理［M］. 王昌海，等译. 4 版. 南京：江苏教育出版社，2002：13.

好的法则可以得到可靠的测量，差的则会得到不可靠的甚至是错误的结果。法则的好坏取决于它是否符合客观事物属性的规律及是否易于制定和便于操作，特别是那些具有模糊属性或抽象程度较高的事物，制定法则往往比给事物的属性下一个清楚和普遍为人们所接受的定义更为困难。例如，锻炼态度、赛前情绪、身体自尊、体育价值观等。

（三）数字或符号

数字（number）是代表某一事物或事物某一属性的量。数字本身只是一种符号，只有当研究者赋予它意义时，它才变成量化的数。数字本身具有逻辑运算的特征，所以，通过测量所得的数，不仅可以表示事物的类别、大小、多少，而且还可以在一定的条件下由数的运算而对事物的属性进行推测。

任何领域的测量都应包括上述三个要素，围绕这三个要素，各个领域都发展了自身的一套测量程序。测量量表就是一种数字表述规则，它是编制具体应用量表的理论基础。测量量表具有诊断、预测和评估的功能。不论什么样的测量，目的都是为了探明个别差异，而探明个别差异的目的在于应用实际。因而，测量量表已经成为教育、心理与行为量化的主要工具，而且被广泛应用于体育科学诸多研究领域。

二、测量量表的基本类型与结构

（一）测量量表的基本类型

从广义上讲，任何可以使事物数量化的值或量的渐进系列都可称为**量表**（scale）。一般来讲，根据数值中所包含的信息量及其特征，有四种范畴的不同水平的测量量表，即称名量表、顺序量表、等距量表和比率量表。按打分或量表测出信息的量化性质和程度，这四种量表构成了一个等级分类体系，所包含的信息由最少到最多依次递增。

1. 称名量表

称名量表（nominal scales）又称定类量表，是最简单的量表，只给出不分次序的类别。每个观察值都属于它自己的类别，而这些类别只表明某一或某几种特征的不同。例如，将某一性别的成员定义为0，另一种性别的成员定义为1，这只是出于识别的目的。

2. 顺序量表

顺序量表（ordinal scales）又称定序量表，除了表明性质的不同，还根据高低、多少等特征排出次序，其特征是一个观察值高于或低于另一个观察值。尽管观察值的顺序确定了，但还不能确定各个观察值之间的距离可比关系。例如，某学生表现出对课外体育活动非常积极的态度，另一学生则表现出一般的态度，这不仅知道这两个学生的态度不同，而且还能按他们对课外体育活动的积极程度进行排序。

3. 等距量表

等距量表（interval scales）又称定距量表，不仅给出顺序，还确定了等距的单位。量表上某一部分测得的分类所反映的差异，与其他任一部分测得的分数都是相等的。假定测量诸如智商或阅读，以及数学测验中的成绩等这些变量，如果有 3 名学生在某一方面测得的分数分别为 105、110、115，可认为前两者 5 分的差距与后两者 5 分的差距是相等的，这不仅给出了差异和顺序，还建立起同一差距单位，这种量表的基本特征是点间具有相同距离。

4. 比率量表

比率量表（ratio scales）又称定比量表，有等距特征，并且有绝对零点。如果某人年龄为 30 岁，那么他就是另一个 15 岁的人年龄的两倍。之所以这样说，是因为人出生的时间是年龄的零点。再如，尺子就是简单的比率量表，类目之间的长度差额是相等的，并且有一个绝对零点（即负长度是无意义的）。

科学研究中的量表作为一种测量工具，常用来测量研究对象如何感觉或思考某事物，研究者借助它测量某个建构的强度、方向、层次和强势。一般而言，研究者通过构建和使用量表，让人们在一个极点到另一个极点之间，确定符合自己意见的适当点。它以一个连续体的方式排列回答值或观察值，然后对其结果加以分析。量表的建构旨在创造以顺序、等距、比率形式测量变量的数字分数，而数字的指派有助于研究者进行量化思考。

（二）测量量表的结构

一个完整的量表通常包括量表名称、指导语（告诉量表填答者如何正确填写量表）、量表正文（通常由一些陈述句子和可供选择的答案组成）、评分方法、量表应用指南（量表的测量目的、适用范围和使用注意事项）和量表信度及效度检验结果组成。

在实际研究工作中，为了便于深入分析，根据研究目的和研究对象的背景情况，在应用量表收集资料的过程中，常常设计人口统计学变量及相关变量附属在量表中。下例是 Franzoi，S.L.和 Shields，S.A.编制的《身体自尊量表》（表 8-1）[1]。

表 8-1　身体自尊量表

根据您对自己的看法，凭直觉判断下面每个句子所描述的内容符合您的实际情况，其中 1 代表完全不满意，5 代表十分满意，请在您选择的答案上打"√"，答案无所谓对错，每道题只能选一个答案，结果会替您保密。谢谢您的合作！

		完全不满意	不太满意	无所谓	基本满意	十分满意
1	身体气味	1	2	3	4	5
2	食欲	1	2	3	4	5
3	鼻子	1	2	3	4	5
4	身体干劲	1	2	3	4	5
5	柔韧性	1	2	3	4	5
6	嘴唇	1	2	3	4	5
7	肌肉力量	1	2	3	4	5
8	腰部	1	2	3	4	5
9	精力状况	1	2	3	4	5
10	大腿	1	2	3	4	5
11	耳朵	1	2	3	4	5
12	二头肌	1	2	3	4	5
13	下颌	1	2	3	4	5
14	体格	1	2	3	4	5
15	身体协调性	1	2	3	4	5
16	臀部	1	2	3	4	5
17	灵敏性	1	2	3	4	5
18	肩膀的宽度	1	2	3	4	5
19	胳膊	1	2	3	4	5
20	胸	1	2	3	4	5
21	眼睛的外观	1	2	3	4	5
22	颊部/骨	1	2	3	4	5
23	髋部	1	2	3	4	5
24	腿	1	2	3	4	5
25	体型	1	2	3	4	5
26	性驱力	1	2	3	4	5
27	足	1	2	3	4	5
28	性器官	1	2	3	4	5
29	腹部外观形态	1	2	3	4	5
30	健康	1	2	3	4	5
31	性活动	1	2	3	4	5
32	体毛	1	2	3	4	5
33	身体状况	1	2	3	4	5
34	脸	1	2	3	4	5
35	体重	1	2	3	4	5

[1] 张力为，毛志雄. 体育科学常用心理量表评定手册［M］. 北京：北京体育大学出版社，2004：137.

应用指南：《身体自尊量表》共有35个条目，5级李克特式记分，要求被试对自己身体各部位和功能进行接受性评价。此量表使用对象比较广泛，其中有3个条目涉及对性的看法，在使用过程当中应考虑被试的特点。

信度：35条目的《身体自尊量表》在331名男性和633名女性中进行了检验。信度检验结果表明，男性身体吸引力维度的克隆巴赫α为0.81，上肢力量维度克隆巴赫α为0.85，身体状况维度克隆巴赫α为0.86；女性性吸引力维度克隆巴赫α为0.78，关心体重维度克隆巴赫α为0.87，身体状况克隆巴赫α为0.82。这说明各分量表具有相当的内部一致性。

效度：为了检验这个量表的聚合效度，在44名男性和78名女性大学生中将此量表和Rosenberg（1965）编制的《整体自尊量表》共同使用。结果表明，《身体自尊量表》中除了女性关心体重维度外，其余所有维度都与《整体自尊量表》具有适度相关。

评分方法：各条目分值相加之后求均分，分数越高，身体自尊越高。

三、量表与调查问卷的异同

从体育类学术刊物发表的论文来看，涉及研究方法与工具陈述时，部分研究者没有将调查问卷与量表作出区分或交代不清。广义而论，量表可看作问卷的一种，问卷与量表都是研究者用来收集资料的一种工具，有时二者在研究某一问题时同时采用或设计在一起，但严格来讲，量表与社会调查问卷存在着某些异同。

（一）在编制结构上的异同

1. 量表是对变量或概念属性强度的复合测量，问卷则没有

一个量表是一种具有结构强度顺序的复合测量，即全部陈述或项目都是按一定的结构顺序安排，以反映测量的变量或概念具有各种不同程度。它源于费希纳（G.T.Fechner）所创设的实验美学中的实验方法，特别是来自评定法，广泛适用于能力倾向、成就、态度、爱好、兴趣等方面的调查。例如，对运动员训练比赛满意感的测量（表8-2）[1]。量表的6个项目之间存在一种趋强的顺序（第5题得分=8-圈定数字），一般社会调查问卷则没有这种效用。

[1] 张力为，毛志雄. 体育科学常用心理量表评定手册［M］. 北京：北京体育大学出版社，2004：99.

表 8–2　训练比赛满意感量表

	完全不同意 1	2	3	4	5	6	7 完全同意
1 在很多方面，我的训练和比赛情况都接近理想	1	2	3	4	5	6	7
2 我的训练和比赛在各方面都很好	1	2	3	4	5	6	7
3 我对训练和比赛感到满意	1	2	3	4	5	6	7
4 现在我已得到了训练和比赛中最重要的东西	1	2	3	4	5	6	7
5 总的来说，到现在为止，我的训练和比赛糟透了	1	2	3	4	5	6	7
6 如果可以再选择一次，我仍然希望像现在一样继续训练和比赛	1	2	3	4	5	6	7

2. 量表编制需要理论导向，调查问卷则突出主题

一般量表的编制都是有理论导向的，理论在构建需要研究问题的概念体系方面扮演着一个重要角色，编制一个最适合于研究问题的量表需要理论建构与指导。通常根据理论构想决定编制的结构。例如，要想研究教练员的领导行为时，就可根据运动心理学者 Chelladurai 和 Carron 提出的“运动情境领导理论”编制一个量表。这个理论将教练员的领导行为分为“训练和教学的行为”“民主的行为”“权威的行为”“社会支持的行为”和“奖励及赞赏的行为”五个维度，研究者可根据这五个维度编制成一份含有五个分量表的教练员领导行为量表。但在设计调查问卷时，只要研究者先将所要研究的主题或内容厘清，并把所要了解的问题罗列出来，然后依序编排突出主题即可。

3. 量表的各分量表都要有明确的定义，调查问卷则无此要求

在编制量表时，若没有分量表，编制者就直接将此量表的定义加以说明。若所编制的量表包含有若干个分量表，各个分量表亦需将其定义加以界定清楚。它的主要目的是，一方面让编制者在编题时能切合各个分量表的主题；另一方面是让阅读者能了解此量表的各个分量表究竟是做何解释。而在社会调查问卷中则无分量表。

（二）在标准化与计分方式上的差异

1. 量表编制必须满足标准化，而调查问卷没有此要求

量表编制的过程，也称为标准化的过程，必须经过标准化的程序进行编制，

并按标准化的程序和要求使用。例如，量表常模，可按年龄和项目类别等进行整理，并用常模解释分数，而一般调查问卷则没有常模要求。

2. 量表多以各分量表为计分单位，问卷多以各题为计次单位

量表如果有若干个分量表，其计分的方式是以各分量表为单位，必须确定各分量表的原始得分及综合分数的计分方法。而问卷常常是以单题为计算单位，亦即是以每一题的各个选项计算它的频数。

（三）在数据统计分析上的差异

每个量表都有明确定义和设想的关系，这使得量表更适合于特定的统计分析与检验。一般情况下，随着量表类型测量层次的提高，测量的精确性在递增，可适用的数据统计分析方法也在增多。而调查问卷以定类和定序问题居多，从而使常用的统计分析方法受到限制，或者要选用适合于定类和定序统计的方法，具体应用可参考第六章的社会调查相关内容。

第二节　量表编制与选用

一、量表编制的基本程序

量表编制一般包括下列内容，即明确研究目的或主题；确定概念的操作定义；建立题项库；筛选条目，形成初步量表；预试验，考核量表；修改和完善量表。量表编制的基本程序如下：

（一）明确研究目的或测量主题

编制量表时，首先要明确测量主题。测量主题体现了测验的功能，决定着测量的编制程序，是编制过程的基础。

1. 确定量表编制的理论

承上所述，当想研究那些凭借人们对事物的理论理解而相信其存在但又无法直接感知的现象时，就需要编制量表。编制量表的前提条件是围绕测量变量或概

念的内涵与外延，寻求有没有可参考或依据的理论基础及理论模型。清晰的理论在编制量表中起着重要的指导作用，即使没有可以利用的理论来指导，在编制量表之前也必须制定出一个概念性方案或试验性的理论模型。例如，毛荣建在编制《锻炼态度量表》时，以社会心理学中的“合理行动理论”和“计划行为理论”探讨态度—行为的因果关系。虽然计划行为理论比合理行为理论有所进步，但并不十分完善，他在前人的基础上提出态度—行为九因素模型，并以此为理论指导编制了《锻炼态度量表》[1]。

2. 确定量表编制的内容结构

量表编制的理论根据确定了，量表编制的内容结构随之确定。上述提到《锻炼态度量表》编制理论是态度—行为九因素模型，因此，这个量表的内容结构就要依据这九个因素而设计，并明确各因素（各分量表）的定义，便于后面的编写题项。再如，马勇占通过“自我效能理论”和“教师自我效能整合模型”，建构了体育教师教学效能感的内容结构，即课堂管理、教材呈现清晰度、师生互动和教学策略与技巧应用 4 个维度[2]，也就确定了量表编制的内容结构。

（二）建立量表的题项库

1. 编写量表题项的要求

(1) 在编写题项时，应考虑被试的特点。被试的年龄、受教育程度、社会经济地位、阅读水平等是通常需要注意的因素。例如，适用于儿童的量表，题项编写可以加入图画以利于理解；不同教育程度的人都可能用到量表，题项的文字应当通俗易懂；用于国内的测验，如果有询问兄弟姐妹的问题，可能不适于城市中独生子女的现状等等。

(2) 在编写题项时，内容要紧扣主题。其一，要求题项内容符合测量目的，在内容结构的框架范围内，避免因贪多而乱出题目；其二，内容取样要有代表性，符合测量维度的要求，数量适当；其三，各个题项彼此相对独立，不要互相牵连或包含。

---

[1]　毛荣建. 青少年锻炼态度-行为九因素模型的建立及检验［D］. 北京，北京体育大学，2003.

[2]　马勇占. 体育教师教学效能感量表的建构［J］. 体育科学，2005,(3):47-51.

(3) 在编写题项时，要注意问题的形式和文法。其一，要求使用通俗的现代语言，不要使用晦涩难懂的词句；其二，文句应简明扼要，既排除与题项无关的因素，又不遗漏题项的必要条件；其三，应尽量减少使用双重否定句。例如，"为了迅速提高运动成绩，使用兴奋剂未尝不是一个可供选择的有效方法"，这种双重否定句容易使被试困惑。

(4) 在编写题项时，最好是一句话说明一个问题，不要涉及两个或两个以上的事情，意义必须明确，不应含混。例如，"你喜欢上体育课和参加体育活动吗?"被试可能只喜欢上体育课或只喜欢参加体育活动，但这句话同时包括了两项活动，可能造成被试答题时进退两难。

(5) 在编写题项时，应尽量避免主观情绪化的词语，以保护被试感情；避免涉及社会禁忌和隐私的问题；避免被试羞于启齿的问题；还应避免诱导与提示答案的问题。

(6) 好的题项内容应对所有被试者具有适当的困难度，并且应该是等值的，而不应有差异。

2. 题项的来源

(1) 通过文献查询已有的量表。对国内外相关文献进行全面检索，尽可能查阅和收集大量的资料，了解本领域中量表编制的情况，分析现有量表的项目与结构，在已编制好的量表中寻找合适的条目，一些通过信度和效度检验的标准题项，能否使用在新研制的量表中，要根据具体情况来定，但要注意版权问题。特别强调的是题项应该自己编制，而不是拿来就用。

(2) 通过座谈会。根据研究主题，寻找一些被试进行半结构化访谈，使被试就座谈的主题发表个人看法，在座谈中互相启发。然后，对座谈记录进行概括和总结，在此基础上，编写题项。

(3) 通过开放式问卷调查。开放式问卷调查结果可以为研制量表提供题项，并收集大量的相关信息，根据这些信息编制题项。

(4) 通过被试的作品建立题项。国际上一种较新的构造设计量表内容的方法——无约束短文法，让被试根据测量的主题把自己的观点和看法写成短文，编写者划出主题词并进行分析，在此基础上编制题项。

3. 题项中的题干与反应选项类型

一般量表的题项包括两个部分，即题干和一系列反应选项。**题干**（stem）就是给被试呈现的问题情景，由直接问句或不完全的陈述句构成。而与每个题干相伴随的**反应选项**（options or alternatives）是一系列表示对该陈述句的赞同程度的描述。反应选项有不同的形式，以下为常用的两种形式。

（1）李克特式：李克特式即李克特量表，它是由美国社会心理学家李克特（R.A.Likert）于 1932 年首先提出的。**李克特量表**（Likert-type scale）由一组对某事物的态度或看法的陈述组成，对每一问题可采用“完全同意”“同意”“中立”“不同意”“完全不同意”作为答案选项。由于答案类型的增多，人们在态度或看法上的差别就能更清楚地反映出来。李克特量表是研究中用得最多的一种反应选项，以 4~6 点为多数研究者采用，其中 5 点选项的内部一致性较佳。常用的选项名称如表 8-3 所示。

表 8-3　李克特式量表的常用选项名称

选项名称一	选项名称二	选项名称三	选项名称四
非常符合　5	总是如此　5	非常同意　5	非常重要　5
符合　4	时常如此　4	同意　4	重要　4
有时符合　3	有时如此　3	不能确定　3	不能确定　3
不符合　2	很少如此　2	不同意　2	不重要　2
非常不符合 1	从未如此　1	非常不同意 1	非常不重要 1

李克特式量表根据陈述的正负语态，正向题的计分方式为 5、4、3、2、1，负向题的计分方式为 1、2、3、4、5。一般在同一测量主题的量表中，正向与负向陈述句的数目各占一半，并交叉排列。

例　[1] 锻炼是健康生活方式的一个基本成分。（正向题）

①非常同意（5）　②同意（4）　③不能确定（3）

④不同意（2）　⑤非常不同意（1）

[2] 我认为锻炼的作用并不大。（负向题）

①非常同意（1）　②同意（2）　③不能确定（3）

④不同意（4）　⑤非常不同意（5）

（2）语义差异式：**语义差异式**（semantic differential）也称语义差异量表，它是以一组意义相反的陈述或形容词为二分模式变项构成的一份评价量表，用来测量人们对某一事物或者态度的不同感受。通常，这类研究要求研究对象指出这些陈述或形容词及其相反的陈述或反义词与他们对某些对象看法的接近程度。量表的形式都属于定序量表。例如，某广告公司想通过调查，了解广大潜在的购买者对广告新闻的态度，他们用一组语义差异量表研究被调查对象对广告新闻的态度及看法（表 8–4）[1]。要求每一调查对象根据自己的感觉在每一对形容词与反义词构成的尺量中的适当位置（或最适合自己心理尺度的位置）画一记号，每一个记号对应着 1~7 中的某一个数值，将记号写在方框中，表示受访者对研究对象的看法。

表 8–4　语义差异量表

	1	2	3	4	5	6	7	
好的	□	□	□	□	□	□	□	坏的
强的	□	□	□	□	□	□	□	弱的
主动	□	□	□	□	□	□	□	被动
有价值	□	□	□	□	□	□	□	无价值
重	□	□	□	□	□	□	□	轻
热情	□	□	□	□	□	□	□	冷酷
善良	□	□	□	□	□	□	□	残酷
快	□	□	□	□	□	□	□	慢
温顺	□	□	□	□	□	□	□	粗暴
正式	□	□	□	□	□	□	□	非正式
新鲜	□	□	□	□	□	□	□	陈旧
锋利	□	□	□	□	□	□	□	钝缺
真实	□	□	□	□	□	□	□	虚假
	1	2	3	4	5	6	7	

上述语义差异量表的记分方法是将正向态度的两陈述或两形容词间的小方块从一端到另一端分别记 1~7 分，还可以采用从一端到另一端分–3、–2、–1，0、1、2、3 分的计分方式，如果语义量表的某些变项是由负向态度的陈述或形容词，比如，上表中表示：

主动 □ □ □ □ □ □ □ 被动（正向态度）

假如改为负向态度，即

被动 □ □ □ □ □ □ □ 主动

此时记分方法将变为 7 个小方块从一端到另一端分别记为7、6、5、4、3、2、1 或者为 3、2、1、0、–1、–2、–3。

[1] 范克新. 社会学定量方法［M］. 南京：南京大学出版社，2004：45–47.

利用语义差异量表，了解被调查群体对某一研究对象的态度测量结果的处理方法：①计算每一个被调查者的总分（即将量表中每一变量项的分值相加）；②计算被调查群体的平均分（即算术平均数），这个平均分即是被调查群体的基本态度指数；③用图形直观形象来表示。

4. 题项的数量

建构量表的形式很多，李克特式最为常用。李克特式量表编制的最大特点是重视其内在一致性程度，它是量表题项两两之间关系强度的函数，也是题项与潜在变量间的关系指标。一般函数值大小与题项数多少有密切关系，题项数愈多，愈有可能包括所要测量的潜在变量，但题项数过多，也给实际作答带来困难。因而，题项库一般是正式题项的3~4倍，如果有些题项不容易设计，或者先前相关研究显示，这些构思不需要过多的题项即可获得良好的一致性，则题项库约为正式题项的1.5倍。一般一个正式的量表题项在20个左右。

（三）专家评价题项库

量表编制的第三步是请这个领域的专家来评价已编写好的题项，目的主要是检测量表的内容效度及构想效度。专家评价题项库的主要内容有下述几方面：

第一，确认变量或概念的定义。请专家组对每个题项与所要测的内容之间的相关程度作出评估。如果正在编制的量表是由各个分量表组成的话，采用专家评价效果最好。

第二，通常要将研究的变量或概念的操作定义提供给专家组，请求专家就每个题项与操作定义之间的相关性进行评价。对每个题项给出“适合”“修正后适合”“不适合”评定，便于研究者选择和修改题项。具体应用范例见本章第三节。

第三，对每个题项的清晰性和简洁性进行评价。根据专家评价意见修改题项，完善题项库的内容。

（四）编制预试量表

将经过专家评价后认为合适的题项进行编排，并加上指导语，初步形成预试量表。编制预试量表要注意三个方面的问题：

1. 李克特式量表编制应注意的问题

(1) 大多数情况下，5 点量表最为可靠，选项超过 5 点，一般人难有足够的辨别力。

(2) 3 点量表限制了温和意见与强烈意见的表达，5 点量表是温和意见与强烈意见的最好区分。

(3) 由于人口变量的异质性关系，对于没有足够辨别力的人而言，使用 7 点量表，往往会使信度丧失。

(4) 量表的点数愈多，选答分布就愈广，方差也会变得更大，增加了抽样误差。

2. 量表题项排列时应注意的问题

(1) 将测量相同因素的题项排列在一起。

(2) 将同一类型的题项组合在一起。这样安排，可以对每一类型的题项仅做一次说明，也使被试可用相同的反应方式回答，同时，还可以简化计分和统计工作。

(3) 题项按由易到难的顺序安排。这种安排也可以使被试解除紧张情绪，进入测验状态；同时，还可以避免被试在难题上耽搁太长时间而影响后面的回答。

(4) 如果量表的题项过于敏感，应在量表中穿插数个“测谎题”，以探知被试是否据实填答。

3. 偏差控制的问题

量表编制过程中，有时不可避免地会涉及一些敏感的话题，如兴奋剂使用问题、早恋问题等。被试在回答时，往往存在着某种潜意识的倾向，这种倾向不受题目内容的影响。通常有回答的定势（response set）、回答风格（response style）、回答的偏向（response bias）等。这种偏差，即使在询问事实问题中也可能产生。诸如此类的问题主要有下述几种：

(1) 装假倾向。若进行某种提问，回答者担心受到不好的评价，这时就可能产生不真实的反应。为了逃避这种评价，而进行伪装，这叫装假倾向。在调查者与回答者不属于同一社会群体时，这种倾向表现得更明显。一般进行预备测验的项目分析就能检出这种问题的题项。例如，可插进评价装假倾向量表或测谎量表。

（2）社会赞许性。**社会赞许性反应**（social desirability re-sponse，简称SDR）即被试由于种种原由，可能不按照自己的真实想法回答，而是按照社会舆论赞许或反对的程度回答。社会赞许性与“装假”不同，因为前者是一种潜意识的反应偏向，而后者是有意而为的。控制社会赞许性偏差可从被试和编制量表入手。例如，采用 Marlowe-Crowne 社会赞许量表（简称 MCSD）来控制。具体做法是将社会赞许量表的 13 个题项与预试量表编排在一起，然后计算社会赞许量表总分与预试量表题项之间的相关，相关系数较高的题项将给予剔除。解决社会赞许性偏差的方法很多，例如，斯锥罕和盖贝斯（Strahan & Gerbasi）编制的社会赞许性量表、爱德华兹（Edwards）社会赞许性量表等。

（3）防卫倾向。对有关隐私的直接提问，容易抑制意见的表明，而作出回避性回答。例如，“不知道”“没有意见”等。提问的问题在问卷中突然改变，也容易产生防卫倾向。为了避免这种防卫倾向，不要将容易诱发这种反应的问题放在量表的开头。

（4）顺从偏差。**顺从式作答**（acquiescence response）是一种对任何观点都趋向同意而非同意的倾向。例如，许多焦虑量表要求被试报告他们是否体验过与焦虑有关的一些症状，当被试对所有症状都回答“是”时，被试可能是一个易于焦虑的人，但也可能是顺从式作答。对顺从偏差简单控制的方法就是一些题项采用正向陈述，而另一些题项则采用负向陈述，或将反应选项以相反的次序呈现给被试。

（5）两极偏差。**两极式作答**（extremity response）是在填写反应选项时选择极端答案的倾向。例如，在 5 点量表上，总是选择 1 或选择 5 的倾向。但并非所有的两极作答都属于作答偏差，如果出现两极作答要根据具体情况进行针对性分析。

（五）抽样施测

当题项编好后，编制者即需进行预试。预试对象的性质与将来正式量表测试的对象性质一致。预试对象的人数以量表中包括最多题项“分量表”的 3~5 倍为原则，如一个量表包括 3 个分量表，每个分量表的题项分别是 40 题、35 题、25 题，预试对象最好在 120~200 人之间。结合统计分析，一般的原则是量表的题项数与预试人数的比例是 1 比 5。

（六）项目分析

在编制量表时，将已做成的项目进行预备实验，根据对其反应结果的统计分析进行项目的选择和改造称为**项目分析**（item analysis）。它包括项目的质和量的分析。前者是就项目内容和形式进行考察，结构形式要符合量表的原则和要求。后者包括各个项目的难度系数、反应分析和辨别力的考察等。

根据编制量表的目的和反应选项的形式，项目分析有不同的方法和指标。**项目辨别力**（item discriminating power）和**项目难度**（item difficulty）是项目分析的两个主要方面。现以"**G–P 分析**"(Good–Poor analysis）为例，说明项目分析的步骤和方法。

第一步，从调查总体中随机抽出部分样本进行试测，计算出每个人全部答案的总分。

第二步，将被测者的得分从最高到最低按顺序排列起来。计算得分最高的 25%~33%的试测者，亦称为优秀群（G）和得分最低的 25%~33%的试测者，亦称为劣等群（P），并计算出这两部分人在每个题项上的平均分。

第三步，然后将两部分对同一题项对应的平均分相减，所得的差称为辨别力系数。辨别力系数绝对值大的题项保留，小的题项删掉。另一种简单的方法是求每一个题项的"**临界比率**"（critical ratio，简称 CR 值），即求出高低两组受试者在每一个题项得分平均数差异的显著性检验，如果题项的 CR 值达到显著性水平，表示这个题项分辨力较高，它的计算过程在 SPSS 中很容易实现。表 8–5 是手工计算判断辨别力系数的例题。

从表中可以看出问题（11）和问题（12）的辨别力系数分别为–0.2 和 0.2，是所有 12 个问题中辨别力系数最小的，即辨别力最低，因此要删除这两个问题，保留第（1）至（10）问题，制成正式的量表。

项目分析还可采用离散程度法、相关系数法、因子分析法、克隆巴赫系数法、重测信度法等[1]。较为常用的是相关系数法,一般有两种方式，一种是含本题在内所得的相关，另一种是不含本题在内的相关。进行第一种相关法时，首先将每个受试者分量表的总得分算出来，然后以题为单位，计算每一题与总得分的相关。一般而言，相关系数至少应达 0.4 以上为佳。进行第二种相关法时，以每一题和此题所在的分量表的总得分（不含该题）求相关。一般而言，相关系数应达显著水准才算是具有鉴别力的题项。

[1] 郝元涛，孙希凤，方积乾，等. 量表条目筛选的统计学方法研究［J］. 中国卫生统计，2004,(4):209–211.

表 8–5　辨别力计算

被调查者 \ 题目		1	2	3	4	5	6	7	8	9	10	11	12	个人总分
总分由高到低的前 25%人	样本 1	4	5	5	4	3	5	4	4	3	5	2	5	49
	样本 2	5	4	4	5	5	4	3	2	5	4	1	4	46
	样本 3	5	4	3	3	4	5	4	3	4	4	2	4	45
	样本 4	4	4	4	4	5	3	3	3	4	5	1	5	45
	样本 5	5	5	3	2	4	4	3	4	5	2	2	4	43
样本 6		4	3	2	5	4	5	4	4	2	3	1	5	42
样本 7		4	4	4	4	2	3	3	4	4	3	2	4	41
⋮		⋮	⋮	⋮	⋮	⋮	⋮	⋮	⋮	⋮	⋮	⋮	⋮	
样本 15		2	4	2	3	2	2	3	4	4	3	1	4	34
样本 16		2	2	4	2	3	3	2	1	4	2	2	5	32
样本 17		2	2	2	3	4	2	4	1	3	3	2	4	32
样本 18		1	3	2	4	1	3	3	2	1	2	2	5	29
样本 19		1	1	2	2	2	3	2	3	4	1	1	4	26
样本 20		1	1	1	2	1	2	1	2	3	2	2	3	21
总分由高到低前 25%人的平均分		4.6	4.4	3.8	3.6	4.2	4.2	3.4	3.2	4.2	4.0	1.6	4.4	
总分由高到低后 25%人的平均分		1.4	1.8	2.2	2.6	2.2	2.6	2.4	1.8	3.0	2.0	1.8	4.2	
辨别力系数		3.2	2.6	1.6	1.0	2.0	1.6	1.0	1.4	1.2	2.0	–0.2	0.2	

（七）建立信度与效度

一份好的量表必须具有相当的信度和效度。信度与效度是量表编制的重要组成部分。关于信度与效度的一般设计原理在第四章中已做过介绍。量表的信度主要是内部一致性系数、再测信度，效度主要是内容效度、构想效度等。量表的信度和效度应该如何建立，本章第三节结合具体案例来介绍。

（八）编制量表应用手册

标准化的量表必须提供给用户相应的量表应用手册。手册是培训施测人员和进行实际测验需要遵循的依据，也是研究人员比较和评价不同测验优劣的重要依据。应用手册一般包括以下内容：

第一，一般情况。包括标题名称、作者、施测形式和计分形式。

第二，目的和功能。通常手册应说明量表可用于何种情景（选拔、指导、临床或课堂），以及将要测量的能力倾向、态度倾向、人格特质或行为类型等。

第三，理论背景和依据。如果测验的解释是建立在某种理论和测验内容的基础上，那么题目的来源特别重要。应用手册还应提供题项的统计指标。

第四，实施方法。包括测验的环境和时间限制，以及对被试的指示语、对主试的训练要求及其他注意事项。

第五，标准答案和计分方法。

第六，常模资料。常模资料包括样本的选择方法、量表总分的平均数和标准差、原始得分转换规则、对分数的解释等。

第七，信度和效度资料，以及获取这些资料的测试条件，包括调查样本和调查时间等。

二、体育科学研究中的量表选用

量表的编制是一项很复杂的工作，它需要花费大量的时间和精力，需要编制者具备良好的科研素养和编制技能，对普通的研究者来说，编制量表是一件非常困难的事情。因此，在选择量表之前，应进行十分仔细的文献检索，以发现已有研究中的相关量表能否用来测量自己研究中的因变量或自变量。总的原则是，如果可利用的量表在性质上有效度、信度和效用，则这个量表可以被采用。大学生学位论文中的多数会选用他人已编制好的量表。

（一）体育科学研究中量表运用的主要领域

人们编制量表是用来方便对于人类社会及关系中的各种要素作定量描述。在体育科学研究中主要有下述的几个领域。

1. 体育运动心理学等相关领域

体育运动心理学领域包括测量运动动机、意志、赛前情绪、人格、态度、心理技能和训练状态等。《体育科学常用心理量表评定手册》是一本实用性很强的工具书[1]，全书介绍了9类54种体育科学常用的心理量表，使用者应根据自己的研究目的和上述量表编制的一般原理，对这些量表的科学性和运用作出独立的评判，并选择性地运用在自己的课题研究中。

2. 体育社会学等相关领域

体育社会学等相关领域包括测量体育职业声望、职业兴趣、职业能力倾向、社会体育参与、社会体育支持、社会距离、团体凝聚力、组织承诺、运动健康信念、教练员领导行为、体育价值观、健康社区服务、普通健康、闲暇参与和娱乐等。由于这一领域中较成熟且适合于我国文化背景的测量量表还很少，因此研究中选用国外量表的较多。编制适合于我国文化背景和与社会发展相适应的测量量表，是今后体育社会学科在方法学范畴内亟待发展的重要方向。

3. 体育教育训练学等相关领域

体育教育训练学等相关领域主要包括学业前途、学业成就、学习兴趣、学习潜能、品格教育、项目魅力、运动职业生涯、职业倦怠、工作满意度、训练效能、训练干预、课堂教学环境等。这一领域中适合于我国文化背景和国情的测量量表也不多，尤其是与体育教育训练实践紧密相联系的量表，同样是今后体育科学研究在方法学发展上的重要方向。

（二）国内量表的选用

如上所述，体育科学研究中有一些较成熟的量表可以借用，但在运用中应注意以下问题。

1. 判断要选用的量表是否正规

一个好的正规的量表至少应包括以下内容：

（1）量表编制的理论基础。

（2）量表的使用对象和范围。

（3）量表信度与效度检验结果。

（4）量表应用指南和评分方法。

[1] 张力为，毛志雄. 体育科学常用心理量表评定手册［M］. 北京：北京体育大学出版社，2004.

2. 量表与研究目的或调查主题是否一致

对照量表编制的理论依据，分析与研究课题所提出的假设，以及量表与调查对象（年龄、性别和职业等）及适用范围是否一致。

3. 通过测量部分调查对象，重新判断量表的信度与效度

在学术论文中应提供原量表的信度与效度，并提供通过测量研究课题的部分调查对象或全部对象所得到的信度与效度，如果与原量表不一致，要说明存在的可能原因。

（二）国外量表的选用

在选用国外量表时除注意以上问题外，还应特别注意本土化的问题。使用国外量表首先面临的是翻译问题，要将某种语言表达的概念用另一种语言准确恰当地表达出来，确实有一定难度。为了保证概念上或意义上翻译的准确性，可采用往返翻译，即请一个双语者先将量表从原本语言翻译为译本语言，再请另一个双语者将译本语言翻译回原本语言，然后，将量表的正本与经过往返翻译的量表进行比较，作出必要的修改。

第三节 量表的信度与效度

通常一个好的量表应当具有效度、信度、实用性与常模等特质，其中效度是测验特质中最重要的。一个量表没有效度，无论它在实用、美观、信度等方面做得多么好，这个量表都是没有价值的。在第四章体育科学研究设计的讨论中，已经明确了信度与效度的概念、分类及其关系，在此主要结合量表编制的实例，对信度与效度在操作层面进行初步介绍。

一、量表信度与效度（应用实例）

（一）量表效度的估计方法

对量表编制而言，效度具有目标导向。如前所述，每个量表均有其特殊目的与功能。因而，一个量表的效度高，指的是其特殊的用途，有其适用的特殊群体，而非一般的推论。量表编制中，通常要估计内容效度、效标关联效度、构想效度和专家效度。

量表的内容效度是指一个测验本身所包含概念意义的范围或程度。通常根据题项的代表性和适当性来判断，属于一种命题的逻辑分析，虽然有些研究者试图对内容效度做实证性的或统计性的分析，但多数人依然将内容效度看作是一种质性类型的效度。因此，理论的定义就显得相当重要，当理论的定义没有共识的时候，内容领域就变得相当模糊。所以，内容效度依赖于某领域研究者对理论定义的认同，一般采用“双向细目表”判断选择的项目能否涵盖内容领域，或需要多名专家判断测验项目与欲测主题在内容上是否相符。**效标关联效度**（criterion-related validity）指量表与外在效标之间的关联程度。常用的外在效标有学习成绩、工作成就、运动成绩、人格量表、态度量表等。效标关联效度依使用时间间隔的长短又分为预测效度和同时效度。**预测效度**（predictive validity）指量表测得的分数与将来效标之间的关联程度；**同时效度**（concurrent validity）指测得的分数与目前效标资料之间的关联程度。不同效标可能产生不同效度，使得效度系数的不确定性增加，对量表编制而言，如果没有合适的效标，当然就无法计算效标的关联效度了。在一个量表的实际编制中，从入门知识和操作层面来看，首先是建构其专家效度，其次是构想效度，在此基础上验证其他效度。

1. 量表专家效度编制范例

在研究者根据理论假设编制量表后，如果无法编制双向细目表进行内容效度检验，可以将编制好的量表请相关的专家审查。专家包括有实际工作经验者、有此相关研究经验者、有学术背景的学者等等。根据量表编制的理论构想，请专家对各题项逐一审查，看题项内容是否能真正测出变量或概念的内涵，判定题项词句是否恰当并提供修正意见。编制者再根据专家的意见，统计分析适合的与不适合的题项，并修正不恰当的词句，编制成预试量表。专家效度的量表编制范例见表 8-6。

表 8–6　专家对量表编制效度的检验范例

维度	适合	修正后适合	不适合	题项内容
维度之一	□	□	□	1. 对工作感觉到有挫折感 修正意见 ______
	□	□	□	2. 觉得自己不被了解 修正意见 ______
	□	□	□	3. --------------- 修正意见 ______
维度之二	□	□	□	1. 我在工作中精力充沛 修正意见 ______
	□	□	□	2. 认为这是一份相当有意义的工作 修正意见 ______
	□	□	□	3. --------------- 修正意见 ______
维度之三	□	□	□	1. 常盼望有假期，可以不用上班 修正意见 ______
	□	□	□	2. 面对公众时，会给我带来很大的压力 修正意见 ______
	□	□	□	3. --------------- 修正意见 ______

2. 量表构想效度验证实例

如前所述，构想效度对量表来说是相当重要的效度指标，它贯穿于各类效度之中。为检验量表的构想效度，通常进行因素分析。因素分析的目的在于找出量表潜在的结构，减少题项的数目，使之变为一组较少而彼此相关较大的变量。因素分析分为**探索性因素分析**（exploratory factor analysis，简称 EFA）和**验证性因素分析**（confirmatory factor analysis，简称 CFA）。如果研究者事先对观测数据背后存在多少个基本维度一无所知，因素分析用来作为探索基础变量的维度就是探索性因素分析。如果研究者根据某些理论或其他的先验知识可能对因素的个数或结构作出假设，因素分析用来验证这个假设就是验证性因素分析。验证性因素分析通过**结构方程模型**（structural equation model，简称 SEM）来实现，它是衡量量表编制科学性的一项利器，SEM 对量表编制的理论建构和检验具有非常重要的意义。基于 SEM 来验证量表的构想效度是相当复杂的统计方法学，可参看有关专门书籍。在此以探索性的因素分析为例，结合一个应用实例分析量表的构想效度。

量表编制实例来自王瑞安（民 87）公立非正规成人教育机构员工工作压力、工作倦怠与学习需求的关系研究（表 8–7）[1]。

表 8–7　工作倦怠感量表

题项内容	从未如此	很少如此	有时如此	经常如此
1. 对工作感觉到有挫折感	□	□	□	□
2. 觉得自己不被了解	□	□	□	□
3. 我的工作让人情绪疲惫	□	□	□	□
4. 我觉得我过度努力工作	□	□	□	□
5. 面对工作时，有力不从心的感觉	□	□	□	□
6. 工作时感到心灰意冷	□	□	□	□
7. 觉得自己推行工作的方式不适当	□	□	□	□
8. 想暂时休息或另调其他职务	□	□	□	□
9. 只要努力就能得到好的结果	□	□	□	□
10. 我能肯定这份工作的价值	□	□	□	□
11. 认为这是一份相当有意义的工作	□	□	□	□
12. 我可以在工作中获得心理上的满足	□	□	□	□
13. 我有自己的工作目标和理想	□	□	□	□
14. 我在工作时精力充沛	□	□	□	□
15. 我乐于学习工作上的新知	□	□	□	□
16. 我能够冷静地处理情绪上的问题	□	□	□	□
17. 从事这份工作后我觉得对人变得更冷淡	□	□	□	□
18. 对某些同事所发生的事我并不关心	□	□	□	□
19. 同事将他们遭遇到的问题归咎于我	□	□	□	□
20. 担心这份工作会使我逐渐失去耐性	□	□	□	□
21. 面对民众时，会带给我很大的压力	□	□	□	□
22. 常盼望有假期，可以不用上班	□	□	□	□

表 8–7 共有 22 个题项，题项间是否适合进行因素分析及选取几个共同因素，应根据探索性因素分析的原理判断。常用的判断原则如下：

（1）根据学者 Kaiser 所提出的准则标准，选取特征值大于 1 的因素，在该准则应用时，因素分析的题项最好不要超过 30 题，题项平均共同性最好在

［1］吴明隆. SPSS 统计应用实务［M］. 北京：中国铁道出版社，2000：10–14.

0.7 以上。如果受试样本大于 250 位，则平均共同性应在 0.6 以上。如果题项数在 50 题以上，有可能抽取过多的共同因素，此时研究者要根据理论设想限定因素。

（2）根据陡坡图（scree plot）因素的变异量递减情形决定①。在陡坡图中，如果因素变异量图形呈现由斜坡转为平坦，平坦状态以后的共同因素可以去掉。

（3）依据学者 Kaiser 的观点，可从取样的因素分析适当性数值（Kaiser-Meyer-Olkin measure of sampling adequacy，简称 KMO）的大小判定。因素分析的 KMO 数值判定标准见表 8-8。

表 8-8　因素分析的 KMO 数值判定标准

KMO 数值	判定标准	KMO 数值	判定标准
0.90 以上	极好的	0.80~0.90	可嘉的
0.70~0.80	较好的	0.60~0.70	中等的
0.50~0.60	糟糕的	0.50 以下	不可接受的

在实际研究中，量表效度的建构有时需要进行 2~3 次因素分析，因为部分量表在第一次因素分析时，其维度所涵盖题项内容的差异太大，纳入同一维度后对解释不合理的则需要删除，再进行因素分析。下面为 100 名预试对象进行工作倦怠感量表测试所得的资料，采用 SPSS 进行两次因素分析的结果[1]。

其中抽样的适当性数值 KMO 为 0.863，表明题项间有共同因素存在，适合于因素分析。在图 8-1 中，选取 4 个因素较为理想，其构想效度的主要结果见表 8-9。

从表 8-9 因素分析结果来看，量表第 1 个共同因素包括了 8 个题项，第 2 个包括 6 个题项，第 3 个包括 3 个题项，第 4 个包括 3 个题项。然后根据各题项内容的含义对共同因素进行命名，并结合量表编制之前的理论构想判断两者之间的一致性，对构想效度作出结论。

① 陡坡石（scree）：地质学上名词，表示在岩层斜坡地层发现的小碎石，这些碎石的价值性不高。应用于统计学的因素分析中，表示陡坡图底端的因素不具重要性，可以舍弃。

[1] 原始数据引自吴明隆. SPSS 统计应用实务［M］. 北京：中国铁道出版社，2000:12-14.

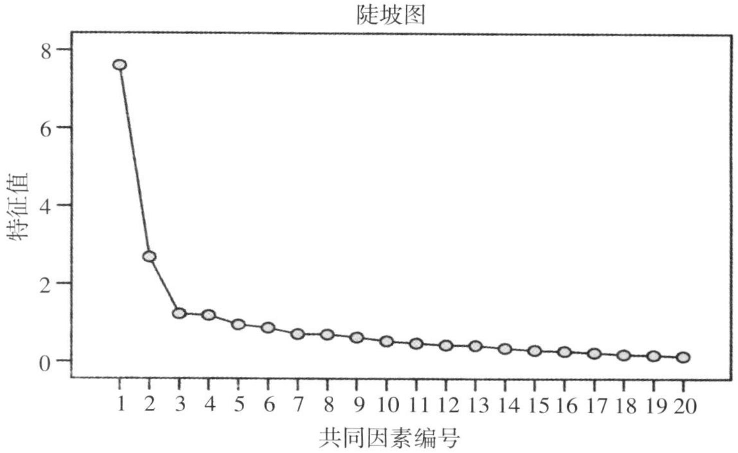

图 8-1　工作倦怠感量表因素分析陡坡图

表 8-9　工作倦怠感量表的构想效度

量表题项	共同因素（Component）			
	共同因素1	共同因素 2	共同因素 3	共同因素 4
3. 我的工作让人情绪疲惫	.829	–.133	.155	.096
1. 对工作感觉到有挫折感	.806	–.164	.186	.057
6. 工作时感到心灰意冷	.785	–.258	.107	.240
2. 觉得自己不被了解	.776	–.144	.195	.003
4. 我觉得我过度努力工作	.766	.149	–.062	.228
5. 面对工作时，有力不从心的感觉	.685	–.056	.337	.060
8. 想暂时休息或另调其他职务	.600	–.364	.230	.163
7. 觉得自己的工作方式不适当	.516	–.120	.493	.030
11. 认为这是一份相当有意义的工作	–.193	.838	–.125	.003
12. 我可以在工作中获得心理上的满足	–.359	.786	–.167	.001
14. 我在工作时精力充沛	–.028	.772	–.028	–.317
10. 我能肯定这份工作的价值	–.383	.716	.089	–.324
15. 我乐于学习工作上的新知	.086	.704	–.361	–.038
13. 我有自己的工作目标和理想	–.060	.693	–.117	–.223
21. 面对民众时，会带给我很大的压力	.162	–.119	.792	.170
20. 担心这份工作会使我逐渐失去耐性	.311	–.176	.667	.281
22. 常盼望有假期，可以不用上班	.408	–.238	.473	–.054
18. 对某些同事所发生的事我并不关心	.114	–.130	.018	.773
19. 同事将他们遭遇到的问题归咎于我	.329	–.095	.180	.595
16. 我能够冷静地处理情绪上的问题	.005	.280	–.180	–.527

（二）量表信度的估计方法

量表信度估计方法的发展归功于斯皮尔曼，他发明了积差相关理论，并将此观念融合于事物的测量上，而1904年发表的一篇名为《事物关联的证明与测量》，促进了信度估计方法的快速发展和日臻完善。如前所述，估计信度的方法有许多种，以何种方法估计信度取决于测验的种类、目的及计算信度工具的可利用性。就量表编制来说，尤其是李克特式量表的信度检验，Cronbach's Alpha系数最受青睐。通常它会和探索性因素分析（EFA）合在一起使用。具体量表编制中如果一组题项通过探索性因素分析而获得因素之后，Alpha系数就被用来估计每个因素的一致性，同样，也可估计整个量表的信度。上述例子中，采用SPSS计算得到各分量表及整个量表的Cronbach's Alpha系数（见表8-10）。量表的分半信度也可采用同样的方法进行。重测信度需要间隔一定时间，计算两次测量的积差相关系数。

表8-10　工作倦怠感量表的信度分析

	信度系数 (Cronbach's Alpha)	标准化的信度系数 (Cronbach's Alpha Based on Standardized Items)	题项数 (N of Items)
共同因素1	.904	.905	8
共同因素2	.882	.883	6
共同因素3	.712	.712	3
共同因素4	.500	.498	3
整个量表	.912	.912	20

二、量表信度与效度评鉴

（一）量表效度应用评鉴

量表构想效度之所以重要，是因为它是理论发展与检验的必然条件。构想效度的核心是“构想”，所有的理论构想都有两个基本属性：一是对本质规律的抽象概括；二是与具体的可观察的本质或事件的联系。构想的第一个基本属性使之成为科学理论发展的基础，它使科学超越了感性认识而进入更为抽象和概化的理性层次。构想的第二个基本属性又使它成为可测量的。有的构想，如“运动动机”，是特定行为的原因；有的构想，如“竞赛焦虑”，是指曾经历过的感性体验；有的构想，如“智力”，表明了大量有关行为的能力水平。还有的构想虽本身与外在可观察的行为无直接关系，但却与别的构想有关，而这些构想是与行为有关的，于是构想与行为便有了间接关系。所以，近年来对量表效度的验证，出现了多重效度验证的方法，已成为评估构想效度的重要途径。

在许多量表的编制、修订和移植过程中，比较重视采集大样本数据制定常模，却忽视严格的效度分析与验证。许多研究表明，效度验证工作是一项极为重要而复杂的研究任务，意义远远超过量表编制的本身或常模。

效度系数多大才算达到可接受的水平，众说不一。第一，要看测验的性质和所采用的效度种类，对于各自不同的目的，有着不同的效度；第二，要求效度系数具有统计意义；第三，要对效度系数作出符合理论构想或客观情况的解释。通常效度系数值在 0.30~0.60 之间，如果研究目的是用来筛选人员或普通诊断时，效度系数在 0.30~0.40 之间就认为是可接受的。需要强调指出的是，即使证明具有较高效度的量表，如果在使用时操作程序不当，或者条件控制得不严格，也无法取得可靠的数据，从而不能用于研究工作。

（二）量表信度评鉴标准

信度系数应当到多大才能认为量表信度较高，在这方面也没有统一标准，它与研究目的及测量得到的分数运用有关。根据多数学者的观点，任何测验或量表的信度系数在 0.90 以上，表示测验或量表的信度甚佳；如果信度系数在 0.80~0.90 之间，表示测验或量表的信度较好；如果在 0.70~0.80 之间，表示量表的信度系数一般；如果在 0.60~0.70 之间，信度系数可以接受；如果低于 0.60，应考虑重新修订量表或增删题项。

在一般量表编制中，Alpha 系数受到量表中的题项、题项间的相关系数、量表维度等因素的影响。正常情况下，Cronbach’s Alpha 系数受题项多少的影响，题项间相关系数平均数愈低，则其影响愈大，题项愈多，相对的 Alpha 系数也会提高。量表维度愈多，则 Alpha 系数会变小。多数学者认为，如果量表包括若干个维度时，其分量表以 3~7 题项为宜，低于 3 个题项就不足以说明问题。如果测量是特定的变量，以 7~10 题为宜。

此外，在研究报告或论文撰写中，不应只是显示信度系数值的大小，还应该说明测验或量表适用的群体，以提供有价值的信息，供未来发展者或其他研究者继续研究时参考。

三、量表信度与效度检验的发展

量表信度与效度检验的理论与技术发展很快，如前所述，因素分析作为量表编制的一个统计技术，常用来从一堆题项中抽取一些共同因素，用以呈现潜在的理论构想。但这种构想是在因素分析完后才依据题项的聚集情形来命名的，可以说是“事后诸葛亮”。那么，理论的角色是事后的，不是事前的，使得理论的角色顿然失色。所以，探索性因素分析是倾向于统计而非逻辑的，而且选取多少因素，研究者并没有把握。

结构方程模式（SEM）是当代社会及行为科学研究量化典范最重要的新兴研究方法与统计技术之一。结构方程模式可作项目分析；可检验个别项目的测量误差；可依据理论，预先设定项目放置在哪一个或哪几个因素中。一个项目可以分属于不同的因素，并可设定一个固定的因素负荷量，或设定任何几个项目的因素负荷量相等。同时，结构方程模式可依据理论，设想某些因素之间具有或不具有相关，对整体因素模式做统计分析，了解理论所建构的因素模式与所收集资料的符合程度。结构方程模式在量表效度检验上，就是先以健全的理论为模式，再依据模式所界定的变量收集资料，又用资料证明模式是可以接受的，达到检验效度和建构信度的目的。

基本术语

量表、称名量表、顺序量表、等距量表、比率量表、题干、反应选项、李克特量表、语义差异量表、社会赞许性反应、信度、效度、项目分析、G–P 分析、临界比率、效标关联效度、预测效度、同时效度、探索性因素分析、验证性因素分析。

思考题

1. 量表与一般社会调查问卷有何异同？
2. 简述量表编制的基本程序。
3. 体育科学研究中如何选用一个量表？

4. 从中文体育类核心期刊上检索 2~3 篇运用量表收集资料的论文，分析其信度与效度类型及估计方法，并提出可能存在的问题。

推荐阅读书目

[1] 张力为，毛志雄. 体育科学常用心理量表评定手册［M］. 北京：北京体育大学出版社，2004.

[2] 罗伯特.F.德威利斯. 量表编制理论与应用［M］.魏勇刚，等译. 重庆：重庆大学出版社，2004.

第九章

运动技术与战术研究

运动技术（sporl technique）是指完成特定体育动作的方法，是运动员竞技能力水平的重要决定因素。**比赛战术**（competition tactics）是比赛中为战胜对手或为表现出期望的比赛结果而采取的计谋和行动。随着竞技水平不断提高所带来的认识的复杂性和观众欣赏水平及关注程度的不断提升所带来的求知欲的迫切性，促使体育科学研究者不断地探索和寻找各种运动技术与战术的原理及其发展规律，开展技术诊断、建立标准技术模式、制定最佳运动技术与战术方案，追求在运动竞赛中获取最理想的运动成绩和健身练习的效果。本章简要介绍运动技战术研究的一般方法和途径。

第一节　运动技术与战术研究概述

一、运动技术与战术研究的目的

运动技术作为合理有效地完成动作的方法，它的基本构成是各种动作。任何动作都是由身体姿势、动作轨迹、动作时间、动作速度、动作速率、动作力量、动作节奏 7 个要素构成。这些要素的不同组合构成不同的身体运动，这些要素的不同水平决定了身体运动的不同质量和不同特点。

对动作的研究既是研究运动技术的需要，又是技术训练与健身练习的前提。运动技战术最初的研究是通过原始直接观察的方法进行的，它是技战术研究的最基本方法，直到现在观察也是技战术研究的主要方法。随着科学技术的不断发展，特别是摄影与计算机技术的进步，技战术的研究从直接观察发展到了利用影像设备和计算机等高科技手段进行间接观察，使技战术的研究进入了微观结构的量化统计分析时代。具体而论，运动技战术研究有以下几个目的：

（一）揭示动作技术原理、建立合理动作技术模式

人体运动是自然界最复杂的现象之一。人体的形态、结构、机能和素质均有性别、年龄、人种、民族、地区、个体的差异与特点，并具有运动专项及运动水平等方面的差异和特点。为解决许多运动着的人体的规律，阐明各种运动项目的技术原理，为建立合理的技术动作提供理论依据，这是运动技术研究的主要目的之一。

（二）进行技战术的诊断，制定最佳的技战术方案

竞技体育是体育的重要组成部分，是以体育竞赛为主要特征的社会体育活动，技战术构成了竞技体育的主要因素。进行技战术的诊断，制定最佳的技战术方案，最大限度地发挥自己的潜能去战胜对手，是竞技体育本质特征的要求。技

战术研究为实现这一要求，以及自身的创新，提供了有效、及时的信息，为人们的战术实践活动提供坚实的理论基础，为成功地制定和运用战术，并发挥其功效，提供方法论的指导。

（三）为体育运动教学和科学训练提供客观依据

体育运动的教学与训练，尤其是运动技术的教学与训练，必须以教学和训练对象已有的身体素质、运动能力和技术水平为依据，才能制定出合适的教学内容、手段与方法。通过技战术研究，使得运动技术更加合理科学，为教学、训练效果的评定提供客观依据，使不同特点的运动员的个性化训练成为可能。

（四）为体育运动器材、装备的研制提供参数

通过对运动技术的科学分析与研究，可以更好地设计和研究出符合运动员自身特点和更好发挥运动技术的器械；设计出有利于预防运动伤病、康复训练、增强人们体质的健身器材；通过对运动技术的研究，还可以对一些产品的技术诊断与评估提供参数。

二、运动技术与战术研究的一般方法

（一）技术动作分析与评价

常用的技术分析主要有两种，即运动生物力学分析和简单观察分析。

1. 运动生物力学分析方法

运动生物力学分析（analysis of sports biomechanics）是以生物力学、运动生理学、人体解剖学等原理为依据，对技术动作特征进行分析的方法。这种分析方法需要对技术动作进行必要的测量、统计和计算，以精确数据进行定量分析。运动生物力学分析方法准确可靠，具有较强的说服力。由于这种分析需要一定的人力、物力和时间，并且要求分析者具有一定的生物力学、生理解剖学、统计学和数学等方面的知识，此外还需要实验地点和必要的设备条件，因此在大学生学位论文中，还没有被广泛地采用，但作为体育科学研

究的重要方法和手段，已被我国体育科技工作者广泛采用，并取得了标志性的成果。本章第三节将简要介绍运动技术生物力学分析方法的一般程序。

2. 简单观察分析方法

观察方法（observational method）是指研究者通过感官或借助一定的科学仪器，有目的、有计划地对运动技术或战术进行系统的考察和描述，从而获得经验事实的一种研究方法。简单的观察分析方法，要求研究者或教练员对运动员在训练和比赛中完成技术动作的情况进行实地观察，将观察结果与正确技术要求进行比较，从中找出不足与错误，分析产生的原因，探讨改进办法。简单的观察方法虽然只能对运动员所完成的技术动作进行粗略的估计与分析，但随时可用，简便易行，无须过高的条件和设备，因此被教练员和大学生学位论文广泛采用。这种方法的准确性和可靠性，在很大程度上取决于运用者所具有的知识和经验，有丰富经验或专业知识的研究者利用这种方法可获得满意的研究效果。

（二）比赛战术的研究方法

1. 战例研究法

战例研究法（a specific example of a battle of methods）是通过对典型战术方案的分析研究，采用调查的方法收集资料，探索战术活动的内在机理和规律性。采用战例研究法是从个案剖析研究入手，便于从点到面、由此及彼地寻找战术活动规律并使研究成果更具有科学性。例如，在《对第 27 届奥运会（2000）中外乒乓球主力队员技战术特点的比较研究》中，从近 3000 个战例中选出约 600 个典型战例进行研究[1]。

2. 比赛统计法

比赛统计法（statistical of sport methods）是通过记录比赛的战术活动、战术思想、战术行为及战术效果，进行统计分析。临场调查可以直接而真实地了解战术的形成、运用、训练等过程的心理和行为状态，在收集大量材料的基础上，经过系统分析与处理，对战术现象从整体上进行分类、统计，为得出正确的结论和战略部署提供第一手材料。

---

[1] 课题组. 乒乓长盛的训练学探索［M］. 北京：北京体育大学出版社，2002：219-234.

3. 观察评价法

观察评价法（observational evaluation method）是指在预先不施加影响的条件下，对临场战术活动进行观摩与评价的一种方法。由于比赛战术活动是一项十分普遍的体育运动实践，人们可以通过大量比赛和训练的临场观察与体验，对新的技战术设计原理、结构、效果等指标进行直接的评价与论证。采用观察评价法进行研究时，关键在于选择观察对象的合理性与典型性，以及观察的目的性和评价的客观性。同时，还应采用多种高科技手段，以保证观察评价的可靠性与有效性。

三、运动技术与战术研究的基本要求

（一）工作设计的规范化

为保证运动技术与战术研究的科学性、可靠性和可比性，根据研究工作的需要，对研究目的、任务、内容和方法进行周密的分析和构思，研究工作必须遵守运动项目和所选用的方法、手段的规定与约定，适合本项目技战术的发展水平。例如，运动学、动力学、生物学测量方法的选择，既要合乎国际上有关的规定及惯例，与国际同类测量材料具有可比性，采用国际度量单位的 C.G.S 制，在具体做法和要求上又要适合我国的国情及技战术发展水平。

（二）资料收集方法可行、条件具备

在运动技战术的研究中，由于运动项目的差异，运动技术与体育动作又密不可分，因此所采用的资料收集方法是否可行，必须通过试验检验，根据对试验中每个环节、每项内容的检验结果，调整、改进设计方案，同时考虑是否具备研究条件。例如，比赛技战术的统计，是采用现场统计还是录像统计，运动学参数的测量，分为现场拍摄和录像解析，在正式获得资料之前，均要进行试测。

（三）对参与研究工作的人员培训

技战术研究所采用的方法，一般专业性较强，属于特殊的方法层次。即使是运动项目的专家，对一些临场观测指标及其标准的理解仍然会有差异，即使是专

业测试人员，在运动学、动力学和生物学等参数测量方面也各有差异。因而，参与研究工作的人员能否正确把握规范的标准、熟练地掌握正确测量的技术来反映客观事实，关系到研究工作的成败。通过培训，熟悉标准和掌握采集程序是十分必要的，对参与研究的工作人员要做到严肃认真、严格要求。

（四）定性分析与定量分析的结合

技战术的研究通常要依赖一定数目的统计数据。定量的数据能够挖掘出难以发现的有价值的信息，提供简约化的结论及可能比较的证据，但由于运动员自身条件、对手、环境等方面的差异，带来了运动技术的差异。对于运动员来说，最合理的技术都不会是完全相同的，而是有着鲜明的自身特点；对运动队来说，所形成的战术都有其技巧、打法和风格。因而，技战术的研究不能脱离对现场的定性分析，重视资料的真实性、丰富性和深刻性，才能形成有充分依据的结论。

第二节　比赛的技术与战术统计

比赛技术统计（statistical of sport technique）是运用具体数据反映体育比赛技战术各方面、各环节及其作为体系的各个组成部分之间的数量关系和特征的一种认识活动，是对比赛活动进行系统调查的一种研究方法[1]。比赛技术统计的最大特点是用大量的具体数据反映比赛活动中的技战术的现状、变化及其规律，目的是把握比赛中的技战术活动的总体数量特征，即技战术在量上的多少，其组成部分之间的数量关系及可能产生互变的数量界限，从而达到对比赛技战术本质的认识。

一、比赛技战术统计概述

比赛技战术统计是基于一般观察法发展起来的收集资料的方法和途径，是人们有意识、有目的、有系统的且持续较长时间的知觉活动，也是发展和检验体育教育训练理论的实践基础，属于技术范畴，并适用于特定的情境中。

[1] 高峰. 比赛技术统计的研究设计［M］//张力为. 体育科学研究方法. 北京：高等教育出版社，2002：329.

（一）比赛技战术统计的优点及局限

1. 真实的自然性和结果的客观性

与其他研究方法相比，比赛技战术统计更具有自然性，即对运动员或研究对象是在不加任何干预和控制的状态下进行的，所得观察和统计结果反映了运动员或研究对象真实、自然的行为，是客观性和真实性的高度结合。如《第 28 届奥运会中、外男篮进攻节奏的对比研究》，主要采用了观察统计的方法[1]。

2. 明确的目的性和结果的即时性

比赛技战术统计具有较明确的目的，通过统计所发现的技战术问题或表现出的令人鼓舞的优势成为教练员和运动队进行反思、总结的最好素材，成为改进训练计划，有针对性地提高训练质量的客观依据。不少国家和地区利用电脑采集比赛中的技术统计数据，及时传输给现场的教练员，协助其调兵遣将，施计用谋，取得了可喜的成绩。正如我国乒乓球备战奥运会科研攻关课题组，已成为中国乒乓球备战各种大赛必不可少的组成部分。

3. 观察的直接性和结果的验证性

比赛技战术的统计，最常见的是临场统计或录像统计，但都体现了观察的直接性，能直接观察运动员或研究对象在比赛中的行为，并采用准确的工具进行记录。临场统计中，由于统计者与运动员之间不存在任何中介物，所以其结果表现为直观、具体、时效，但由于个人的注意有限，在统计时不可能同时注意到同时发生的许多行为和事件而影响统计工作的效率；录像统计是研究者利用一定的中介物，克服了临场统计的局限，提高了比赛统计的信度，从而使结果具有复查的验证性。

除此之外，比赛技战术统计还具有简便、经济和易用等优点，但它也有自身的一些局限，主要表现为：

第一，比赛统计的行为或指标都是外在的，如不了解更为深层的、内在的过程与原因，容易导致错误的推断。

---

[1] 张聚民. 第 28 届奥运会中、外男篮进攻节奏的对比研究［J］. 中国体育科技，2005,(6):61–63.

第二，比赛统计的录像观察，由于录像的画面质量和利用了中介物，使观察角度发生变化，可能会对统计结果带来一定影响，如球类比赛所拍摄的录像，并非自己有目的地拍摄，很难完全呈现观测对象的全部活动或关键活动。

第三，比赛统计人员的专业素质和经验会对统计结果带来影响。例如，篮球比赛中的“妙传助攻”、体操中描述技术质量的“小错、中错、大错和掉下”等指标，很难在统计标准中给予准确、唯一的界定。

第四，由于个人的注意力有限，不可能同时统计许多事件或指标，需要多次重复同一工作，造成比赛技术统计较为费时、费力。

（二）比赛技战术统计的步骤

作为科学研究方法，比赛技战术统计应具备系统的规律性和层次性，按照一定的程序进行。对于“统计谁”“统计什么”“在哪儿”“如何判别”等事先都有明确的规定。根据比赛技战术统计设计，可分为三大阶段，即比赛技战术统计的准备阶段、实施阶段和结果的整理分析阶段。具体步骤如下：

1. 提出问题，明确目的。
2. 确定比赛技战术统计的内容或指标。
3. 选择统计对象与场所。
4. 进行临场或录像的观摩，培训统计人员。
5. 做好记录准备工作。
6. 制定实施方案或计划。
7. 比赛技战术统计的实施。
8. 统计结果的整理分析。

（三）比赛技战术统计的注意事项

尽管比赛技战术统计是遵循一定程序进行的，但统计工作本身依其设计与实施方法的不同而适合于不同类型的研究，在具体实施中要特别注意以下几点：

1. 尽可能熟悉统计对象的基本情况

在技战术统计中，应采取相应的沟通方式（录像统计除外），尽可能熟悉统计对象的基本情况，如运动成绩、训练水平、个人特点、技术特点、常用战术配合及风格、比赛对手等。

2. 尽可能熟悉比赛场地与环境情况

比赛场地与环境的情况，包括场馆的大小、运动员比赛的位置和运动方向、裁判员的位置、场馆的光照度等。根据研究目的选择观察位置，观察位置的不同可能会得出不同的统计结论，一般选择最可能、最真实、最清晰、最为适当的观察位置，不干扰运动员的比赛活动，多数比赛设有技战术统计专门席位。

3. 现场统计人员的分工与合作

在现场统计时，许多重要信息转瞬即逝，根据承担统计工作的任务和性质，实行分工与合作，统一思想、统一方法、统一要求，及时做好记录工作。

4. 临场统计中突发事件的处理

由于体育比赛大部分是在研究者非控制状态下进行的，难免出现一些突发事件，如运动员损伤、比赛的不可抗拒因素的中断等。在准备阶段都应考虑有统计预案，要对事件的性质及产生的影响做好周详的记录以备统计后的分析。

二、比赛技战术统计的设计

统计设计是统计工作的第一阶段，它是在进行某项比赛的统计工作之前，依据统计对象的性质和统计工作的目的，对整个比赛技战术统计工作预先制定的方案。具体内容涉及以下几个方面：

（一）比赛技战术统计类型

根据统计内容，比赛技战术统计的类型可分为常规和专题技战术统计。所谓**常规技术统计**（statistical of routine technique），是指那些沿袭下来经常被用来反映某一场比赛或某一项技术或战术最一般特征的统计[1]。它具有统计指标的可靠性、稳定性和认同的一致性特点，如排球比赛的发球技术统计

[1] 高峰．比赛技术统计的研究设计［M］// 张力为．体育科学研究方法．北京：高等教育出版社，2002：332.

（表 9-1）。所谓**专题技术统计**（statistical of special topic technique），是指为深入研究某一专题问题而特意设计的特殊统计。它具有指标设计的新颖性、验证的复杂性和反映的深刻性特点。例如，排球比赛的得、失分情况的专题统计（表 9-2）。

表 9-1　排球比赛的发球技术统计表

项目	得分	破进攻	破战术攻	一般	失分			合计
					不过网	出界	犯规	
队或队员								
小计								

表 9-2　排球比赛的得、失分情况统计表

比赛队________比赛时间________比赛地点________统计员________

局数	得分									失分								
	发球	扣球	拦网	传球	其他	对方失误			合计	发球	接发球	扣球	拦网	防守保护	处理球	其他	合计
						扣球	发球	其他									
1																	
2																	
3																	
4																	
5																	
小计																	

根据统计环境，比赛技战术统计的类型可分为临场技术统计与录像技术统计。临场技术统计，是指统计员在现场观看比赛时所进行的统计。录像技术统计，是指统计员在观看录像时所进行的统计。根据技战术的内容和性质，比赛技战术的统计还可分为单项和多项技战术统计。研究设计中采用哪种统计类型，主要依据研究目的和研究者所具备的条件而定。

（二）比赛技战术统计格式

根据统计内容的表达方式，李安格教授提出了三种统计格式：

1. 表格统计

采用列表形式统计比赛技战术的内容。它的主要特点是结构明晰、内容丰富、整理方便。统计内容可根据研究需要进行设计，但要注意记录符号、标准、精确度的确定和统一，并区分出单项统计表和统计总表。

2. 图式统计

采用图式统计比赛技战术的内容。它的主要特点是形象直观、采集方便，但内容受限，主要用于如线路、起点、落点等轨迹和点的直观描述。

3. 图表结合

用图表结合的形式统计比赛技战术，将两者优点结合，弥补各自的不足，以求获得更多的统计信息。

（三）比赛技战术统计手段

统计数据的采集主要采用人工笔录、人工机录和智能采集等手段。

1. 人工笔录

人工笔录是整个统计过程以纸笔为工具，经人工判别记录比赛相关数值的一种方法。优点是全面、稳定地完成想要的统计内容，缺点是记录符号复杂，不能迅速将统计结果反馈出来。

2. 人工机录

人工机录是整个统计过程以电脑及相关软件为工具，经人工判别记录比赛相关数值的一种方法。优点是利用计算机的特性，快速地将比赛的统计数据汇总出来，及时地反馈信息，体现了高速度、高效率的特点，缺点是有些专题统计不能按研究者的意愿随机实现。

3. 智能采集

智能采集是整个统计过程以红外线摄像机、电脑及智能软件为工具，将运动员的各种表现通过计算机直接以数据或图形反馈出来，真正实现了“数据采集、分析统计”智能化。

（四）比赛技战术统计指标设计

比赛技术统计指标（indexes of statistical of sport technique），是指依据研究目的，对比赛总体各种技战术的标志，按具体表现进行登记、汇总，最后形成说明比赛总体综合特征的各种数字资料[1]。就统计指标而论，有些指标在观察统计时可直接判断它的性质与含义，这种指标称之为**低推论行为**（low inference behavior）指标，如篮球比赛中的"抢篮板球"技术。有些指标在观察统计时需经过主观推断方能判断它的性质与含义，这种指标称之为**高推论行为**（high inference behavior）指标，如排球比赛中的"二传"技术。显然，一个指标只能反映比赛中技术现象的某一个侧面，要反映比赛的整个过程，必须有一系列与其相适应的、具有特定功能的指标体系。根据研究问题的不同特点，统计指标体系大体可归结为两大类，一类是基本技战术统计指标体系，另一类是专题技战术统计指标体系。借助于指标体系的分析，能有效地反映比赛技战术的本质和规律。

1. 统计指标的设计原则

（1）科学性原则。要以正确的理论为指导，以客观事物内部及事物间的本质联系为依据，使设计的统计指标体系符合研究对象自身的特点。要充分考虑统计指标各要素的科学性，以求能正确地反映比赛技术统计对象内部及其相互间的数量关系。

（2）目的性原则。设计任何一个指标体系，应当明确究竟要想解决什么问题、达到什么目的。只有明确了目的，才能确定选择哪些指标进行观察，确立哪些指标是统计的核心指标。

（3）整体性原则。技战术统计指标体系应该是一系列指标相结合而形成的有机整体，相互之间是一种联系、依赖、补充的关系，彼此间应该协调一致。

（4）独立性原则。技术统计指标体系是一系列指标的集合，应该使这个集合中的指标达到少一个就不充分，多一个就会出现重叠的状态。要保证各个指标相互独立，使不同的指标能有效反映现象的不同侧面。

（5）可行性原则。统计指标体系的可行性，是指具备用来收集资料的指标条件

[1] 高峰．比赛技术统计的研究设计［M］// 张力为．体育科学研究方法．北京：高等教育出版社，2002：340.

和资料质量得到保障的可能性。有些指标虽具有主观性,但也具有估计性,也是可行的,有些指标理论上存在,但无法操作,可根据运动实践设计开发。

2. 统计指标设计的基本要求

(1) 统计指标的尺度及要求。任何一个统计指标必须有名称、指标数值、计量单位和时空范围。选择和设计统计指标，有的是定性指标，有的是定量指标。定性指标的内涵、规格、表现特征必须明确，一般依据操作定义进行；定量指标的规格、标准、允许误差等均需要考虑与说明。例如，篮球比赛中的“助攻”，是指“传球给同伴，使同伴直接上篮或立即投篮得分。在后场的长传快攻除外，如同伴接球后又做了运球突破等其他攻击性动作，则不计为助攻”。

(2) 统计指标的“三性”检验。大多数比赛的技术指标来源于这个项目的技术术语，所以在指标设计时要明确指标的含义和提出的根据，符合“三性”检验的理论，并考虑它的可操作性，尽量使用赛会提供的指标与数据。研究工作中使用新的指标应请相关专家进行评定。

(3) 统计指标的数量化方法。在设计一个统计指标时，应明确这个指标采用什么计算方法和计量单位，能否与其他指标综合使用。在技战术统计的指标体系中，还应考虑指标的层次结构及其权重系数，所建构的指标体系通常由2~3 级统计指标构成。

(4) 记录代码符号与说明

在统计指标的设计中，为了快速简化临场或录像统计内容，常用一些符号或英文字母代替一些技战术指标，使统计可以方便快捷地完成。例如，在美国NBA 的比赛统计中，“3P%”表示三分球命中率、“AST”表示助攻次数、“FG%”表示投篮命中率（不包括罚球）等。

3. 统计指标的设计方法

(1) 文献资料法。通过收集文献资料，了解相关研究的统计指标，初步提出技战术统计指标。

(2) 调查咨询法。调查咨询法有问卷调查、座谈讨论、头脑风暴法和专家咨询等形式[①]。通过调查咨询，提出技战术统计指标，并对指标进行补充、修改。

---

① 头脑风暴法：属调查咨询法的一种，可以分为直接头脑风暴法和质疑头脑风暴法两种。根据一定规则，通过共同讨论具体问题，发挥宏观智能结构的集合效应，即是直接头脑风暴法，对直接头脑风暴法提出的设想提出质疑，即质疑头脑风暴法。

（3）结构模块法。根据不同的统计目的、类型、对象、技战术的结构，收集有关内容，并设置不同的统计要素模块，然后条块分割，各自独立，提出技战术统计指标。实际操作中可能要采用一些统计方法帮助确定要素块，如因素分析、聚类分析等。

（4）样例分析法。在设计指标时，重点对统计对象或统计对象的某一方面，进行现场或录像的样例分析，以获得设计指标的直感或灵感，提出技战术统计指标。

第三节　运动技术的诊断与评定

生物体的运动历来是科学界感兴趣和思考的课题之一。人为什么会走、马为什么会跑、鱼为什么会游泳等问题始终是人们的难解之谜，特别是猫在空中无论怎样翻滚最后总是四肢落地。对于这些有趣的问题，研究者众说纷纭。由于科学发展尚未达到相应的水平，人们对诸如此类的问题始终难以得到令人信服的解释。人作为一个非常复杂的生物体，所完成各种动作的复杂性是任何机械无法比拟的。参加不同体育项目的活动，需要完成不同的动作。不同项目的运动技术，须全部或部分服从生物学、心理学和社会学原理。

一、诊断与评定的方法简述

如前所述，运动技术分析主要有两种方法，一是运动生物力学分析，二是简单的观察分析。近年来，随着计算机的发展及高速摄影和各种传感器的发明，使运动生物力学分析快速发展，人体运动的各种参数被准确地测定，大量的数据能够进行快速地处理和计算，从而使运动生物力学分析成为运动技术诊断与评定的主流研究方法。对运动技术的诊断与评定，主要从运动学、动力学和生物学入手获得各种参数，实践中主要采用实验和理论分析两种方法[1]。

（一）诊断与评定实验方法

这种方法主要是通过实验手段，确定影响运动的各种因素，采集人体运动过程的各种参数，以此作为分析问题的依据。它是以具体的人和物为测试对象，借助高速摄影、摄像，以及各种测力、测速、CT、图像处理系统等高

[1] 郑秀瑗，等. 现代运动生物力学［M］. 北京：国防工业出版社，2002：7-33.

科技，获得运动技术的各种参数。例如，研究跳远时，分析影响成绩的主要因素有最后 6 步的助跑速度；踏跳时力的大小和方向、各关节角度；人体在空中跳跃的轨迹；落地前后身体的姿势和动作。测量运动学参数的方法，由 20 世纪 80 年代采用的高速电影摄影到近期使用的录像解析系统，缩短了分析时间，减少了成本。

录像解析系统反馈速度快，价格相对低廉，图像处理简便，可定量分析也可定性分析，能用计算机控制，但图像精度比摄影稍差。录像拍摄系统从拍摄速度上可分为常速和高速，前者指拍摄的录像信号和通常电视信号的拍摄速度一样，即 25 帧/秒，后者泛指拍摄速度高于常速的录像系统，如红外线数字解析系统，均能达到 200 帧/秒。从图像色彩上可分为彩色和黑白，拍摄彩色图像时，一般对光线的要求比较高，在室内或光线较暗时拍摄，要附加照明设备，而黑白录像特别适合于室内拍摄。从图像质量上可分为普通质量的录像系统（常用的 VHS）和高质量的录像系统（S-VHS），前者的解像力为 240 线（如 512×256），后者的解像力为 500 线以上（如 768×576），采用这种录像进行解析，精度比较高。从拍摄方式上可分为单机单画面拍摄系统；单机单画面、多画面同步摄像系统；多机单画面同步摄像系统。有关测量的具体内容、要求和操作规范可参阅《运动生物力学测量方法》一书[1]。

录像拍摄后要进行分析，即**图像解析**（image analytic）。它是对某一段动作图像进行连续或等间隔地采集并分析。新型的录像解析系统，其图像以视频文件的动态连接形式，直接写入计算机，有效地提高了解析精度，并适用于立体解析，尤其是计算机图像处理技术的不断发展，使录像解析系统不断改进，成为现代运动技术诊断与评定的重要工具。

（二）诊断与评定理论方法

随着体育科学的发展，对运动技术的诊断与评定已从一般经验的总结发展到实验测试阶段，最终提出了研究人体运动理论规律的需求。力学理论方法的研究是应用经典力学理论解释和分析人体运动，并探索其运动规律。与前述实验方法相比，主要有以下几个不同点[2]：

---

［1］ 卢德明，等. 运动生物力学测量方法［M］. 北京：北京体育大学出版社，2001:19-33.

［2］ 郑秀瑗，等. 现代运动生物力学［M］. 北京：国防工业出版社，2002:166.

第一，研究目标是探索各种带有普遍意义的运动的规律，不是为了得到具体运动的实测记录。

第二，研究对象是抽象的人体力学模型的运动，而不是具体的运动员。

第三，研究方法是先将运动主体和运动过程进行数学语言描述，然后应用数学和力学理论计算导出运动规律，实测数据则是为数学方程提供已知参量及对计算结果的校核。

第四，研究的结论不仅能解释运动，而且能揭示运动内在机理、预测运动结果并作为设计新的技术动作的理论基础。

力学理论方法能使人体运动的研究更加严谨和深入，其关键是建立人体运动的力学模型。近年来，经过专家的精心研究，大体有两种方法可描述人体运动，一种是以人体系统仿真研究建立力学模型，另一种是应用多刚体系统动力学的理论建立力学模型。力学理论方法与实验方法两者紧密结合，前者研究人体运动的一般性和理想的规律，对具体问题的分析有理论指导意义；后者是理论研究与实际应用的桥梁，能使研究成果在实际中得以充分发挥作用。

二、诊断与评定的一般过程

运动技术诊断与评定是实践性非常强的一种研究活动，完整的技术分析是由观察——分析——综合决策构成的。它的一般过程包括下述几个阶段：

（一）了解运动技术结构、划分技术阶段

体育运动的各种项目都是由一系列技术动作组成，每一项技术动作的基本结构都包括若干个基本环节，如跳远技术动作由助跑、踏跳、腾空和落地四个基本环节组成。这些基本环节按特定的、一般不能予以改变的顺序形成动作基本结构。动作基本结构可称为“技术链”，而动作基本环节则可视为“技术链”上的各个点，“顺序”则成为连接各个点的连线。对所要研究的运动技术一定要明确动作技术结构，并依据研究目的和任务划分动作技术阶段。

（二）明确各动作技术阶段的目的及相互影响

在了解和划分完动作技术的组成和阶段之后，还应了解每个技术的组成要素在完成整个技术动作中所起的作用，并找出对整个技术动作起重要作用、有

决定影响的动作阶段，即通常所称的关键技术或关键环节，如铅球的最后用力技术。

（三）选择技术要素、确定方法进行测试

体育运动的动作技术特征，都是由有限的要素及要素的适当组合与匹配体现出来的。在不同的技术动作中起主要作用的要素不尽相同，要素组合与匹配也各异。要素的最佳组合便构成了合理的技术。因而，研究中要依据动作技术特征及其任务要求选择要素，突出与任务有密切关系的要素，在此基础上确定诊断的具体方法。

（四）数据处理与数据分析

在运动技术的诊断与评定中，大量的第一手材料都是在训练和比赛现场及实验中获得的，由于人体生物系统的特殊性质，如非线性、拒测性、变异性及测量手段的技术性制约等，对收集或测试所得数据应进行整理、分类、计算、筛选与统计处理，得到一些数据表和图形曲线，即通常所说的实验结果。

（五）揭示动作的技术原理与特征

根据体育运动实践分析和数据处理的结果，寻找各数据之间的内在联系和相互影响，提出技术诊断的意见，并在此基础上归纳出完成动作技术的基本原理，提出完成动作技术的合理方法和手段及训练建议。

三、诊断与评定的基本程序

承上所述，运动技术诊断与评定的一般过程具有系统性、开放性和确定性等特点，它是一种建立在较可靠的理论基础和实践环节上的研究范式。现以推铅球最后用力技术的实例分析，来说明这种方法的主要程序和步骤。[1, 2]

[1] 严波涛. 一种程序化运动技术诊断和评定指标确定方法的探讨［J］. 体育科学，2001,(6):82-87.

[2] 卢德明，等. 运动生物力学测量方法［M］. 北京：北京体育大学出版社，2001：197-255.

（一）提出研究问题，确定分析目标和效果指标

人体运动是一个复杂的系统，提出研究问题就是要确立在这样一个系统中要考虑的因果关系，对非主流的枝节关系尽量简化和忽略。研究的问题就是影响成绩的一切运动学参量，对于运动技术分析来说，分析目标就是运动成绩或得分，如推铅球的成绩，它同时也是效果指标。

（二）建立与效果指标相关的层次因素模型

运动成绩是由一些直接影响因素决定的，而这些直接影响因素又是由下一个间接影响因素集合决定的；依此类推，在某一个水平上，研究者可以得到一个基本影响因素集合。在运动技术的诊断和评价中，基本影响因素集合就是所有运动学参量。运动成绩和基本因素集合之间就形成了一种映射关系（图 9-1）[1]。运动技术分析的目的就是建立这种映射关系，为运动训练提供依据。

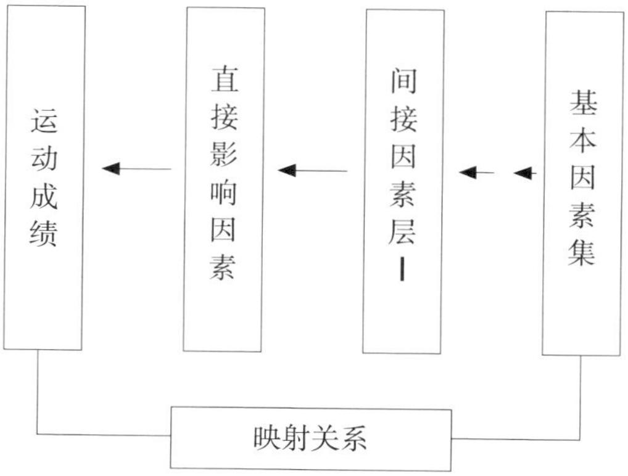

图 9-1　决定运动成绩的因素层次关系

这种从效果指标得到基本技术因素集合的方法，需要借用运动生物力学原理对专项运动作定性分析。分析过程必须明确技术因素的层次观念和交互影响观念。例如，对推铅球来说，整个运动由 4 个阶段构成，即蹬摆期、滑步期（腾空

[1]　严波涛. 一种程序化运动技术诊断和评定指标确定方法的探讨［J］. 体育科学，2001,(6):83.

期)、过渡期（转换期）和最后用力期。前一阶段的运动是后一阶段运动的条件，后一阶段运动是前一阶段运动的继续。推铅球的效果指标就是远度，而远度是由3个出手参量（出手速度、角度和远度）决定的，这是第一级因素层（直接因素）；而出手速度矢量又是由推铅球过程的最后用力期的速度增量和过渡末的速度初始值决定的，这是第二级；在最后用力期的铅球速度增量又是由最后用力期的技术动作决定的，而描述最后用力技术动作的运动学参量就是基本因素集合。

（三）确定运动项目（或动作）的运动环节主链

人体运动千差万别，但运动中的主要参与环节和关节，以及它们参与运动时的配合方式是决定运动性质的本质所在。这些关节和环节构成运动主链，是技术分析的重点。而其他支链的运动形式仅仅构成了个体运动的差异。例如，完整的背向滑步推铅球过程可以用3种环节链模型表示，一是单足支撑模型——蹬摆期和过渡期；二是无支撑模型——滑步期（腾空期）；三是双足支撑模型——最后用力期。最具有普遍意义的是双足支撑模型。确定了合理的人体模型后，根据运动项目目的和专项运动特点确定运动主链。人体参与运动的环节和关节很多，全部考虑是不可能的，也是不必要的。由运动项目的特点和运动任务出发，通过经典动力学定性分析，由此得到该运动的主链，一般主链路径上的关节活动就是主要分析对象（表9–3）[1]。

表9–3　铅球最后用力期主环节链自由度分析和变量定义（示例）

关节或环节名称	自由度数	简化自由度数	变量名称	定义和说明
右肘关节	1	1	右肘角	上臂与前臂夹角
肩关节	3	2	1. 肩臂角	1. 前臂与肩轴夹角
			2. 肩髋角	2. 前臂与右肩髋连线夹角。因无法准确测定肩臂自旋角度，略去一个自由度
			3. 肩轴角 XZ	3. 肩轴与水平面夹角
……	…	……	……	……
左脚趾着地点	3	0	无	使用整体量约束

[1] 严波涛. 一种程序化运动技术诊断和评定指标确定方法的探讨［J］. 体育科学，2001,(6)：85.

（四）确定技术变量

任何一项运动的可变运动学参量很多，但运动系统的整体性要求对技术变量的选取必须在同一框架下完成。研究表明，采用经典动力学定性分析手段是选取运动技术变量的一个较好框架。采用该框架确定主链上的环节或关节的运动自由度，运动自由度仅仅代表存在某种运动的可能，需要结合分析项目的特点适当的简化和合并。每个自由度确定一个技术变量，选择的变量最好是具有人体运动器官在运动中的功能解释性，技术变量的全体则描述了一类运动的本质属性。

（五）确定技术因素指标

在运动技术的诊断与评定中，大多数人都使用**关键时刻**（key moments）、**重要时相时间**（important phase durations）、**重要技术参量**（important technique parameter）和**时序**（temporal sequencing）来描述动作过程的特征。以推铅球为例，一般从运动学角度选用以下 3 类量较为合理。

1. 速度类量

线、角速度是对运动体或运动局部活动度大小的反映。它是机体相关肌肉工作的紧张程度，以及运动项目的最直接体现。描述参量包括瞬时速度绝对值、线速度投影、最大速度值、平均速度值、速度变化量等。

2. 时间量（动作节奏量）

时间量分为绝对时间量和相对时间量。绝对时间量通常用于描述动作完成的快慢，如动作完成的总时间和阶段时间；相对时间量通常用于描述动作发生的次序和节奏，如描述上肢鞭打动作的肩关节最大速度之后，肘关节最大速度的出现时间。

3. 姿势量或姿态量

姿势量就是对运动系统形状变化的描述，通常以长度或角度为参量，如推铅球时的滑步步长、重心移动的远近或高低、工作环节的角度等。

除此之外，按照描述的不同目的，运动学参量还可分为整体量和局部量。整体量是对运动系统宏观特征的描述，它的变化通常没有明显对应的作用部位，也无法准确确定引起变化的原因，如重心的速度和位移、铅球滑步步长等。局部量则是对运动系统组成部分的描述，它的变化通常有较为明确的对应部位或环节，变化的原因通常也是局部肌肉作用引起的。进行运动技术分析时，整体量和局部量两者缺一不可。

（六）数据收集及技术参量筛选

现场收集样本，解析影像资料，获取技术参量数据。获得测量数据之后，技术分析的任务就是要在众多的技术因素当中找出对运动成绩有显著影响的主要因素，然后通过一定的途径寻找并建立主要因素与效果指标的因果关系。这个阶段主要通过统计学的方法筛选技术参量，一般同类量变合并处理。根据样本大小和研究需要截取因素序列，确定出主要技术因素集。例如，按照前述方法，确定出推铅球最后用力时影响出手参量和远度的 20 个主要整体技术参量[1]。

（七）建立主要技术因素与效果因素之间的模型关系

技术参量筛选完成后，后续分析就不仅仅局限于使用统计方法。在对推铅球的技术分析中，可建立技术因素与效果因素之间的模型关系，借助于这一关系可进行多方面的研究。例如，建立专项运动技术原理；揭示优秀运动员的技术特点；对个体运动员进行技术分析和诊断；对运动技术进行创新设计和预测分析等。

四、诊断与评定的注意事项

运动技术诊断与评定不仅是一种方法，而且也是一种程序化的过程。在这一过程中有诸多影响因素，有些因素难以完全控制，为了保证研究结果的客观性、有效性和可靠性，在研究过程中应注意以下几个方面：

（一）确定影响运动技术的主要因素

运动技术主要是由人通过身体活动完成的动作。它不仅受身体形态、技能、

[1] 卢德明，等. 运动生物力学测量方法［M］. 北京：北京体育大学出版社，2001:201.

心理、身体素质、训练周期、竞技状态等自身因素的影响，而且受场地、器材、观众、裁判、比赛对手、测量方法和测量者的工作态度、技术水平、对受测者的鼓励程度等诸多客观因素的影响，并且受上述诸多因素综合效应作用的影响。此外，还有一些未知因素影响研究结果。这是进行研究设计与实施以及分析和应用测量材料时必须注意的事项。

（二）熟悉研究问题的理论背景并对结果谨慎解释

运动技术诊断与评定是建立在相应的生物力学理论基础之上的，没有可靠理论解释的研究结果仅仅是一种数据游戏。纵观现有的一些研究不难发现，一些研究结果与理论分析是相悖的，如在投掷项目的研究中，一些作者不假思索地建立投掷远度与器械出手速度之间的线性回归方程。对力学稍有常识的人都知道，远度与出手速度的平方呈线性关系，假如建立线性回归方程是为了近似计算，也要根据样本情况进行。另外，对研究结果要谨慎解释，如上述投掷项目的 3 个出手参量中，出手高度与远度的相关系数较小，从而认为这一参量对远度影响不大，但是，简单的理论分析说明，出手越高，投掷越远，只不过由于出手高度在正常人群、正常投掷技术中是一个相对稳定的量，实验数据中无法体现其影响而已。

（三）准确分析测量误差并进行合理地处理

运动技术诊断与评定中的误差主要是在测量过程中引入的，它对数据的分析产生较大的影响。为了保证分析结果准确、可靠，首先要对误差的来源和各类误差的处理方法有所了解。采取各种措施最大限度地提高数据的有效性。常见的误差有系统误差、随机误差和差错。从研究角度来看，运动技术诊断与评定中的影像测量误差是一种常见误差，在摄影、摄像过程中不可避免地会出现拍摄角度、距离、焦距、比例尺等带来的误差。因此，研究过程中要准确确认误差的来源，然后制订出有效控制和减少这些误差的技术要求和措施。有关误差的控制及操作技术可参阅《运动生物力学测量方法》一书[1]。

[1] 卢德明，等. 运动生物力学测量方法［M］. 北京：北京体育大学出版社，2001：255-264.

（四）影像数据平滑与研究中的常用参数问题

影像数据平滑是对研究中控制随机误差的一种方法。数据平滑方法来自两方面理论，即数值计算方法和数字信号理论。平滑方法很多，可划分为局部平滑法、大范围平滑法和计算平滑法。常用的主要是五点三次平滑法和数字滤波平滑法。不同平滑方法有不同的使用场合和条件，研究中应根据所研究问题的性质选取平滑方法。另外，运动技术诊断与评定中必须遵循国际研究惯例，如人体解剖的基本术语、常用运动学参数、人体环节惯性参数和描述与测量坐标系的规定等。

基本术语

运动技术、比赛战术、运动生物力学分析、战例研究法、比赛技术统计、观察评价法、常规技术统计、专题技术统计、低推论行为指标、高推论行为指标、图像解析、关键时刻、重要时相时间、重要技术参量、时序。

思考题

1. 比赛战术的研究通常采用什么方法？
2. 什么是低推论行为指标和高推论行为指标？
3. 根据你所选修的体育专项设计一个比赛技战术统计方案？
4. 在中文体育类核心期刊上选择 2~3 篇技战术统计论文，分析其指标体系的特点和存在的不足。
5. 简述运动技术诊断与评定的基本程序。
6. 从运动学来确定技术因素指标应选择哪些方面的参数？

推荐阅读书目

[1] 张力为. 体育科学研究方法［M］. 北京：高等教育出版社，2002.

[2] 卢德明，等. 运动生物力学测量方法［M］. 北京：北京体育大学出版社，2001.

[3] 郑秀瑗，等. 现代运动生物力学［M］. 北京：国防工业出版社，2002.

[4] 朱庆芳，吴寒光. 社会指标体系［M］. 北京：中国社会科学出版社，2001.
[5] 国家体育总局科教司. 技术调研资料汇编［G］. 北京：北京体育大学出版社，1988.
[6] 编写组. 体育科学学科发展现状与未来［M］. 北京：北京体育大学出版社，2000.

第十章

体育科学质的研究

体育科学研究是实践性很强的活动，它强调对体育社会现象的深入了解，尊重实践者对自己行为的解释。但经常出现的问题和感到困惑的现象是来自于体育教学和运动训练实践的资料，经过数据整理与分析后，得到的结论却难被教师和学生、教练员和运动员等认可，据此所形成的理论对教学与训练实践也缺乏有效的指导，其主要原因是研究问题性质的界定、方法论思想、研究方式及具体方法手段等方面的不同，从而使研究结果的解释和应用也不同。本章拟对体育科学研究中，具有特定关系、行为、情景或材料的性质进行考察研究，即“质的研究”作初步的介绍。

第一节　质的研究概述

一、质的研究定义

“质的研究”（qualitative research）作为一种研究方法在我国社会科学众多研究领域中越来越受到重视。质的研究方法在我国体育科学研究中正逐步被人们接受、掌握和应用，也为进行体育科学研究提供了新的方法和途径。近年来，国内外社会科学界出版了许多关于“质的研究方法”的著作，国内将质的研究译为“质性研究”“质化研究”“定质研究”“定性研究”等，它区别于国内研究者较为熟悉的传统的“定性研究”。对质的研究方法的定义尚无一个明确、公认的定论。根据我国学者陈向明的理解，“质的研究是以研究者本人作为研究工具，在自然情境下采用多种资料收集方法对社会现象进行整体性探究，使用归纳法分析资料和形成理论，通过与研究对象互动对其行为和意义建构获得解释性理解的一种活动”[1]。

那么这种研究方式与前述有关章节中所讨论的定量研究有什么区别呢？定量研究和质的研究分别体现了不同的哲学基点下的两种研究范式——实证主义和解释主义。在第二章关于体育科学研究方法论的哲学基础介绍中，曾提到“范式”一词。范式这一术语之所以有用，就在于它为划分知识阵营提供了一种方式或一个基本框架。一种科学研究范式的产生、形成和发展，反映了在特定时间、特定科学团体的科学行为方面占主导地位的观点，范式也决定了一代或一批科学研究者的研究方法和程序。对于刚刚涉足体育科学研究领域的学生而言，建议集中关注如下三种基本研究范式，即实证主义范式、解释的范式和批判的范式。

如前所述，实证研究在现阶段应当成为体育科学研究的基本范式之一，其特点在于追求客观性、因果性、演绎性、定量性、概括性以及普遍性，它是体育科学发展不可逾越的。这种范式遵循的是一种“假设——演绎”模式，带有明显的

[1] 陈向明. 质的研究方法与社会科学研究［M］. 北京：教育科学出版社，2000：12.

线性、序列特征，对假设的依赖性很强。通常是提出研究假设后，运用数学方法对事物可以数量化的部分进行统计、测量和分析，以检验假设，并通过对事物的量的规定性分析把握事物质的规定性。使用这种定量研究方法，事先须有一个研究假设的目标为指导，并有一套完备的操作技术，如抽样、实验设计、问卷设计、数字统计等。这种方法要体现精确性、客观性，但得出的结果未必适合每一个个案，甚至不能深入揭示和解释研究对象的本质。因而，比较适合于在宏观层面对事物进行大规模的调查和预测研究，且在研究中极力排除研究者本人对研究的影响，从而使研究过程和结论客观公正，体现价值中立。

而解释主义范式主要是体现主观性、意义性、归纳性、参与性、特例性以及专有性特点，是走一条从特殊到一般的归纳之路。因而，质的研究重在通过自然情景以收集描述、记录性资料为主，通过诠释和移情的途径来归纳分析，揭示和理解体育社会现象及其内部意义。质的研究一般适合于在微观层面对个别事物进行细致、动态的描述和分析，遵循的是现象学的研究传统①。研究过程中必须了解一些背景知识，包括对研究问题已有的解释性理论和资料，此问题的社会、经济、文化、家庭和个人背景，研究者本人对这项研究的个人经历、了解、看法以及反思。质的研究的这种“主观”特色，正好体现了研究者的心路历程，从而体现出研究过程和结论的真实性和可信性。

二、质的研究特点

尽管在“质的研究”的称谓与定义上存在着不同的看法，但质的研究有一些一般的特点，主要体现在下述几个方面：

（一）在自然情景中研究，研究者是获取数据的关键工具

质的研究的研究者直接到所感兴趣的特定环境中进行观察并收集数据。例如，“为什么中学生喜欢体育而不愿上体育课”“为什么公共体育场所不向公众开放”。研究此类问题，研究者必须到课堂上去，到体育场所去，并在日常生活中直接观察和访谈被访对象。质的研究认为，个人的思想和行为以及社会组织的运作是与人们所处的社会文化情境分不开的。如果要了解和理解诸如上述

① 现象学（phenomenology）：是指个人面对某一事件时所获得的即时经验，包括感觉、感情、知识、幻觉、意象、意识等。

的问题和现象，必须到丰富、复杂、流动的自然情境中进行考察。研究者必须与研究对象进行直接的接触，在当时当地面对面地与其交往，也即研究者本人就是一种研究工具。

在自然情景中研究，还体现了研究者注重现象的整体性和相关性，对所发生的事情进行整体的、关联式的考察。在对一个事件进行考察时，不仅要了解这个事件本身，而且还要了解此事件发生和变化时的社会文化背景，以及与其他事件之间的关系。质的研究认为，任何事件和问题都不能脱离其环境而被理解，理解涉及整体中各个部分之间的互动关系。对部分的理解必然依赖于对整体的把握，而对整体的把握又必然依赖于对部分的理解，这样可以形成一个“阐释的循环”。

（二）收集研究数据是以文字或图片而不是数字形式

在质的研究中，收集到的数据包括访谈记录、现场记录、照片、录音带、录像带、训练和生活日记、个人评论、备忘录，或其他可以表达人们实际语言和行动的任何东西。为了更好地研究课题和理解所感兴趣的行为，质的研究者不会将数据简化为数字符号，而是愿意尽可能丰富地描绘所观察或记录到的东西。对于一名质的研究者来说，没有什么数据是不重要或不值得注意的。在自然情景下获得的研究结果更适合以文字的形式（而不是数据的形式）呈现。因此，质的研究报告多用文字表达，辅以图表、照片和录像等，即使采用统计数据，也是为了描述某种社会现象，而不是对数据本身进行相关分析。

（三）质的研究的研究者既关注结果，也关注过程

质的研究的研究者对于事情是如何发生的特别感兴趣。因此，很可能会观察人们如何与他人交往、如何回答特定类型的问题、如何赋予特定的语言和行为以意义，以及人们的态度是如何转化为行为的等等。在这个动态的过程中，研究者和被研究者双方都可能会变，收集和分析资料的方法会变，建构研究结果和理论的方式也会变。所以，质的研究是一个不断演化的过程，研究者既关注结果，也关注过程，不可能“一次定终身”。变化流动的研究过程对研究者的决策，以及研究结果的获得会产生十分重要的影响，研究过程本身决定了研究的结果，研究者将个人的经历和感情作为有关数据的一部分，但对研究内容则表现出中立的无评判的态度。

（四）质的研究的研究者倾向于对数据进行归纳分析

一般来说，质的研究的研究者不会在研究过程中提出假设，然后再去检验它。研究者一般都倾向于“顺其自然”，在决定所需要考虑的主要问题究竟是什么时，要花费相当长的时间去收集数据（主要通过观察和访谈）。从研究的基本思路看，质的研究主要采用的是一种归纳的方法。研究者将自己投入到实地发生的各种事情之中，在理解中获得第一手资料，并对相关事件和人物进行描述和解释，在此基础上抽取和提升理论或组合出一个完整的故事情景。为此，在一个成功的质的研究中，研究者首先要收集有关资料，获得被研究者的文化观念和社会结构的意义，并辨别其行为模式，通过观察归纳出被研究者行为的规则，同时不忽视局外人的看法。

质的研究步骤并不像量的研究那样清楚，但归纳的方法决定了质的研究者在收集和分析资料时走的是自下而上的路线，在原始资料的基础上建立分析类别。研究者应从自己收集的第一手资料中构建理论。由于采用的是归纳的方法，质的研究结果只适应于特定的情境和条件，不能推论到样本以外的范围。

（五）强调研究关系，重视现象与行为的意义解释

质的研究强调研究者与被研究者要建立友好、信任的关系。质的研究者要深入被研究者所生活的文化、社会环境中，从被研究者的角度看问题，可能被研究者的动机、目标和价值体系，都是研究者感兴趣的问题，并很可能成为研究问题的焦点。在研究报告中，研究者需要对自己的角色、个人身份、思想倾向、自己与被研究者之间的关系，以及所有这些因素对研究过程和结果所产生的影响进行阐释。研究者可能会呈现一个访谈对象的完整记录内容，用来检查自己解释的准确性。质的研究的主要目的是对被研究者的个人经验和意义构建作“解释性理解”或“领会”，即研究者通过亲身体验，对被研究者的生活故事和意义建构作出解释。

三、质的研究分类

质的研究方法最早源自人类学、社会学、心理学、民俗学等学科，它在发展初

期主要依赖于研究者个人的主观经验和理论思辨。质的研究曾一度被人淡忘，但从20世纪60年代起，人们对量的研究的局限性进行反思，并对质的研究在方法论、科学化和具体研究程序等方面做了系统的研究和探索，从而使质的研究重新崛起。由于质的研究渊源的复杂性，因而带来了分类的复杂化。在此结合体育科学研究对象的特点，可将质的研究做如下分类。

（一）按研究的问题

按照研究的问题分类，主要依据研究问题的性质，分为意义类问题、描述类问题、过程类问题、行为类问题等。质的研究中对不同的研究问题，通常使用不同的研究策略，采用不同的研究范式，选择不同的收集资料的方法和手段。例如，研究不同体育竞赛项目的魅力是什么，即属于意义类问题，对意义类问题可能要采用现象学的研究策略；研究居民购买体育彩票的意愿即为行为类问题，对行为类问题可能要采用参与性观察的策略；对一位研究型体育教师成长的追踪研究即为过程类问题，对过程类问题可能要采用扎根理论或社会学研究策略。

（二）按研究的范畴

所谓“研究的范畴”指的就是研究现象，它比“研究的问题”更加宽泛一些。“研究的问题”是从“研究的范畴”内提取出来的一个比较集中、具体、需要回答的疑问，而“研究的范畴”是研究者欲探讨的一个现象领域。按研究的范畴分类，往往与一些具体学科的研究传统联系在一起。例如，研究的范畴是体育文化这一领域时，研究者往往使用人类学的方法；研究的范畴是体育课程这一领域时，研究者要采用现象学、教育人类学、社会学和心理学学术传统的方法。

（三）按研究者的兴趣

所谓“兴趣”指的是研究者在从事某项研究时最关心的事情、希望达到的目的、计划完成的任务。按照研究者的兴趣划分，有助于研究者选择和确定适合于质的研究的课题。例如，研究者发现体育教练员的领导行为呈现多样化的特点，便产生强烈的关于领导行为与运动员训练情绪的关系研究，于是确定在不同教练员的领导行为、运动员情绪反应方面进行实地观察。

（四）按研究者的意图

按照研究者的意图分类，主要是依据研究者对待某事物的态度和看法、观点、立场。这种研究能够比较鲜明地表达研究者的个人思想，也便于其他研究者深入地理解这名研究者的个人倾向性。例如，关于体育教学模式的研究，可以分别从不同的模式角度出发，依据不同的对象和教学内容、环境进行多侧面的探讨，如体质教育模式、技能教育模式、快乐体育模式等，都可在不同的范围内因研究者的个人取向而区分研究类型。

总之，对质的研究进行分类，有助于了解、选择和确定具体的研究方法和策略，帮助研究者按照一定的参照系判断该项研究的现实状态和位置，并决定是否需要保持、调整或改变研究的既定方向。

四、质的研究方法的基本要求

作为一种不同于量的研究范式，质的研究是一种更加注重程序化、情景化的研究方法。在体育科学研究领域中从事质的研究，有其适用的范围，应符合以下基本要求：

（一）研究的现象和问题要适宜

选择和确定恰当的研究问题是进行质的研究的良好开端。“什么样的问题最适合于做质的研究”，这是一个经常被问到的问题。一些刚从事或了解质的研究者，常常把“方法之车”置于“内容之马”前面，本末倒置，应多考虑一些目的和研究的问题，根据自己在体育运动实践中遇到的问题和看到的现象选择课题，在行动中学作质的研究。例如，在中学体育课教学中，体育教师是怎样教他们的学生呢？体育教师在每一天的日常工作中都做了哪些事情呢？学生又做了哪些事情呢？在体育课上有哪些明确和不明确的规定有助于或有碍于课外体育活动呢？可以说，在某种程度上研究者是问题的导向，而问题或解释的某种现象一定与质的研究特点相适应，学会在行动中调整和修改计划，以符合实际的研究。

（二）研究者本人要具备采用质的研究的素养

由于研究者自己就是研究的工具，采用质的研究方法需要事先接受一定训练，包括跨文化和比较的训练、观察和领悟的训练等。研究者既要有说故事、写作的技巧和实际操作能力，又要有一定的理论基础和素养。这个要求看似很难，其实不然。体育专业领域涉及的知识面很宽，实践性很强，而质的研究特别适合于对个性化较强的高水平级运动员的个案研究，适合于运动训练和体育教学中的特例研究。只要养成良好的思维习惯，善于捕捉和发现问题，善于聆听与倾诉，将体育运动实践经验很好地表述出来，并上升到理论层面，就会逐步提高自己的研究素养，形成自己的研究风格和特色。

（三）要具备研究环境与条件

质的研究一般将研究的结果置于特定的社会、历史和时间环境当中，因此，初学作质的研究，还需要具备两个必要条件：其一，研究的环境和范围问题。小范围、小规模的研究群体较适合于质的研究，研究者以一支运动队、一所学校、一个班级或一个事件为范围，从小处着手进行研究，就可以揭示出有意义的内容来。其二，研究时间上要有保障。一般来说，质的研究进入现场并开展研究需要一个相对较长的时间，同时还得花费一定的时间进行资料分析和整理。所以，初学作质的研究必须考虑这两个必要的条件。

（四）完成研究期望的适宜性

研究者在质的研究的整个过程中，对本身的角色、地位，对当事人和当时现场都可能会产生影响。例如，对一个问题的访谈和观察，访谈中不能预见被研究者会有什么反应，有时研究者只带记事本和铅笔就够了，而有的时候则会用到精密的录音机和录像设备。这就需要研究者尊重所研究群体的文化，尊重访谈对象，学会等待，对完成研究任务有个适宜的期望。

五、质的研究的现状与意义

早在 1989 年，Lock 在《体育研究季刊》中就撰文提醒人们注意一种研究动向，即体育研究正在借鉴和发展社会学和人类学的研究方法，这是一种不同于自然科学的研究方法，一方面，体育研究采用社会学方法大量提炼和界定概念、建构理论；另一方面，在体育研究中，社会科学的方法也获得了发展的动力。但是，体育科学研究中采用质的研究所产生的系统研究成果并未得到广泛的认识。根据章岚等人的研究成果，质的研究方法在体育研究中应用的现状反映在国外和国内两方面[1]：

（一）国外应用的简况

1989 年，Bain 就宣称“体育运动的质的研究时代已经到来”。近年来，在运动心理学的行为研究中，一些研究者开始考虑采用多种研究范式，其中，涉及运动员经验的质的调查研究正在逐步增多。质的研究作为一种研究方法，正在逐步得到公认。Daniel Gould 采用质的研究方法研究了少年网球运动员的心理枯竭特征。他将 10 个调查对象的访谈录音写成 214 页的文本，采用不同层次的内容分析方法，找出被访者在每一个访谈阶段的反应特点，深入理解被访者所体验的枯竭过程，比较、归纳，并从 8 个方面解释少年网球运动员心理枯竭的表现特征。焦虑、紧张、唤醒对于运动成绩的影响历来是运动心理学最关心的问题，尽管采用量化的研究方法，找到了情绪和成绩的关系，但从实用上、从如何进行科学训练及提高运动成绩的意义上讲，关键是运动员面对焦虑应当“怎样”处理。所以，更应该研究的是运动员面对焦虑时如何采用应付策略。Gould 等人采用类属分析的方法，研究美国 20 名奥林匹克摔跤运动员和 17 名全国花样滑冰冠军的应对策略，发现摔跤运动员在汉城奥运会中的应对逆境、期待、出乎意料的结果的策略有思维控制、任务定向、情绪控制、行为控制；花样滑冰运动员面对特殊的紧张源所采取的应对策略有合理思维和自我谈话、积极定向、社会帮助、时间管理、赛前心理准备、焦虑应对、苦练和巧练、隔离和转移、忽视或淡化紧张刺激。

（二）国内应用简况

在国内，随着 20 世纪 90 年代一些赴美学者陆续介绍这一方法，在体育研究领域中质的研究方法开始应用。钟秉枢对优秀运动员进行半标准化访谈，并结合

[1] 章岚，许小冬，赵开强. 对体育科学研究中质的研究方法的探讨—— 一种更加注重程序化、情景化的研究方法［J］. 体育科学，2004,（7）:1–4.

其他自述材料进行研究，展示了运动员的职业发展生涯，并以此研究成绩资本的运作及其带来的运动员地位的变化[1]。宋中良对20名国家队优秀运动员在训练和比赛中的意志品质及坚持性进行了现象学访谈，采用一套编码技术将20多万字的访谈录音进行编码，对运动员在训练和比赛中的意志困难进行了频数统计，详细描述了运动员遇到的典型困难和坚持的策略[2]。王斌、马红宇等人采用半结构化访谈，对我国游泳运动员张健在横渡渤海海峡前后，以及横渡过程中的现象学体验进行了访谈，并深入分析了张健横渡渤海海峡的内部和外部动机，以及认知策略、遇到的困难、顶峰体验等方面[3]。除此之外，梁栋对中国足球学校与BTV三高足球俱乐部的剖析，采用质的研究方法揭示了影响我国竞技体育后备人才培养可持续发展的主要因素。于立贤以大学生为评价主体研究了三大球魅力的价值学问题[4]。这些研究在撰写报告时多数采用了“深描”的方式，将事实的本来面目展现给读者，体现了质的研究方法的特点和在体育研究中广泛的应用前景。

（三）质的研究方法的现实意义

2004年10月20日，国家体育总局在发布的《关于进一步繁荣发展体育社会科学的意见》中指出，“立足当代体育，准确把握当今世界体育发展趋势，继承民族优秀体育文化传统，深刻认识中国体育发展的规律，努力建设体育社会科学理论创新体系，积极推动体育学术观点创新、学科体系创新和科研方法创新”。可见，科研方法的创新在推动体育社会科学发展中的重要意义。近年来，在我国体育科研领域，随着研究对象不断丰富，特别是体育人文研究的主题迅速增多，使研究方法的问题也越来越受到人们的重视。质的研究作为一种重要的研究方式或基本范式之一，应该为广大体育工作者所熟悉和掌握。

体育是一种复杂的社会现象，体育对象的主体是人及其实践活动。人的本质属性是社会性，对人及其实践活动的研究不能脱离一定的情境。面对复杂的

[1] 钟秉枢. 成绩资本和地位获得——我国优秀运动员群体社会流动的研究［D］. 北京：北京体育大学出版社，1998.

[2] 宋中良. 两类项目运动员在训练与竞赛中存在的意志困难及坚持策略［D］. 北京：北京体育大学，2002.

[3] 王斌，马红宇，侯斌. 张健成功横渡渤海海峡的顶峰体验［J］. 体育科学，2002,（1）:15-17.

[4] 钟秉枢，梁栋，于立贤，潘迎旭. 社会转型期我国竞技体育后备人才培养及其可持续发展［M］. 北京：北京体育大学出版社，2003:66-130.

体育社会现象，仅仅采用自然科学的研究方法，会造成大量的信息流失。另外，体育的研究对象又具有个别性，仅靠量的研究方法很难得到实质性的分析结果，如一次比赛失败后，用量化研究方法很难获取运动员在比赛的那一刻是怎样想、怎样做的等第一手资料。总之，由于体育科学领域研究对象的特殊性，量的研究方法在体育科学研究中必然具有一定的局限性。采用质的研究无疑更有助于体育科学的快速发展。

总之，当代社会的发展对体育科学研究提出了越来越高的要求。研究不仅要发现体育社会现象的一般规律，而且要解释现象所蕴含的内在原因与意义，并找到应用于实际的途径和方法，这需要研究者加深研究的广度与深度，运用多元的方法研究问题。相关学科研究表明，在质的研究中也有“量”的成分，两种研究方式产生的知识具有互补性，质的研究注重研究过程，重视对结果的理解和意义的发现，定量研究关注资料的最后结果、概括性、预测性和因果理解性。两种研究范式在体育科学研究领域中有机地结合使用，可收到相辅相成的研究效果。

第二节　质的研究设计

研究设计因研究的范式、内容、目的、方法和性质不同而各具有特点。第四章所陈述的研究设计内容多数属于定量研究。质的研究的设计形式与定量研究相比，更加灵活、富于弹性。可以说，有多少研究问题，就会有多少研究形式。质的研究设计通常以研究问题为主要取向，围绕不同时间、地点及不同研究对象采用不同的设计模式，其最突出的特点就是边研究边设计，设计与研究相互促进。

一、研究设计的组成部分

（一）确定研究问题

一项体育研究总要出自一种有待研究的体育现象，从中逐渐地提升出一个有研究意义的问题。如前所述，质的研究适合于探讨特定现象和“有意义的问题”。“有意义的问题”一般指两种情况，一是这个问题是研究者不了解但感兴趣的，想要通过此项研究获得一个答案；二是这个问题所涉及的事件、地点、时间、人物真实地存在于现实生活中，对被研究者来说具有实际意义，是他们所真正关心的问题，而且在研究条件上是可行的。对于质的研究这样需要较长深入现场的研究方式来说，找到恰当的问题是一个重要前提，而且这个过程本身就是一项有意义的活动，对研究者更新视角、深入思考都有益处。例如，研究者关注到这样的现象，即中学毕业班的体育课总是停上或被其他课程占领，是毕业班的学生不愿上体育课，还是体育教师自己放弃了毕业班的体育课，或者是学校管理部门不重视毕业班的体育课，这些问题都是研究者想了解的。在质的研究中，这种问题也可称作**预示性问题**（foreshadowed problem）。一般而论，质的研究都是从这种预示性问题开始的，或者说是研究的向导。实际研究中常常要对预示性问题进行多次提炼与修改。

找出问题后，研究者还需要给它的类型定位。质的研究的问题可以呈现为不同的类型。其一，从问题的概括性与特殊性来看，质的研究更多的是选择后者。特殊性问题常常是有目的地选取个案为样本，在某个时空范围内进行研究，而不是特别关注它的代表性。例如，对中学毕业班体育课的探讨，不是要讨论全国所有学校毕业班的体育课的一般状况，而是针对某一地区或城市毕业班的情况。其二，从差异性问题与过程性问题来看，过程性问题比较适合于质的研究。过程性问题，既探究事物发生和发展的动态过程，又可以细分为意义类问题和情境类问题。前者探讨的是当事人对有关事情的意义解释，如“某运动员是如何看待自己与教练员合作的”。后者是对某一特定情境下发生的现象的探讨，如“某运动员是如何与教练员合作的”。这类过程性问题也体现了“描述”和“解释”的性质，多是以“什么”“如何”“怎样”等词语开头的问题。其三，从描述性、解释性、理论性、推广性和评价性的问题来看，描述性和解释性问题适合于进行质的研究，而理论性问题应该谨慎使用，推广性和评价性问题不宜进行质的研究。其四，从问题的因果性来看，要根据具体情况选择质的研究，最好结合量的研究来分析。

对问题类型定位后，还要注意对它的范围加以界定，不要太宽或太窄。把握太宽或太窄的尺度，取决于研究的各种因素，如研究时间、地点、研究者人数、研究事件的多寡、研究手段与工具的类型等。上述关于中学毕业班体育课的问题，研究者显然不可能对全国的所有中学进行研究，那么选择“某市高中毕业班体育课状况的调查研究”就比较可行了。

（二）确定研究目的与内容

承上所述，质的研究并不是从一个确定性问题入手，而是从一个预示性问题着手，开放性地进行研究，但这并不意味着质的研究可以随心所欲，毫无目的地展开，而同样要求具备明确的研究目的。一般而论，质的研究也同样体现为探索性目的、描述性目的、解释性目的和预测性目的。而研究内容来自研究者围绕研究目的对研究现象的观察和思考，它是从研究现象中提取出来的，根据研究问题而确定的“研究点”。确定研究内容需要以研究者的专业知识和经验、立场为支撑。例如，“关于我国女大学生体育自我意识状况的研究”，就是将当前女大学生的“体育自我意识”作为研究内容，根据研究者对女大学生应当具有什么样的体育自我意识的态度作为研究者的个人观点，通过运用“自我意识”的相关学科理论基础及女性的体育教育发展的知识，在教育学、人类学和社会学范畴内加以探讨。

（三）整理和分析相关研究的现状

在进行一项研究之前，要了解前人有关的研究成果和研究者自己的经验性知识，为即将开展的研究提供一个背景。通过检索相关领域的主要理论和实践成果，理清线索，在批判吸收中选择有助于自己研究的内容，并且不断反思和追问“自己在这方面有什么经验和观点”。对自己经验性知识的了解在质的研究中非常重要，而且还是形成研究问题的一个重要的知识来源。例如，一位学生选择了“大学生野外生存训练”作为自己的研究问题，就是因为他曾是某学校野外生存俱乐部的成员，深深感受到了野外生存训练对大学生锻炼的意义。这种研究者个人的经验性知识，决定了研究者能否建构起一个深刻、全面而有独创性的理论框架，只有研究者对自己在研究中的角色、对研究可能产生的影响有清醒认识时，研究的可靠性才能得以保证。

（四）研究设计中要处理好“研究关系”

质的研究是一种研究者与被研究者互为主体的关系。质的研究不仅受到研究者个人身份、倾向、经历等因素的影响，而且也在很大程度上受到与被研究者关系的影响。质的研究中的“研究关系”，主要体现在“局外人”与“局内人”这一角色问题上。“局内人”是指那些与研究对象同属于一个文化群体的人，他们享有共同的价值观念、生活习惯、行为方式或生活经历，对事物往往有比较一致的看法。例如，上述的大学生研究选择“大学生野外生存训练”的问题，而“**局外人**”（outlier）是指那些处于某一文化群体之外的人，他们与这个群体没有从属关系，与“局内人”通常有不同的生活体验，只能通过外部观察和倾听来了解“局内人”的行为和想法，如非大学生选择“大学生野外生存训练”的问题。质的研究既可以从“内”到“外”，也可以从“外”到“内”；既可以由近及远，也可以由远及近；既可以是单一的，也可以是多重的。“局外人”与“局内人”的区别可以在质的研究者常用的一些术语中表现出来，如“第一人称的”和“第二人称的”等。在质的研究中，研究的问题和方法都是在研究者与被研究者的关系中协商和演化出来的，对研究结果的判断也依赖于双方互动的方式。研究关系的定位和变化不仅决定了双方如何看待对方，而且还影响到双方如何看待自己，以及如何看待研究本身。

（五）选择研究对象和具体操作方法

质的研究多采用目的性抽样，根据研究目的和条件等因素选取被研究者、地点和时间，并初步考虑运用的具体方法，包括进入现场的方式、收集和分析资料的方式、建立初步理论的方式，以及研究结果的成文形式。质的研究在设计上倾向于个案研究的方式。收集资料的方法主要有访谈、观察和实物分析等。在质的研究中没有像实验研究中的所谓“处理”，也没有任何对于研究对象的“操纵”，数据并不是在研究“结束时”收集，而是在研究进行过程中收集的。研究者要不间断地对人物、事件和事故等进行观察，或者是**“深度访谈”**（depth imteriew）①，以及对所感兴趣的现象的有关各种文件和记录进行考查。

（六）确定研究结果的检测手段

研究结果的检测主要是指对研究结果的效度、信度、推论和道德等方面的检验。质的研究效度和信度同样具有量的研究的原理，但质的研究在操作方式上，有更大的思维空间，因为质的研究关注特定的情境，以解释和描述为主。对研究设计的检测，一般集中在研究的意义和质量两个方面。从研究意义上看，主要检测研究设计是否对解决有关问题或形成理论有所贡献；从研究质量上看，主要检测研究者对已有的相关研究的了解程度和已有的研究与打算进行的研究之间的相关程度，以及研究设计的综合性和适当性、方法和手段的适合性等问题。

---

① 深度访谈，即学界所指的半结构式访谈，它的问题是事先部分准备的，要通过访谈员进行大量改进，并要深入事实内部。

二、研究设计的主要模式

尽管与定量研究相似，质的研究也包括一个基本的步骤，但它的设计并不像量的研究那样清楚，而是以较灵活、富于弹性的研究设想与计划的形式出现，常称之为**工作设计**（working design）。工作设计主要在研究初期，由研究者在当时对研究问题的了解和收集背景资料的基础上确定，其基本要素包括研究问题、目的、情境、方法、效度等。根据质的研究设计的取向和关键要素，较为成熟和有影响的设计模式有下述几种：

（一）建构主义的模式

建构主义的模式特点是，研究的各个关键要素不是一个线性的关系，而是一个循环往复、不断演进的过程。研究工作的每一部分都不可能一次性完成，都受到上一轮循环中其他部分的影响。在循环中，所有的组成部分都在流动，没有开始，也没有结束。它的基本流程见图 10–1 所示。

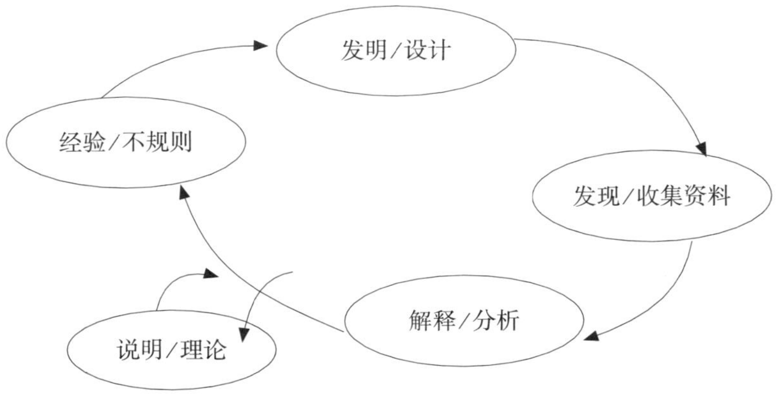

图 10–1　质的研究建构主义的探究循环设计模式

（二）互动设计模式

互动设计模式的特点是，基本要素各部分之间随着任何一个方位的拉力而变形，任何一部分都会对其他部分产生牵一发而动全身的作用。互动设计模式如图10–2所示[1]。

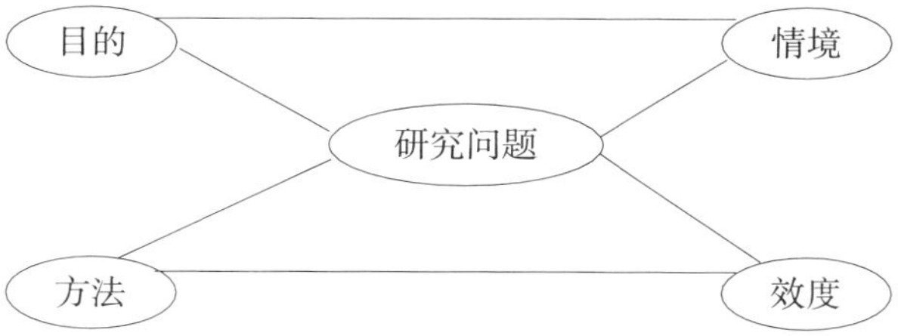

图 10–2　质的研究的互动设计模式

（三）立体三维设计模式

立体三维设计模式的特点是，研究过程像一个不断向下旋转的螺旋圆锥体，研究中的每一部分都在随着时间的流逝而不断缩小聚焦范围。在两维构成的平面内，研究的主要组成部分（研究问题、目的、情境、方法、效度）之间相互影响，"立体"是在螺旋圆锥体的纵切面上每一部分自身也在不断往下聚焦，以适应实地的实际情况以及研究者当时的思考状态。如图10–3所示[2]。

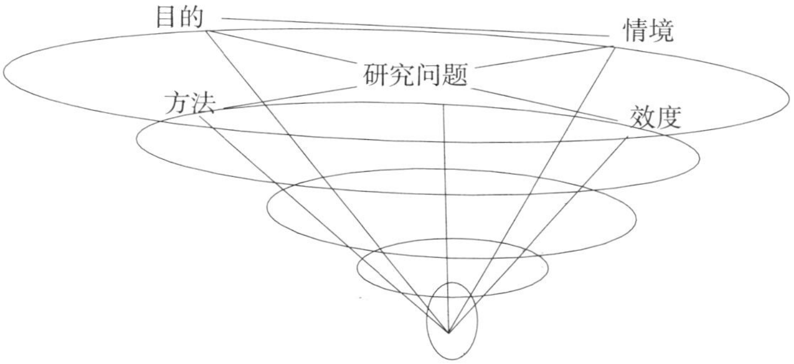

图 10–3　质的研究立体三维设计模式

[1] Joseph A.Maxwell Qualitative Research Design: An Interactive Approach[M]. Thousand Oaks: Sage, 1996: 5.

[2] 陈向明. 教师如何作质的研究[M]. 北京：教育科学出版社，2001：21.

总之，在质的研究中，研究者个人在从事研究时反映出来的主体意识对研究的设计、实施和结果都会产生重大影响。研究者个人作为人化了的“研究工具”，自己的“经验知识”和“科学知识”可以结合使用，不同人的生活经历和思想观念会促使产生各自的看法和研究视角，体现出各自的研究能力。因而，研究设计并非固定不变，各种模式只是一种较为直观简化地看待研究过程的形式，在具体操作时要随时根据实际情况和研究问题进行调整和修改。

三、研究设计简例

假如一位小学教师想了解自己所在学校的教师专业发展问题，可以加以设计进行实地研究[1]。

（一）研究目标

1. 探究学校在教师专业发展中的实践运作过程，揭示学校管理机制在教师专业发展问题上体现的作用。

2. 研究教师的日常教学活动，从中了解现行管理机制对教师专业发展的影响因素并加以分析。

（二）研究内容

1. 学校管理机制的现实体现是怎样的？如何运作？效果怎样？遇到的问题和解决方法。

2. 考察不同年龄、性别的教师的专业化过程，了解他们是如何被影响的。

（三）研究方法及过程

1. 确定研究对象为上海市 D 小学。

2. 收集文献资料，仔细查阅学校近 10 年来在促进教师专业化过程中所采取的做法的书面记录。

[1] 白芸. 质的研究指导［M］. 北京：教育科学出版社，2002：26-28.

3. 访谈，采用无结构访谈和日常谈话的形式了解本校教师的想法，包括对教师专业化的基本认识、对教师自身所经历的各种事情的认识、自身行为变化过程及其影响因素的看法、教师对教学中专业行为的反思，以及用自省的方式梳理出研究者自己的看法。

4. 观察教师行为及其变化过程，教师之间行为影响的表现等。

5. 分析与整理资料。

（四）研究报告的基本框架

第一部分　背景

1. 问题的提出；
2. 国内外相关研究成果综述；
3. 本研究的基本思路。

第二部分　个案研究

1. D 小学 10 年来教师专业化历程及成效分析；
2. 不同类别的教师个体与群体专业化中的问题与状况分析；
3. 学校管理机制对教师专业发展的影响。

第三部分　结论

1. 对教师专业发展标准的认识；
2. 对促进教师专业发展的学校管理机制的反思。

第四部分　研究中的感悟

1. 反思研究方法、伦理道德，审视研究效度；
2. 研究者的成长与自我更新。

第三节　质的研究方法

从质的研究实际操作的层面来看，研究方法主要由如下几个方面组成，即进入现场的方式，收集、整理和分析资料的方法，以及建构理论的方式等。

一、进入现场的方式

对于质的研究，进入现场是获取第一手资料的关键一步。在进入现场之前，首先需要获得被研究者的同意。一般可以通过他们的同事、熟人、朋友或家人与其联系，或直接询问他们是否愿意参加，有时需要对方以书面的形式表示同意被研究者参加研究项目。在这个过程中，应尽量设法在进入现场之前了解被研究者所在环境的一些情况，如谁或哪些人是被研究者的领导，与被研究者的关系如何；被研究者所在单位一般的行为规范有哪些，能否全力支持这个项目或课题的研究。

在获准进入现场研究后，研究者要考虑与被研究者的交流方式。一般来说，研究者必须向被研究者说明以下几方面的问题，即研究者的个人身份、研究的内容、研究的目的、处理结果的方式、选择研究的地点和参与者的方式、参加此项研究的风险和好处、保密原则、观察或访谈的频率、进行记录或录音和录像的可能性、声明研究者不是来评论或评估对方而是来理解对方的、声明被研究者的回答没有对错之分等。

与此同时，研究者要考虑公开的程度和进入方式。通常，可根据具体情况采取隐蔽式、逐步暴露式和实地的自然进入。例如，在上述曾提到《社会转型期我国竞技体育后备人才培养及其可持续发展》的研究中，由于作者之一长期在北京 BTV 三高足球俱乐部工作，因而很容易地在实地自然进入研究环境，贴近研究对象展开研究。在质的研究中并非都能很容易进入现场，甚至被研究者拒绝，研究者要设身处地地进行反思，慎重处理和对待进入失败的情况。

二、收集资料的方法

在质的研究中，收集资料的方法十分丰富，如访谈、观察、实物分析、口述史、叙事分析、历史法等。其中，最为常用的是前三种。

（一）访　谈

1. “访谈”的定义与作用

“访谈”（interviewing）就是研究者“寻访”“访问”被研究者，并且与其进行“交谈”和“询问”的一种活动。由于质的研究涉及人的理念、意义建构和语言表达，因此“访谈”可看作是质的研究者用来收集资料的最重要的工具。

访谈与日常谈话有区别。前者是一种有特定目的和一定规则的研究性交谈，形式较为正规，有明确的目的，在交谈之前双方对这个目的都很清楚，并对此开诚布公、直言不讳；而后者是一种目的性比较弱、形式比较松散的谈话方式，随时随地发生，双方有谈话的愿望和时机。前者中的访谈往往会要求对方就刚才所言进行重复和详述，以便了解事情的具体细节，而且仅仅是访谈者一方发问对方，新话题主要由访谈者发起；而后者中双方有意避免说话重复和直接追问，是平等的关系。然而在研究中往往可以从日常谈话的形式入手，逐渐导入访谈。在质的研究中访谈主要有如下的功能[1]：

(1) 了解受访者的所思所想，包括他们的价值观念、情感感受和行为规范。

(2) 了解受访者过去的生活经历，以及他们耳闻目睹的有关事件，并了解其对这些事件的意义解释。

(3) 对研究的现象获得一个比较广阔、整体性的视野，从多重角度对事件的过程进行比较深入、细致地描述。

(4) 为研究提供指导，事先了解哪些问题可以进一步追问，哪些问题是敏感性问题，对此需要特别小心。

(5) 帮助研究者与被研究者建立人际关系，使双方的关系由彼此陌生变成相互熟悉、相互信任。

(6) 使受访者感到更加有力量，因为自己的声音被别人听到了，自己的故事被公开了，因此有可能影响到自身文化的解释和构建。

2. “访谈”的类型

质的研究中访谈的形式是多样的，一般来讲主要从以下几个层面划分类别：

(1) 按研究者对访谈结构的控制程度分为三种类型，即封闭型（结构型）、开放型（无结构型）和半开放型（半结构型）访谈。在封闭型访谈中，研究者根据事先设计好的、具有固定结构的提纲进行提问，选择访谈对象的标准和方法、所提问题的内容和顺序，以及记录方式都已经标准化了，而且研究者对访谈的走向和步骤起主导作用。与此相反，开放型访谈没有固定的访谈问题，访谈形式灵活，访谈者只是起一个辅助作用，鼓励和激发受访者谈论自己认为重要的问题，用自己的语言发表看法。而在半开放式访谈中，研究者虽然对访谈结构有一定控制，但由于访谈对象主动积极地参与，研究者因此可以对事先拟订的访谈提纲进行灵活调整。对于质的研究来说，在研究初期多运用开放式访谈了解被研究者关注的问题和思考问题的方式，随着研究的深入，逐渐进行半开放式访谈，重点针对前面访谈中出现的重要问题和尚存在的疑问进行提问和追问。

[1] 陈向玥. 质的研究方法与社会科学研究［M］. 北京：教育科学出版社，2000：169-170.

（2）根据正式程度可以分为正规和非正规式访谈。正规式访谈就是双方事先约定好时间、地点，正式就一定问题范围进行交谈，这种形式有利于研究者较为深入和细致地获得资料。非正规式访谈是研究者根据研究对象日常生活的安排，在与对方一起参加活动时根据当时情景自然而然地交谈，这种形式能够更加自然、真实和灵活地获得资料。二者交叉使用更加有效。

（3）根据双方接触方式又可以将正规访谈分为直接和间接访谈两种。直接访谈就是双方面对面地坐在一起进行访谈，研究者可以看到对方的表情、神态和动作，便于掌握更详细的资料。间接访谈是双方事先约好时间，通过电话和网络等通信手段进行，可以解决因距离遥远或时间不足造成的困难，也会使被访谈者避免尴尬，缺点就是研究者不能了解其面部表情和肢体语言，不易判断对方“真实”的情绪和态度。一般尽可能运用直接访谈形式为好，如果在多次直接访谈后有个别情况需要进一步了解，但无法安排恰当的时间时，间接访谈可以作为必要的补充。

（4）根据被访谈者的人数可以将访谈分为个别访谈和团体访谈。个别访谈是在一名访谈者和一名被访谈者之间进行；团体访谈是 1~3 名访谈者与 10 名左右被访谈者之间进行的访谈。

3. 访谈前的准备

（1）确定访谈的时间和地点。一般来说，访谈的时间和地点应该尽量以受访者为主。访谈者应该事先通过写信或电话形式向被访谈者提出邀请，得到许可后方可着手访谈。从时间上讲，每次访谈不要超过两个小时，当然，如果受访者有足够兴趣，访谈也可以适当延长时间。

（2）协商有关事宜。成功的访谈建立在双方事先就有关事宜已经达成共识的基础之上。一般来说，访谈者在访谈开始之前就应该向受访者介绍自己和自己的课题，并且就语言的使用、交谈规则、自愿原则、保密原则、访谈录音和录像、研究报告中人名和地名的使用等问题与对方进行磋商。

（3）设计访谈提纲。质的研究主要采用开放式和半开放式访谈，被访谈者的发言有较大自由度，对于访谈者来说，事先拟订出一个访谈提纲非常必要。访谈提纲应是粗线条的，列出要了解问题的要点和内容范围的提示性材料，在操作中可以灵活修改和调整。访谈提纲的作用就像是一个舞台提示，在访谈中只是起提醒的作用，以免遗漏重要内容。因此，访谈者在使用访谈提纲时一定要保持一种开放、机智的心态面对具体情景的变化。

钟秉枢在《成绩资本和地位获得——我国优秀运动员群体社会流动的研究》

所设计的访谈提纲。[1]

访谈提纲

访谈对象 ______________

访谈时间 ______________

访谈地点 ______________

访谈内容：

1. 参加运动训练的原因、入队过程；
2. 影响运动成绩取得的因素；
3. 领队、教练员、队员关系在取得成绩中的作用；
4. 退役原因、离队前心理感受；
5. 运动员的经历对现在工作的影响。

4. 访谈的实施与技巧

(1) 访谈的基本问题。访谈的问题千变万化，根据研究问题和受访者的情况，具体实施中经常可以问到六类问题：

①背景或人口统计学的问题，其中包括被访者的教育程度、职业、年龄和收入等一般性问题。

②知识问题，即研究者希望知道的各种实际信息。例如，有关社区体育的知识问题，包括社区体育组织、成员、场地设施、经费、体育管理者和指导者、科学健身知识等问题。

③经历或行为问题，即研究者希望了解被访者目前正在做或已经做过的事情。例如，“如果我早晨到了你居住的小区，我可能会看到你怎样锻炼呢”？

④观念或价值问题，即研究者希望了解被访者对某些话题或问题的想法。例如，“你对当地小学生如此喜欢跆拳道有何看法”？

⑤感受问题，即研究者希望了解被访者对事情的感受。例如，“你对体育课上的中长跑项目焦虑程度有多大”？

⑥感觉问题，即研究者希望了解被访者看到、听到、尝到、闻到或触到什么的问题。例如，“当你走进体育场时，你看到了什么”？

(2) 访谈中的追问。在质的访谈中，有时对被访者所谈到的重要概念、

[1] 钟秉枢. 成绩资本和地位获得——我国优秀运动员群体社会流动的研究［D］. 北京：北京体育大学出版社，1998：156.

语词、观点、事件和行为需要进一步询问，这就是追问。它可以帮助研究者进一步了解受访者的思想，挖掘事情发生的根源及发展的过程。追问时，要注意时机，不要在访谈一开始就频繁追问，而且还要讲究适度，考虑问题的性质，如敏感性话题，可借用铺垫或转移话题对这种问题进行过渡。追问过程中，访谈者要保持高度的敏感性，随时捕捉有意义的信息，提高访谈的效果。

(3) 倾听与回应。提问、倾听和回应是访谈中的三项主要工作。在较多的情况下，回应的方式就是提问的方式，而倾听则对提问和回应都具有指导性作用。对于访谈者来说，在倾听时要遵循一定的原则，即不轻易打断对方的谈话和容忍沉默。倾听具体地表现在行为、认知和情感三个层面，三者是不可截然分开的。行为层面的“倾听”是指听的态度；认知层面的“倾听”是指将对方的话语纳入自己的概念分类系统或积极与对方交流；而情感层面的“倾听”是让对方看到反馈情况，增强或挫伤其倾诉的愿望。访谈中的回应是将自己的态度、意向和想法及时传递给对方。

回应的方式可以是认可，采用言语或非言语的行为来表示，如“噢”“对”“是吗”或点头、微笑等；回应也可采用对被访者所说的话进行重组和总结来进行。在一定时机下，访谈者采用“自我暴露”也能达到很好的效果，如在访谈一位中学生时，可以坦诚地说，“我当年在上体育课时也很调皮，老师经常批评我”。在回应时切忌采用“论说”和“评价”的方式，如在被访一位教练员谈到其工作辛苦时，回应道“您工作这么卖力又是何苦呢，您这么干可不太好”，而这位教练员可能认为自己如此努力应该表扬而不是批评。

（二）观　察

1. “观察”的概念和作用

“观察”（observing）是指人们对周围存在事物的现象和过程的一种有目的、有意识的感性认识活动，也是从事科学研究的一个重要手段。在质的研究中，某些研究问题可以通过观察人们的行动及事情的状况来得到解答。观察主要有如下作用：[1]

[1] 陈向明. 教师如何作质的研究［M］. 北京：教育科学出版社，2001:124-125.

(1) 可以看到行为或事件的发生、发展和变化过程。

(2) 可以将所研究的个案放到当时当地的社会文化情境之中，对事件的发生过程，以及社会成员之间的行为互动关系获得较为直接和全面的了解。

(3) 对当地的文化有比较直接的感性认识，可以了解“局内人”的行为规范和意义建构。

(4) 可以对一些很少为世人所知的现象进行研究。

(5) 可以对不能或不需要进行语言交流的研究对象进行研究，如婴儿、聋哑人、讲不同语言的人。

(6) 可以从日常生活中发掘人们的实践理性，提出新的观点。

(7) 可以辅助其他研究方法，如在访谈时进行预备性观察可以使访谈更加具有针对性。

2. 观察的类型

在质的研究中，观察可以分为参与性与非参与性观察两种类型。研究中以参与性观察运用较多，观察者参与程度差异较大。因而，根据观察者参与程度将其分为以下四种：

(1) **完全参与者** (complete participant)。指隐蔽自己的真实身份及参与的目的，最大限度地加入研究群体的活动中，尽可能做到与被观察者自然交往，使其将自己视为群体中的一员。它最大的特点是极大限度地卷入到观察对象的活动中，可以消除观察者与被观察者间的隔阂，获得真实且深入的资料，但因参与程度过深，观察者容易产生情感反应，致使观察结果失诸客观。

(2) **观察型参与者** (participant as observer)。研究者完全参与被研究群体的活动，同时清楚表明自己正在从事研究。它的特点是观察型参与者投入较深，因而有可能得到丰富的感性认识，掌握真实、全面的资料，这对于解释观察现象的实质极有帮助。

(3) **参与型观察者** (observer as participant)。研究者不仅是观察者，还在一定程度上参与到被观察者的行为活动之中，即观察者不但完全暴露自己的身份，而且与被观察者有直接的接触、交往。它的特点是能在一定程度上为被观察者所接纳，因此，可以获得较为丰富、翔实的资料，但被接纳的程度有限，仍无法获取有关个人的较隐秘的资料。

(4) **完全观察者** (complete observer)。即观察者居于旁观者的地位，只观察而不参与被观察者的任何活动，观察者与被观察者之间不存在直接的交互作用。观察时，观察者与被观察者之间的间隔状态又分为两种情况，一是被观察者不知道有人在观察他们的活动；二是被观察者清楚地知道有人在观察他们的活动。由于观察者没有参与观察对象的活动，因此，观察时容易保持客观的态度。但是，由于只是看到行为或活动的外部表现，因此，难以了解行为动机和活动的真实原因。此外，如果被观察者知道他们被观察，很可能存有戒心与防备，使得行为表现不自然、不真实，从而影响到观察结果的客观性与可靠性。

3. 观察前的准备

（1）确定观察的问题：与访谈一样，在观察之前要根据研究目的及需要确定观察的问题和项目。例如，想要“了解一些学校取消男女分班上体育课的形式是否有利于学生之间的互动”，那就要通过课堂观察了解情况。研究者必须明确“为何而观察”。

（2）制订观察计划：观察计划中要明确观察的内容、对象和范围，即打算观察什么、对什么人进行观察、对什么现象进行观察、通过这些观察可以回答什么问题。

确定观察的地点和时间，即打算选择什么场所在什么时间进行观察、观察多长时间、需要观察几次、选择这个场所对自己的研究起到什么作用。

观察方式和手段要明确，即观察采用公开式还是隐蔽式、是否使用录音录像等设备、这样做的利弊如何。

对观察中可能出现哪些影响效度的因素和问题，应该有一个预先的考虑，怎样处理和解决这些问题。对观察中涉及伦理道德的问题也应该有清楚的交代。

（3）设计观察提纲：为了使观察内容进一步具体化，需要编制具体的观察提纲。提纲中一般涉及六个方面的问题[1]。

①谁（有谁在场；他们是什么人；他们的角色、地位和身份；有多少人在场；这是一个什么样的群体；谁是群体的负责人；谁是追随者）。

②什么（发生了什么事情；在场的人有什么行为表现；他们说或做了什么；他们说话或做事时使用了什么样的语调和形体动作；他们相互之间的互动是怎么开始的；不同参与者在行为上有什么差异；他们行动的类型、性质、细节、产生发展的过程是什么；在观察期间他们的行为是否有所变化）。

③何时（有关的行为是什么时候发生的、这些行为持续了多久、行为出现的频率是多少）。

---

[1] 陈向明. 质的研究方法与社会科学研究［M］. 北京：教育科学出版社，2000：238.

④何地（这个行为或事件是在哪里发生的，这个地点有什么特色）。

⑤如何（这件事是如何发生的、事情各个方面相互之间存在什么样的关系、有什么明显的规范或规则、这件事是否与其他事有所不同）。

⑥为什么（为什么这些事情会发生；促使这些事情发生的原因是什么；对于发生的事情人们有什么不同的看法；人们行为的目的、动机和态度是什么）。

4. 观察的实施

（1）观察的阶段：不同的研究阶段观察的风格与要求也不同。在初期，一般实行全方位的开放式观察，观察者的角色就像一个绘图员，置身于观察的环境中去感受和体会现场发生的一切事情。在对情境有了初步了解后，观察者进入“焦点观察”阶段，可采用对单一现象或行为的观察，焦点很集中。另外也可采用开阔方式的观察，对整个事件全方位关注，找出“焦点”后，进行选择性观察，从中得出研究结果。

（2）观察记录：记录在观察中占有十分重要的位置，是观察中一个必不可少的研究工具。观察伊始，先就观察的现场画一张草图，包括现场的物质环境和人文环境，并用文字简要介绍现场的情况和研究者的第一反应。一般观察记录按事序进行，要求对研究现象进行“深描”。记录的格式往往因人因事或情境而异，基本的原则是清楚、有条理、便于今后查找。记录的语言要具体、实在，命名要准确。

（3）观察者的反思：在观察过程中观察者要积极反思，自己走过了一条什么样的心路历程。反思内容写在个人笔记或备忘录里，其主要内容有研究者对了解的事情、发展着的观点的思考；对研究过程中使用的步骤、材料等方面的反思；对道德困境和冲突的反思；对研究者思维框架的反思；提示研究者有待进一步澄清、检验的事情和观点。

（三）实物分析

1. 实物分析的作用

“实物”是指所有与研究问题有关的文字、图片、音像、物品等，可以是人工制作的东西，也可以是人工加工过的自然物，对这些物品进行分析的方法就是**实物分析**（material object analysis）。实物属于一种物品文化，有其自身的特点，表现了一定情境下人们对有关事物的看法。实物所提供的背景知识比其他方式更加真实和可信。实物分析在一些情况下表达了语言所无法表达的思想和情感，扩大了研究者的视野，可以为探究事物发生、发展过程中的情况提供线索。

2. 实物资料的种类

(1) 正式官方类资料：如政策文件、官方统计数据、政府部门颁发的证件、证书等。

(2) 非正式个人资料：如被研究者的信件、日记、自传、训练笔记、训练器械、衣物等。

(3) 音像类资料：如有关被研究者录音带（碟）、录像带（碟）、照片等。

3. 收集实物的要求

在收集实物方面，总的原则是收集的实物必须获得当事人的同意，不论是个人非正式的资料还是官方正式的记录文件。同时，要考虑到实物的用途和价值，以及实物的主人对这方面的打算。在收集实物资料的开始，就要考虑自己的理论假设和分析框架，使收集实物活动更加具有目的性和方向性。

三、整理和分析资料的方法

整理和分析资料指的是对所收集的原始资料进行加工，使其逐步趋于系统化和条理化。资料分析主要有如下的步骤，即阅读原始资料、登录、寻找本土概念和资料系统化与分析。

（一）阅读原始资料

在阅读原始资料之前，可以先为每一份资料编号，在此基础上建立编号系统。例如，用 JL 表示教练员，用 YD 表示运动员。在阅读原始资料过程中，首先让资料说话，暂时搁置自己的原来设想和价值判断，而后开始在资料中“寻找意义”。此过程一定要考虑研究者的“偏见和期望”问题。偏见是指研究者的某种特征可能会左右原始资料中的信息，而期望是研究者知道被研究者的特点，因此期望他们有某种行为。

（二）登　录

登录是资料分析中一项最基本的工作，上述的“寻找意义”就是通过登录来完成的，即将原始资料中有意义的词、短语、句子或段落表示出来，并给予“码号”。寻找码号有很多标准，其中之一是词语出现的频率。一般“码号”用数字或符号加以表示，选择何种数字和符号取决于研究的需要。实际操作中为了登录的方便，可以在原始资料复印件的空白处进行编写，也可以在计算机上进行，目前已开发出不少为质的研究进行资料整理和分析的软件，如 ETHNO、TAP（Text Analysis Package）、QUALPRO 等。

（三）寻找本土概念

寻找“**本土概念**”（native concept）就是将那些能够表达被研究者自己观点和情感感受的语言作为登录的码号，它是被研究者经常使用的、用来表达他们自己看世界的方式的概念。这些概念通常有自己的个性和特色，如有的概念看起来很平常，但这个概念对被研究者来说具有一定的意义，就可被认为是本土概念。例如，在一位奥运冠军的自传中，三十余次使用了“拼搏”这一词，虽然这个词的含义很清楚，但它表达了被研究者很多独特的含义。寻找本土概念可以有很多标准，但常用的也要看使用的频率，还可以用带有强烈感情色彩的概念来表示。

（四）资料系统化与分析

资料系统化与分析包括建立编码系统和归类系统及其分析。

1. 建立编码系统

登录完成以后，可以将所有的码号汇集起来，组成一个编码本。这是一个按照分类标准组合起来的码号系统，反映的是资料浓缩以后的意义分布和相互关系。它可以使研究者了解码号的数量、类型及相互之间的联系，也方便研究者今后查找使用。

2. 归类系统及其分析

归类主要有类属型和情境型两种方式。前者将资料按意义主题分成类别，后者将资料按照一定的时间序列或意义关联进行叙述。**类属分析**（category analysis）就是在资料中寻找反复出现的现象，以及用来解释他们的概念和术语的过程，包括类属要素、要素之间的关系和结构、形成类属的原因及作用等方面的分析。**情境分析**（context analysis）就是将资料置身于研究现象所处的自然情境之中，对有关事件和人物进行描述性分析。本章第四节中谈到的“叙事研究”的形式就体现了情境分析的特点。

四、建构理论的方式

在对资料的分析和归类中，发现主题和发展一个概念就是研究的理论化过程。在质的研究中，“理论”主要是指在原始资料中提取的、适用于特定情境中解释特定社会现象和实际的语言表述。可以说，“前人的理论”“研究者自己的理论”和“资料中呈现的理论”共同构成质的研究理论。

质的研究采用“自下而上”的形式“归纳”出理论，也就是在对原始资料进行初步分析和综合的基础上提炼理论。自下而上建构理论的方式很多，其中最著名的是1967年格拉斯（B.Glaser）和斯特劳斯（A.Strauss）提出的“扎根理论”（grounded theory）。它既是一种研究方法，又是一种作质的研究的“风格”，其主旨是从经验资料的基础上通过比较观察来总结理论。

扎根理论强调研究程序。具体来讲，建立扎根理论要经过对原始资料进行逐级登录，从中提升出概念，然后反复比较资料和概念，不断地产生与之有关的理论问题，并建立概念之间的联系，最后理论性抽样，对资料进行编码和建构理论。

在扎根理论中，概念必须来源于原始资料，扎根于其中，而且理论要有很强的实用性。扎根理论的核心就是要发展或生产一种理论来解释所研究的现象及其背景。例如，康拉德（Clifton Conrad）关于大学里教学课程设置变革的研究，就采用了扎根理论的方法来建构理论[1]。研究中选择了四个学院，其中两个学院课程变革的主要动力来自正式的课程委员会，而另外两个学院课程变革的主要动力来自特别群体。康拉德利用“扎根理论”的方法，在资料和理论间来回碰撞，分析资料分类相互匹配的程度，重新评估教学变革的初始结论的有效性。例如，刚开始时，教学变革好像主要是由管理者的推动而兴起，但通过对资料的检验和进一步的寻求，发现利益群体的压力才是变革的源泉。这些利益群体的出现实际上使得管理者成为变革的代理，因而提出了“内在和外在的社会结构压力的存在，导致冲突和利益群体的出现；他们促使管理者介入，并建议改革当前的教学计划；这些变革其实是由那些最有权力的决策群体推动的”理论。

---

[1] 艾尔·巴比. 社会研究方法［M］. 10版. 邱泽奇，译. 北京：华夏出版社，2005：285.

第四节 质的研究的表现形式

每一项研究都需要将结果呈现给公众，接受公众的检验。作为研究者，不仅要将自己的研究结果写出来，用一种对读者有意义的方式呈现出来，而且必须意识到自己所肩负的社会责任。质的研究报告（论文）的特点可以从组成部分、表现形式、行文风格和读者对象等方面来讨论。其中，组成部分与量的研究报告（论文）非常类似（参见第十一章）。本节主要分析质的研究的主要表现形式，也从研究应用实例中领略出质的研究的行文风格和特点[1]。

一、叙事研究

（一）叙事研究概述

叙事研究（narrative research）是质的研究方法的一种主要表现形式。在叙事研究中，研究者描述个体的生活，收集并讲述故事，记录个体的体验，并分析这些体验对当事人的意义。在叙事研究中，研究者根据原始资料中的问题、角色、情景、行动，以及结果重新讲述故事，按时间顺序将个人过去、现在和未来的经历置于一个具体的情景和背景中来描述。通过重构故事这一过程，研究者寻求建立因果关系。一般情况下，叙事研究中的故事都是以第一人称的方式讲述或重述个人及社会的体验，以及相关事件。这些故事有开头、过程及结尾。像好的小说一样，这些故事也要具备下列基本要素，即困境、冲突或斗争、主角或人物，以及如何筹划突破困境的因果顺序。研究者讲述故事时，要指出其中的主题，其间可以交织研究者的卓见。

（二）叙事研究的程序

以下是叙事研究的一些较重要的程序，从中可以窥见叙事研究的一般过程。

(1) 确定一个研究问题，重点探讨一个或多个人的生活经历及由此引出个人或社会故事。

[1] 白芸. 质的研究指导［M］. 北京：教育科学出版社，2002:28-41.

(2) 选择一个或多个有故事可讲的人，花一定时间访谈和记录他们的故事，或者让参与者用日记或其他笔记的方式记录下自己的故事，研究者也可直接观察他们的生活并做田野笔记。

(3) 收集完参与者的故事后，需要按照时间顺序重新讲述这些故事，并详细讨论所讲故事的主题及其意义。

(4) 与参与者合作，使其积极参与到研究中来。

(三) 叙事研究实例[1]

钟秉枢在对我国优秀运动员群体社会流动的研究中，呈现的是从非运动员到运动员跨越地位获得第一道门坎的过程。通过像此类的多个运动员的叙事研究，寻找他们开始参加训练的因素。

L.Y，男，34 岁，浙江人，体操运动员，2 枚奥运会金牌、4 项世界冠军获得者。

(以下摘自运动员本人自述)

我生长在祖国江南美丽的城市杭州。

我的父亲对体操可不外行，他从 1958~1965 年在杭州业余体校，后来当了工人。直到现在，他还遗憾自己为什么不接着干下去，否则，恐怕也练到和儿子差不多的水平。

1971 年 5 月，我 8 岁。一次，父亲带我到体育馆去看日本体操队表演。那时杭州的体育比赛还不太多，日本男队又是当时世界上的一流队伍，能看到他们的表演，对我们父子俩来说真是件幸事。

我看着那些穿着白色体操服的日本人翻跟头，简直羡慕死了。心想：将来我也能像他们那样翻跟头该多好！

父亲带我从体育馆出来，我眼前还是那些眼花缭乱的跟头。我奔到体育馆前的草坪上，不知怎么很轻松地打了个侧手翻。父亲见状，怔住了，问我：“Y，你跟谁学的?”我说：“没跟谁学，刚才我在体育馆里看会的。”

父亲搂着我问：“Y，你喜欢吗?”我回答：“喜欢。”

[1] 钟秉枢. 成绩资本和地位获得——我国优秀运动员群体社会流动的研究［D］. 北京：北京体育大学出版社，1998:50.

从那以后，父亲对我就上心了。每天清晨，他都带我去浙江展览馆前的“红太阳广场”草坪上去翻跟头。父亲骑自行车，我跑着，等跑到那儿，身上的筋骨也活动开了。父亲教我做前手翻、倒立。我那时只觉得好玩。可练不一会儿工夫，我就累了，对父亲说：“爸，我不练了，累。”第二天父亲又叫我去，还给我带去了饼干和水。他不光让我翻跟头，有时还在草坪上随意地玩，有时还和我比翻跟头，看谁翻得好，逗着我练。

现在看来，父亲从那时开始就对我抱有挺大的希望，有意让我练体操，认定我是块搞体操的料。

1972年，我入杭州市下城二小上小学。上学了，就可以进少年体校了。父亲找到50年代教他体操的老师吴唯荣，请吴老师收下我。于是，每天清晨，我还和父亲到“红太阳广场”翻跟头，然后到学校上课，下午，我就到杭州市少体校，接受吴老师的训练。

二、个案研究

（一）个案研究概述

个案研究（case study）是针对一个个例（可以是个人、机构、团体，也可以是事件）作缜密的研究。它是质的研究表现的又一种重要形式。实际上，个案研究是一种重要的研究方法，在很多学科里，个案研究都有着悠久而显著的历史地位，如心理学、医学和法学等学科。个案研究并非受限于质的研究。近年来，个案研究逐渐形成两种发展取向，一是逐渐脱离主观分析，而与科学客观的量化典范连接，如个案实验法；二是秉承定性的个案传统，强调质的分析，与诠释学、现象学及批评理论相结合，试图减少主观研究所形成的缺失。个案研究中当个案本身很有意思，想要深入了解与之有关的问题，它就被称为**内在性个案研究**（intrinsic case study）；如果研究中的具体议题是用一个个案解释另一个个案，此种类型的个案被视为一种**工具性个案研究**（instrumental case study）；如果个案研究包括多个个案，这类个案研究被称为**集群个案研究**（collective case studies）。

个案研究的目的在于描述、解释和评价三个方面，即对某一事物或现象加以清晰的刻画和描述，提供给一系列用来再创情景和内容的陈述，给读者一种对情景中内在的意义感受；对于某些特殊现象的解释，研究者在现象中寻求模式；在评价中运用个案为决策者提供价值和信息。应注意的是个案与案例有所不同，个案研究采用的是目的抽样。

（二）个案研究的基本特征与程序

1. 个案研究具有四个基本特征

（1）通过聚焦在特别的事例上来研究一种现象。包括一系列过程、事件、个人或研究者感兴趣的其他事，如在学校体育研究中的教学计划、课程、教师角色和体育事件等。

（2）对每一个事例进行研究。一项个案研究中包括了有关一个特例的大量资料汇集，以此代表整个现象。

（3）研究在自然背景下的现象。个案研究包含了田野工作的部分内容。

（4）呈现研究者和被研究者的观点。

2. 个案研究的基本程序

以下是质的研究中个案研究的基本程序，从中可以看出个案研究的关键要素。

（1）对一个有限系统进行深度研究，判断个案的信息量和重要性。

（2）提出有关的研究问题，并探寻具有特殊意义的个案细节。

（3）收集多种资料进行深度理解。

（4）详细描述个案并分析个案所反映的主题。

（5）将个案置于它的背景中。

（6）解释个案的意义。

（三）个案研究实例[1]

王斌等人采用半结构式访谈，对张健成功横渡渤海海峡顶峰体验进行了个案研究。研究内容包括认知定向、认知策略、有准备的训练、现象学体验及成功横渡的意义。限于篇幅，将研究结果的现象学体验摘引如下：

（1）总的体验

“对于我来说，这（横渡过程）是一种非常状态，一般人无法体会到的。”

[1] 王斌，马红宇，侯斌. 对张健成功横渡渤海海峡顶峰体验的研究［J］. 体育科学，2002,(1):15-17.

(2) 初下水时

平静，期待："心态非常平静，还想尽快下去，一下水就做好了打持久战的准备，想在水里泡个10d、8d的。"

(3) 横渡中途

"从下水到第二天早上8点，这24小时感觉最为艰难，水流急，又呕吐等。第二天早上8点，心态开始逐渐好起来，一直到上岸，比第1天好得多。"

时间知觉："吹哨进食，进一次食就1小时过去了。"

空间知觉："在游泳池里感觉游泳池挺大的，但是到了海里就感觉游泳池太小、太温馨了，大海真是无边无沿。"

疼痛："第二天下午，游泳衣就开始磨了，火辣辣的，越来越疼。""口腔里先是起红瘊，泡久以后舌头变厚，厚了三四倍，特别白，长上了有机物，比平常大三四倍，吞咽都很困难，固体东西根本吃不了，只能用液体东西。"

困乏："到夜里，一开始还明白，游着游着就糊涂了，最严重的时候就已经睡着了，但手还在动，人家拼命吹哨，又醒了，第四夜有一两次困劲就顶过去了。第二天夜里，(睡觉)次数更多，从(凌晨)一两点钟到三四点钟，这两小时之间时而糊涂，时而明白，感觉打个盹后精神很好。"

恐惧："白天10米左右就一个海蜇，晚上游的时候，怕看不清碰到海蜇，海蜇的须上有毒，要刺到心脏上，人就完了，要刺到大腿上，大腿就肿了。""再就是怕晚上一时迷糊，游丢了。"

困惑："我感觉军舰带错路了，就说方向是不是不对，带错路了，应该往那边走，大队长让我相信他，说肯定没错，但是他也没解释。从下午两点钟看到这个岛，到晚上十一二点钟还在这儿转悠。我就急了，我往那边游，但渔船老压我。我说，肯定错了，大队长很动情地说，让我相信他。"

无力感："(由于)吃能量棒，胃里没有饱胀感，感觉没吃饱，身上没劲。"

想要放弃："第一天晚上九十点钟的样子，真的很难受，想吐没吐，往上翻，特晕，跟人喝醉酒了一样，特难受，想着这才刚开始，怕以后一直是这样，又吃不下东西，没能量，就肯定不行了，想上船。"

顶峰体验："第三天早上，我看到太阳了(前两天都是阴天)。到6点钟，我已经能看到岸了，心情特别好，给吃的也不吃了，体力也不留了，一阵猛冲，水也越来越暖和，在水里待着也不难受了，看到对岸的建筑都跟仙境似的，隐隐约约，心情非常好，高兴、兴奋，我感觉已经成(功)了。"

(4) 完成横渡

放松，解脱："终于完成了，心情很放松，解脱了，那种感觉，明天不用再练了。”

……

从他的描述中可以发现顶峰体验的几个特征，即希望倍增（看到了太阳，看到了对岸）、心情愉悦（高兴、兴奋、心情非常好，看到对岸的建筑就跟仙境似的）、动作的兴奋与容易（给吃的也不吃了，体力也不留了，一阵猛冲）、舒适的体验（在水里也不感到难受了）。

三、行动研究

（一）行动研究概述

行动研究是从20世纪30年代得以运用和发展的。美国的约翰·柯立尔（J. Collier）等人在探讨印第安人与非印第安人之间关系的方案时，让局外人士参与到研究过程中，并与他的同事合作，他将这种方式叫作**行动研究**（action research）。行动研究是指情境的参与者基于解决实际问题的需要，与专家、学者或组织中的成员协力合作，以问题为研究主题，以解决问题为目的进行系统的研究。这种研究被运用于社会科学的各个领域，特别是组织研究、社区研究和教育研究。行动研究不仅仅是质的研究的表现形式，而且体现了质的研究的发展方向。质的研究越来越强调研究的行动功能，研究者越来越注意自己的研究对被研究者的意义，以及实际工作者参与研究的可能性。行动研究特别强调实践者的参与，具有“边研究、边行动、边反馈”的特征，这种研究方式对探讨体育教育训练学领域中的实际问题，提高体育教师和教练员业务水平具有重要的指导意义。虽然行动研究为解决体育运动实践中的问题提供了一种良好的形式，但要通过广大体育教师和教练员的参与，将其应用于解决实际问题中，才能真正发挥效力。

（二）行动研究的基本程序

行动研究的基本程序主要包括以下几个步骤：

（1）发现和界定问题；

（2）拟定行动计划；

（3）采取行动，并在行动中评价；

（4）对整个过程进行反思和进一步调整，计划下一个研究过程。

（三）行动研究应用实例评鉴

欧群慧在《对一位研究型教师成长的追踪》的研究中[1]，主要采用了质的研究方法。研究对象是桂林某中学的一位高一英语女教师L。她在研究中体现了两条研究思路，一条是她对这位教师所进行的研究的描述，通过听课和访谈，描述这位教师如何在教学中发现问题、明确问题、解决问题；这位教师是如何确定研究课题、制订研究计划的。另一条研究思路是她对这位教师的研究所进行的研究，即对行动研究的研究。根据哈贝马斯（J.Habermas）对行动研究的分类，可将行动研究分为技术性行动研究、实践性行动研究和解放性行动研究三种。此论文倾向于实践性的行动研究，研究者与被研究者之间是一种合作的伙伴关系，论文还提供了行动研究常见的田野日志（研究日志）和课堂实录，并尝试提出自己的理论。特别需要指出的是，这种"行动研究"在我国刚刚起步，迫切需要在体育科学研究中大力推广和应用。

基本术语

质的研究、预示性问题、工作设计、局外人、访谈、深度访谈、观察、本土概念、类属分析、情境分析、实物分析、扎根理论、叙事研究、个案研究、行动研究。

思考题

1. 什么是质的研究？它与量的研究有什么区别？试举例说明。
2. 质的研究有什么特点？在体育科学研究中采用质的研究的要求是什么？
3. 请结合质的研究设计，分别进行一次访谈和观察，并整理结果，写出叙事研究或个案分析报告。
4. 从难度上看，你认为质的研究与教材中提及的其他研究方法相比如何？请说明理由。
5. 从中文体育类核心期刊上选择2~3篇文献，指出所选方法的优点和缺点是什么？还有其他什么方法可供选择？

[1] 陈向明，等. 在行动中学作质的研究［M］. 北京：教育科学出版社，2003:3–67.

推荐阅读书目

[1] 陈向明. 质的研究方法与社会科学研究［M］. 北京：教育科学出版社，2001.

[2] 陈向明. 教师如何作质的研究［M］. 北京：教育科学出版社，2001.

[3] 陈向明，林小英.如何成为质的研究者——质的研究方法教与学［M］. 北京：教育科学出版社，2004.

[4] 杰克.R.费林克尔，等. 教育研究的设计与评估［M］. 蔡永红，等译. 北京：华夏出版社，2004.

[5] 白芸. 质的研究指导. 北京：教育科学出版社，2002.

[6] 钟秉枢. 成绩资本和地位获得——我国优秀运动员群体社会流动的研究［D］. 北京：北京体育大学出版社，1998.

第十一章

体育科学研究论文的撰写、报告与评价

现代体育科学发展的基本特点是其科学知识、科学理论和科学方法的历史继承和发展。知识的创新、传播和应用已成为未来经济和社会发展最重要的、取之不竭的资源和动力，人类已进入知识经济时代。研究报告、论文或学位论文、学术著作和会议论文是研究人员相互之间，或与其他对某项科学感兴趣的人之间在时间和空间上进行交流的主要途径。信息技术和计算机技术的迅猛发展也许改变了此类交流的速度和范围，但并没有削弱写作作为交流手段的重要性。本章主要就体育科学研究论文的撰写、报告与评价进行陈述。

第一节　科研论文的撰写要遵循国际惯例

高等学校既是培养人才的摇篮，又是知识创新的源头，大学生是未来科技创新的主力军。为了使我国体育科学研究的成果尽快走向世界，使创新成为科研人员和大学生的思维习惯，在科技论文写作体例和实施方法等方面，必须遵循国际惯例，了解并掌握符合国际科学界与同行撰写科研论文的习惯做法。

一、科研论文的定义与特点

科研论文（scientific research papers）是指在某一科学研究领域专门表达对这一领域研究的新成果、新知识的科学记录，以及这些原理应用于实践中取得新进展的科学总结。它属于一种独特的文体，从现代信息学、传播学和接受学的角度来看，科学研究的论文应具备以下特点：

（一）科研论文的标准化

标准化是社会生产的产物，是科学管理的基础和保证。作为科学知识拓展、传播的载体，科研论文的撰写要遵循标准化的有关规定和国际科学界的一般惯例。标准化工作起始于20世纪初，1947年在日内瓦成立了国际标准组织（International Standards Organization 简写为ISO）。它有182个技术委员会、640个分委员会和近千个工作机构，其中与科研论文撰写相关的有文献工作标准化技术委员会；技术制图标准化委员会；量值、单位、符号及换算系数标准化技术委员会；术语标准化技术委员会；印刷技术标准化委员会；符号和代码标准化委员会。我国在科技论文和成果报告方面已经颁布了数十个标准，如《科学技术报告、学位论文和学术论文的编写格式》《文后参考文献著录规则》等。随着科技信息交流的网络化，国际标准化期刊从撰稿格式、编排格式和出版格式都有新的要求，那么，体育科研论文的写作，必须在格式、名词、术语、符号、计量单位等方面符合标准化的规则。例如，《体育科学》《北京体育大学学报》《中国体育科技》等体育科技期刊，已加入了中国学术期刊（光盘版）并入网“万方数据”系统科技期刊群，对体育科研论文的撰写提出了更高的标准化要求。

（二）科研论文的创新性

学术论文非常重要的一点是记录作者最新创造、发明及其新的见解、观点或思路，这就是论文的创新性。创新性是指过去没有或与旧的不同的成果、心得、方法、理论等，这是科学研究最强调和突出的思想及精神。人类社会正在经历新的科学技术革命，科学技术已成为经济社会发展的决定性力量。加快体育科学技术的发展，关键在于自主创新。作为人类知识继承和载体的科技论文，创新性是它最根本的特征。体育科技论文的创新体现在建立新的理论、提出新的设想及观点、探索新的方法、新技术在体育实践中的应用、以前所未有的方式增加知识、关注在体育科学中前人没有注意的一个领域等，如果没有创新的特征，就不能称之为体育科学研究论文。

（三）科研论文的继承性

科学不是哪一个时代的产物，而是历史的积累和发展的结果。由于体育科学研究对象的多样性和复杂性，人们对其规律的认识往往有一个去粗取精，去伪存真，由表及里，由此及彼的过程，逐步发展成系统的科学知识。在科学研究上的大胆创新和充分尊重前人的研究成果，是辩证统一的。科学研究贵在创新，没有创新就没有科学的前进与发展。从这种意义上来说，科学没有第二，但是科学又是连续性的，是对前人科学知识的继承和发展，正如大科学家牛顿所说：“他所以能比别人看得更远，只是因为他是站在巨人的肩膀之上。”科学研究论文的继承性，体现在论文要尊重前人已取得的成果之上。任何研究论文，必须充分掌握现有的科学文献，而且要正确地引用、表述前人的成果，并明确地根据有关规定和格式著录在论文中。

二、科研论文的类别与结构

现代科技论文，根据它的内容特征、学科性质及写作目的等可以分为不同的类型。我国的科研论文一般按期刊内容特征分为社会科学和自然科学技术两大类。作为高等学校的大学生，由于培养目标和专业要求不同，不同层次的毕业论文有着不同的具体要求，但其内容特征及要求与社会科学类和自然科学技术类论文基本相同。

（一）大学生的毕业论文

1. 专科生的毕业论文

在未来的社会，创新能力已成为经济社会发展和综合国力竞争的决定因素，围绕着素质教育和技术创新，各高等院校的专科毕业生均要求撰写毕业论文或毕业设计说明书，目的在于培养学生全面、综合地运用所学专业的基础理论、专门知识、基本技能分析和解决实际问题的能力。专科毕业论文或毕业设计是在教师指导下独立完成的一份带总结性的作业，是从事科学研究的初步尝试，要求学生初步掌握科学研究的方法和技能，加强科学研究规范的基本训练，取得撰写科研论文和创新设计的初步经验，为今后走向工作岗位独立解决问题打下良好的基础。专科生的毕业论文，经审阅和答辩通过后，可以作为毕业的综合性考核科目，但不授予学位。

2. 本科生毕业（学位）论文

高等学校本科毕业论文是毕业生为了获得学士学位而写的学术论文。根据《中华人民共和国学位条例》第 4 条规定，“高等学校本科毕业生，成绩优良，达到下述水平者，授予学士学位：较好掌握本门学科的基础理论、专门知识和基本技能；具有从事科学研究工作或担负专门技术工作的初步能力”。本科生的学士论文侧重于科学研究规范的基本训练，综合考察大学生运用所学专业理论、知识、技能分析和解决问题的能力。学士论文的撰写，应在教师的具体指导下，在规定的时间内（一般为 3~5 个月）完成。根据条例的规定，学士学位论文要根据学士学位授予程序，经过由本校讲师以上教学人员所组成的学位评定委员会通过，才能获得学士学位。成人高等教育本科毕业生申请学士学位，除了以上规定之外，还须参加由省市教育部门组织的外语和一门主干课程（或综合）考试，通过后由所在学校学位主管部门授予学士学位。

3. 硕士生毕业（学位）论文

硕士生毕业论文是攻读硕士学位研究生所写的学术论文，其学术水平要比学士论文高。根据《中华人民共和国学位条例》第 5 条的规定，“高等学校和科学研究机构的研究生，或具有研究生毕业同等学力的人员，通过硕士学位的课程考试和论文答辩，成绩合格，达到下列学术水平者，授予硕士学位：在本门学科上掌握坚实的理论基础和系统的专门知识、具有从事科学研究工作或独立担负专门技术工作的能力”。硕士学位论文的撰写，也是在研究生导师的指导下完成的，时间一般在一年以上，要求研究生对本门学科的基础理论问题、重要疑难问题及实际应用问题，有个人独立的见解，对所研究的课题有独创性，能够对本学科学术水平的提高和本专业的发展起到推动作用。硕士学位的授予应聘请1~2位与本论文有关的专家评阅，评阅人应当写出详细的学术评语，供论文答辩委员会参考，答辩委员会根据答辩情况，就是否授予学位作出决议，并报送学位评定委员会，通过后方可授予硕士学位。在职人员的学位论文和申请学位按有关规定及办法进行。

4. 博士生毕业（学位）论文

博士生毕业论文是攻读博士学位研究生所写的学术论文。根据《中华人民共和国学位条例》第6条的规定，“高等学校和科学研究机构的研究生，或具有研究生毕业同等学力的人员，通过博士学位的课程考试和论文答辩，成绩合格，达到下列学术水平者，授予博士学位：在本门学科上掌握坚实宽广的理论基础和系统深入的专门知识、具有独立从事科学研究的能力、在科学或专门技术上作出创造性的成果”。博士学位论文是最高层次的学位论文，它要求在理论上和实践中超前提出新见解，具有独创性的成果，对别人进行同类性质问题的研究和其他问题的探讨有明显的启发性和引导性，在某一研究领域有突破性进展。博士学位论文的撰写也在一年以上，论文的答辩和学位获得有更为详细的规定。

（二）体育科研论文的基本结构

体育科研论文因其研究内容、研究方法及其学科性质等方面的不同，在论文的基本结构上也有所差异，但总体结构的要素大同小异。论文的基本结构一般包括题目、署名、工作单位、摘要、关键词、中图分类号、引言、正文、结论、致谢、参考文献及附录等部分。国家标准《科学技术报告、学位论文和学术论文的编写格式》对其做了比较明确的规定。论文结构主要分为以下三大部分：

1. 前置部分

体育科研论文的前置部分主要有题目、署名、工作单位、邮政编码、摘要、关键词、中图分类号、文献标识码、文章编号等内容，当然有的内容是科技期刊为作者提供的。作为大学生的毕业论文或设计还有封面、题名页、目录等内容。体育科研论文前置部分的写作与要求见本章第二节写作体例部分。

2. 主体部分

体育科研论文的主体部分主要有引言、正文或本论、研究对象与方法、结论与建议、致谢、参考文献等内容。主体部分是科技论文的核心组成部分，在论文的整体结构上，层次的标号必须统一，国际惯例的做法是用阿拉伯数字编号分级，层次清晰、引用简便、一目了然。主体部分的层次结构示例如下：

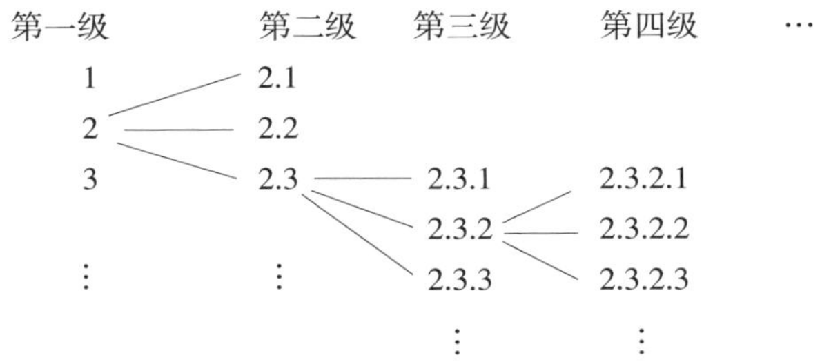

3. 附录与结尾部分

体育科研论文的附录与结尾部分主要有与研究内容有关的附件（如调查问卷、数据图表等）、实验装置、实施细则、索引、后记、译名对照、封底等内容。有的科技论文将致谢、注释和参考文献也放在这部分。

上述文稿的三个部分，在科技论文投稿中的某些细节上也不太一致，要根据不同科技期刊的约定与要求进行，如有的期刊须注明作者的个人信息、题注等，国际交流论文还须在新的一页有 running head，也就是我们所说的页眉等。

第二节　体育科研论文写作体例

由科技论文的特点可知，科学研究论文的写作，主要是对客观事物或事理进行阐述、说明，因而在科研论文的写作中要遵循正确性、客观性和可读性等原则。美国学者罗伯特·巴拉斯曾提出科技论文写作的 10 项要求，即切题（合乎主题、适合读者、切合需要）；均衡（表示了解到问题的各个方面，内容协调）；简洁（表达思想时简明扼要，没有多余的内容）；一致性（在使用数字、名称、缩写和符号方面；在拼字、标点以及术语使用方面）；控制性（仔细地考虑文章的编排、表达和时序，以预定的意义影响读者，主要是文章内容的组织）；趣味性（吸引读者的注意力）；说服力（通过提出有力的证据，使读者信服）；精确性（通过计算或精确的测量尽可能恰当地提出严密的定义）；真诚感（态度坦率、诚挚、谦逊）；和谐度（全文浑然一体并紧凑）。从他的这些要求来看，科研论文的写作不仅要考虑其真实和准确的科学性及简明的文风，更重要的是要考虑标准化和规范化的写作要求。

一、体育自然科学技术类论文的写作体例

（一）题　名

1. **题名**（topic）也称题目、文题、标题。题名的写作应以简明确切的词语反映论文中最重要的特定内容，要符合编制题录、索引和检索的有关原则，并有助于选定关键词。

2. 中文题名一般不超过 20 个汉字，必要时可以加副标题。

3. 题名中的专业术语要符合标准或规范。题名应避免使用非公知的缩写词、字符、代码和公式等，如果使用缩写词或代码等，必须加引号，并在正文部分说明。

4. 题名的写作不可用标语口号式命题，也不可用经过艺术加工的文学语言或冗赘夸大的广告式命题。

（二）作者署名、工作单位及作者的责任和义务

论文的署名预示着作者文责自负和拥有知识产权，署名的秩序按对文章贡献大小排列。为了对论文的科学性负责，国际惯例是在所有作者中表明通讯作者。通讯作者经常是课题负责人，是论文学术思想的提出者，是真正能对论文全面负责的作者。如果只享受论文作者的荣誉，而对论文中产生的问题拒绝承担责任，实际上是一种违反科学道德的行为。例如，美国 Rockefeller 大学前校长、诺贝尔奖获得者 Baltimore 教授，由于其署名的一篇文章被揭发数据有弄虚作假的情况，经美国有关部门调查认为属实，虽然后来问题得到澄清，Baltimore 教授本人对具体工作中的弄虚作假也并不知情，但当时作为

作者之一，仍不得不对此承担责任并引咎辞去 Rockefeller 大学校长职务[1]。

论文作者须标明其工作单位、所在城市的邮政编码，并注明第一作者的年龄、性别、职称、电话号码等信息，以利于信息反馈与交流。单位名称与省市名之间应以逗号“,”分隔，整个数据项用圆括号（ ）括起。

（三）摘　要

1. **摘要**（abstract）是对论文内容准确概括而不加注释或评论的简短陈述，摘要的内容应包括与论文同等量的信息。在摘要的写作中，要简短地说明本课题的前提、目的、任务、范围；研究对象的主要特征；研究的主要内容及所运用的原理、理论、手段和方法；主要的成果和成果的意义、实践价值及应用范围。

2. 摘要分为报道性、指示性和报道——指示性等类型。

3. 摘要的写作应具有独立性，但要忠实于原文。

4. 摘要的篇幅一般在 100~300 字之间，大学生学位论文的摘要和科技成果的摘要篇幅较多。

（四）关键词

关键词（key words）又称主题词，是将论文中起关键作用、最能说明问题、代表论文主题内容信息的词及词组或术语选出，供计算机进行情报检索之用。关键词尽量从《汉语主题词表》中选用，未被词表收录的新学科、新技术中的重要术语，以及文章题名中的人名、地名也可作为关键词，一般每篇论文为 3~8 个。

（五）英文的题名、署名、摘要、关键词

1.英文署名应符合《中国人名汉语拼音拼写法》的有关规定及国际科学界的惯例。过去我国坚持姓在名前，在国际科学界经常出现尴尬局面，使我国一些已经建立了国际声誉的科学家重新沦落科学上的无名小卒，也造成了国际上引用我国科学家论文时普遍的混乱，这不利于我国科学技术信息在国际上的交流。为此，最新中国汉语人名拼写要求姓全为大写，名的第一个字母大写，中间为空格，双名中间加连字符，姓氏与名均不缩写。例如，ZHANG Ying（张颖）、

[1] 邹承鲁. 发表科学论文要遵循国际惯例［N］. 光明日报，1998-04-21（5）.

WANG Xi-lian（王锡联）、ZHUGE Hua（诸葛华）。

2. 摘要、关键词与英文对应。摘要用第三人称表达方式，谓语动词用一般现在时或过去时，转行应遵守有关规则。英文摘要中的作者工作单位，还应在省市名及邮编之后加列国名，其间以逗号“,”分隔。

（六）中图分类号

根据《中国图书馆分类法》可查出论文所属和所涉及学科领域的分类号码，以利于论文的传播和检索。

（七）引　言

1. 引言又称前言、导言、绪论、序论或问题的提出等。引言的内容主要包括课题研究的情况、目的和背景；课题的性质、范围及重要性；对本课题已有研究成果的评述；理论分析和依据等等。

2. 引言的写作不能与摘要雷同，应开门见山、言简意赅，不要过高地评价本文的价值，或重复人云亦云的客套话。

3. 在大学生的学位论文中，尤其是在硕士、博士学位论文中，为了反映出作者已经掌握的理论基础和系统的专门知识，应具有开阔的科学视野，对研究方案作充分的论证，对有关本课题研究的历史回顾和前人研究工作的综合评述，可在引言中占有一定的篇幅。这部分内容也可如第五章所述，单独以文献综述的形式放在论文中。

4. 在具体的科研题目写作中，引言也常常是正文前的一小段文字，甚至不必列出“引言”这一项目。但无论如何，科技论文引言的内容是必不可少的。否则，所谓“来龙”不明，“去脉”也就难以辨清。

（八）正　文

1. 标题层次

（1）正文层次的标题应简短明确，同一层次的标题应有逻辑关系、意义相关，语言结构应尽量相近。

（2）各层次的标题一律用阿拉伯数字连续编码，可连续向下分解，层次号后面空 1 格，编号见本章第一节论文的基本结构。

(3) 论文中无标题的层次不应与有标题层次同样编码，可用其他的层次符号来标示，同时，要注意标题层次不过于复杂。

2. 表格的合理设计

(1) 表格是科技论文对数据或统计结果的一种有效表达形式。科技论文中一般采用三线表，结构应简洁明确，必要时可以添加辅助线。

(2) 表格必须有阿拉伯数字连续编号的表序，并有与表格内容一致的简明表题。

(3) 表的内容一般与论文文字及图的表述不重复。

(4) 表中各栏参数都应标注单位，若相邻栏的单位相同，可合并标注；若所有栏内或多数栏内的单位相同，可将相同单位标注在表的右上角，不同的单位注在有关栏内。

(5) 相邻栏内的数字或内容相同者，应重复标注或以通栏表示，不能用“同左”“同上”等字表示，如无内容，则应在空位处加一栏线或按栏位要求空出。

(6) 表中某一项需要说明时，可在此项的右上角加一呼应标注，并在表格的下方加上文字说明。

3. 图的合理设计

(1) 科技论文中的图具有示意性、科学性、自明性和艺术性等特点。图应有以阿拉伯数字连续编号的图序（如仅有一个图，可定名为附图）和简明的图题，图题应在图的正下方，图须标注量和单位。

(2) 在论文中根据相同的数据能绘制不同的图例，所以图要精选，一般不要与表格、文字叙述相冲突。

(3) 图的大小要适中，线条均匀，主辅线分明，在本章第三节有一些科研论文中常用的图，可以参考。

(4) 图中的术语、符号、单位等要与表格及文字表述相一致。

4. 计量单位

(1) 科研论文中的量和单位一律采用国际单位制（SI 制），包括基本单位、导出单位和辅助单位三类。力学里的长度（米）、质量（千克）和时间（秒）；电磁学中的电流（安培）；热学中的温度（开尔文），以及在整个科学领域中的物质的量（摩尔）和发光强度（坎德拉），这 7 个量为基本量。

（2）在给定量制中基本量的单位称为基本单位；在量制中，为这个量制基本量的函数所定义的量称为导出量，它比基本量多，导出量的基本单位称为导出单位。组合计量单位要正确表述，计量单位符号按规定表达。

（3）论文中的单位表达方式要统一，在图、表格中用符号表示数值的量和单位时，应采用量与单位相比的形式。如 m/kg。在论文的正文中，叙述到计量单位时，一般用汉字，如“每米”，不应写成“每 m”。

（4）体育科学研究论文中常用的计量单位见表 11–1。

表 11–1　体育科研论文中的常用计量单位

量的名称	量的符号	单位名称	单位符号
长度	L	千米	km
		米	m
		厘米	cm
		毫米	mm
		埃（10^{-10}m）	Å
质量、重量	m	千克（公斤）	kg
		吨	t
时间	t	秒	s
		分	min
		时	h
		日	d
物质的量	n	摩尔	mol
面积	A（S）	平方米	m^2
		公顷	hm^2
体积	V	立方米	m^3
		升	L（l）
速度	v	米每秒	m/s
加速度	a	米每 2 次方秒	m/s^2
压力、压强	p	帕斯卡	Pa
密度	ρ	千克每立方米	kg/m^3
频率	f	赫兹	Hz
摄氏温度	t	摄氏度	℃
光照度	E	勒克斯	lx

5. 数字用法

（1）凡是用阿拉伯数字且很得体的地方，在论文中均采用阿拉伯数字。

（2）公历的世纪、年代、年、月、日、时刻和年龄等均采用阿拉伯数字，在论文中要避免出现“今年”“后年”等字样。

(3) 量值中的数值应采用阿拉伯数字，并尽量用小数，避免用分数，如 $1\frac{1}{4}$ kg，应写成 1.25kg。

(4) 数值的范围，如五至十须写成 5~10，而 4×10~8×10 不能写成 4~8×10；20%~40%不能写成 20%~40%等等。

(5) 多位的阿拉伯数字不能转行，国际惯例的做法是用三位分节法书写，小数点前或后超过四位数时（包括四位数），则从小数点起，向左或向右每三位分节，节与节之间应空 1/4 个汉字的位置（不是用逗号）。例如，35 127、0.136 73、38 423.467 82 。

6. 数学公式与化学反应式等

(1) 论文中的数学公式、反应式等可另起一行，并用阿拉伯数字连续编序号，序号加括号，右顶格，公式与序号之间不用连线。

(2) 数学公式或反应式一行写不下时，可在逻辑关系符号（如≈、≥等）或运算符号（如+、−等）处转行，两次或多次转行者，应使逻辑关系符号和运算符号分别对齐。

(3) 论文中的公式，有两种书写格式，一是居中，二是在公式或反应式前空四格或六格，对公式中的符号含义需作出说明，一般情况是每个符号的说明占一行或一段，示例见本书中的公式。

(4) 在诸多的数学符号中，乘号一般用得较多，在论文中的表达也比较复杂，要注意正确的书写。例如，量的符号组合为乘积时，可直接写为 ab，不用中间加“·”；若是数字相乘，只能用“×”；若数字与符号相乘时，数字在前，符号在后，二者直接连写，如 32ab，中间不加任何符号；但数字在后，符号在前时，必须加“×”，如 ab×10；若乘式中以双字母表示的无量纲参数要用括号括起，表示它同前后参数相乘，否则，容易被误认为不是无量纲参数。

7. 外文字母

(1) 外文字母主要是指拉丁和希腊字母，有白体、黑体、草体和花体之分，有正体和斜体之别，它们各有特定的用途，表示不同的含义。应用最多的是白体和正体。

(2) 论文中正体字符常用到的地方有实验编号、试样编号、法定计量单位、化学元素和某些化学代号、某些数学符号、实验仪器、设备和产品型号、国家标准代号、人名、书名、地名和方位等等。

(3) 论文中斜体字母常用到的地方有物理量的符号、数学符号、无量纲参数和常数等等。

(4) 外文字母在论文中的书写要求，即特别注意正斜体、大小写、上下标的表示；尤其注意希腊字母和拉丁字母的区别，例如，α 与 a、γ 与 r、ρ 与 p、χ 与 x、κ 与 k 等等。

8. 标点符号

(1) 论文中标点符号的用法以国家发布的《标点符号用法》为准，外文、数学、物理、化学和生物等学科，标点符号各有专门的要求和规定，例如，外文的转行有转行符号。

(2) 论文中的特殊符号，也有它的规定和含义。例如，“—”用于连接相关的时间、地点或数字，表示起止或幅度；“~”用于连接数字，表示数值范围；“-”用于表示专业性的复合名称。

9. 名词术语

(1) 论文中的学术名词术语，应以国家标准局公布的及国际通用的名词术语为准，所有的名词术语、人名、地名及社会基本单位的名称，在论文中必须前后一致；新兴学科的术语根据学科的习惯确定，若有对应的译名，可用括号附外文原名，例如，瘦素（Leptin）。

(2) 外国的人名、地名，已有通用或被人们所熟悉的译名，在论文中按习惯写出，例如，爱因斯坦、特尔菲等。如果没有通用译名，在论文中可直接写出姓名，例如，Kreider R.B.，也可以译成中文，但原名须用圆括号，例如，哈金斯（Harkins，W.G.）。

10. 正文中的引文与注释

(1) 引文是指在论文中需要引用他人已公开出版的著作或发表的论文观点。如果是引用他人的原话，必须加引号，如果是用自己的话转述他人的主要观点，则不必加引号。

(2) 引文的来源必须是公开出版的著作或发表的论文，无论是直接引用还是转述他人的观点，都应核对准确，不可断章取义，随意增删，无论是直接还是间接引用，引文务必注明它的出处，其格式见下文的参考文献著录格式。

(3) 正文中难以理解的字句、表格中的符号或数据，以及论文是否属于基金项目等，用简短的文字加以解释，称为注释。对论文的性质、作者等信息注释一般在论文的首页，表格附表注释，其他一般在文末注，如果是著作，在文内注释的较多。

(4) 注释与参考文献的区别。参考文献是作者写作论著时所参考的文献资料，一般集中列表于文末；注释是对论著正文中某一特定内容的进一步解释或补充说明，一般在这一页页脚。参考文献序号用方括号标注，而注释一般用数字加圆圈标注(如①、②…)。

(九) 结　论

1. **结论** (conclusion) 是论文的主要结果、论点的总体概括，应准确、简明、完整、有条理，注意结论与结果的区别。

2. 在一篇论文中如果不能导出结论，也可以没有“结论”而进行一些必要的讨论。可以在结论中或讨论中提出建议、设想、改进的意见或有待解决的问题。这样，在论文的这一层次，就不能写成结论，应写为结语、结束语、建议等。

二、体育人文社会科学类论文的写作体例

体育人文社会学类论文是以体育领域内人文社会现象及其规律为研究对象的论文。体育人文社会科学一般包括体育哲学、体育经济学、体育社会学、体育法学、体育史、体育美学、体育伦理学、体育文化学、体育传播学、体育方法学、民族体育学、比较体育、奥林匹克运动等学科。这些学科的研究主要采用文献、逻辑分析、实证考察等研究方法，由于研究的选题范围广泛、学科性质不同、研究方法各异，因此出现了各种类型的体育人文社会学类的论文，其结构形式也不拘一格，不像自然科学类论文那样定型和规范，但这类论文的作者在长期的写作实践中，也沿袭并相传地形成了比较固定的基本结构形式，主要包括：题名、署名、工作单位、摘要、关键词、序论（绪论)、本论、结论或结语（总结)、参考文献、附录等。其中，大部分的写作体例与体育自然科学类论文相同，而在题名、序论（绪论)、本论、结论等结构上有一些区别。

（一）题　名

1. 单标题论文

单题名的体育人文社会学类的论文是用得最多的一种题名类型。它只有正标题，没有副标题。这种题名从论文主旨的需要出发，直接表明课题的实质，概括论文的主要内容，或形象地概括论文的思想意境，或提出问题引导读者深入地理解论文的主旨等等。例如，“从历代诗歌看武当兴衰史”“雾里看花说乒乓”等等。

2. 双标题论文

双标题的论文即在正标题的后面加副标题对正标题起补充、说明、烘托、强调和限定的作用，使论文的题名内容更加丰富。例如，“为人民服务：中国体育的出发点与归宿”“当代乡土生活中的抢花炮——桂北侗族地区抢花炮变化特征的实地研究”等等。

（二）序论（绪论）

1. 体育人文社会科学类论文的序论的主要任务是引出本论，它在表明课题的背景、目的、意义、性质和范围，以及基本概念的阐释等方面与体育自然科学类论文基本相同，但在提出研究的中心和问题时，没有明确的研究假想思路，或者只有大体的轮廓。同时有一些论文在序论中简要说明了该课题的研究方法，如文献检索、实地考察与调查访问等。

2. 序论的体例一般是一个或几个自然段，可以标出“序论”这一项目，也可以没有。序论的一般写法有开宗明义、提出主题；交代背景、阐述原因；提出问题、引发思考；概括总结、介绍内容；引出谬论、树立靶心等手法，作者可根据论文情况灵活应用。

（三）本　论

1. 本论部分相当于自然科学类论文的“研究结果与分析”部分，在论文中不具体地写出这一标题，通常是用小标题体现作者的观点或论述的主要问题。小标题在结构上要体现出论述问题的逻辑关系。

2. 本论部分的结构形式常有以下几种类型：

(1) 并列式结构。这种结构形式，紧紧围绕论文的中心论点，各个小标题或论点，不分主次、轻重地共同为中心论点服务，其特点是行文自然，条理清楚，便于从不同的方面进行论述，运用时要注意各层次分论点之间的内在联系和先后顺序。

(2) 递进式结构。这种结构是按照由表及里、由浅入深，围绕中心论点，层层推进、逐步深入地论述主题，各个论点的关系不是并列的，而是下一个层次的论证是上一个层次的深入和发展，其特点是具有严密的逻辑性，在论述时要注意各小标题或论点的内在联系及材料的选择运用。

(3) 综合式结构。这种结构是将上述两种结构形式相结合，围绕一个中心论点进行。大多数体育人文社会科学类的论文都采用这一结构，但也要视论述内容的复杂程度而定，万不可一概而论。在论述时，具体表现为并列中的递进或递进中的并列，或二者交错使用。

（四）结　论

1. 体育人文社会科学类论文的结论是序论中提出的问题和本论中分析论证问题之后得出的答案，是整个研究过程的结晶，是对全文的综合与概括、归纳与整理，因此，这类论文必须很清楚地将论述的中心思想体现出来，但又不累赘重复。

2. 结论的写作体例与主要内容可以是一个自然段，也可以包括若干个自然段，即可以表明“结论（结束语）”等层次的标题，又可以没有。但无论如何，其主要内容应包括以下几个方面：

(1) 对全文提出作者总体性的判断和总结性的见解。

(2) 为后人指明进一步的研究方向，同时表明研究中的不足与缺陷。

(3) 对课题研究中尚未解决的问题提出预想、建议。

三、文后参考文献著录意义与规则

文后参考文献（bibliographic references）是指为撰写或编辑论文和著作而引用的有关文献信息资源[1]。2005 年 3 月 23 日，国家质量监督检验检疫总局和中

[1] 中华人民共和国国家质量监督检验检疫总局，中国国家标准管理委员会. GB / T7714—2005 文后参考文献著录规则［S］. 2005-10-01 实施.

国标准化管委会发布了 GB/T7714—2005《文后参考文献著录规则》，代替 GB/T7714—1987。该标准非等效采用国际标准 ISO 690 和 ISO 690-2，规定了各个学科、各种类型出版物的文后参考文献的著录项目、著录顺序、著录用的符号、各个著录项目的著录方法，以及参考文献在正文中的标注法。它是专供著者和编辑使用的文献著录规则。

（一）著录参考文献的意义

按参考文献提供的目的划分，可分为引文文献、阅读型文献和推荐型文献。引文文献是著者在撰写或编辑论著的过程中，为正文中的直接引语（数据、公式、理论、观点等）或间接引语而提供的有关文献信息资源；阅读型文献是著者在撰写或编辑论著的过程中，曾经阅读过的文献信息资源；推荐型文献通常是专家或教师为特定读者、特定目的而提供的，可供读者阅读的文献信息资源。文后参考文献主要指引文文献及阅读型文献，是论著的必要组成部分，其意义和作用主要体现在以下几点[1]。

1. 体现科学的继承性，尊重知识产权。
2. 精练文字，缩短篇幅。
3. 便于编辑和审稿人评价论著水平。
4. 与读者达到信息资源共享。
5. 利于通过引文分析对期刊水平作出客观评价。
6. 促进科学情报和文献计量学研究，推动学科发展。

（二）参考文献著录格式说明

“国标”给出了**顺序编码制**（numeric references method）和**著者-出版年制**（first element and date method）两种著录体系，前者指引文采用序号标注，参考文献表按引文的序号排序；后者指引文采用著者-出版年制标注，参考文献表按著者字序和出版年排序。鉴于我国的出版物绝大多数采用顺序编码制，在此主要对其进行说明。

[1]　陈浩元. 科技书刊标准化 18 讲［M］. 北京：北京师范大学出版社，2000：204-205.

1. 参考文献在正文中的标注法

(1) 按正文中引用的文献出现的先后顺序用阿拉伯数字连续编码，并将序号置于方括号中。

(2) 同一处引用多篇文献时，将各篇文献的序号在方括号中全部列出，各序号间用“,”。

(3) 如遇连续序号，可标注起讫号“–”。

示例：张三[1] 指出……李四[2–3] 认为……开成了多种数字模型[7,9,11–13] ……

(4) 同一文献在论著中被引用多次，只编 1 个号，引文页码放在“[ ]”外，文献表中不再重复著录页码。

示例：张××[4]15–17 ……；张××[4]55 ……；张××[4]101–105 ……。

2. 文献表著录使用的符号

国标规定著录用符号为前置符（[ ]、（ ）、/、–除外），各篇文献序号可用方括号 [采用著者–出版年制的每条文献的第一个著录项目（如主要责任者等）前不用任何标志符号]。

规定的标志符号如下：

. 用于题名项、析出文献题名项、其他责任者、析出文献其他责任者、连续出版物的“卷、期、年、月或其他标志”项、版本项、出版项、出处项、专利文献的“公告日期或公开日期”项、获取和访问路径以及“著者–出版年制”中的出版年前。每条文献的结尾可用“.”号。

： 用于其他题名信息、出版者、引文页码、析出文献的页码、专利国别前。

， 用于同一著作方式的责任者、“等”或“译”字样、出版年、期刊年卷期标志中的年或卷号、专利号、科技报告号前。

； 用于期刊后续的年卷期标志与页码、同一责任者的合订题名前。

// 用于专著中的析出文献的出处项前。

( ) 用于期刊年卷期标志中的期号、报纸的版次、电子文献更新或修改日期以及非公历纪年。

[ ] 用于文献序号、文献类型标志、电子文献的引用日期以及自拟的信息。

/ 用于合期的期号间及文献载体标志前。

– 用于起讫序号和起讫页码间。

3. 文献类型和电子文献载体标志代码

表 11-2　文献类型和标志代码

文献类型	标志代码
普通图书	M
会议录	C
汇编	G
报纸	N
期刊	J
学位论文	D
报告	R
标准	S
专利	P
数据库	DB
计算机程序	CP
电子公告	EB

表 11-3　电子文献载体和标志代码

载体类型	标志代码
磁带(magnetic tape)	MT
磁盘(disk)	DK
光盘(CD-ROM)	CD
联机网络(online)	OL

（三）几种主要文献的著录格式

1. 专　著

专著（monographs）指以单行本形式或多卷册形式，在限定的期限内出版的非连续出版物。它包括以各种载体形式出版的普通图书、古籍、学位论文、技术报告、会议文集、汇编、多卷书、丛书等。

其著录格式为：

[序号] 主要责任者. 题名：其他题名信息 [文献类型标志（电子文献必备，其他文献任选）]．其他责任者（任选）．版本项. 出版地：出版者，出版年：引文页码 [引用日期（联机文献必备，其他电子文献任选）]．获取和访问路径（联机文献必备）．

示　例：

[1] 广西壮族自治区林业厅. 广西自然保护区[M]. 北京:中国林业出版社，1993.
[2] 霍斯尼 R.M. 谷物科学与工艺学原理 [M] . 李庆龙，译. 2 版. 北京：中国食品出版社，1989：15-20.
[3] 孙玉文. 汉语变调构词研究 [D] . 北京：北京大学出版社，2000.
[4] 王夫子. 宋论 [M] . 刻本. 金陵：曾氏，1845（清同治四年）.
[5] 赵耀东. 新时代的工业工程师 [M/OL] . 台北：天下文化出版社，1998 [1998-09-26] . http://www.ie.nthu.edu.tw/info/ie.newie.htm.
[6] 全国文献工作标准化技术委员会第七分委员会. GB/T 5795—1986 中国标准书号 [S] . 北京：中国标准出版社，1986.
[7] PEEBLES P Z，Jr. Probability, random variable, and random signal principles [M] . 4th ed. New York: McGraw Hill, 2001.

2. 专著中的析出文献

析出文献（contribution）指从整本文献中析出的具有独立篇名的文献。

其著录格式为：

[序号] 析出文献主要责任者. 析出文献题名 [文献类型标志] . 析出文献其他责任者//专著主要责任者. 专著题名. 出版地：出版者，出版年：析出的页码 [引用日期] . 获取和访问路径.

示　例：

[1] 白书农. 植物开花研究 [M] //李承森. 植物科学进展. 北京：高等教育出版社，1998：146-163.
[2] 韩吉人. 论职工教育的特点 [G] //中国职工教育研究会. 职工教育研究论文集. 北京：人民教育出版社，1985：90-99.

3. 连续出版物（期刊、报纸）中的析出文献

连续出版物（serials）指一种载有卷期号或年月顺序号、计划无限期地连续出版发行的出版物。它包括以各种载体形式出版的期刊、报纸等。

[序号] 析出文献主要责任者. 析出文献题名 [文献类型标志] . 连续出版物

题名：其他题名信息，年，卷（期）：页码［引用日期］．获取和访问路径．

示　例：

［1］张旭，张通和，易钟珍，等．采用磁过滤 MEVVA 源制备类金刚石膜的研究［J］．北京师范大学学报：自然科学版，2002，38（4）：478–481．

［2］傅刚，赵承，李佳路．大风沙过后的思考［N/OL］．北京青年报，2004 –04 –12（14）［205 –07 –12］．http://www.bjyouth.com.cn / Bqb / 20000412/GB/4216%5ED0412B1401.htm.

［3］丁问祥．数字革命与竞争国际化［N］．中国青年报，2000–11–20（15）．

4. 专利文献

其著录格式为：

［序号］专利申请者或所有者．专利题名：专利国别，专利号［文献类型标志］．公告日期或公开日期［引用日期］．获取和访问路径．

示　例：

［1］西安电子科技大学．光折变自适应光外差探测方法：中国，01128777. 2［P/OL］. 2002–03–06［2002–05–28］．http://211.152.9.47/sipoasp/zljs/hyjs–yx–new. asp?recid=01128777.2&leixin=0.

5. 电子文献

电子文献（electronic documents）指以数字方式将图、文、声、像等信息存储在磁、光、电介质上，通过计算机、网络或相关设备使用的记录有知识内容或艺术内容的文献信息资源，包括电子书刊、数据库、电子公告等。

其著录格式为：

［序号］主要责任者．题名：其他题名信息［文献类型标志/文献载体标志］．出版地：出版者，出版年（更新或修改日期）［引用日期］．获取和访问路径．

示　例：

［1］萧钰．出版业信息化迈入快车道［EB/OL］．（2001–12–19）［2002–04–15］．http://www.creader.com/news/ 200112190019.htm.

（四）文献著录中应注意的问题

1. 责任者姓名一律采用姓前名后的著录形式。责任者著录时，3 人以下全部著录，责任者之间用“,”分隔，3 人以上可只著录前 3 人，后加“，等”，外文用“，et al”。无责任者时应注明“佚名”。用阿拉伯数字顺序编码的文献序号不能颠倒错乱。

2. 多次引用同一作者的同一文献，只编 1 个首次引用的序号。同一出版物中不要混用两种著录体制。第 1 版本不著录，其他版本说明需著录。

3. 西文期刊刊名的缩写可参照 ISO 4《文献与文献——出版物题名和标题缩写规则》的规定。

4. 文献表中的序号与正文中的要一一对应。

四、体育科学研究中的常用图例

科学研究中的统计图形，是指用点的位置、线段的升降、直条的长短或面积的大小等来表达统计资料的一种形式，其特点是简明生动、形象具体和通俗易懂。因此，在现代体育科学研究中各种图例的含义及掌握绘图技术是研究工作中必备的条件与工具。下述常用图例均可以在统计软件 SPSS 或 Excel 中实现。

（一）条形图

条形图（bar charts）是利用相同宽度条形的长短或高低表现统计数据大小和变动的统计图。体育科研中常用的有单式条形图和分组条形图。

1. 单式条形图：是以若干个平行且等宽的矩形来表现数量对比关系的一种图形，各条之间有间隙。例如，30 名学生体育选修课情况的单式条形图（图 11–1）。

2. 分组条形图：它是指由两条或两个以上条件组成一组的条形图，组与组之间有间隙，每组内条之间无间隙。例如，上述的 30 名学生又按性别来分，其分组条形图如图 11–2 所示。

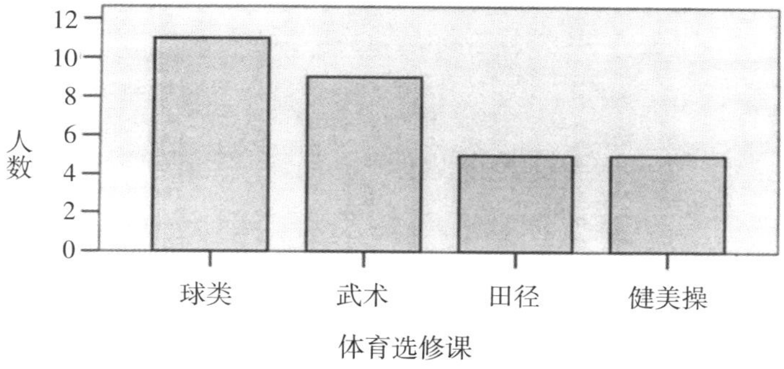

图 11-1 30 名学生体育选修课情况的单式条形图

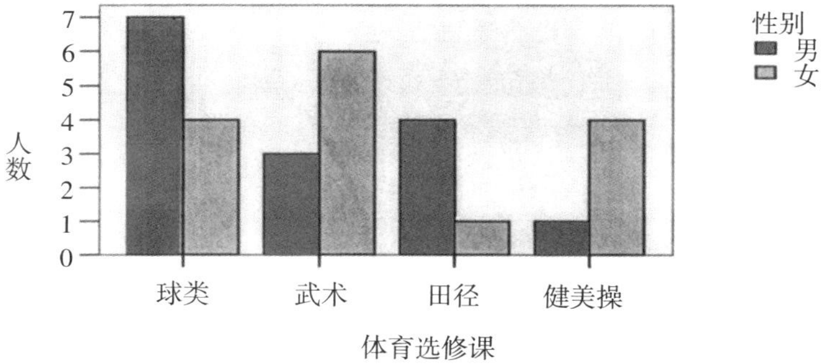

图 11-2 30 名男女学生体育选修课分组条形图

（二）线 图

线图（line charts），又称曲线图，它是用线条的升降来说明现象变动情况的一种统计图，主要用于表示现象在时间上的变化趋势、现象的分配情况和两个现象之间的依从关系等。线图可分为单线图、多线图、垂线图。

1. 单线图：是用一条折线表示某种现象的变动趋势的统计图。例如，全国抽样调查的 13~18 岁男学生体重随年龄增长的单线图（图 11-3）。

2. 多线图：是用多条折线同时表示多种现象变动趋势的统计图。例如，全国抽样调查的 13~18 岁男学生的体重、身高、胸围随年龄变化的多线图（图 11-4）。

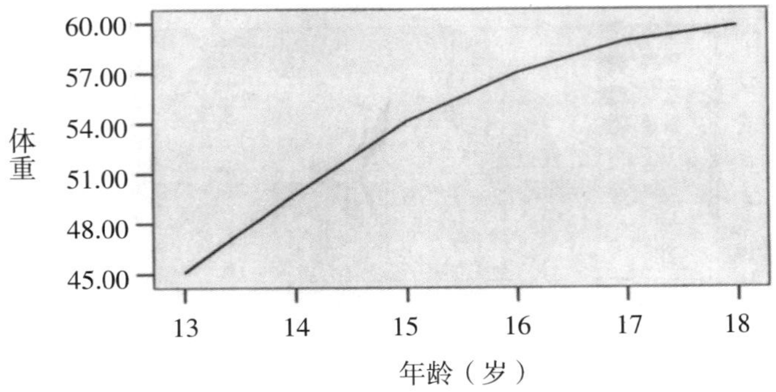

图 11–3　全国 13~18 岁男学生体重随年龄增长的单线图

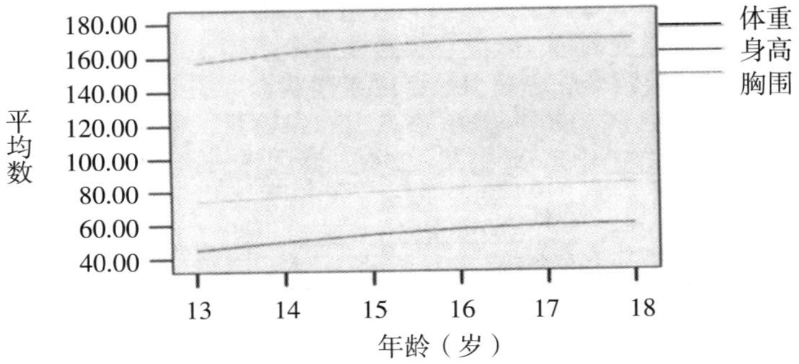

图 11–4　全国 13~18 岁男学生体重、身高、胸围变化的多线图

3. 垂线图：它是反映某些现象在同一时期内差距的统计图。例如，我国男女大学生在不同年代体重差异的垂线图（图 11–5）。

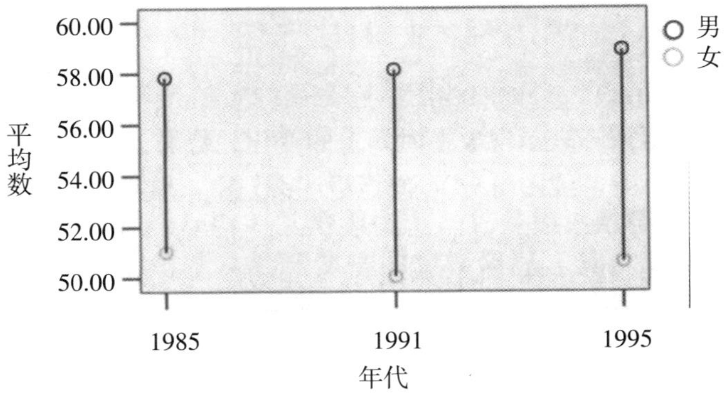

图 11–5　男女大学生在不同年代体重差异的垂线图

（三）面积图

面积图（area charts）是用线段下的阴影面积或构成圆的各个部分的比例来表示现象的变化或现象内部结构的状况。面积图有单面积图、堆栈图、圆饼图，常用的是圆饼图。例如，某排球队得分因素的圆饼图（图 11–6）。

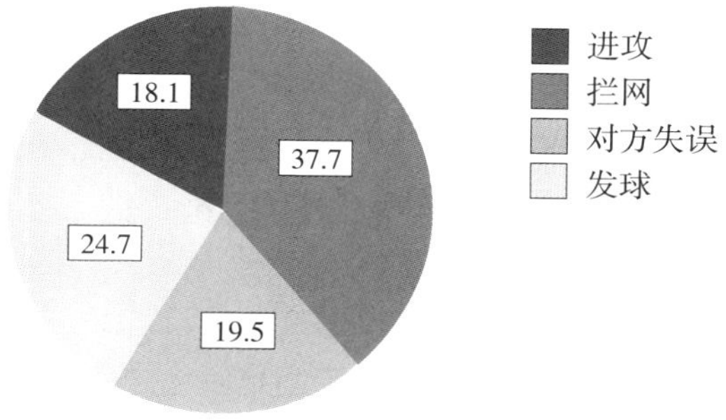

图 11–6　某排球队得分的 4 种因素圆饼图

（四）帕累托图

帕累托图（preto charts）又称主次因素图，它是对分类轴上的每一种类型的变量产生一个条形图，并按各种因素发生次数多少，从左到右顺序排列，帕累托曲线对分类轴上的每个变量值进行类加。根据变量描述模式的不同，可生成不同类型的帕累托图，通常将累积百分比分成三个部分，累积构成比落在 0%~80%区间为主要因素；累积构成比落在 80%~90%区间为次要因素；累积构成比落在 90%~100%区间为一般因素。例如，某校 30 名学生在体育练习中损伤原因帕累托图（图 11–7）。

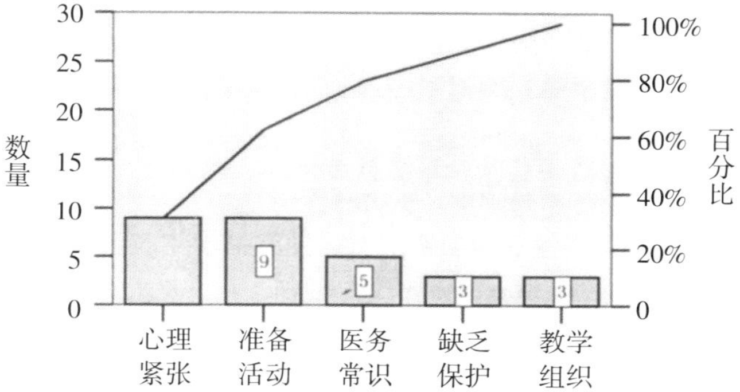

图 11–7　某校 30 名学生在体育练习中的损伤原因帕累托图

（五）箱　图

箱图（boxpiots）又称箱线图，它是描述数据分布的一种统计图形，利用它可以从视角的角度观察变量值的分布情况，其主要表示变量值的中位数、第 25 百分位数、第 75 百分位数等统计量。例如，某校 52 名男学生纵跳成绩按年龄分组的箱线图（图 11–8）。

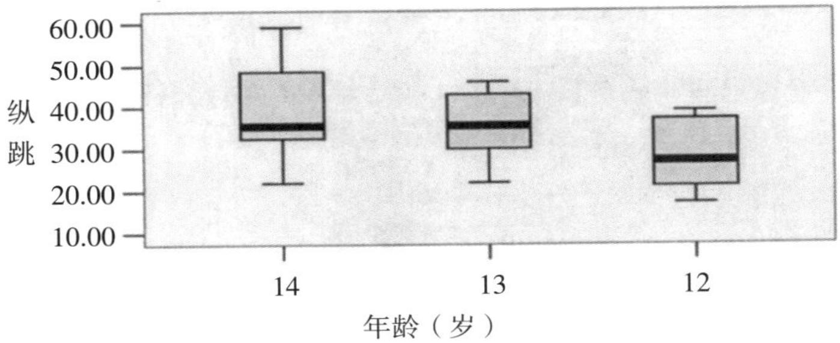

图 11–8　某校 52 名男学生纵跳成绩按年龄分组的箱线图

（六）误差条图

误差条图（error bar charts）是描述数据总体离散程度的一种统计图形，利用它可以从视角的角度观察样本的离散度情况，误差条图表达平均数的置信区间、标准差或标准误。在误差条图中，小方块表示平均数，图形的两端为置信区间、标准差或标准误，可根据需要设定。例如，上例中的 52 名学生纵跳成绩按年龄来表达平均数的置信区间（图 11–9）。

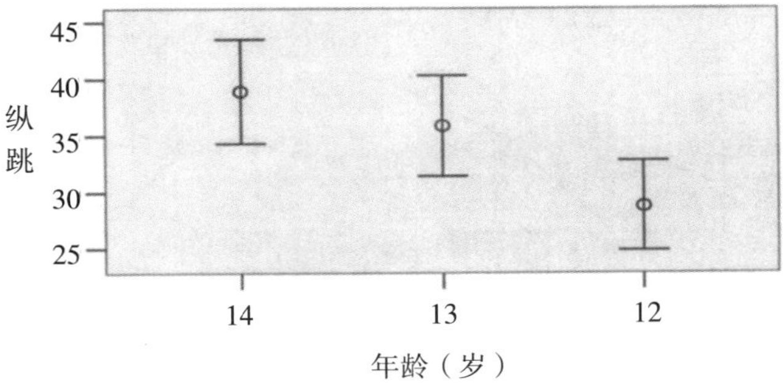

图 11–9　不同年龄的 52 名学生纵跳成绩平均数的置信区间

（七）散点图

散点图（scatterplots）是指以点的分布反映变量之间相关情况的图形，根据图中各点的分布走向和密切程度，来判断变量之间协变关系的类型。例如，某体育学院 10 名新生体育成绩与文化课成绩关系的散点图（图 11-10）。

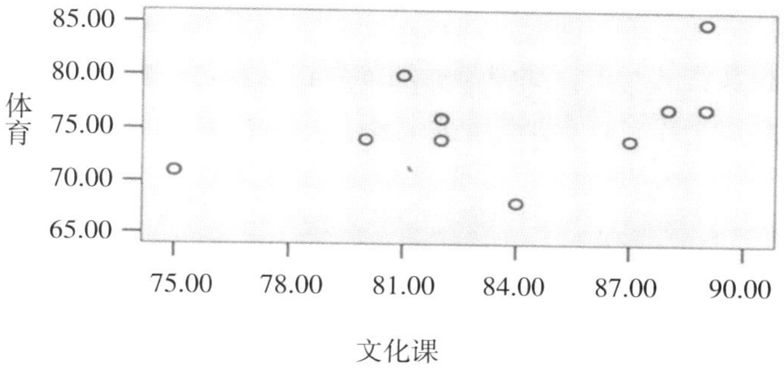

图 11-10　10 名新生体育成绩与文化课成绩关系的散点图

（八）直方图

直方图（histogram）是以一组无间隔的直条图表现频数分布特征的统计图，直方图的每一条形高度分别代表相应组别的频率。例如，893 名中小学体育教师参加继续教育年龄特征的直方图（图 11-11）。

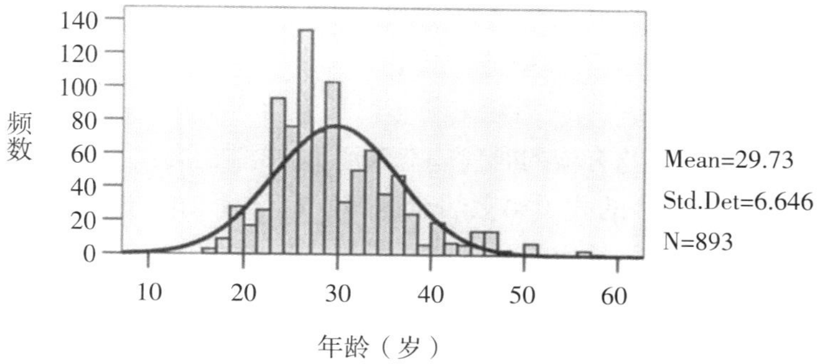

图 11-11　中小学体育教师参加继续教育年龄特征的直方图

第三节　体育科研论文的交流与报告

学术交流是培养创新人才、了解科学技术发展变化动态、传递科技信息和吸收先进科学技术的重要途径，也是知识经济时代人们获取知识、提高自身素质的主要方法和手段。通过一定范围和层面的学术交流，有利于学者之间的取长补短，开拓思路，少走弯路，同时，通过学术会议，可及时淘汰落后的学术思想和方法，促进科技装备的改革，加强学者间的合作与对话，促进青年科技人才的培养和成长，有利于整体科技水平的提高，有助于整个社会公民科学素质与观念的培养。

一、学术交流的形式

学术交流主要有书面和会议交流两种形式。书面交流，即将自己的研究成果按照前述科技论文的撰写体例与要求发表在有关专业性学术刊物上。这种方式，学术水准较高，形成了永久性的文献资料。学术会议是学术交流中较为活跃的一种形式，学者或同行将自己的最新研究成果拿到学术会议上报告、交流、研讨，以便经受同行的评价、检验，吸取新的资讯并不断完善。现代学术会议交流的主要形式有以下几种：

（一）主题报告

现代科技成果的会议交流，都是由主管部门在广泛征询各级部门、专家意见的基础上，围绕着重大问题或方向进行的，主要目的就是把握某一领域科学发展的整体趋势，具体体现在科技交流的主题上。例如，1999 年在我国武汉举行的第三届亚洲——南太平洋地区国际运动心理学大会，主题是“东方的召唤”，意在突出东西方文化交融与合流的时代趋势和亚太地区在全球文化、科技发展中的独立地位；2004 年召开的我国第七届全国体育科学大会的主题是“奥运·科技·健身”，昭示着进入 21 世纪以来我国体育科技工作者围绕举办奥运会和全民健身所取得的丰硕成果。围绕大会的主题，组织者一般要邀请在这一领域的杰出学者和有一定影响的专家作特约报告或**主题报告**（keynote address），如在第七届全国体育科学大会上，国家体育总局体育科学研究所田野教授作了《中国体育科学发展现状与展望》的主题报告。

（二）专题报告

学术会议中的**专题报告**（symposium），一般是围绕会议主题所要研究的重点领域进行。会议召开之前均有组织者公开颁布的主要选题指南，其主要特点是不同交流者对某一类或某一门学科的问题进行专题讨论，如第七届全国体育科学大会仅体育人文社会科学就分为体育产业、群众体育发展现状、奥林匹克研究、体育发展战略、体育院校改革、中小学体育课程与教学改革、体育的历史与未来等10个专题。专题报告的时间一般在20~30分钟，甚至60~90分钟，可根据组织者的要求进行。

（三）墙报交流

墙报交流（poster session）是近年来国际学术交流的常用形式，尤其是在研究内容中有较多图片、表格或存在语言问题（国际交流）时更具有优越性，而且展示的时间不受限制，有充分的时间与作者面对面地交流。按照国际惯例的做法，墙报粘贴板通常是100厘米（宽）×150厘米（高），较流行用A4纸打印，采用字号的大小在约1米距离内清晰可见，然后分块张贴布置展板，也可以将文稿整体设计在组织者规定的展板上，并附有作者的简介等信息，便于与同行进行学术交流。随着科学技术和高科技技术的发展，墙报交流的形式将成为学术交流的重要窗口。

（四）口头报告

口头报告（oral presentation）是学术会议较为正式的一种交流方式，一般要求用大会规定的语言来报告，时间为20~25分钟，其中包括5~10分钟的讨论。口头报告普遍采用目前国际流行的PowerPoint计算机软件视听表达方式，在整体上提高了论文报告的效果。同时，由于口头报告有时间限制，因而报告完成后，与会代表与同行可在规定时间内就报告中感兴趣的问题或研究过程中的细节向作者提问，相互学习，共同提高。

二、大学生毕业（学位）论文的报告与答辩

如前所述，根据《中华人民共和国学位条例》及国务院《学位条例暂行实施办法》，学位授予单位应设立本科生、研究生学位评定委员会，并组织有关学科的学位论文答辩委员会，对本科和研究生的论文进行审查与答辩。毕业答辩，是考查学生知识与能力综合水平的主要环节，也是本科生、研究生全面回顾、总结、鉴定自己学习成绩的机缘，又是培养他们创新能力的重要手段与途径，更是进一步将其所学投入所用的新起点。

（一）毕业（学位）论文答辩的目的和意义

毕业（学位）论文答辩是一项严肃而庄重的工作，对于即将毕业的大学生有着十分重要的意义。本科生、研究生经过自己的努力，在教师的指导下撰写完毕业论文，经评审人写出评审意见，紧接着组织学生进行论文报告与答辩，这是教学实践过程的最后一个环节。本科生都是生平第一次参加这样的公开活动，都会以一种积极而兴奋、严肃而庄重的心情迎接这一光荣而神圣的时刻，而研究生的学位论文答辩更为严肃，它是审查和检验研究生学业和能力的最重要形式。总之，论文答辩的主要目的在于：

1. 了解论文的写作与研究过程

重点了解论文中不清楚、不详细、不完备、不恰当之处，了解论文的整个写作过程，即从问题的提出到设计、研究资料的收集到运用、所涉及知识的广度与深度、实验设计与动手操作的能力等等。

2. 检验学生的综合能力和创新见解

通过论文答辩检验学生发现问题与解决问题的能力、对自己提出的创新见解是否有充足的理由。测试学生的思维能力、应变能力、口头表达能力、反应能力、基本教学与实验设备的操作能力等。

3. 帮助学生总结提高

通过论文答辩帮助学生总结、掌握和提高科学研究及文章写作的技巧和方法，以及提高分析问题及理论与实践相结合的能力，进一步加深学生对所学知识

的理解、掌握和巩固程度，指出论文中未考虑到的问题和环节。

4. 评定最终学习成绩

论文报告与答辩是大学考核制度的一种重要形式，通过答辩对学生的学业成绩进行综合评价，引导学生对本课题或有关课题做进一步的思考和深入研究。

（二）毕业（学位）论文答辩的一般程序

高校学生论文的报告与答辩，是以专业或学科成立的答辩委员会对学生论文的集体审查。答辩委员会由5~9人组成，如果是本科生的论文答辩，也可以设若干个答辩小组。论文报告与答辩的一般程序如下：

1. 答辩委员会主席介绍答辩委员，并宣布注意事项。
2. 学生自述论文。
3. 答辩委员提出问题。
4. 学生回答问题。
5. 答辩委员会主席（或小组长）做总结。

（三）做好论文答辩报告的准备工作

学生毕业（学位）答辩的准备工作是整个答辩阶段的重要环节，是顺利通过答辩的基础和前提。论文答辩的准备工作包括思想准备、内容准备、物质条件准备和模拟报告等环节。

1. 思想准备

主要明确答辩的目的，对论文答辩的意义有清楚的认识，要端正态度，防止和克服对待答辩不正确、不正常的一些心态，如“小事一桩”“无所谓”“临毕业还不放过我们”等等；同时，要树立自信心，克服茫然、恐惧、自卑等心境，积极请教老师和已通过论文答辩的同学，并针对自己的论文和自身的某些缺陷，做好思想准备。

2. 内容准备

（1）根据论文的结构和报告时间撰写论文答辩报告稿（演讲稿）。答辩稿的主要逻辑路径是研究这一问题的背景是什么、怎样进行研究工作的、主要的结果是什么、如何解释、最终的结论。答辩稿的写作一定要考虑报告的时间，还要考虑报告是演讲，而不是照本宣科等因素。

(2) 制作电子演示文件或幻灯片、胶片。现代科技成果的交流与传播，显著地突出了多媒体的视听效果。大学生更是现代科技成果的推广者和利用者，在毕业论文答辩中采用电子演示文稿，已是很普遍的事情，一来能强化论文报告的时效性，给他人留下深刻的影响；二是生动形象的多媒体演示，可以充分反映和发挥答辩者的创造性，来展示自己的研究成果。

(3) 对答辩委员可能提出的问题做成卡片。在论文答辩的准备过程中，论文所涉及的基本概念、原理、相关学科的理论，以及其中的一些细节，如数据计算的公式等内容，限于篇幅，不可能全部写在论文中，而在答辩中又有可能被提问，这样就得对这些问题预先做些卡片，以便在答辩过程中参考使用。

3. 物质条件准备

物质条件的准备主要指答辩过程中涉及的仪器设备、环境场地、参考资料等实物条件及衣着头面等。例如，电脑操作、多媒体投影仪、录音带、挂图、实物模型等需要当场演示的器具及必要的参考书。同时，还要准备诸如铅笔、笔记本等，以便记录、回答问题时使用。尤其是答辩时要衣着整洁、洗脸沐浴、梳理头发、配置领带，因为，毕业答辩是一项严肃而庄重的学习、学术活动，一名有教养的大学生应是整洁、庄重、大方、健美，富有生气，切忌在这种场合不修边幅、衣冠不整、谈吐粗俗、举止轻浮，当然，不提倡油头粉面、花里胡哨、不伦不类。

4. 模拟报告

为了使论文报告达到预期的效果，在上述准备的基础上，进行模拟报告。模拟报告可在指定的答辩地点进行，甚至可以在学生宿舍进行。同学之间相互报告，相互提问题，加深对论文的记忆，发现存在的问题，掌握报告的时间和节奏，感觉报告的视听效果。模拟报告力求达到脱稿。

（四）报告与答辩的具体过程

1. 简要自我介绍

当答辩委员会主席宣布论文报告开始后，答辩人用很精练的语言向与会的委员和听众介绍自己的姓名、班级、专业，为答辩作一个有礼貌的开篇。介绍时应热情自然、彬彬有礼、文雅得体，不能呆板、冷面、嬉皮笑脸。

2. 论文的报告

在论文报告过程中，首先是运用精炼的语言以演讲的方式提纲挈领地将主要研究内容展示给听众，通常是根据已经准备好的演讲稿，以文献回顾开始提出问题并阐述研究的目的，简述研究的方法，重点报告研究结果并予以简要分析，最后阐明作者观点作出结论。其次，注意电子演示文稿、幻灯、胶片等声像技术与报告的有机结合。第三，在报告中注意姿势、表情、手势自然大方，充分利用给定的时间，避免过于短促，词不达意，不知所云。

3. 答辩委员的提问

在给定的时间完成报告后，紧接着就是提问和答辩。提问一般限于论文所涉及的学术范围，这个范围往往是论文的重要核心部分，或作者没有考虑到的环节，问题的数量依问题回答的质量、难度来定。具体的问题常是考查论文是否为学生本人所做；引导学生对论文的核心内容作进一步阐述；询问论文中含糊不清的概念、数据及本人未认识到的重要发现或工作；考查学生的治学态度及综合解决问题的能力等。

4. 回答问题

当教师提出问题时，答辩者应仔细聆听，必要时做一些速记。一般从问题的审题入手，仔细琢磨每一问题针对什么、考查什么，或论证什么。对教师提出的任何问题，都应有自信心，尤其是对一些最基本的问题，切忌贸然回答；对事先已准备的问题，回答时要简短扼要，不宜展开回答；对事先没准备的问题，不要急于回答，应稍加考虑后再回答。不要“兜圈子”“绕弯子”，可以重复论文中的有关内容，也可以根据这个问题所涉及的范围，补充新的证据或进行必要的解释；对回答不出的、论文中有明显漏洞的和没有考虑到的问题等，要实事求是地回答，不要勉强作答，或者东拉西扯予以应付，更不要强词夺理或故弄玄虚、信口开河；对教师的批评，要坦然接受，并对批评作出深思熟虑的回应。

5. 答辩中的态度

毕业（学位）论文的答辩表现，在一定程度上反映了本科生、研究生的基础理论、专业技能、心理素质、气质修养等整体素质，因此，答辩人应努力做到注意力集中，态度诚恳。开始答辩时，应向老师、听众问好和敬礼，对待教师的提问，即使自我感觉良好，回答比较满意，也不应过分自矜，自以为是，答辩完成后，表示谢意、敬礼，有礼貌地退席。

（五）答辩结束后的工作

答辩结束后，无论结果如何，都要认真地进行总结，对答辩中存在的问题，认真思考，全面对论文进行修订，使之具有一定的推广和应用价值，扩大答辩的成效；同时，找出自己的薄弱环节、研究方法等方面的缺陷，力争在将来的研究中达到新的水平。通过答辩，全面提高自己的创新素质，在知识层次、修养层面、能力水平、口头表达、使用现代技术手段的能力等方面上一个新台阶，为在将来的社会竞争和高层次研究中，打下扎实的基础。

第四节　体育科研成果的评价

体育科学研究论文及其成果的评价，是对论文与成果的内在价值判断的过程，客观、全面地评价是实施科学管理的前提。通过对论文的评价，有利于研究者总结经验，寻找差距，不断提高科研水平；有利于研究成果的推广应用；有利于科学沿着健康的道路发展。同时，正确地评价一项科研成果，也是其获取社会确认的重要途径和方法。

一、科学研究成果评价的几个阶段

“科研量化评价已是大势所趋”。简要回顾我国科学研究成果评价的历程，就能切身体会到科研量化评价在推动科技进步及客观衡量科研成果价值的重要作用。由我国主办的“大学科研评价量化国际研讨会暨第五次全国科学计量学与情报计量学年会”认为，我国对科研成果的评价大致可分为四个阶段[1]：

[1]　蒋国华，郑文艺，孙诚. 大学科研评价量化国际研讨会暨第五次全国科学计量学与情报计量学年会[J]. 科学学研究，1999,(2):107-108.

（一）组织决定阶段

此阶段基本上可以说是政治决定一切的年代，科学研究成果的评价往往被政治所取代，在一定程度上影响了科学研究人员的积极性，对科研成果的评价体现不出客观性和公正性。

（二）同行评议的初级阶段

在这一阶段，专家基本上是举手表决而已，不可避免地带来一些个人主观因素，在科学研究成果评价的具体应用中，存在着许多问题。

（三）同行评议加量化打分阶段

这一阶段基本上是在我国改革开放后到 20 世纪 80 年代中末期，同行与专家主要依据研究人员发表的论文与成果数量和质量来评价，对改革开放后的我国科学事业的发展起到了一定的推动作用。这种评价方法有一定的合理性，迄今为止，很多单位仍在使用这一方法评价科学研究成果。

（四）科学、情报、文献计量阶段

这一阶段，十多年来国内学术界乃至整个社会各界一直争论不休，致使主管部门一直采取稳重的态度。其实，近二三十年来利用科学、情报、文献计量评价研究成果，早已是一种国际潮流，几乎所有发达国家都在竞相效仿。利用文献计量学指标来评价科学研究的成果，已成为现代科研成果评价的最重要方法。近几年大学科研成果的排序，无疑对我国各个高校提高办学水平，有效地调动科学资源，促进科技创新发挥着重要作用。

二、现代科学研究成果评价的文献计量指标

利用文献计量学评价科研成果，可选择的指标有很多，最受学术界关注的指标有三方面，即学术论文、论著的公开发表与出版；学术论文、论著的传播与反

响程度；学术论文、论著的被引（或应用）与被评论量[1]。

（一）学术论文、论著的公开发表与出版

在世界范围内，近代科学经过百余年的发展和竞争，每一学科都形成了一系列质量由低到高、水平各不相同的专业刊物，因而，各种期刊所刊登的论文在学术水平上是不相同的。同时，不同出版社所出版的著作在学术水平上也是有差异的。因此，评价一篇论文或论著的水平，其公开发表或出版，特别是发表在高水平的期刊上或在高水平的出版社出版，自然就成了文献计量学评价成果的第一指标。特别是对论文的评价，目前科学界普遍公认论文发表的期刊水平，是论文水平的显著特征指标。从总体上来看，国内一般刊物上的论文大部分水平趋于一般化，当然也有高水平之作，而高水平的期刊虽有平庸之作，但大多数论文具有较高的学术水平。例如，体育科学界的《体育科学》杂志，在一定程度上代表了我国体育科学研究的整体水平。因此，为使我国科学走向世界，更多的是在国际重要刊物上发表论文。《科学引文索引》（Science Citation Index，简称 SCI）是国际上收集论文相互引用情况最为完备的刊物，它评价科学期刊的质量和重要性的标准之一是刊物的**影响因子**（impact factor），即某年引用某刊前两年论文的总次数除以某刊前两年发表的论文总数。我国体育期刊已用影响因子来评价办刊质量，对推动体育科技期刊走向世界定将发挥重要的作用。

总的来看，我国还没有一个从质量、学术、技术水平等方面为期刊划分的等级标准，一般是按期刊主管部门划分为全国性和地方性期刊，不能反映期刊的真正办刊水平，不利于科学研究工作的传播与开展。近年来，虽然各个专业的核心期刊对科学研究和传播发挥了重要作用，但随着时间的推移，已确定的核心期刊应不断地加以修正，用文献计量学的手段促进刊物不断提高办刊质量和水平，公平竞争，以便更好地评价论文的学术水平。

（二）学术论文、论著的传播与反响程度

这里所指的学术论文、论著传播与反响程度是指公开发表的论文、论著被转载、摘录的状况。一篇论文或论著公开发表后，如果经过权威文摘和索引刊物收录，其传播面要广泛得多，被学术界重视、被同行引用的可能性大大提高。

[1] 纪广义. 文献计量指标与基础研究成果评价［J］. 体育科研，1998,(4):51-53.

科学界认为，一篇论文或论著公开发表后，在学术界有一定反响，则说明论文有一定的学术价值和水平。学术界的通常做法是，由本专业或本学科领域的专家学者，在公开发表的论文中，经过一定范围的审读后，推荐到国际或国内的检索系统、检索刊物、文摘刊物、评论刊物、复印刊物等。所以，一篇论文“被收录”，也即传播与反响程度是衡量论文或论著学术水平的一项重要指标。例如，《新华文摘》《中国学术期刊文摘》等，都是在我国有较大影响的权威性的论文、论著传播刊物。在体育科学研究领域内，比较权威的文摘或刊物有国家体育总局体育信息中心的《体育科技文献通报》、中国人民大学复印报刊资料《体育》月刊，它们基本上把与体育科学研究范畴内的重要论文编制了索引，进行选择和摘录，在一定程度上能反映体育学术论文的传播与反响程度。

（三）学术论文、论著的被引（或应用）与被评论量

学术论文或论著的被引量、被评量是文献计量学中非常重要的一个指标，能从一定程度上反映学术论文、论著的学术水平。在第五章的科学研究文献资料工作中，已涉及此问题，一篇论文公开发表后的被引用、被评论的数量越多，反映对学科发展的影响越大。同样道理，一个作者被引用的论文数量越多，其学术水平越高。同时，高频被引作者的研究成果具备鲜明的学科特点，也就是说，一篇有学术价值的论文，或早或迟总会引起同行的关注和引证。如果一篇论文发表后，根本不为本学科同行所注意，不被同行所引用，那就很难判断此论文有多高的学术价值和水平了。

三、对大学生毕业（学位）论文的评价

大学生的毕业（学位）论文，代表着学生掌握本门学科的基础理论、专门知识和基本技能的水平，全面反映了大学生担负专门技术工作或从事体育科学研究的能力。大学生的毕业（学位）论文，作为体育科学研究成果的一种类型，对它的评价有其特定的内涵与意义。

（一）确定本科学生学士学位论文评价标准

根据《中华人民共和国学位条例暂行实行办法》和《全国普通高等学校体育教育专业培养目标基本要求》，各个高等学校在学位评定委员会的授权下，制

定本科学生学士学位论文的评价标准。评价标准的内容主要包括基本原则、指标体系、指标内涵、等级规格、评价方法等方面。评价标准的制定，结合体育教育专业，广泛征求学科、术课教师的意见，建立起一个较为合理的、具有一定操作性的评价标准。例如，表 11–3 所示某体育院校本科学生毕业（学位）论文评价标准。

表 11–3　某体育院校本科学生毕业（学位）论文评价标准

序号	评价指标	指标内涵与特征	分值
1	论文工作量	理科性论文不低于 4000 字，文科性 4500 字	5
2	论文选题	有一定的意义和价值，选题依据充分、清楚	15
3	研究设计与方法	研究计划周密，研究任务明确，方法科学	20
4	材料来源与处理	材料来源可靠，统计处理合理	10
5	分析与论证	分析深刻，论点突出，论据充分，论证全面	20
6	结论与见解	结论表述准确恰当，有创新及自己的见解	10
7	结构与文字水平	论文结构清晰严谨，文字通顺，逻辑性强	5
8	论文报告的情况	表达清楚，条理性强，能应用现代声像技术	5
9	论文答辩的能力	紧扣主题，反应敏捷，表达清楚，生动形象	5
10	论文规范与装帧	格式规范，字体得当，排版装帧大方美观	5

（二）本科学生学士学位论文评价的主要方法

1. 模糊综合评判

这种评价方法是根据评价标准，由参与论文答辩的各位委员依据论文评价指标的内涵特征，进行模糊综合评判，评价可以分等级进行，如上述各个指标，可分成优秀、良好、中等、一般、较差，表中的分值将转变为评价的权重，再根据模糊综合评价的计算，给出每个学生学士学位论文的评定成绩。

2. 专家个人评阅

这种评价方法是根据学生论文答辩的情况，由某一个参与答辩的委员，对论文的质量、水平写出较全面的评语，并根据事先制订的评价标准，给出论文的等级或对论文打分。

3. 专家集体评价

这种评价方法是参与论文答辩的各位委员，根据论文的评价标准，对论文的各个方面进行审查，拿出具体的评价意见。评价时，既可以根据事先制订的论文评价标准打分，求各位委员的平均分，也可以采用公开评价打分的形式进行。

4. 综合评价法

这种评价方法是上述评价方法的综合应用，既有定性方面的评价，又有定量方面的评价，在评价中可根据具体情况选用。

基本术语

科研论文、题名、摘要、关键词、结论、主题报告、专题报告、墙报交流、口头报告、影响因子。

复习思考题

1. 简述体育科技论文的基本结构。
2. 如何撰写学位论文的引言部分和研究方法部分?
3. 科技论文的参考文献具有什么价值与意义?
4. 从中文体育核心期刊上选择体育人文社会科学与自然科学类各一篇，试分析其写作风格和特点，并写出评语。

推荐阅读书目

[1] 中华人民共和国国家质量监督检验检疫总局，中国国家标准管理委员会.GB/T7714-2005 文后参考文献著录规则［S］.2005-10-01 实施.

[2] 国家技术监督局.中华人民共和国国家标准 GB7713-87：科学技术报告、学位论文和学术论文的编写格式.

[3] 编辑委员会.中国学术期刊（光盘版）检索与评价数据规范（CAJ-B/T 1-1998）及增订补充说明.

第十二章

体育科学研究者的基本素养与规范

科学发展的成果，不仅表现为科学知识和方法，更宝贵的是贯穿于科学知识和方法中的、经过长期科学实践形成的科学精神和创新素质。科学精神和创新素质的根基及取向又源于两种基本素质，一是科学文化素质，或曰科技人文素质；二是思想道德素质。科学精神与科学态度、方法是统一及密不可分的。倡导科学态度，普及科学方法，遵循学术规范，弘扬科学精神，对于培养大学生的自主创新精神、指导体育科研实践等方面起着极为重要的作用。本章主要就体育科学研究者的基本素养及遵循学术道德与规范方面进行简要的阐述。

第一节　体育科学研究者的道德和品格

一、体育科学研究者的道德

（一）科学道德在体育科学研究中的重要意义

大学生毕业后将在各行各业中承担起重要的社会责任，有些还将继续攻读硕士、博士学位，从事学术研究工作。如果基本的学术规范和社会诚信品质不能在学术起步阶段就树立起来，无疑将会对以后的学术研究和社会发展产生极为不利的影响。一个全面发展的体育科技工作者，应是德才兼备、品学兼优的人。德是才的统帅，是人才的灵魂。一个立志献身科学的科研人员，必须要有良好的**科学道德**（science morality）。科学研究本身是不断探索真理、认识客观世界奥妙的艰辛劳动，在科学研究中来不得半点虚假，需要顽强攻关，甚至为之献身。科研成果往往能给人带来社会名誉、社会地位、经济利益等，因此，科学知识的生产者和创造者，具有不同于其他社会职业的特点，必然要求具备特殊的素质和高尚的职业道德，只有这样，才能确保其在科研中不计名利、不计得失，百折不挠地向科学顶峰攀登。但近几年来，在体育科学研究活动中，包括大学生的学位论文中，违反科学道德的行为时有发生，在论文撰写中对于什么是抄袭，什么是剽窃，什么是合理的借鉴，怎样按照学术规范正确引用别人的观点等等这些最基本的学术规范的教育缺失，已经对体育科学研究的发展带来了不利的影响。

大凡有所作为的真正的科学家都具有高尚的科学道德，古今中外的科学史也印证了这一点。爱因斯坦在 1953 年《悼念玛丽·居里》的讲演中举出居里夫人的许多高贵品质，如坚强、纯洁的意志，严于律己、客观、谦虚、公正不阿、热忱、顽强，以及高度的社会责任感，并强调卓越的个人道德品质比单纯智力的成就更具重要意义，而他本人也正是一位正直、谦逊、品德高尚、具有强烈社会责任感的科学家。居里夫人和爱因斯坦是无数科学家中的优秀代表，他们对于科学道德品质的重视、提倡和修养，给科技工作者和当代大学生以重要的启迪。

科技工作者是先进生产力的开发者、代表者，又是先进文化的创造者与传播者，科技人才的活动及成果是推动社会和历史进步的基本力量。社会和时代的发展必然要求他们具备高尚的科学道德品质，大学生作为德、智、体、美全面发展的新人，不仅要靠掌握丰富的科学技术知识、专业技能，还要使道德品质完善化，这要通过科学技术文化教育、道德教育和个人自觉的道德修养来实现。

（二）体育科研人员应遵循的科学道德行为与学术规范

学术规范（academic standard）是指学术共同体根据学术发展规律参与制定的有关各方共同遵守而有利于学术积累和创新的各种准则和要求，是整个学术共同体在长期学术活动中的经验总结和概括[1]。2004年教育部社会科学委员会颁布了《高等学校哲学社会科学研究学术规范（试行）》，其中包括基本规范、研究程序规范、学术引文规范、学术成果规范、学术批评规范等方面，无不渗透着科研人员应遵循的最基本的科学道德行为①。

1. 研究程序规范

（1）学术研究重在积累，贵在创新。研究选题应注意理论价值、应用价值或学术价值。

（2）应充分尊重和借鉴已有的学术成果，注重调查研究，在全面掌握相关研究资料和学术信息的基础上，精心设计研究方案，讲究科学方法。应力求论证缜密，表达准确。

2. 学术引文规范

（1）引文应注重原始文献和第一手资料。凡引用他人观点、方案、资料、数据等，无论曾否发表，无论是纸质或电子版，均应详加注释。凡转引文献资料，应如实说明。

（2）学术论著应合理使用引文。对已有学术成果的介绍、评论、引用和注释，应力求客观、公允、准确。伪注、伪造和篡改文献、数据等，均属学术不端行为。

---

[1] 叶继元. 学术规范通论［M］. 上海：华东师范大学出版社，2005：5.

① 教育部关于印发教育部社会科学委员会《高等学校哲学社会科学研究学术规范（试行）》的通知，教社政函【2004】34号，2004-8-16。

3. 学术成果规范

（1）不得以任何方式抄袭、剽窃或侵吞他人学术成果。

（2）学术成果应注重质量，反对粗制滥造和低水平重复，避免片面追求数量的倾向。

（3）学术成果文本应规范使用中国语言文字、标点符号、数字及外国语言文字。

（4）学术成果应避免一稿多投，不应重复发表；另有约定再次发表时，应注明出处。

（5）学术成果的署名应实事求是。署名者应对该项成果承担相应的学术、道义和法律责任。

（6）凡接受合法资助的研究项目，其最终成果应与资助申请和立项通知相一致；若需修改，应事先与资助方协商，并征得其同意。

（7）研究成果发表时，应以适当方式向提供过指导、建议、帮助和资助的个人或机构致谢。

4. 学术评价规范

（1）学术评价应坚持客观、公正、公开的原则，建立和完善科学的评价机制。

（2）学术评价应以学术价值或社会效益为基本标准。对基础研究成果的评价，应以学术的积累和创新为主要尺度；对应用研究成果的评价，应注重社会效益或经济效益。

（3）学术评价机构应坚持程序公正、标准合理，采用同行专家评审制，实行回避制度、民主表决制度，建立结果公示、意见反馈机制。

评审意见应措辞严谨、准确，慎用“原创”“首创”“首次”“国内领先”“国际领先”“世界水平”“填补重大空白”“重大突破”等词语。

评价机构和评审专家应对其评价意见负责，并对评议过程保密，对不当评价、虚假评价、泄密和披露不实信息等造成的后果承担相应责任。

（4）被评价者不得干扰评价过程，否则，应对其不正当行为引发的一切后果负责。

5. 学术批评规范

（1）应大力倡导学术批评，积极推进不同学术观点之间的自由讨论、相互交流与学术争鸣。

(2) 学术批评应该以学术为中心，以文本为依据，以理服人。批评者应正当行使学术批评的权利，并承担相应的责任。被批评者有反批评的权利，但不得对批评者压制或报复。

二、体育科学研究者的态度与品格

“**科学态度**（science attitude）的基本要求是严肃认真、一丝不苟、客观公正、实事求是。科学方法的基本要求则是材料要丰富明确、观察要客观求实、实验要反复可比、结论要逻辑明确。而坚持科学态度，采用科学方法，不畏艰险，不断地追求真理，进取创新，努力在社会实践活动中求得对客观世界的状态和结构、运动和发展的规律性认识，并用它作出预测，指导进一步的实践，去改造主观世界和客观世界，这就是**科学精神**（science spirited）。”[1] 作为一名体育科学工作者，要想在这条崎岖不平的科研道路上攀登，要想达到科研的顶峰，还必须具有高尚的品格。

（一）实事求是、追求真理的品格

科学是老老实实的学问，构成科学体系的细胞——知识都是客观事物的本质与规律的高度概括，是经得起实践检验的。科学研究就是不断地为科学大厦增添新的知识。在研究方法上、研究过程中、作出研究结论时，决不能受任何主观因素影响而改变其反映客观的本质性；决不允许杜撰事实，曲解现象，或迫于压力、或迎合权威而作出违心的结论。只有坚持真理，以事实和数据说话，以严密的逻辑服人，才是科学研究者应有的科学态度，客观求实是科学精神的最基本品格。

（二）不畏艰险、勇于探索的品格

科学实践活动的目标在于透过纷繁复杂、五光十色的表面现象，深入掌握事物的本质和内在联系，以及运动发展的规律性。所以，在坚持客观实在性的基础上，对客观真理的不断追求是科学精神的重要表现，也是推动科学发展的内在动力。在科学的征途中，道路坎坷、困难重重，不具备勇敢精神则难以登上科学的顶峰，尤其在前进道路上遇到挫折和失败时，就会感受到更大的压力，

[1] 周光召. 弘扬科学精神 推动精神文明建设 [N]. 科技日报，1996-11-04.

这是对科研人员有没有探索精神的考验。历史上许多科学伟人和学者为了真理、为了科学甘冒一切风险，表现出刚正不阿、百折不回、无所畏惧，不趋炎附势，为真理献身的可贵品质。

（三）不图名利、甘于奉献的品格

美国科学社会学家默顿认为，“公有性”和“无私利性”是研究者从事学术研究的两条重要行为规范。体育科学研究者应以自己的成果推动体育事业的发展，而不追求名誉和地位。所以，科研人员的奉献精神是科学精神的重要表现和品格。许多卓越的科学研究者都将自己的学识和成果用于为人类谋福利，而不考虑个人的利害得失和名誉地位，而贪图名利者则很少能为科学作出重要贡献。

（四）百折不挠，敢于拼搏的品格

体育科研人员在科学的道路上没有直路可走，他们无一不是经过艰苦劳动而获得优秀成果的，正如古人言：“书山有路勤为径，学海无涯苦作舟。”在科学探索的道路上，勤与苦是科学工作者的伴侣。所以，一个优秀的科学工作者，还要经得起成功与失败的考验。在成功面前不沾沾自喜，不满足于已得之功，在失败面前不退缩、不灰心、不气馁。科学史上有无数的例子证明了马克思的名言：“在科学的道路上是没有平坦大道可走，只有不畏艰险沿着崎岖陡峭的山路攀登的人，才有希望到达光辉的顶点。”

（五）认真踏实、严谨求实的品格

科学所揭示的是客观世界的本质联系和规律，它必然要经受实践和历史的检验。科学研究的客观性要求科研工作者必须具备诚实、无私、正直、公正的道德品质，以及严谨求实的治学作风。科研人员在长期的科学探索中，要专心致志、不畏艰辛、踏实苦干、尊重事实，不能有半点懈怠、粗心和投机；对自己和他人的科学成果都要进行严格检验、科学论证、客观公正判断，并富于自我批评精神。

（六）虚心好学、团结协作的品格

在大科学和高技术时代的今天，体育科学需要解决的问题越来越复杂，所涉及的知识领域越来越广阔，所需要投入的资源越来越多，科研活动的社会化程度越来越高，这就使得合作研究日益成为科研活动的主导趋势，进行合作研究的科学组织日益成为科研活动的主导力量。在科研活动中，不仅要充分发挥个人的聪明才智，提倡自由思考，强化创新意识，而且要团结协作、互相配合、协同作战，才能取得成果。

第二节　体育科学研究者的素质和能力

一、体育科学研究者合理的知识结构

体育科学研究者不仅要有高尚的思想道德情操，还要有较完善的知识和能力结构。从原则上讲，我们应当用人类创造的全部智慧的结晶来武装自己的头脑。但是，现在是知识爆炸的时代，人一生的时间和精力有限，对于一个人来说，博学多才固然很好，但更重要的是要有一个较为宽广的、动态的和合理的知识能力结构。

（一）专深与广博相结合

科学发展史的研究表明，古代科学家多为“通才”，即由于认识事物的方法和观察事物的条件限制，其知识与智能结构大多具有“博而浅”的特点。近代科学家多为“专才”，即由于认识事物的视角转变和观察事物的条件的改善，使许多科学家倾毕生精力在某个逐渐独立的学科领域进行纵向的研究，而成为某学科领域中的专才。现代科学的发展，一方面使学科的分支越来越细，另一方面也使学科间的联系得到了加强。这种既高度分化又高度综合的发展趋势，从客观上要求科研人员成为既“深”又“博”的通才，切不可形成“Ⅰ”字性的知识结构，即只在自己学科专业领域里上下纵深发展，而是要在系统、精深地掌握本专业知识的同时，注意拓宽知识面，除“对本专业有深刻的研究外，对邻近的学科也能有相当的理解”[1]。突破专业和课堂内外的界限，以适应现代科学整体化、综合化的趋势。有比较宽的知识面，有一定的知识广度，又有纵深的专业知识，即形成“T”字形或“兀”形的知识结构。

[1]　龚育之. 关于自然科学发展规律的几个问题［M］. 上海：上海人民出版社，1978：88.

（二）知识的先进性与应变性

现代科学技术的迅猛发展使知识更新的速度加快。据统计，人类知识创新的速度，19 世纪为 50 年增加 1 倍，20 世纪中期之后为每 10 年增加 1 倍，而今天是每 3 年增加 1 倍。科技人员个人的知识积累要厚今薄古，在打好基础的情况下，重视最新成果，迅速进入科学技术的前沿，及时掌握新的知识动态，敏锐地注视新的研究方向，使自己的知识结构具有先进性和应变性，能够既立足于现在又着眼于未来。

二、体育科学研究者基本科研能力的结构要素

仅有知识还不够，作为一名合格的体育科研人员，还必须具有较强的科研能力。教育部在《2003~2007 年教育振兴行动计划》及培养自主创新人才的要求中，明确指出了培养具有科研素质和创新能力人才的紧迫性。大学生基本科研能力的结构要素包括以下几个方面：

（一）发现问题的能力

科学发现往往从问题开始，解决问题贯穿于科学研究的全过程，也是科学研究的落脚点，发现问题的能力理所当然是大学生和科技人员必备的一项基本科研能力结构要素。在培养大学生发现问题的能力时，要注重对大学生思维品质的培育，如发散式思维与聚合式思维相结合，直觉思维（顿悟）与分析思维（逻辑）相搭配，并以体育科研实践培养学生发现问题的能力。

（二）创新能力

创新能力是对未知世界的探究能力和发明新事物的能力，是科研能力的重要组成部分。科学认识上的新概念、新假设和新理论的形成，以及体育中新的技战术的提出，都离不开创新能力。受多种因素的影响，我国大学生创新能力较低已成共识，对创新人才的培养迫在眉睫。美国心理学家佩特罗斯科对大量衡量创造潜力的方法做了比较研究，归纳出一些有效衡量创造力的准则，即用不同方法和观点解决和探索问题的能力；把常规方法转用在新情况的能力；确

定完成任务的顺序和循环完成它们的能力；想象力、思路新颖性和发明才能；善于发现新用途和新的课题；善于应用已有的知识和以往的经验[1]。这些方面既可以作为考察大学生创新能力的依据，又可作为设计其创新能力训练的方案的参考。

（三）逻辑推理能力

逻辑推理能力是人们根据一定的先知条件，通过自己拥有的知识、思维进行判定、推断，对事物得出自己结论的能力。大学生基本科研能力在逻辑推理能力上，主要体现在归纳推理能力、演绎推理能力、类比推理能力、寻求因果联系的推理能力及回溯推理能力方面。科研中必备的逻辑学知识可参考第二章或其他逻辑学著作。

（四）资料的搜集与处理能力

资料的搜集与处理是科学研究的重要一环，科学研究是系统地收集和评价信息的探索过程，因而离不开资料的搜集与处理。资料的搜集与处理能力的高低，影响着所要研究的假设或问题的正确形成，影响着所要抽取的样本性质。科学研究的结果必须立足于确实的证据，也就是必须建立在搜集资料并对之进行有效处理的基础上，只有经过对资料的处理过程，才能保证资料的准确性。因此，资料的搜集与处理能力是大学生必备的一项基本科研能力结构要素。

（五）语言表达能力

语言表达能力在科研中也起着十分重要的作用。系统的思想和理论成果必须借助于语言准确地表述，广泛的学术交流，也是通过语言表达实现的。因此，语言表达能力也是大学生基本科研能力结构要素。特别需要提出的是，随着全球化的发展，科技人才既要重视母语的口头和书面表达能力，更要重视外语的表达能力。

[1] 周昌忠. 创造心理学［M］. 北京：中国青年出版社，1983.

三、体育科学研究者自主创新能力的培养

自主创新是民族自强的灵魂，自主创新能力是国家竞争力的核心。提高体育科学研究者的自主创新能力，关系到我国体育事业的可持续发展。创新不仅包含了创造性，而且还包括更广泛意义上的创造性人格、创造性情感、创造性态度、创造性精神及创造理念的开发与培养。就此而言，体育科学研究者自主创新能力的培养，可以着重于以下几个方面：

（一）重视科学研究方法论的学习

科学研究方法论是一个内容十分丰富，以各种具体研究方法为主体的多层次理论体系。首先，从哲学方法层次加强学习，提高个人的哲学素养，力求以正确的世界观和方法论去指导自己的科研实践。其次，要熟悉和掌握各种具体的科研方法，并高度关注科学方法论的发展动向，提高自己的方法论修养。

（二）塑造自主创新的个性品质

自主创新能力是人的全面创造性的集中体现。从本质上讲，创造性首先是人的求新向上的本质品性，即新颖独特、对社会或个人具有积极意义的个性品质，包括敢于冒险、具有恒心、追求新颖、遵循社会道德等；从衡量标准上讲，自主创新是成就与人格的统一，创新能力是创造性的外化，创造精神是创新性的原动力，科学家以苦为乐、以探索为享受，都是创造性态度和创新性个性品质的表现。

（三）学会创新性学习

自主创新能力的培养，首先要学会创新性学习。大学生创新性学习是在教师的引导下，独立、主动地参与学习，在动态中探索求知，寻找有创新性地解决问题的方法。大学生创造能力的缺乏，突出表现在擅长程序性工作，不善于提出新问题和创造性地解决问题。因而，在学位论文撰写过程中，要注重学生主动获取知识能力的培养，强调进取、加工知识的能力，重思维和实践过程，通过学位论

文的撰写学会创新性学习，实现自主创新能力的发展。

（四）渗透人文教育

创新是一种非常复杂的活动，自主创新能力的培养，要渗透人文教育。人既是一切社会活动的起点，也是它的归宿。科学与人文是同一个主体的两个方面。科学不仅改变着世界，更改变着人类自身和人们对世界的认识，而人文在增进知识，开拓视野，解放思想，升华境界，提升创造力方面有着巨大的、不可替代的作用。科学与人文相融，在专业教学中进行人文教育是时代的迫切要求，着力提高科学研究者的人文素养，是自主创新能力培养的必要条件。

第三节　体育科学研究中的伦理问题

19 世纪后半期以来，世界科学技术发生了一系列重要的革命，特别是信息和生物科技革命创造了巨大的生产力，对人类社会政治、经济、文化等领域产生了十分深远的影响，但也产生了包括伦理道德在内的诸多精神困惑危机。伦理问题已成为包括体育科学研究在内的特别需要注意的重要问题。

一、伦理性原则是体育科学研究的基本原则

《韦氏新世界辞典》对**伦理**（ethic）的定义是“与特定职业或群体相一致的行为标准”。在大多数伦理的议题中，通常将伦理和道德相提并论，因而，科技伦理就是从观念和道德层面上规范人们从事科技活动的行为准则，其核心是使之不损害人类的生存条件和生命健康。**伦理性原则**（ethic principle）是指在体育科学研究中，研究者必须尊重研究对象依法享有的一切权利；必须承担保护研究对象的责任，使其权益免受研究活动的侵害；必须保证研究结果被合法、正当地加以利用。体育科学研究的对象是人与人的运动，伦理性原则对研究的可行性起着决定性作用。当研究的客观性与伦理性相矛盾时，伦理性应当置于优先地位。为了遵循伦理性原则，研究者应当放弃违背伦理的研究或采用其他不违背伦理的方式进行研究[1]。

［1］　郑旗. 论现代体育科学研究中的学术规范［J］. 体育科学，2001，（特刊）：156–157.

随着科学技术的发展，人们形象地将科学技术比喻为“双刃剑”和“潘多拉魔盒”。的确，科学技术的发展，使人的体能和精神的激发几乎达到了极限，竞技场上的胜败只在毫厘之间，运动员越来越多地要依靠科学家的智慧。虽然科技这个“魔盒”里装了很多好东西，但有时拿出来进行不正确的使用，并非能产生好的效果。竞技体育场上滥用兴奋剂就是最典型的事例，研制兴奋剂已成为一些国家暗中追逐的目标，这就提出了一个严肃的问题，即在科学研究活动中必须重视伦理规范，弘扬科技的正面效应，扼制其负面影响，更好地造福于人类。

学术规范的最高原则与科技伦理规范的目的是一致的，在任何科学研究活动中，不符合伦理道德的规范及其活动，必将遭到人们的异议和反对；学术规范的建设与科技伦理的教育是统一的，它与追求科学的价值和科学精神是相联系的，它是科学得以健康发展的保证，并随着科学的发展而不断发展和完善。2000 年 8 月 5 日，江泽民同志在会见 6 位诺贝尔奖获得者时指出：“在 21 世纪，科技伦理的问题将越来越突出。核心问题是，科学技术的进步应服务于全人类，服务于世界和平、发展与进步的崇高事业，而不能危害人类自身。”[1] 因此，科学工作者不但要遵循研究工作中的行为规范，而且要关注科技活动中的伦理研究，了解伦理知识，主张人类与自然的和谐平衡，并以自己的科学道德和精神为人类的文明作出新的贡献。

二、伦理性原则的贯彻与实现

坚持伦理性原则要求研究者充分评估研究的伦理可接受性，充分认识研究对象应享有的权利并承担对研究对象所承担的义务。

（一）评估研究的伦理可接受性

1. 自愿参与是重要的原则，力争知情同意。
2. 研究设计的各个方面是否对研究对象的权益具有直接或间接的伤害。
3. 说明对研究对象的伤害可能达到何种程度、可否在较短时间内得以消除。
4. 在研究设计中，是否已经为保护研究对象采取了特别的措施。

[1] 江泽民. 论科学技术［M］. 北京：中央文献出版社，2001：217.

（二）充分认识研究对象应享有的权利

1. 确保研究数据的保密性。
2. 研究对象有权退出研究的自由。
3. 研究对象有权了解研究过程及用途等相关情况。
4. 研究对象有权拒绝对某些或全部问题作出回答。
5. 慎重考虑匿名、隐瞒或欺骗的问题。
5. 以儿童为对象的研究，上述权利由其法定监护人代理。

伦理性原则在体育科学研究中越来越受到关注，但与具体的研究活动也存在矛盾，即研究中的求“真”与求“善”的矛盾，各学术组织业已形成了有关规范，当研究者无法调和矛盾时，必须服从伦理要求。

基本术语

学术规范、科学道德、科学态度、科学精神、伦理、伦理性原则。

复习思考题

1. 体育科研工作者应具备哪些道德行为与规范？
2. 体育科研工作者基本科研能力结构要素有哪几方面？
3. 科学研究活动中为什么要遵循伦理性原则？
4. 大学生从哪些方面提高自主创新能力？

推荐阅读书目

[1] 刘大椿. 科学活动论 互补方法论［M］. 桂林：广西师范大学出版社，2002.
[2] 陶明报. 科技伦理问题研究［M］. 北京：北京大学出版社，2005.
[3] 李国秀. 科学的社会视角［M］. 合肥：安徽人民出版社，2000.
[4] 王大珩，于光远. 论科学精神［M］. 北京：中央编译出版社，2001.
[5] 中国科学院，中国工程院. 科技工作者职业道德［M］. 北京：新华出版社，1998.

[6] 宋惠昌. 应用伦理学 [M] . 北京：中共中央党校出版社，2001.
[7] 叶继元，等. 学术规范通论 [M] . 上海：华东师范大学出版社，2005.

附录一

体育科学研究方法中的基本术语

	第一章	页
科学	science	2
技术	technology	4
研究	research	5
科学研究	scientific research	6
证实	verify	6
发现	discover	6
体育科学	sport science	11
基础研究	basic research	14
应用研究	applied research	16
开发推广研究	generalizability research	17
描述研究	descriptive research	17
关系研究	relational research	18
实验研究	experimental research	18
定性研究	qualitative research	19
定量研究	quantitative research	19
	第二章	
方法	method	30
研究方法	research method	30
方法论	methodology	31
体育科学研究方法论	research methodology of sports science	32
哲学方法	philosophical method	32
一般科学方法	general scientific method	33
具体研究方法	concrete method	34
实证主义	positivism	38
实用主义	pragmatism	39
试错法	trail-and-error method	40
范式	paradigm	41

真分数测量理论	Classical Test Theory，简称 CTT	123
维数	dimension	124
变量	variable	126
连续变量	continuous variable	126
类别变量	categorical variable	126
自变量	independent variable	127
因变量	dependent variable	127
调节变量	moderator variable	127
控制变量	controlled variable	127
中介变量	intervening variable	127
直接测量变量	direct measured variable	127
间接测量变量	indirect measured variable	127
操作性变量	manipulated variable	127
非操作性变量	non-manipulated variable	127
主体变量	relative variable	127
客体变量	causal variable	127
研究指标	research indexes	128
抽象定义	conceptual definition	129
操作定义	operational definition	129
定类变量	nominal variable	139
定序变量	ordinal variable	139
定距变量	interval variable	139
定比变量	ratio variable	139
描述统计	descriptive statistics	140
算术平均数	mean	140
中位数	median	140
四分位数	quartiles	141
众数	mode	141
百分位数	percentile	141
极差	range	141
四分位差	quartiles range	141
方差	variance	142
标准差	standard deviation	142
变异系数	coefficient variation	142
推断统计	inferential statistics	142
估计总体参数	estimation of parameter	142

自填式问卷	self-administered questionnaire	204
访问式问卷	interview questionnaire	205
开放式问卷	open-ended questionnaire	205
封闭式问卷	closed-ended questionnaire	205
综合式问卷	synthetic questionnaire	205
编码	coding	206
关联问题(相倚问题)	contingency question	209
回收率	return rate	214
电脑辅助电话访谈	computer assisted telephone interview，简称 CATI	215
电子化的自我填答问卷	Computerized self-administered questionnaire，简称 CSAQ	215
电脑辅助自我访谈	computer assisted self- interviewing，简称 CASI	215
编码本	codebook	220
单变量分析	univariate analysis	221
频数分析	frequencies	221
描述性分析	descriptive	221
离异比率	variation ratio	221
双变量分析	bivariate analysis	223
相关关系	correlation	223
相关系数	coefficient of correlation	223
因果关系	causal	223
虚无关系	spuriousness	224
列联表	contingency table	224
交互分类	cross classification	224
详析模式	the elaboration model	224
减少误差比例	proportionate reduction in error,简称 PRE	226
同序对	same-ordered pair	227
异序对	different- ordered pair	227
相关比率	correlation ratio	228
多变量分析	multivariate analysis	230

第七章

实验	experiment	233
实验研究	experimental research	233

被试内设计	within-subjects design	256
随机区组设计	randomized bleock design	256
被试间设计	between- subjects design	256
准实验设计	quasi-experimental design	256
时间序列设计	time-series design	257
基线	base line	257
不相等控制组前后测设计	non-equivalent control group pretest-posttest design	258
相等时间样本设计	equivalent time-samples design	259
多因素实验设计	multiple factorial design	259
两因素实验设计	two-factorial design	260
三因素实验设计	three-factorial design	261
混合实验设计	mixed experimental design	261

第八章

测量	measurement	266
事物及属性	property	266
法则	rule	266
数字	number	267
量表	scale	267
称名量表	nominal scales	267
顺序量表	ordinal scales	268
等距量表	interval scales	268
比率量表	ratio scales	268
题干	stem	274
反应选项	options or alternatives	275
李克特量表	Likert-type scale	275
语义差异式	semantic differential	275
社会赞许性反应	social desirability response，简称 SDR	279
顺从式作答	acquiescence response	279
两极式作答	extremity response	279
项目分析	item analysis	280
项目辨别力	item discriminating power	280
项目难度	item difficulty	280
G-P 分析	Good-Poor analysis	280
临界比率	critical ratio,简称 CR	280

第十二章

附录二

常用数表

1. 随机数字表
2. 正态分布表
3. 两样本率比较时所需样本含量（单侧检验）
4. 两样本率比较时所需样本含量（双侧检验）
5. 两样本均数比较时所需样本含量（t 检验）
6. 配对比较时所需样本含量（t 检验）
7. t 值表（双侧、单侧检验）
8. F 值表（双侧检验）
9. F 值表（单侧检验）
10. 积差相关系数（r）显著性临界值表
11. 斯皮尔曼等级相关系数显著性临界值
12. 肯德尔 W 系数显著性临界值
13. x^2 分布值表

附表 1　随机数字表

10 09 73 25 33	76 52 01 35 86	34 67 35 48 76	80 95 90 91 17	39 29 27 49 45
37 54 20 48 05	64 89 47 42 96	24 80 52 40 37	20 63 61 04 02	00 82 29 16 65
08 42 26 89 53	19 64 50 93 03	23 20 90 25 60	15 95 33 47 64	35 08 03 36 06
99 01 90 25 29	09 37 67 07 15	38 31 13 11 65	88 67 68 43 97	04 43 62 76 59
12 80 79 99 70	80 15 73 61 47	64 03 23 66 53	98 95 11 68 77	12 17 18 68 33
66 06 57 47 17	34 07 27 68 50	36 69 73 61 70	65 81 33 98 85	11 19 92 91 70
31 06 01 08 05	45 57 18 24 06	35 30 34 26 14	86 79 99 74 39	23 40 30 97 32
85 26 97 76 02	12 05 16 56 92	68 66 57 48 18	73 05 38 52 47	18 62 38 85 79
63 57 33 21 35	05 32 54 70 48	90 55 35 75 48	28 46 82 87 09	83 49 12 56 24
73 79 64 57 53	03 52 96 47 78	35 80 83 42 82	60 93 52 03 44	35 27 38 84 35
98 52 01 77 67	14 90 56 86 07	22 10 94 05 58	60 97 09 34 33	50 51 07 39 98
11 80 50 54 31	39 80 82 77 32	50 72 56 32 48	29 40 52 42 01	52 77 56 78 51
83 45 29 96 34	06 28 89 80 83	13 74 67 00 78	18 47 54 06 10	68 71 17 78 17
88 68 54 02 00	86 50 75 34 01	36 76 66 79 51	90 36 47 64 93	29 60 91 10 62
99 59 46 73 48	37 51 76 49 69	91 82 60 89 28	93 78 56 13 68	23 47 83 41 13
65 48 11 76 74	18 46 85 09 50	58 04 77 69 74	73 03 95 71 86	40 21 81 65 44
80 12 43 56 35	17 72 70 80 15	45 31 32 23 74	21 11 57 82 53	14 38 55 37 63
74 35 09 98 17	77 40 27 72 14	43 23 60 02 10	45 52 16 42 37	96 28 60 26 55
69 91 62 68 03	66 25 22 91 48	36 93 68 72 03	76 62 11 39 90	94 40 05 64 18
09 89 32 05 06	14 22 56 85 14	46 42 75 67 88	96 29 77 88 22	54 38 21 45 98
91 49 91 45 23	68 47 92 76 86	46 16 23 35 54	94 75 08 99 23	37 03 92 00 48
80 33 69 45 98	26 94 03 63 58	70 29 73 41 35	53 14 03 33 40	42 05 08 23 41
44 10 48 19 49	85 15 74 79 54	32 97 92 65 75	57 60 04 08 81	22 23 20 64 13
12 55 07 37 42	11 10 00 20 40	12 86 07 46 97	96 64 48 94 39	28 70 72 58 15
63 60 64 93 29	16 50 53 44 84	40 21 95 25 63	43 65 17 70 82	07 20 73 17 90
07 63 87 79 29	03 06 11 80 72	96 20 74 41 56	23 32 19 95 38	04 71 36 69 94
60 52 88 34 41	07 95 41 98 14	59 17 52 06 95	05 53 35 21 39	61 21 20 64 55
83 59 63 56 55	06 95 89 29 83	05 12 80 97 19	77 43 35 37 83	92 30 15 04 98
10 85 06 27 46	99 59 91 05 07	13 49 90 63 19	53 07 57 18 39	06 41 01 93 62
39 82 09 89 52	43 62 26 31 47	64 42 18 08 14	43 80 00 93 51	31 02 47 31 67

59 58 00 64 78	75 56 97 88 00	88 83 55 44 86	23 76 80 61 56	04 11 10 84 08
38 50 80 73 41	23 79 34 87 63	90 82 29 70 22	17 71 90 42 07	95 96 44 99 53
30 69 27 06 68	94 68 81 61 27	56 19 68 00 91	82 06 76 34 00	05 46 26 92 00
65 44 39 56 59	18 28 82 74 37	49 63 22 40 41	08 33 76 56 76	96 29 99 08 36
27 26 75 02 64	13 19 27 22 94	07 47 74 45 06	17 98 54 89 11	97 34 13 03 58

91 30 70 69 91	19 07 22 42 10	36 69 95 37 28	29 82 53 57 93	28 97 66 62 52
68 43 49 46 88	84 47 31 36 22	62 12 69 84 08	12 84 38 25 90	09 81 59 31 46
48 90 81 58 77	54 74 52 45 91	35 70 00 47 54	83 82 45 26 92	54 13 05 51 60
06 91 34 51 97	42 67 27 86 01	11 88 30 95 28	63 01 19 89 01	14 97 44 03 44
10 45 51 60 19	14 21 03 37 12	91 34 23 78 21	88 32 58 08 51	43 66 77 08 83

12 88 39 73 43	65 02 76 11 84	04 28 50 13 92	17 97 41 50 77	90 71 22 67 69
21 77 83 09 76	38 80 73 69 61	31 64 94 20 96	63 28 10 20 23	08 81 64 74 49
19 52 35 95 15	65 12 25 96 59	86 28 36 82 58	69 57 21 37 98	16 43 59 15 29
67 24 55 26 70	35 58 31 65 63	79 24 68 66 86	76 46 33 42 22	26 65 59 08 02
60 58 44 73 77	07 50 03 79 92	45 13 42 65 29	26 76 08 36 37	41 32 64 43 44

53 85 34 13 77	36 06 69 48 50	58 83 87 38 59	49 36 47 33 31	96 24 04 36 42
24 63 73 87 36	74 38 48 93 42	52 62 30 79 92	12 36 91 86 01	03 74 28 38 73
83 08 01 24 51	38 99 22 28 15	07 75 95 17 77	97 37 72 75 85	51 97 23 78 67
16 44 42 43 34	36 15 19 90 73	27 49 37 09 39	85 13 03 25 52	54 84 65 47 59
60 79 01 81 57	58 17 86 57 62	11 16 17 85 76	45 81 95 29 79	65 13 00 48 60

03 99 11 04 61	93 71 61 68 94	66 08 32 46 53	84 60 95 82 32	88 61 81 91 61
38 55 59 55 54	32 88 65 97 80	08 35 56 08 60	29 73 54 77 62	71 29 92 38 53
17 54 67 37 04	92 05 24 62 15	55 12 13 92 81	59 07 60 79 36	27 95 45 89 09
32 64 35 28 61	95 81 90 68 31	00 91 19 89 36	76 35 59 37 79	80 86 30 05 14
69 57 26 87 77	39 51 03 59 05	14 06 04 06 19	29 54 96 97 16	33 56 46 07 80

24 12 26 65 91	27 69 90 64 94	14 84 54 66 72	61 95 87 71 00	90 89 97 57 54
61 19 63 02 31	92 96 26 17 73	41 83 95 53 82	17 26 77 09 43	78 03 87 02 67
30 53 22 17 04	10 27 41 22 02	39 68 52 03 09	10 06 16 88 29	55 98 66 64 85
03 78 89 75 99	75 86 72 07 17	74 41 65 31 66	35 20 83 33 74	87 53 90 88 23
48 22 86 33 79	85 78 34 76 19	53 15 26 74 33	35 66 35 29 72	16 81 86 03 11

60 36 59 46 53	35 07 53 39 49	42 61 42 92 97	01 91 82 83 16	98 95 37 32 33
83 79 94 24 02	56 62 33 44 42	34 99 44 13 74	70 07 11 47 36	09 95 81 80 65
32 96 00 74 05	36 40 98 32 33	99 38 54 16 00	11 13 30 75 86	15 91 70 62 53
19 32 25 38 45	57 62 05 26 06	66 49 76 86 46	78 13 86 65 59	19 64 09 94 13
11 22 09 47 48	07 39 93 74 08	48 50 92 39 29	27 48 24 54 76	85 24 43 51 59
31 75 15 72 60	68 98 00 53 39	15 47 04 83 55	88 65 12 25 96	03 15 21 92 21
88 49 29 93 82	14 45 40 45 04	20 09 49 89 77	74 84 39 34 13	22 10 97 85 08
30 93 44 77 44	07 48 18 38 28	73 78 80 65 33	28 59 72 04 05	94 20 52 03 80
22 88 84 88 93	27 49 99 87 48	60 53 04 51 28	74 02 28 46 17	82 03 71 02 68
78 21 22 69 93	35 90 29 13 86	44 37 21 54 86	65 74 11 40 14	87 48 13 72 20
41 84 98 45 47	46 85 05 23 26	34 67 75 83 00	74 91 06 43 45	19 32 58 15 49
46 35 23 30 49	69 24 89 34 60	45 30 50 75 21	61 31 83 18 55	14 41 34 09 51
11 08 79 62 94	14 01 33 17 92	59 74 76 72 77	76 50 33 45 13	39 66 37 75 44
52 70 10 83 37	56 30 38 73 15	16 52 06 96 76	11 65 49 98 93	02 18 16 81 61
57 27 53 68 98	81 30 44 85 86	68 65 22 73 76	92 85 25 58 66	88 44 80 35 84
20 85 77 31 56	70 28 42 43 26	79 37 59 52 20	01 15 96 32 67	10 62 24 83 91
15 63 38 49 24	90 41 59 36 14	33 52 12 66 65	55 82 34 76 41	86 22 53 17 04
92 69 44 82 97	39 90 40 21 15	59 58 94 90 67	66 82 14 15 75	49 76 70 40 37
77 61 31 90 19	88 15 20 00 80	20 55 49 14 09	96 27 74 82 57	50 81 69 76 16
38 68 83 24 86	45 13 46 35 45	59 40 47 20 59	43 94 75 16 80	43 85 25 96 93
25 16 30 18 89	70 01 41 50 21	41 29 06 73 12	71 85 71 59 57	68 97 11 14 03
65 25 10 76 29	37 23 93 32 95	05 87 00 11 19	92 78 42 63 40	18 47 76 56 22
36 81 54 36 25	18 63 73 75 09	82 44 49 90 05	04 92 17 37 01	14 70 79 39 97
64 39 71 16 92	05 32 78 21 62	20 24 78 17 59	45 19 72 53 32	83 74 52 25 67
04 51 52 56 24	95 09 66 79 46	48 46 08 55 58	15 19 11 87 82	16 93 03 33 61
83 76 16 08 73	43 25 38 41 45	60 83 32 59 83	01 29 14 13 49	20 36 80 71 26
14 38 70 63 45	80 85 40 92 79	43 52 90 63 18	38 39 47 48 61	41 19 63 74 80
51 32 19 22 46	80 08 87 70 74	88 72 25 67 36	66 16 44 94 31	66 91 93 16 78
72 47 20 00 08	80 89 01 80 02	94 81 33 19 00	54 15 58 34 36	35 36 25 41 31
05 46 65 53 06	93 12 81 84 64	74 45 79 05 61	72 84 81 18 34	79 98 26 84 16

39 52 87 24 84	82 47 42 55 93	48 54 53 52 47	18 61 91 36 74	18 61 11 92 41
81 61 62 87 11	53 34 24 42 76	75 12 21 17 24	74 62 77 37 07	58 31 91 59 97
07 58 61 62 20	82 64 12 28 20	92 90 41 31 41	32 39 21 97 63	61 19 96 79 40
90 76 70 42 35	13 57 41 72 00	69 90 26 37 42	78 26 42 25 01	18 62 79 08 72
40 18 82 81 93	29 59 38 86 27	94 97 21 15 98	62 09 53 67 87	00 44 15 89 97
34 41 48 21 57	86 88 75 50 87	19 15 20 00 23	12 30 28 07 83	32 62 46 86 91
63 43 97 53 63	44 98 91 68 22	36 02 40 09 67	76 37 84 16 05	65 96 17 34 88
67 04 90 91 70	93 39 94 55 47	94 45 87 42 84	05 04 14 98 07	20 28 83 40 60
79 49 50 41 46	52 16 29 02 86	54 15 83 42 43	46 97 83 54 82	59 36 29 59 38
91 70 43 05 52	04 73 72 10 31	75 05 19 30 29	47 66 56 43 82	99 78 29 34 78

附表 2　正态分布表

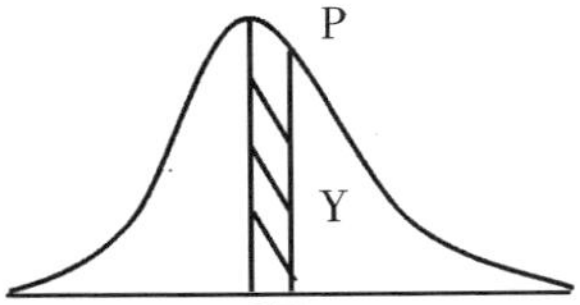

(曲线下的面积与纵高)

Z	Y	P	Z	Y	P	Z	Y	P
.00	.39894	.00000	.30	.38139	.11791	.60	.33322	.22575
.01	.39892	.00399	.31	.38023	.12172	.61	.33121	.22907
.02	.39886	.00798	.32	.37903	.12552	.62	.32918	.23237
.03	.39876	.01197	.33	.37780	.12930	.63	.32713	.23565
.04	.39862	.01595	.34	.37654	.13307	.64	.32509	.23891
.05	.39844	.01994	.35	37524	.13683	.65	.32297	.24215
.06	.39822	.02392	.36	.37391	.14058	.66	.32086	.24537
.07	.39797	.02790	.37	.37255	.14431	.67	.31874	.24857
.08	.39767	.03188	.38	.37115	.14803	.68	.31659	.25175
.09	.39733	.03586	.39	.36973	.15173	.69	.31443	.25490
.10	.39695	.03983	.40	.36827	.15542	.70	.31225	.25804
.11	.39654	.04380	.41	.36678	.15910	.71	.31006	.26115
.12	.39608	.04776	.42	.36526	.16276	.72	.30785	.26424
.13	.39559	.05172	.43	.36371	.16640	.73	.30563	.26730
.14	.39505	.05567	.44	.36213	.17003	.74	.30339	.27035
.15	.39448	.05962	.45	.36053	.17364	.75	.30114	.27337
.16	.39387	.06356	.46	.35889	.17724	.76	.29887	.27637
.17	.39322	.06749	.47	.35723	.18082	.77	.29659	.27935
.18	.39253	.07142	.48	.35553	.18439	.78	.29431	.28230
.19	.39181	.07535	.49	.35381	.18793	.79	.29200	.28524

	Z	Y	P	Z	Y	P	Z	Y P
.20	.39104	.07926	.50	.35207	.19146	.80	.28969	.28814
.21	.39024	.08317	.51	.35029	.19497	.81	.28737	.29103
.22	.38940	.07806	.52	.34849	.19847	.82	.28504	.29389
.23	.38853	.09095	.53	.34667	.20194	.83	.28269	.29673
.24	.38762	.09483	.54	34482	.20540	.84	.28034	.29955
.25	.38667	.09871	.55	.34294	.20884	.85	.27798	.30234
.26	.38568	.10257	.56	.34105	.21226	.86	.27562	.30511
.27	.38466	.10642	.57	.33912	.21566	.87	.27324	.30785
.28	.38361	.11026	.58	.33718	.21904	.88	.27986	.31057
.29	.38251	.11409	.59	.33521	.22240	.89	.28848	.31327
.90	.26609	.31594	1.25	.18265	.39435	1.60	.11092	.44520
.91	.26369	.31859	1.26	.18037	.39617	1.61	.10915	.44630
.92	.26129	.32121	1.27	.17810	.39796	1.62	.10741	.44738
.93	.25888	.32381	1.28	.17585	.39973	1.63	.10567	.44845
.94	.25647	.32639	1.29	.17360	.40147	1.64	.10396	.44950
.95	.25406	.32894	1.30	.17137	.40320	1.65	.10226	.45053
.96	.25164	.33147	1.31	.16915	.40490	1.66	.10059	.45154
.97	.24923	.33398	1.32	.16694	.40658	1.67	.09893	.45254
.98	.24681	.33646	1.33	.16474	.40824	1.68	.09728	.45352
.99	.24439	.33891	1.34	.16256	.40988	1.69	.09566	.45449
1.00	.24197	34134	1.35	.16038	.41149	1.70	.09405	.45543
1.01	.23955	.34375	1.36	.15822	.41309	1.71	.09246	.45637
1.02	.23713	.34614	1.37	.15608	.41466	1.72	.09089	.45728
1.03	.23471	.34850	1.38	.15395	.41621	1.73	.08933	.45818
1.04	.23230	.35083	1.39	.15183	.41774	1.74	.08780	.45907
1.05	.22988	.35314	1.40	.14973	.41924	1.75	.08628	.45994
1.06	.22747	.35543	1.41	.14764	.42073	1.76	.08478	.46080
1.07	.22506	.35769	1.42	.14556	.42220	1.77	.08329	.46164
1.08	.22265	.35993	1.43	.14350	.42364	1.78	.08183	.46246
1.09	.22025	.36214	1.44	.14146	.42507	1.79	.08038	.46327

Z	Y	P	Z	Y	P	Z	Y	P
1.10	.21785	.36433	1.45	.13943	.42647	1.80	.07895	.46407
1.11	.20546	.36650	1.46	.13742	.42786	1.81	.07754	.46485
1.12	.21307	.36864	1.47	.13542	.42922	1.82	.07614	.46562
1.13	.21069	.37076	1.48	.13344	.43056	1.83	.07477	.46638
1.14	.20831	.37286	1.49	.13147	.43189	1.84	.07341	.46712
1.15	.20594	.37493	1.50	.12952	.43319	1.85	.07206	.46784
1.16	.20357	.37698	1.51	.12758	.43448	1.86	.07074	.46856
1.17	.20121	.37900	1.52	.12566	.43574	1.87	.06943	.46926
1.18	.19886	.38100	1.53	.12376	.43699	1.88	.06814	.46995
1.19	.19652	.38298	1.54	.12188	.43822	1.89	.06687	.47062
1.20	.19419	.38493	1.55	.12001	.43943	1.90	.06562	.47128
1.21	.19186	.38686	1.56	.11816	.44062	1.91	.06439	.47193
1.22	.18954	.38877	1.57	.11632	.44179	1.92	.06316	.47257
1.23	.18724	.39065	1.58	.11450	.44295	1.93	.06195	.47320
1.24	.18494	.39251	1.59	.11270	.44408	1.94	.06077	.47381
1.95	.05959	.47441	2.30	.02833	.48928	2.65	.01191	.49598
1.96	.05844	.47500	2.31	.02768	.48956	2.66	.01160	.49609
1.97	.05730	.47558	2.32	.02705	.48983	2.67	.01130	.49621
1.98	.05618	.47615	2.33	.02643	.49010	2.68	.01100	.49632
1.99	.05508	.47670	2.34	.02582	.49036	2.69	.01071	.49643
2.00	.05399	.47725	2.35	.02522	.49061	2.70	.01042	.49653
2.01	.05292	.47778	2.36	.02463	.49086	2.71	.01014	.49664
2.02	.05186	.47831	2.37	.02406	.49111	2.72	.00987	.49674
2.03	.05082	.47882	2.38	.02349	.49134	2.73	.00961	.49683
2.04	.04980	.47928	2.39	.02294	.49158	2.74	.00935	.49693
2.05	.04879	.47982	2.40	.02239	.49180	2.75	.00909	.49702
2.06	.04780	.48030	2.41	.02186	.49202	2.76	.00885	.49711
2.07	.04682	.48077	2.42	.02134	.49224	2.77	.00861	.49720
2.08	.04586	.48124	2.43	.02083	.49245	2.78	.00837	.49728
2.09	.04491	.48169	2.44	.02033	.49266	2.79	.00814	49736

Z	Y	P	Z	Y	P	Z	Y	P
2.10	.04398	.48214	2.45	.01984	.49286	2.80	.00792	.49744
2.11	.04307	.48257	2.46	.01936	.49305	2.81	.00770	.49752
2.12	.04217	.48300	2.47	.01889	.49324	2.82	.00748	.49760
2.13	.04128	.48341	2.48	.01842	.49343	2.83	.00727	.49767
2.14	.04041	.48382	2.49	.01797	.49361	2.84	.00707	.49774
2.15	03955	.48422	2.50	.01753	.49379	2.85	.00687	.49781
2.16	.03871	.48461	2.51	.01709	.49396	2.86	.00668	.49788
2.17	.03788	.48500	2.52	.01667	.49413	2.87	.00649	.49795
2.18	.03706	.48537	2.53	.01625	.49430	2.88	.00631	.49801
2.19	.03626	.48574	2.54	.01585	.49446	2.89	.00613	.49807
2.20	.03547	.48610	2.55	.01545	.49461	2.90	.00525	.49813
2.21	.03470	.48645	2.56	.01506	.49477	2.91	.00578	.49819
2.22	.03394	.48679	2.57	.01468	.49492	2.92	.00562	.49825
2.23	.03319	.48713	2.58	.01431	.49506	2.93	.00545	.49831
2.24	.03246	.48745	2.59	.01394	.49520	2.94	.00530	.49836
2.25	.03174	.48778	2.60	.01358	.49534	2.95	.00514	.49841
2.26	.03103	.48809	2.61	.01323	.49547	2.96	.00499	.49846
2.27	.03034	.48840	2.62	.01289	.49560	2.97	.00485	.49851
2.28	.02965	.48870	2.63	.01256	.49573	2.98	.00471	.49856
2.29	.02898	.48899	2.64	.01223	49585	2.99	.00457	.49861
3.00	.00443	.49865	3.35	.00146	.49960	3.70	.00042	.49989
3.01	.00403	.49869	3.36	.00141	.49961	3.71	.00041	.49990
3.02	.00417	.49874	3.37	.00136	.49962	3.72	.00039	.49990
3.03	.00405	.49878	3.38	.00132	.49964	3.73	.00038	.49990
3.04	.00393	.49882	3.39	.00127	.49965	3.74	.00037	.49991
3.05	.00381	.49886	3.40	.00123	.49966	3.75	.00035	.49991
3.06	.00370	.49889	3.41	.00119	.49968	3.76	.00034	.49992
3.07	.00358	.49893	3.42	.00115	.49969	3.77	.00033	.49992
3.08	.00348	.49897	3.43	.00111	.49970	3.78	.00031	.49992
3.09	.00337	.49900	3.44	.00107	.49971	3.79	.00030	.49992

Z	Y	P	Z	Y	P	Z	Y	P
3.10	.00327	.49903	3.45	.00104	.49972	3.80	.00029	.49993
3.11	.00317	.49906	3.46	.00100	.49973	3.81	.00028	.49993
3.12	.00307	.49910	3.47	.00097	.49974	3.82	.00027	.49993
3.13	.00298	.49913	3.48	.00094	.49975	3.83	.00026	.49994
3.14	.00288	.49916	3.49	.00090	.49976	3.84	.00025	.49994
3.15	.00279	.49918	3.50	.00087	.49977	3.85	.00024	.49994
3.16	.00271	.49921	3.51	.00084	.49978	3.86	.00023	.49994
3.17	.00262	.49924	3.52	.00081	.49978	3.87	.00022	.49995
3.18	.00254	.49926	3.53	.00079	.49979	3.88	.00021	.49995
3.19	.00246	.49929	3.54	.00076	.49980	3.89	.00021	.49995
3.20	.00238	.49931	3.55	.00073	.49981	3.90	.00020	.49995
3.21	.00231	.49934	3.56	.00071	.49981	3.91	.00019	.49995
3.22	.00224	.49936	3.57	.00068	.49982	3.92	.00018	.49996
3.23	.00216	.49938	3.58	.00066	.49983	3.93	.00018	.49996
3.24	.00210	.49940	3.59	.00063	.49983	3.94	.00017	.49996
3.25	.00203	.49942	3.60	.00061	.49984	3.95	.00016	.49996
3.26	.00196	.49944	3.61	.00059	.49986	3.96	.00016	.49996
3.27	.00190	.49946	3.62	.00057	.49985	3.97	.00015	.49996
3.28	.00184	.49948	3.63	.00055	.49986	3.98	.00014	.49997
3.29	.00178	.49950	3.64	.00053	.49986	3.99	.00014	.49997
3.30	.00172	.49952	3.65	.00051	.49987			
3.31	.00167	.49953	3.66	.00049	.49987			
3.32	.00161	.49955	3.67	.00047	.49988			
3.33	.00156	.49957	3.68	.00046	.49988			
3.34	.00151	.49958	3.69	.00044	.49989			

附表 3 两样本率比较时所需样本含量（单侧检验）

P_1	$\delta=P_2-P_1$=两组率之差（%）													
%	5	10	15	20	25	30	35	40	45	50	55	60	65	70
	330	105	55	35	25	20	16	13	11	9	8	7	6	6
5	460	145	76	48	34	26	21	17	15	13	11	9	8	7
	850	270	140	89	63	47	37	30	25	21	19	17	14	13
	540	155	76	47	32	23	19	15	13	11	9	8	7	6
10	740	210	105	64	44	33	25	21	17	14	12	11	9	8
	1370	390	195	120	81	60	46	37	30	25	21	19	16	14
	710	200	94	56	38	27	21	17	14	12	10	8	7	6
15	990	270	130	77	52	38	29	22	19	16	13	10	10	8
	1820	500	240	145	96	69	52	41	33	27	22	20	17	14
	860	230	110	63	42	30	22	18	15	12	10	8	7	6
20	1190	320	150	88	58	41	31	24	20	16	14	11	10	8
	2190	590	280	160	105	76	57	44	35	28	23	20	17	14
	980	260	120	69	45	32	24	19	15	12	10	8	7	–
25	1360	360	165	96	63	44	33	25	21	16	14	11	9	–
	2150	660	300	175	115	81	60	46	36	29	23	20	16	–
	1080	280	130	73	47	33	24	19	15	12	10	8	–	–
30	1500	390	175	100	65	46	33	25	21	16	13	11	–	–
	2760	720	330	185	120	84	61	47	36	28	22	19	–	–
	1160	300	135	75	48	33	24	19	15	12	9	–	–	–
35	1600	410	185	105	67	46	33	25	20	16	12	–	–	–
	2960	750	340	190	125	85	61	46	35	27	21	–	–	–
	1210	310	135	76	48	33	24	18	14	11	–	–	–	–
40	1670	420	190	105	67	46	33	24	19	14	–	–	–	–
	3080	780	350	195	125	84	60	44	33	25	–	–	–	–
	1230	310	135	75	47	32	23	17	13	–	–	–	–	–
45	1710	430	190	105	65	44	31	22	17	–	–	–	–	–
	3140	790	350	190	120	81	57	41	30	–	–	–	–	–
	1230	310	135	73	45	30	21	15	–	–	–	–	–	–
50	1710	420	185	100	63	41	29	21	–	–	–	–	–	–
	2140	780	340	185	115	76	52	37	–	–	–	–	–	–

注：表中不同P值所对应的三行数字，上行 $\alpha=0.05$，$1-\beta=0.80$；中行 $\alpha=0.05$，$1-\beta=0.90$；下行 $\alpha=0.01$，$1-\beta=0.95$。

附表 4　两样本率比较时所需样本含量（双侧检验）

P_1	$\delta = P_2 - P_1$=百分数之差													
%	5	10	15	20	25	30	35	40	45	50	55	60	65	70
	420	130	69	44	31	24	20	16	14	12	10	9	9	7
5	570	175	93	59	42	32	25	21	18	15	13	11	10	9
	960	300	155	100	71	54	42	34	28	24	21	19	16	14
	680	195	96	59	41	30	23	19	16	13	11	10	9	7
10	910	260	130	79	54	40	31	24	21	18	15	13	11	10
	1550	440	220	135	92	68	52	41	34	28	23	21	18	15
	910	250	120	71	48	34	26	21	17	14	12	10	9	8
15	1220	330	160	95	64	46	35	27	22	19	16	13	11	10
	2060	560	270	160	110	78	59	47	37	31	25	21	19	16
	1090	290	135	80	53	38	28	22	18	15	13	10	9	7
20	1460	390	185	105	71	51	38	29	23	20	16	14	11	10
	2470	660	310	180	120	86	64	50	40	32	26	21	19	15
	1250	330	150	88	57	40	30	23	19	15	13	10	9	–
25	1680	440	200	115	77	54	40	31	24	20	16	13	11	–
	2840	740	340	200	130	92	68	52	41	32	26	21	18	–
	1380	360	160	93	60	42	31	23	19	15	12	10	–	–
30	1840	480	220	125	80	56	41	31	24	20	16	13	–	–
	3120	810	370	210	135	95	69	53	41	32	25	21	–	–
	1470	380	170	96	61	42	31	23	18	14	11	–	–	–
35	1970	500	225	130	82	57	41	31	23	19	15	–	–	–
	3340	850	380	215	140	96	69	52	40	31	23	–	–	–
	1530	390	175	97	61	42	30	22	17	13	–	–	–	–
40	2050	520	230	130	82	56	40	29	22	18	–	–	–	–
	3480	880	390	220	140	95	68	50	37	28	–	–	–	–
	1560	390	175	96	60	40	28	21	16	–	–	–	–	–
45	2100	520	230	130	80	54	38	27	21	–	–	–	–	–
	3550	890	390	215	135	92	64	47	34	–	–	–	–	–
	1560	390	170	93	57	38	26	19	–	–	–	–	–	–
50	2100	520	225	125	77	51	35	24	–	–	–	–	–	–
	3550	880	380	210	130	86	59	41	–	–	–	–	–	–

注：表中不同 P 值所对应的三行数字，上行 $\alpha=0.05$，$1-\beta=0.80$；中行 $\alpha=0.05$，$1-\beta=0.90$；下行 $\alpha=0.01$，$1-\beta=0.95$。

附表 5　两样本均数比较时所需样本含量（t 检验）

		t 检验界限																				
		0.01					0.02					0.04					0.10					
单侧检验		α=0.005					α=0.01					α=0.025					α=0.05					
双侧检验		α=0.01					α=0.02					α=0.05					α=0.10					
1−β		.99	.95	.90	.80	.50	.99	.95	.90	.80	.50	.99	.95	.90	.80	.50	.99	.95	.90	.80	.50	
	0.20																				137	0.20
δ	0.25															124					88	0.25
	0.30										123					87					61	0.30
	0.35					110					90					64				102	45	0.35
	0.40					85					70				100	50			108	78	35	0.40
	0.45				118	68				101	55			105	79	39		108	86	62	28	0.45
	0.50				96	55			106	82	45		106	86	64	32		88	70	51	23	0.50
	0.55			101	79	46		106	88	68	38		87	71	53	27	112	73	58	42	19	0.55
	0.60		101	85	67	39		90	74	58	32	104	74	60	45	23	89	61	49	36	16	0.60
	0.65		87	73	57	34	104	77	64	49	27	88	63	51	39	20	76	52	42	30	14	0.65
	0.70	100	75	63	50	29	90	66	55	43	24	76	55	44	34	17	66	45	36	26	12	0.70
	0.75	88	66	55	44	26	79	58	48	38	21	67	48	39	29	15	57	40	32	23	11	0.75
	0.80	77	58	49	39	23	70	51	43	33	19	59	42	34	26	14	50	35	28	21	10	0.80
	0.85	69	51	43	35	21	62	46	38	30	17	52	37	31	23	12	45	31	25	18	9	0.85
	0.90	62	46	39	31	19	55	41	34	27	15	47	34	27	21	11	40	28	22	16	8	0.90
	0.95	55	42	35	28	17	50	37	31	24	14	42	30	25	19	10	36	25	20	15	7	0.95
	1.00	50	38	32	26	15	45	33	28	22	13	38	27	23	17	9	33	23	18	14	7	1.00
	1.1	42	32	27	22	13	38	28	23	19	11	32	23	19	14	8	27	19	15	12	6	1.1
	1.2	36	27	23	18	11	32	24	20	16	9	27	20	16	12	7	23	16	13	10	5	1.2
	1.3	31	23	20	16	10	28	21	17	14	8	23	17	14	11	6	20	14	11	9	5	1.3
	1.4	27	20	17	14	9	24	18	15	12	8	20	15	12	10	6	17	12	10	8	4	1.4
	1.5	24	18	15	13	8	21	16	14	11	7	18	13	11	9	5	15	11	9	7	4	1.5
	1.6	21	16	14	11	7	19	14	12	10	6	16	12	10	8	5	14	10	8	6	4	1.6
	1.7	19	15	13	10	7	17	13	11	9	6	14	11	9	7	4	12	9	7	6	3	1.7
	1.8	17	13	11	10	6	15	12	10	8	5	13	10	8	6	4	11	8	7	5		1.8
	1.9	16	12	11	9	6	14	11	9	8	5	12	9	7	6	4	10	7	6	5		1.9
	2.0	14	11	10	8	6	13	10	9	7	5	11	8	7	6	4	9	7	6	4		2.0
	2.1	13	10	9	8	5	12	9	8	7	5	10	8	6	5	3	8	6	5	4		2.1
	2.2	12	10	8	7	5	11	9	7	6	4	9	7	6	5		8	6	5	4		2.2
	2.3	11	9	8	7	5	10	8	7	6	4	9	7	6	5		7	5	5	4		2.3
	2.4	11	9	8	6	5	10	8	7	6	4	8	6	5	4		7	5	4	4		2.4
	2.5	10	8	7	6	4	9	7	6	5	4	8	6	5	4		6	5	4	3		2.5
	3.0	8	6	6	5	4	7	6	5	4	3	6	5	4	4		5	4	3			3.0
	3.5	6	5	5	4	3	6	5	4	4		5	4	4	3		4	3				3.5
	4.0	6	5	4	4		5	4	4	3		4	4	3			4					4.0

附表 6　配对比较时所需样本含量（t 检验）

	t 检验界限																				
	0.01					0.02					0.04					0.10					
单侧检验	α=0.005					α=0.01					α=0.025					α=0.05					
双侧检验	α=0.01					α=0.02					α=0.05					α=0.10					
1-β	.99	.95	.90	.80	.50	.99	.95	.90	.80	.50	.99	.95	.90	.80	.50	.99	.95	.90	.80	.50	
δ 0.15																				122	0.15
0.20										139					99					70	0.20
0.25					110					90				128	64			139	101	45	0.25
0.30				134	78				115	63			119	90	45		122	97	71	32	0.30
0.35			125	99	58			109	85	47		109	88	67	34		90	72	52	24	0.35
0.40		115	97	77	45		101	85	66	37	117	84	68	51	26	101	70	55	40	19	0.40
0.45		92	77	62	37	110	81	68	53	30	93	67	54	41	21	80	55	44	33	15	0.45
0.50	100	75	63	51	30	90	66	55	43	25	76	54	44	34	18	65	45	36	27	13	0.50
0.55	83	63	53	42	26	75	55	46	36	21	63	45	37	28	15	54	38	30	22	11	0.55
0.60	71	53	45	36	22	63	47	39	31	18	53	38	32	24	13	46	32	26	19	9	0.60
0.65	60	46	39	31	20	55	41	34	27	16	46	33	27	21	12	39	28	22	17	8	0.65
0.70	53	40	34	28	17	47	35	30	24	14	40	29	24	19	10	34	24	19	15	8	0.70
0.75	47	36	30	25	16	42	31	27	21	13	35	26	21	16	9	30	21	17	13	7	0.75
0.80	41	32	27	22	14	37	28	24	19	12	31	22	19	15	9	27	19	15	12	6	0.80
0.85	37	29	24	20	13	33	25	21	17	11	28	21	17	13	8	24	17	14	11	6	0.85
0.90	34	26	22	18	12	29	23	19	16	10	25	19	16	12	7	21	15	13	10	5	0.90
0.95	31	24	20	17	11	27	21	18	14	9	23	17	14	11	7	19	14	11	9	5	0.95
1.00	28	22	19	16	10	25	19	16	13	9	21	16	13	10	6	18	13	11	8	5	1.00
1.1	24	19	16	14	9	21	16	14	12	8	18	13	11	9	6	15	11	9	7		1.1
1.2	21	16	14	12	8	18	14	12	10	7	15	12	10	8	5	13	10	8	6		1.2
1.3	18	15	13	11	8	16	13	11	9	6	14	10	9	7		11	8	7	6		1.3
1.4	16	13	12	10	7	14	11	10	9	6	12	9	8	7		10	8	7	5		1.4
1.5	15	12	11	9	7	13	10	9	8	6	11	8	7	6		9	7	6			1.5
1.6	13	11	10	8	6	12	10	9	7	5	10	8	7	6		8	6	6			1.6
1.7	12	10	9	8	6	11	9	8	7		9	7	6	5		8	6	5			1.7
1.8	12	10	9	8	6	10	8	7	7		8	7	6			7	6				1.8
1.9	11	9	8	7	6	10	8	7	6		8	6	6			7	5				1.9
2.0	10	8	8	7	5	9	7	7	6		7	6	5			6					2.0
2.1	10	8	7	7		8	7	6	6		7	6				6					2.1
2.2	9	8	7	6		8	7	6	5		7	6				6					2.2
2.3	9	7	7	6		8	6	6			6	5				5					2.3
2.4	8	7	7	6		7	6	6			6										2.4
2.5	8	7	6	6		7	6	6			6										2.5
3.0	7	6	6	5		6	5	5			5										3.0
3.5	6	5	5			5															3.5
4.0	6																				4.0

附表 7　t 值表（双侧、单侧）

df	最大 t 值的概率（双侧界限）								
	0.5	0.4	0.3	0.2	0.1	0.05	0.02	0.01	0.001
1	1.000	1.376	1.963	3.078	6.314	12.706	31.821	63.657	636.619
2	0.816	1.061	1.386	1.886	2.920	4.303	6.965	9.925	31.598
3	0.765	0.978	1.250	1.638	2.353	3.182	4.541	5.841	12.941
4	0.741	0.941	1.190	1.533	2.132	2.776	3.747	4.604	8.610
5	0.727	0.920	1.156	1.476	2.015	2.571	3.365	4.032	6.859
6	0.718	0.906	1.134	1.440	1.943	2.447	3.143	3.707	5.959
7	0.711	0.896	1.119	1.415	1.896	2.365	2.998	3.499	5.405
8	0.706	0.889	1.108	1.397	1.860	2.306	2.896	3.355	5.041
9	0.703	0.883	1.100	1.383	1.833	2.262	2.821	3.250	4.781
10	0.700	0.879	1.093	1.372	1.812	2.228	2.764	3.169	4.587
11	0.697	0.876	1.088	1.363	1.796	2.201	2.718	3.106	4.437
12	0.695	0.873	1.083	1.356	1.782	2.179	2.681	3.055	4.318
13	0.694	0.870	1.079	1.350	1.771	2.160	2.650	3.012	4.221
14	0.692	0.868	1.076	1.345	1.761	2.145	2.624	2.977	4.140
15	0.691	0.866	1.074	1.341	1.753	2.131	2.602	2.947	4.073
16	0.690	0.865	1.071	1.337	1.746	2.120	2.583	2.921	4.015
17	0.689	0.863	1.069	1.333	1.740	2.110	2.567	2.898	3.965
18	0.688	0.862	1.067	1.330	1.734	2.101	2.552	2.878	3.922
19	0.688	0.861	1.066	1.328	1.729	2.093	2.539	2.861	3.883
20	0.687	0.860	1.064	1.325	1.725	2.086	2.528	2.845	3.850
21	0.686	0.859	1.063	1.323	1.721	2.080	2.518	2.831	3.819
22	0.686	0.858	1.061	1.321	1.717	2.074	5.508	2.819	3.792
23	0.685	0.858	1.060	1.319	1.714	2.069	2.500	2.807	3.767
24	0.685	0.857	1.059	1.318	1.711	2.064	2.492	2.797	3.745
25	0.684	0.856	1.058	1.316	1.708	2.060	2.485	2.787	3.725
26	0.684	0.856	1.058	1.315	1.706	2.056	2.479	2.779	3.707
27	0.684	0.855	1.057	1.314	1.703	2.052	2.473	2.771	3.690
28	0.683	0.855	1.056	1.313	1.701	2.048	2.467	2.763	3.674
29	0.683	0.854	1.055	1.311	1.699	2.045	2.462	2.756	3.659
30	0.683	0.854	1.055	1.310	1.697	2.042	2.457	2.750	3.646
40	0.681	0.851	1.050	1.303	1.684	2.021	2.423	2.704	3.551
60	0.679	0.848	1.046	1.296	1.671	2.000	2.390	2.660	3.460
120	0.677	0.845	1.041	1.289	1.658	1.980	2.358	2.617	3.373
∞	0.674	0.842	1.036	1.282	1.645	1.960	2.326	2.576	3.291
	0.25	0.2	0.15	0.1	0.05	0.025	0.01	0.005	0.0005
df	更大 t 值的概率（单侧界限）								

附表 8　F 值表（双侧）

分母 df	α	分子自由度 df																		
		1	2	3	4	5	6	7	8	9	10	12	15	20	24	30	40	60	120	∞
1	0.05	647.8	799.5	864.2	899.6	921.8	937.1	948.2	956.7	963.3	968.6	976.7	984.9	993.1	997.2	1001.0	1006.0	1010.0	1014.0	1018.0
	0.01	16211.0	20000.0	21615.0	22500.0	23056.0	23437.0	23715.0	23925.0	24091.0	24224.0	24426.0	24630.0	24836.0	24940.0	25044.0	25148.0	25253.0	25359.0	2546.5
2	0.05	38.51	39.00	39.17	39.25	39.30	39.33	39.36	39.37	39.39	39.40	39.41	39.43	39.45	39.46	39.46	39.47	39.48	39.49	39.50
	0.01	199.5	199.0	199.2	199.2	199.3	199.3	199.4	199.4	199.4	199.4	199.4	199.4	199.4	199.5	199.5	199.5	199.5	199.5	199.5
3	0.05	17.44	16.04	15.44	15.10	14.88	14.73	14.62	14.54	14.47	14.42	14.34	14.25	14.17	14.12	14.08	14.04	13.99	13.95	13.90
	0.01	55.55	49.80	47.47	46.19	45.39	44.84	44.43	44.13	43.88	43.69	43.39	43.08	42.78	42.62	42.47	42.31	42.15	41.99	41.83
4	0.05	12.22	10.65	9.98	9.60	9.36	9.20	9.07	8.98	8.90	8.84	8.75	8.66	8.56	8.51	8.46	8.41	8.36	8.31	8.26
	0.01	31.33	26.28	24.26	23.15	22.46	21.97	21.62	21.35	21.14	20.97	20.70	20.44	20.17	20.03	19.89	19.75	19.61	19.47	19.32
5	0.05	10.01	8.43	7.76	7.39	7.15	6.98	6.85	6.76	6.68	6.62	6.52	6.43	6.33	6.28	6.23	6.18	6.12	6.07	6.02
	0.01	22.78	18.31	16.53	15.56	14.94	14.51	14.20	13.96	13.77	13.62	13.38	13.15	12.90	12.78	12.66	12.53	12.40	12.27	12.14
6	0.05	8.81	7.26	6.60	6.23	5.99	5.82	5.70	5.60	5.52	5.46	5.37	5.27	5.17	5.12	5.07	5.01	4.96	4.90	4.85
	0.01	18.63	14.54	12.92	12.03	11.46	11.07	10.79	10.57	10.39	10.25	10.03	9.81	9.59	9.47	9.36	9.24	9.12	9.00	8.88
7	0.05	8.07	6.54	5.89	5.52	5.29	5.12	4.99	4.90	4.82	4.76	4.67	4.57	4.47	4.42	4.36	4.31	4.25	4.20	4.14
	0.01	16.24	12.40	10.88	10.05	9.52	9.16	8.89	8.68	8.51	8.38	8.18	7.97	7.75	7.65	7.53	7.42	7.31	7.19	7.08
8	0.05	7.57	6.06	5.42	5.05	4.82	4.65	4.53	4.43	4.36	4.30	4.20	4.10	4.00	3.95	3.89	3.84	3.78	3.73	3.67
	0.01	14.69	11.04	9.60	8.81	8.30	7.95	7.69	7.50	7.34	7.21	7.01	6.81	6.61	6.50	6.40	6.29	6.18	6.06	5.95
9	0.05	7.21	5.71	5.08	4.72	4.48	4.32	4.20	4.10	4.03	3.96	3.87	3.77	3.67	3.61	3.56	3.51	3.45	3.39	3.33
	0.01	13.61	10.11	8.72	7.96	7.47	7.13	6.88	6.69	6.54	6.42	6.23	6.03	5.83	5.73	5.62	5.52	5.41	5.30	5.19

（续表）

分母df	α	分子自由度df																		
		1	2	3	4	5	6	7	8	9	10	12	15	20	24	30	40	60	120	∞
10	0.05	6.94	5.46	4.83	4.47	4.24	4.07	3.95	3.85	3.78	3.72	3.62	3.52	3.42	3.37	3.31	3.26	3.20	3.14	3.08
	0.01	12.83	9.43	8.08	7.34	6.87	6.54	6.30	6.12	5.97	5.85	5.66	5.47	5.27	5.17	5.07	4.97	4.86	4.75	4.64
12	0.05	6.55	5.10	4.47	4.12	3.89	3.73	3.61	3.51	3.44	3.37	3.28	3.18	3.07	3.02	2.96	2.91	2.85	2.79	2.72
	0.01	11.75	8.51	7.23	6.52	6.07	5.76	5.52	5.35	5.20	5.09	4.91	4.72	4.53	4.43	4.33	4.23	4.12	4.01	3.90
15	0.05	6.20	4.77	4.15	3.80	3.58	3.41	3.29	3.20	3.12	3.06	2.96	2.86	2.76	2.70	2.64	2.59	2.52	2.46	2.40
	0.01	10.80	7.70	6.48	5.80	5.37	5.07	4.85	4.67	4.54	4.42	4.25	4.07	3.88	3.79	3.69	3.58	3.48	3.37	3.26
20	0.05	5.87	4.46	3.86	3.51	3.29	3.13	3.01	2.91	2.84	2.77	2.68	2.57	2.46	2.41	2.35	2.29	2.22	2.16	2.09
	0.01	9.94	6.99	5.82	5.17	4.76	4.47	4.26	4.09	3.96	3.85	3.68	3.50	3.32	3.22	3.12	3.02	2.92	2.81	2.69
24	0.05	5.72	4.32	3.72	3.38	3.15	2.99	2.87	2.78	2.70	2.64	2.54	2.44	2.33	2.27	2.21	2.15	2.08	2.01	1.94
	0.01	9.55	6.66	5.52	4.89	4.49	4.20	3.99	3.83	3.69	3.59	3.42	3.25	3.06	2.97	2.87	2.77	2.66	2.55	2.43
30	0.05	5.57	4.18	3.59	3.25	3.03	2.87	2.75	2.65	2.57	2.51	2.41	2.31	2.20	2.14	2.07	2.01	1.94	1.87	1.79
	0.01	9.18	6.35	5.24	4.62	4.23	3.95	3.74	3.58	3.45	3.34	3.18	3.01	2.82	2.73	2.63	2.52	2.42	2.30	2.18
40	0.05	5.42	4.05	3.46	3.13	2.90	2.74	2.62	2.53	2.45	2.39	2.29	2.18	2.07	2.01	1.94	1.88	1.80	1.72	1.64
	0.01	8.83	6.07	4.98	4.37	3.99	3.71	3.51	3.35	3.22	3.12	2.95	2.78	2.60	2.50	2.40	2.30	2.18	2.06	1.93
60	0.05	5.29	3.93	3.34	3.01	2.79	2.63	2.51	2.41	2.33	2.27	2.17	2.06	1.94	1.88	1.82	1.74	1.67	1.58	1.48
	0.01	8.49	5.79	4.73	4.14	3.76	3.49	3.29	3.13	3.01	2.90	2.74	2.57	2.39	2.29	2.19	2.08	1.96	1.83	1.69
120	0.05	5.15	3.80	3.23	2.89	2.67	2.52	2.39	2.30	2.22	2.16	2.05	1.94	1.82	1.76	1.69	1.61	1.53	1.43	1.31
	0.01	8.18	5.54	4.50	3.92	3.55	3.28	3.09	2.93	2.81	2.71	2.54	2.37	2.19	2.09	1.98	1.87	1.75	1.61	1.43
∞	0.05	5.02	3.69	3.12	2.79	2.57	2.41	2.29	2.19	2.11	2.05	1.94	1.83	1.71	1.64	1.57	1.48	1.39	1.27	1.00
	0.01	7.88	5.30	4.28	3.72	3.35	3.09	2.90	2.74	2.62	2.52	2.36	2.19	2.00	1.90	1.79	1.67	1.53	1.36	1.00

附表 9 F 值表（单侧检验）

分母 df	α	分子 df 1	2	3	4	5	6	7	8	9	10	11	12	14	16	20	24	30	40	50	75	100	200	500	∞
1	0.05	161	200	216	225	230	234	237	239	241	242	243	244	245	246	248	249	250	251	252	253	253	254	254	254
	0.01	4052	4999	5403	5625	5764	5859	5928	5981	6022	6056	6082	6106	6142	6169	6208	6234	6258	6286	6302	6323	6334	6352	6361	6366
2	0.05	18.51	19.00	19.16	19.25	19.30	19.33	19.36	19.37	19.38	19.39	19.40	19.41	19.42	19.43	19.44	19.45	19.46	19.47	19.47	19.48	19.49	19.49	19.50	19.50
	0.01	98.49	99.01	99.17	99.25	99.30	99.33	99.34	99.36	99.38	99.40	99.41	99.42	99.43	99.44	99.45	99.46	99.47	99.48	99.48	99.49	99.49	99.49	99.50	99.50
3	0.05	10.13	9.55	9.28	9.12	9.01	8.94	8.88	8.84	8.81	8.78	8.76	8.74	8.71	8.69	8.66	8.64	8.62	8.60	8.58	8.57	8.56	8.54	8.54	8.53
	0.01	34.12	30.81	29.46	28.71	28.24	27.91	27.67	27.49	27.34	27.23	27.13	27.05	26.92	26.83	26.69	26.60	26.50	26.41	26.30	26.27	26.23	26.18	26.14	26.12
4	0.05	7.71	6.94	9.59	6.39	6.26	6.16	6.09	6.04	6.00	5.96	5.93	5.91	5.87	5.84	5.80	5.77	5.74	5.71	5.70	5.68	5.66	5.65	5.64	5.63
	0.01	21.20	18.00	16.69	15.98	15.52	15.21	14.98	14.80	14.66	14.54	14.45	14.37	14.24	14.15	14.02	13.93	13.83	13.74	13.69	13.61	13.57	13.52	13.48	13.46
5	0.05	6.61	5.79	5.41	5.19	5.05	4.95	4.88	4.82	4.78	4.74	4.70	4.68	4.64	4.60	4.56	4.53	4.50	4.46	4.44	4.42	4.40	4.38	4.37	4.36
	0.01	16.26	13.27	12.06	11.39	10.97	10.67	10.45	10.27	10.15	10.05	9.96	9.89	9.77	9.68	9.55	9.47	9.38	9.29	9.24	9.17	9.13	9.07	9.04	9.02
6	0.05	5.99	5.14	4.76	4.53	4.39	4.28	4.21	4.15	4.10	4.06	4.03	4.00	3.96	3.92	3.87	3.84	3.81	3.77	3.75	3.72	3.71	3.69	3.68	3.67
	0.01	13.74	10.92	9.78	9.15	8.75	8.47	8.26	8.10	7.98	7.87	7.79	7.72	7.60	7.52	7.39	7.31	7.23	7.14	7.09	7.02	6.99	6.94	6.90	6.88
7	0.05	5.59	4.74	4.35	4.12	3.97	3.87	3.79	3.73	3.68	3.63	3.60	3.57	3.52	3.49	3.44	3.41	3.38	3.34	3.32	3.29	3.28	3.25	3.24	3.23
	0.01	12.25	9.55	8.45	7.85	7.46	7.19	7.00	6.84	6.71	6.62	6.54	6.47	6.35	6.27	6.15	6.07	5.98	5.90	5.85	5.78	5.75	5.70	5.67	5.65
8	0.05	5.32	4.46	4.07	3.84	3.69	3.58	3.50	3.44	3.39	3.34	3.31	3.28	3.23	3.20	3.15	3.12	3.08	3.05	3.03	3.00	2.98	2.96	2.94	2.93
	0.01	11.26	8.65	7.59	7.01	6.63	6.37	6.19	6.03	5.91	5.82	5.74	5.67	5.56	5.48	5.36	5.28	5.20	5.11	5.06	5.00	4.96	4.91	4.88	4.86
9	0.05	5.12	4.26	3.86	3.63	3.48	3.37	3.29	3.23	3.18	3.13	3.10	3.07	3.02	2.98	2.93	2.90	2.86	2.82	2.80	2.77	2.76	2.73	2.72	2.71
	0.01	10.56	8.02	6.99	6.42	6.06	5.80	5.62	5.47	5.35	5.26	5.18	5.11	5.00	4.92	4.80	4.73	4.64	4.56	4.51	4.45	4.41	4.36	4.33	4.31
10	0.05	4.96	4.10	3.71	3.48	3.33	3.22	3.14	3.07	3.02	2.97	2.94	2.91	2.86	2.82	2.77	2.74	2.70	2.67	2.64	2.61	2.59	2.56	2.55	2.54
	0.01	10.04	7.56	6.55	5.99	5.64	5.39	5.21	5.06	4.95	4.85	4.78	4.71	4.60	4.52	4.41	4.33	4.25	4.17	4.12	4.05	4.01	3.96	3.93	3.91

（续表）

分母 df	α	分子 df 1	2	3	4	5	6	7	8	9	10	11	12	14	16	20	24	30	40	50	75	100	200	500	∞
11	0.05	4.84	3.98	3.59	3.36	3.20	3.09	3.01	2.95	2.90	2.86	2.82	2.79	2.74	2.70	2.65	2.61	2.57	2.53	2.50	2.47	2.45	2.42	2.41	2.40
	0.01	9.65	7.20	6.22	5.67	5.32	5.07	4.88	4.74	4.63	4.54	4.46	4.40	4.29	4.21	4.10	4.02	3.94	3.86	3.80	3.74	3.70	3.66	3.62	3.60
12	0.05	4.75	3.88	3.49	3.26	3.11	3.00	2.92	2.85	2.80	2.76	2.72	2.96	2.64	2.60	2.54	2.50	2.46	2.42	2.40	2.36	2.35	2.32	2.31	2.30
	0.01	9.33	6.93	5.95	5.41	5.06	4.82	4.65	4.50	4.39	4.30	4.22	4.16	4.05	3.98	3.86	3.78	3.70	3.61	3.56	3.49	3.46	3.41	3.38	3.36
13	0.05	4.67	3.80	3.41	3.18	3.02	2.92	2.84	2.77	2.72	2.67	2.63	2.60	2.55	2.51	2.46	2.42	2.38	2.34	2.32	2.28	2.26	2.24	2.22	2.21
	0.01	9.07	6.70	5.74	5.20	4.86	4.62	4.44	4.30	4.19	4.10	4.02	3.96	3.85	3.78	3.67	3.59	3.51	3.42	3.37	3.30	3.27	3.21	3.18	3.16
14	0.05	4.60	3.74	3.34	3.11	2.96	2.85	2.77	2.70	2.65	2.60	2.56	2.53	2.48	2.44	2.39	2.35	2.31	2.27	2.24	2.21	2.19	2.16	2.14	2.13
	0.01	8.86	6.51	5.56	5.03	4.69	4.46	4.28	4.14	4.03	3.94	3.86	3.80	3.70	3.62	3.51	3.43	3.34	3.26	3.21	3.14	3.11	3.06	3.02	3.00
15	0.05	4.54	3.68	3.29	3.00	2.90	2.79	2.70	2.64	2.59	2.55	2.51	2.48	2.43	2.39	2.33	2.29	2.25	2.21	2.18	2.15	2.12	2.10	2.08	2.07
	0.01	8.68	6.36	5.42	4.89	4.56	4.32	4.14	4.00	3.89	3.80	3.73	3.67	3.56	3.48	3.36	3.29	3.20	3.12	3.07	3.00	2.97	2.92	2.89	2.87
16	0.05	4.49	3.63	3.24	3.01	2.85	2.74	2.66	2.59	2.54	2.49	2.45	2.42	2.37	2.33	2.28	2.24	2.20	2.16	2.13	2.09	2.07	2.04	2.02	2.01
	0.01	8.53	6.23	5.29	4.77	4.44	4.20	4.03	3.89	3.78	3.69	3.61	3.55	3.45	3.37	3.25	3.18	3.10	3.01	2.96	2.89	2.86	2.80	2.77	2.75
17	0.05	4.45	3.59	3.20	2.96	2.81	2.70	2.62	2.55	2.50	2.45	2.41	2.38	2.33	2.29	2.23	2.19	2.15	2.11	2.08	2.04	2.02	1.99	1.97	1.96
	0.01	8.40	6.11	5.18	4.67	4.34	4.10	3.93	3.79	3.68	3.59	3.52	3.45	3.35	3.27	3.16	3.08	3.00	2.92	2.86	2.79	2.76	2.70	2.67	2.65
18	0.05	4.41	3.55	3.16	2.93	2.77	2.66	2.58	2.51	2.46	2.41	2.37	2.34	2.29	2.25	2.19	2.15	2.11	2.07	2.04	2.00	1.98	1.95	1.93	1.92
	0.01	8.28	6.01	5.09	4.58	4.25	4.01	3.85	3.71	3.60	3.51	3.44	3.37	3.27	3.19	3.07	3.00	2.91	2.83	2.78	2.71	2.68	2.62	2.59	2.57
19	0.05	4.38	3.52	3.13	2.90	2.74	2.63	2.55	2.48	2.43	2.38	2.34	2.31	2.26	2.21	2.15	2.11	2.07	2.02	2.00	1.96	1.94	1.91	1.90	1.88
	0.01	8.18	5.93	5.01	4.50	4.17	3.94	3.77	3.63	3.52	3.43	3.36	3.30	3.19	3.12	3.00	2.92	2.84	2.76	2.70	2.63	2.60	2.54	2.51	2.49
20	0.05	4.35	3.49	3.10	2.87	2.71	2.60	2.52	2.45	2.40	2.35	2.31	2.28	2.23	2.18	2.12	2.08	2.04	1.99	1.96	1.92	1.90	1.87	1.85	1.84
	0.01	8.10	5.85	4.94	4.43	4.10	3.87	3.71	3.56	3.45	3.37	3.30	3.23	3.13	3.05	2.94	2.86	2.77	2.69	2.63	2.56	2.53	2.47	2.44	2.42
21	0.05	4.32	3.47	3.07	2.84	2.68	2.57	2.49	2.42	2.37	2.32	2.28	2.25	2.20	2.15	2.09	2.05	2.00	1.96	1.93	1.89	1.87	1.84	1.82	1.81

（续表）

分母 df	α	分子 df 1	2	3	4	5	6	7	8	9	10	11	12	14	16	20	24	30	40	50	75	100	200	500	∞
	0.01	8.02	5.78	4.87	4.37	4.04	3.81	3.65	3.51	3.40	3.31	3.24	3.17	3.07	2.99	2.88	2.80	2.72	2.63	2.58	2.51	2.47	2.42	2.38	2.36
22	0.05	4.30	3.44	3.05	2.82	2.66	2.55	2.47	2.40	2.35	2.30	2.26	2.23	2.18	2.13	2.07	2.03	1.98	1.93	1.91	1.87	1.84	1.81	1.80	1.78
	0.01	7.94	5.72	4.82	4.31	3.99	3.76	3.59	3.45	3.35	3.26	3.18	3.12	3.02	2.94	2.83	2.75	2.67	2.58	2.53	2.46	2.42	2.37	2.33	2.31
23	0.05	4.28	3.42	3.03	2.80	2.64	2.53	2.45	2.38	2.32	2.28	2.24	2.20	2.14	2.10	2.04	2.00	1.96	1.91	1.88	1.84	1.82	1.79	1.77	1.76
	0.01	7.88	5.66	4.76	4.26	3.94	3.71	3.54	3.41	3.30	3.21	3.14	3.07	2.97	2.89	2.78	2.70	2.62	2.53	2.48	2.41	2.37	2.32	2.28	2.26
24	0.05	4.26	3.40	3.01	2.78	2.62	2.51	2.43	2.36	2.30	2.26	2.22	2.18	2.13	2.09	2.02	1.98	1.94	1.89	1.86	1.82	1.80	1.76	1.74	1.73
	0.01	7.82	5.61	4.72	4.22	3.90	3.67	3.50	3.36	3.25	3.17	3.09	3.03	2.93	2.85	2.74	2.66	2.58	2.49	2.44	2.36	2.33	2.27	2.23	2.21
25	0.05	4.24	3.38	2.99	2.76	2.60	2.49	2.41	2.34	2.28	2.24	2.20	2.16	2.11	2.06	2.00	1.96	1.92	1.87	1.84	1.80	1.77	1.74	1.72	1.71
	0.01	7.77	5.57	4.68	4.18	3.86	3.63	3.46	3.32	3.21	3.13	3.05	2.99	2.89	2.81	2.70	2.62	2.54	2.45	2.40	2.32	2.29	2.23	2.19	2.17
26	0.05	4.22	3.37	2.89	2.74	2.59	2.47	2.39	2.32	2.27	2.22	2.18	2.15	2.10	2.05	1.99	1.95	1.90	1.85	1.82	1.78	1.76	1.72	1.70	1.69
	0.01	5.72	5.53	4.64	4.14	3.82	3.59	3.42	3.29	3.17	3.09	3.02	2.96	2.86	2.77	2.66	2.58	2.50	2.41	2.36	2.28	2.25	2.19	2.15	2.13
27	0.05	4.21	3.35	2.96	2.73	2.57	2.46	2.37	2.30	2.25	2.20	2.16	2.13	2.08	2.03	1.97	1.93	1.88	1.84	1.80	1.76	1.74	1.71	1.68	1.67
	0.01	7.68	5.49	4.60	4.11	3.79	3.56	3.39	3.26	3.14	3.06	2.98	2.93	2.83	2.74	2.63	2.55	2.47	2.38	2.33	2.25	2.21	2.16	2.12	2.10
28	0.05	4.20	3.34	2.95	2.71	2.56	2.44	2.36	2.29	2.24	2.19	2.15	2.12	2.06	2.02	1.96	1.91	1.87	1.81	1.78	1.75	1.72	1.69	1.67	1.65
	0.01	7.64	5.45	4.57	4.07	3.76	3.53	3.36	3.23	3.11	3.03	2.95	2.90	2.80	2.71	2.60	2.52	2.44	2.35	2.30	2.22	2.18	2.13	2.09	2.06
29	0.05	4.18	3.33	2.93	2.70	2.54	2.43	2.35	2.28	2.22	2.18	2.14	2.10	2.05	2.00	1.94	1.90	1.85	1.80	1.77	1.73	1.71	1.68	1.65	1.64
	0.01	7.60	5.52	4.54	4.04	3.73	3.50	3.33	3.20	3.08	3.00	2.92	2.87	2.77	2.68	2.57	2.49	2.41	2.32	2.27	2.19	2.15	2.10	2.06	2.03
30	0.05	4.17	3.32	2.92	2.69	2.53	2.42	2.34	2.27	2.21	2.16	2.12	2.09	2.04	1.99	1.93	1.89	1.84	1.79	1.76	1.72	1.69	1.66	1.64	1.62
	0.01	7.56	5.39	4.51	4.02	3.70	3.47	3.30	3.17	3.06	2.98	2.90	2.84	2.74	2.66	2.55	2.47	2.38	2.29	2.24	2.16	2.13	2.07	2.03	2.01
32	0.05	4.15	3.30	2.90	2.67	2.51	2.40	2.32	2.25	2.19	2.14	2.10	2.07	2.02	1.97	1.91	1.86	1.82	1.76	1.74	1.69	1.67	1.64	1.61	1.59
	0.01	7.50	5.34	4.46	3.97	3.66	3.42	3.25	3.12	3.01	2.94	2.86	2.80	2.70	2.62	2.51	2.42	2.34	2.25	2.20	2.12	2.08	2.02	1.98	1.96
34	0.05	4.13	3.28	2.88	2.65	2.49	2.38	2.30	2.23	2.17	2.12	2.08	2.05	2.00	1.95	1.89	1.84	1.80	1.74	1.71	1.67	1.64	1.61	1.59	1.57

（续表）

分母 df	α	分子 df 1	2	3	4	5	6	7	8	9	10	11	12	14	16	20	24	30	40	50	75	100	200	500	∞
	0.01	7.44	5.29	4.42	3.93	3.61	3.38	3.21	3.08	2.97	2.89	2.82	2.76	2.66	2.58	2.47	2.38	2.30	2.21	2.15	2.08	2.04	1.98	1.94	1.91
36	0.05	4.11	3.26	2.86	2.63	2.48	2.36	2.28	2.21	2.15	2.10	2.06	2.03	1.98	1.93	1.87	1.82	1.78	1.72	1.69	1.65	1.62	1.59	1.56	1.55
	0.01	7.39	5.25	4.38	3.89	3.58	3.35	3.18	3.04	2.94	2.86	2.78	2.72	2.62	2.54	2.43	2.35	2.26	2.17	2.12	2.04	2.00	1.94	1.90	1.87
38	0.05	4.10	3.25	2.85	2.62	2.46	2.35	2.26	2.19	2.14	2.09	2.05	2.02	1.96	1.92	1.85	1.80	1.76	1.71	1.67	1.63	1.60	1.57	1.54	1.53
	0.01	7.35	5.21	4.34	3.86	3.54	3.32	3.15	3.02	2.91	2.82	2.75	2.69	2.59	2.51	2.40	2.32	2.22	2.14	2.08	2.00	1.97	1.90	1.86	1.84
40	0.05	4.08	3.23	2.84	2.61	2.45	2.34	2.25	2.18	2.12	2.07	2.04	2.00	1.95	1.90	1.84	1.79	1.74	1.69	1.66	1.61	1.59	1.55	1.53	1.51
	0.01	7.31	5.18	4.34	3.83	3.51	3.29	3.12	2.99	2.88	2.80	2.73	2.66	2.56	2.49	2.37	2.29	2.20	2.11	2.05	1.97	1.94	1.88	1.84	1.81
42	0.05	4.07	3.22	2.83	2.59	2.44	2.32	2.24	2.17	2.11	2.06	2.02	1.99	1.94	1.89	1.82	1.78	1.73	1.68	1.64	1.60	1.57	1.54	1.51	1.49
	0.01	7.27	5.15	4.29	3.80	3.49	3.26	3.10	2.96	2.86	2.77	2.70	2.64	2.54	2.46	2.35	2.26	2.17	2.08	2.02	1.94	1.91	1.85	1.80	1.78
44	0.05	4.06	3.21	2.82	2.58	2.43	2.31	2.23	2.16	2.10	2.05	2.01	1.98	1.92	1.88	1.81	1.76	1.72	1.66	1.63	1.58	1.56	1.52	1.50	1.48
	0.01	7.24	5.12	4.26	3.78	3.46	3.24	3.07	2.94	2.84	2.75	2.68	2.62	2.52	2.44	2.32	2.24	2.15	2.06	2.00	1.92	1.88	1.82	1.78	1.75
46	0.05	4.05	3.20	2.81	2.57	2.42	2.30	2.22	2.14	2.09	2.04	2.00	1.97	1.91	1.87	1.80	1.75	1.71	1.65	1.62	1.57	1.54	1.51	1.48	1.46
	0.01	7.21	5.10	4.24	3.76	3.44	3.22	3.05	2.92	2.82	2.73	2.66	2.60	2.50	2.42	2.30	2.22	2.13	2.04	1.98	1.90	1.86	1.80	1.76	1.72
48	0.05	4.04	3.19	2.80	2.56	2.41	2.30	2.21	2.14	2.08	2.03	1.99	1.96	1.90	1.86	1.79	1.74	1.70	1.64	1.61	1.56	1.53	1.50	1.47	1.45
	0.01	7.19	5.08	4.22	3.74	3.42	3.20	3.04	2.90	2.80	2.71	2.64	2.58	2.48	2.40	2.28	2.20	2.11	2.02	1.96	1.88	1.84	1.78	1.73	1.70
50	0.05	4.03	3.18	2.79	2.56	2.40	2.29	2.20	2.13	2.07	2.02	1.98	1.95	1.90	1.85	1.78	1.74	1.69	1.63	1.60	1.55	1.52	1.48	1.46	1.44
	0.01	7.17	5.06	4.20	3.72	3.41	3.18	3.02	2.88	2.78	2.70	2.62	2.56	2.46	2.39	2.26	2.18	2.10	2.00	1.94	1.86	1.82	1.76	1.71	1.68
55	0.05	4.02	3.17	2.78	2.54	2.38	2.27	2.18	2.11	2.05	2.00	1.97	1.93	1.88	1.83	1.76	1.72	1.67	1.61	1.58	1.52	1.50	1.46	1.43	1.41
	0.01	7.12	5.01	4.16	3.68	3.37	3.15	2.98	2.85	2.75	2.66	2.59	2.53	2.43	2.35	2.23	2.15	2.06	1.96	1.90	1.82	1.78	1.71	1.66	1.64
60	0.05	4.00	3.15	2.76	2.52	2.37	2.25	2.17	2.10	2.04	1.99	1.95	1.92	1.86	1.81	1.75	1.70	1.65	1.59	1.56	1.50	1.48	1.44	1.41	1.39
	0.01	7.08	4.98	4.13	3.65	3.34	3.12	2.95	2.82	2.72	2.63	2.56	2.50	2.40	2.32	2.20	2.12	2.03	1.93	1.87	1.79	1.74	1.68	1.63	1.60
65	0.05	3.99	3.14	2.75	2.51	2.36	2.24	2.15	2.08	2.02	1.98	1.94	1.90	1.85	1.80	1.73	1.68	1.63	1.57	1.54	1.49	1.46	1.42	1.39	1.37

（续表）

分母 df	α	分子 df 1	2	3	4	5	6	7	8	9	10	11	12	14	16	20	24	30	40	50	75	100	200	500	∞
	0.01	7.04	4.95	4.10	3.62	3.31	3.09	2.93	2.79	2.70	2.61	2.54	2.47	2.37	2.30	2.18	2.09	2.00	1.90	1.84	1.76	1.71	1.64	1.60	1.56
70	0.05	3.98	3.13	2.74	2.50	2.35	2.32	2.14	2.07	2.01	1.97	1.93	1.89	1.84	1.79	1.72	1.67	1.62	1.56	1.53	1.47	1.45	1.40	1.37	1.35
	0.01	7.01	4.92	4.08	3.60	3.29	3.07	2.91	2.77	2.67	2.59	2.51	2.45	2.35	2.28	2.15	2.07	1.98	1.88	1.82	1.74	1.69	1.62	1.56	1.53
80	0.05	3.96	3.11	2.72	2.48	2.33	2.21	2.12	2.05	1.99	1.95	1.91	1.88	1.82	1.77	1.70	1.65	1.60	1.54	1.51	1.45	1.42	1.38	1.35	1.32
	0.01	6.96	4.88	4.04	3.56	3.25	3.04	2.87	2.74	2.64	2.55	2.48	2.41	2.32	2.24	2.11	2.03	1.94	1.84	1.78	1.70	1.65	1.57	1.52	1.49
100	0.05	3.94	3.09	2.70	2.46	2.30	2.19	2.10	2.03	1.97	1.92	1.88	1.85	1.79	1.75	1.68	1.63	1.57	1.51	1.48	1.42	1.39	1.34	1.30	1.28
	0.01	6.90	4.82	3.98	3.51	3.20	2.99	2.82	2.69	2.59	2.51	2.43	2.36	2.26	2.19	2.06	1.98	1.89	1.79	1.73	1.64	1.59	1.51	1.46	1.43
125	0.05	3.92	3.07	2.68	2.44	2.29	2.17	2.08	2.01	1.95	1.90	1.86	1.83	1.77	1.72	1.65	1.60	1.55	1.49	1.45	1.39	1.36	1.31	1.27	1.25
	0.01	6.84	4.78	3.94	3.47	3.17	2.95	2.79	2.65	2.56	2.47	2.40	2.33	2.23	2.15	2.03	1.94	1.85	1.75	1.68	1.59	1.54	1.46	1.40	1.37
150	0.05	3.81	3.06	2.67	2.43	2.27	2.16	2.07	2.00	1.94	1.89	1.85	1.82	1.76	1.71	1.64	1.59	1.54	1.47	1.44	1.37	1.34	1.29	1.25	1.22
	0.01	6.81	4.75	3.91	3.44	3.13	2.92	2.76	2.62	2.53	2.44	2.37	2.30	2.20	2.12	2.00	1.91	1.83	1.72	1.66	1.56	1.51	1.43	1.37	1.33
200	0.05	3.89	3.04	2.65	2.41	2.26	2.14	2.05	1.98	1.92	1.87	1.83	1.80	1.74	1.69	1.62	1.57	1.52	1.45	1.42	1.35	1.32	1.26	1.22	1.19
	0.01	6.76	4.71	3.88	3.41	3.11	2.90	2.73	2.60	2.50	2.41	2.34	2.28	2.17	2.09	1.97	1.88	1.79	1.69	1.62	1.53	1.48	1.39	1.33	1.28
400	0.05	3.86	3.02	2.62	2.39	2.23	2.12	2.03	1.96	1.90	1.85	1.81	1.78	1.72	1.67	1.60	1.54	1.49	1.42	1.38	1.32	1.28	1.22	1.16	1.13
	0.01	6.70	4.66	3.83	3.36	3.06	2.85	2.69	2.55	2.46	2.37	2.29	2.23	2.12	2.04	1.92	1.84	1.74	1.64	1.57	1.47	1.42	1.32	1.24	1.19
1000	0.05	3.85	3.00	2.61	2.38	2.22	2.10	2.02	1.95	1.89	1.84	1.80	1.76	1.70	1.65	1.58	1.53	1.47	1.41	1.36	1.30	1.26	1.19	1.13	1.08
	0.01	6.66	4.62	3.80	3.34	3.04	2.82	2.66	2.53	2.43	2.34	2.26	2.20	2.09	2.01	1.89	1.81	1.71	1.61	1.54	1.44	1.38	1.28	1.19	1.11
∞	0.05	3.84	3.99	2.60	2.37	2.21	2.09	2.01	1.94	1.88	1.83	1.79	1.75	1.69	1.64	1.57	1.52	1.46	1.40	1.35	1.28	1.24	1.17	1.11	1.00
	0.01	6.64	4.60	3.78	3.32	3.02	2.80	2.64	2.51	2.41	2.32	2.24	2.18	2.07	1.99	1.87	1.79	1.69	1.59	1.52	1.41	1.36	1.25	1.15	1.00

附表 10　积差相关系数（r）显著性临界值

df = N−2	α = 0.10	0.05	0.02	0.01
1	0.988	0.997	0.9995	0.9999
2	0.900	0.950	0.980	0.990
3	0.805	0.878	0.934	0.959
4	0.729	0.811	0.882	0.917
5	0.669	0.754	0.833	0.874
6	0.622	0.707	0.789	0.834
7	0.582	0.666	0.750	0.793
8	0.549	0.632	0.716	0.765
9	0.521	0.602	0.685	0.735
10	0.497	0.576	0.658	0.708
11	0.476	0.553	0.634	0.684
12	0.458	0.532	0.612	0.661
13	0.441	0.514	0.592	0.641
14	0.426	0.497	0.574	0.623
15	0.412	0.482	0.558	0.606
16	0.400	0.468	0.542	0.590
17	0.389	0.456	0.528	0.575
18	0.378	0.444	0.516	0.561
19	0.369	0.433	0.503	0.549
20	0.360	0.423	0.492	0.537
21	0.352	0.413	0.482	0.526
22	0.344	0.404	0.472	0.515
23	0.337	0.396	0.462	0.505
24	0.330	0.388	0.453	0.496
25	0.323	0.381	0.445	0.487
26	0.317	0.374	0.437	0.479
27	0.311	0.367	0.430	0.471
28	0.306	0.361	0.423	0.463
29	0.301	0.355	0.416	0.456
30	0.296	0.349	0.409	0.449
35	0.275	0.325	0.381	0.418
40	0.257	0.304	0.358	0.393
45	0.243	0.288	0.338	0.372
50	0.231	0.273	0.322	0.354
60	0.211	0.250	0.295	0.325
70	0.195	0.232	0.274	0.302
80	0.183	0.217	0.256	0.283
90	0.173	0.205	0.242	0.267
100	0.164	0.195	0.230	0.254

附表 11　斯皮尔曼等级相关系数显著性临界值

N	.05	.01
4	1.000	
5	0.900	1.000
6	0.829	0.943
7	0.714	0.893
8	0.643	0.833
9	0.600	0.783
10	0.564	0.746
12	0.506	0.712
14	0.456	0.645
16	0.425	0.601
18	0.399	0.564
20	0.377	0.534
22	0.359	0.508
24	0.343	0.485
26	0.329	0.465
28	0.317	0.448
30	0.306	0.432

附表 12 肯德尔 W 系数显著性临界值
（表中数字为实得平方和 SS）

K	N					N = 3	
	3	4	5	6	7	k	ss

.05 显著水平

3			64.4	103.9	157.3	9	54.0
4		49.5	88.4	143.3	217.0	12	71.9
5		62.6	112.3	182.4	276.2	14	83.8
6		75.7	136.1	221.4	335.2	16	95.8
8	48.1	101.7	183.7	299.0	453.1	18	107.7
10	60.0	127.8	231.2	376.7	571.0		
15	89.8	192.9	349.8	570.5	864.9		
20	119.7	258.0	468.5	764.4	158.7		

.01 显著水平

3			75.6	122.8	185.6	9	75.9
4		61.4	109.3	176.2	265.0	12	103.5
5		80.6	142.8	229.4	343.8	14	121.9
6		99.5	176.1	282.4	422.6	16	140.2
8	66.8	137.4	242.7	388.3	579.9	18	158.6
10	85.1	175.3	309.1	494.0	737.0		
15	131.0	269.8	475.2	758.2	1129.5		
20	177.0	346.2	641.2	1022.2	1521.9		

附表 13　x^2 分布数值表

df	x^2大于表内所列 x^2 值的概率												
	0.995	0.990	0.975	0.950	0.900	0.750	0.500	0.250	0.100	0.050	0.025	0.010	0.005
1	0.00004	0.00016	0.00098	0.0039	0.0158	0.102	0.455	1.32	2.71	3.84	5.02	6.63	7.88
2	0.0100	0.0201	0.0506	0.103	0.211	0.575	1.39	2.77	4.61	5.99	7.38	9.21	10.6
3	0.0717	0.115	0.216	0.352	0.584	1.21	2.37	4.11	6.25	7.81	9.35	11.3	12.8
4	0.207	0.297	0.484	0.711	1.06	1.92	3.36	5.39	7.78	9.49	11.1	13.3	14.9
5	0.412	0.554	0.831	1.15	1.61	2.67	4.35	6.63	9.24	11.1	12.8	15.1	16.7
6	0.676	0.872	1.24	1.64	2.20	3.45	5.35	7.84	10.6	12.6	14.4	16.8	18.5
7	0.989	1.24	1.69	2.17	2.83	4.25	6.35	9.04	12.0	14.1	16.0	18.5	20.3
8	1.34	1.65	2.18	2.73	3.49	5.07	7.34	10.2	13.4	15.5	17.5	20.1	22.0
9	1.73	2.09	2.70	3.33	4.17	5.90	8.34	11.4	14.7	16.9	19.0	21.7	23.6
10	2.16	2.56	3.25	3.94	4.87	6.74	9.34	12.5	16.0	18.3	20.5	23.2	25.2
11	2.60	3.05	3.82	4.57	5.58	7.58	10.3	13.7	17.3	19.7	21.9	24.7	26.8
12	3.07	3.57	4.40	5.23	6.30	8.44	11.3	14.8	18.5	21.0	23.3	26.2	28.3
13	3.57	4.11	5.01	5.89	7.04	9.30	12.3	16.0	19.8	22.4	24.7	27.7	29.8
14	4.07	4.66	5.63	6.57	7.79	10.2	13.3	17.1	21.1	23.7	26.1	29.1	31.3
15	4.60	5.23	6.26	7.26	8.55	11.0	14.3	18.2	22.3	25.0	27.5	30.6	32.8
16	5.14	5.81	6.91	7.96	9.31	11.9	15.3	19.4	23.5	26.3	28.8	32.0	34.3
17	5.70	6.41	7.56	8.67	10.1	12.8	16.3	20.5	24.8	27.6	30.2	33.4	35.7
18	6.26	7.01	8.23	9.39	10.9	13.7	17.3	21.6	26.0	28.9	31.5	34.8	37.2
19	6.84	7.63	8.91	10.1	11.7	14.6	18.3	22.7	27.2	30.1	32.9	36.2	38.6
20	7.43	8.29	9.59	10.9	12.4	15.5	19.3	23.8	28.4	31.4	34.2	37.6	40.0
21	8.03	8.90	10.3	11.6	13.2	16.3	20.3	24.9	29.6	32.7	35.5	38.9	41.4
22	8.64	9.54	11.0	12.3	14.0	17.2	21.3	26.0	30.8	33.9	36.8	40.3	42.8
23	9.26	10.2	11.7	13.1	14.8	18.1	22.3	27.1	32.0	35.2	38.1	41.6	44.2
24	9.89	10.9	12.4	13.8	15.7	19.0	23.3	28.2	33.2	36.4	39.4	43.0	45.6
25	10.5	11.5	13.1	14.6	16.5	19.9	24.3	29.3	34.4	37.7	40.6	44.3	46.9
26	11.2	12.2	13.8	15.4	17.3	20.8	25.3	30.4	35.6	38.9	41.9	45.6	48.3
27	11.8	12.9	14.6	16.2	18.1	21.7	26.3	31.5	36.7	40.1	43.2	47.0	49.6
28	12.5	13.6	15.3	16.9	18.9	22.7	27.3	32.6	37.9	41.3	44.5	48.3	51.0
29	13.1	14.3	16.0	17.7	19.8	23.6	28.3	33.7	39.1	42.6	45.7	49.6	52.3
30	13.8	15.0	16.8	18.5	20.6	24.5	29.3	34.8	40.3	43.8	47.0	50.9	53.7
40	20.7	22.2	24.4	26.5	29.1	33.7	39.3	45.6	51.8	55.8	59.3	63.7	66.8
50	28.0	29.7	32.4	34.8	37.7	42.9	49.3	56.3	63.2	67.5	71.4	76.2	79.5
60	35.5	37.5	40.5	43.2	46.5	52.3	59.3	67.0	74.4	79.1	83.3	88.4	92.0

主要参考文献

[1] 郑旗，李吉慧. 现代体育科学研究的理论与方法［M］. 北京：人民体育出版社，2001.

[2] 刘大椿. 科学活动论 互补方法论［M］. 桂林：广西师范大学出版社，2002.

[3] 董奇，申继亮. 心理与教育研究法［M］. 杭州：浙江教育出版社，2005.

[4] 库恩. 科学革命的结构［M］. 李宝恒，纪树立，译. 上海：上海科技出版社，1980.

[5] 张力为. 体育科学研究方法［M］. 北京：高等教育出版社，2002.

[6] 中国体育科学学会. 体育科学研究现状与展望［G］. 北京：2004.

[7] 袁方，王汉生. 社会研究方法教程［M］. 北京：北京大学出版社，1997.

[8] 吴岱明. 科学研究方法学［M］. 长沙：湖南人民出版社，1987.

[9] 刘大椿. 科学技术哲学导论［M］. 北京：中国人民大学出版社，2000.

[10] 舒华. 心理与教育研究中的多因素实验设计［M］. 北京：北京师范大学出版社，1994.

[11] 周登嵩. 体育科研概论［M］. 北京：北京体育大学出版社，1995.

[12] 叶澜. 教育研究方法论初探［M］. 上海：上海教育出版社，1999.

[13] 刘建能. 科学方法论新探［M］. 北京：中共中央党校出版社，1995.

[14] 何向东. 逻辑学教程［M］. 北京：高等教育出版社，1999.

[15] 林定夷. 科学研究方法概论［M］. 杭州：浙江人民出版社，1986.

[16] 陈其荣，曹志平. 科学基础方法论［M］. 上海：复旦大学出版社，2004.

[17] 风笑天. 社会学研究方法［M］. 北京：中国人民大学出版社，2001.

[18] 吴明清. 教育研究：基本观念与方法之分析［M］. 台北：五南图书出版有限公司，1996.

[19] 洛兰·布拉克斯特，克里斯蒂娜·休斯，马尔克姆·泰特. 怎样做研究［M］. 2版. 戴建平，蒋海燕，译. 北京：中国人民大学出版社，2005.

[20] 陶保平. 研究设计指导［M］. 北京：教育科学出版社，2004.

[21] 柯惠新，沈浩．调查研究中的统计分析法［M］．北京：中国传媒大学出版社，2005.
[22] 张厚粲，徐建平．心理与教育统计学［M］．北京：北京师范大学出版社，2003.
[23] 张颂歧，罗跃兵．体育科学研究方法［M］．长沙：湖南科学技术出版社，1996.
[24] 董奇．心理与教育研究方法［M］．修订版．北京：北京师范大学出版社，2004.
[25] 艾尔·巴比．社会研究方法［M］．10版．邱泽奇，译．北京：华夏出版社，2005.
[26] 李沛良．社会研究的统计应用［M］．北京：社会科学文献出版社，2001.
[27] 卢淑华．社会统计学［M］．3版．北京：北京大学出版社，2005.
[28] 王策三．教学实验论［M］．北京：人民教育出版社，1998.
[29] 杰克.R. 费林克尔，等．教育研究的设计与评估［M］．蔡永红，等译．北京：华夏出版社，2004.
[30] 罗伯特.F. 德威利斯．量表编制理论与应用［M］．魏勇刚，等译．重庆：重庆大学出版社，2004.
[31] 卢德明．运动生物力学测量方法［M］．北京：北京体育大学出版社，2001.
[32] 郑秀瑗，等．现代运动生物力学［M］．北京：国防工业出版社，2002.
[33] 朱庆芳，吴寒光．社会指标体系［M］．北京：中国社会科学出版社，2001.
[34] 国家体委科教司．技术调研资料汇编［G］．北京：北京体育学院出版社，1988.
[35] 编写组．体育科学学科发展现状与未来［M］．北京：北京体育大学出版社，2000.
[36] 陈向明．质的研究方法与社会科学研究［M］．北京：教育科学出版社，2001.
[37] 陈向明．教师如何作质的研究［M］．北京：教育科学出版社，2001.
[38] 陈向明，林小英．如何成为质的研究者——质的研究方法教与学［M］．北京：教育科学出版社，2004.
[39] 陈向明．在行动中学作质的研究［M］．北京：教育科学出版社，2003.

[40] 白芸. 质的研究指导 [M]. 北京：教育科学出版社，2002.
[41] 钟秉枢. 成绩资本和地位获得——我国优秀运动员群体社会流动的研究 [D]. 北京：北京体育大学出版社，1998.
[42] 沃建中. 智力研究的实验方法 [M]. 杭州：浙江人民出版社，1996.
[43] 秦铁辉. 科学活动与科研方法 [M]. 北京：北京大学出版社，1993.
[44] 施锡铨. 抽样调查的理论和方法 [M]. 上海：上海财经大学出版社，1999.
[45] 风笑天. 现代社会调查方法 [M]. 武汉：华中理工大学出版社，1996.
[46] 张力为，毛志雄. 体育科学常用心理量表评定手册 [M]. 北京：北京体育大学出版社，2004.
[47] 王树恩. 科学创造学概论 [M]. 天津：天津大学出版社，1994.
[48] 王重鸣. 心理学研究方法 [M]. 北京：人民教育出版社，1990.
[49] 唐·埃思里奇. 应用经济学研究方法论 [M]. 朱钢，译. 北京：经济科学出版社，1998.
[50] 张敏强. 教育与心理统计学 [M]. 北京：人民教育出版社，1993.
[51] 章士嵘. 科学发现的逻辑 [M]. 北京：人民出版社，1986.
[52] 丁学东. 文献计量学 [M]. 北京：北京大学出版社，1993.
[53] 课题组. 中国群众体育现状调查与研究 [M]. 北京：北京体育大学出版社，1998.
[54] 戴忠恒. 心理与教育测量 [M]. 上海：华东师范大学出版社. 1987.
[55] 张明立. 常用体育统计方法 [M]. 北京：北京体育学院出版社，1990.
[56] 刘思峰. 灰色系统研究新进展 [M]. 武汉：华中理工大学出版社，1996.
[57] 宋健，等. 现代科学技术基础知识 [M]. 北京：科学出版社，1994.
[58] 杨沛霆，等. 科学技术论 [M]. 杭州：浙江教育出版社. 1989.
[59] 郭志刚，等. 社会调查研究的量化方法 [M]. 北京：中国人民大学出版社. 1989.
[60] 凌文辁，方俐洛. 心理与行为测量 [M]. 北京：机械工业出版社，2004.
[61] 侯杰泰，温忠麟，成子娟. 结构方程模型及其应用 [M]. 北京：教育科学出版社，2004.
[62] 黄芳铭. 结构方程模式理论与应用 [M]. 北京：中国税务出版社，2005.

[63] 吴明隆. SPSS 统计应用实务 [M]. 北京：中国铁道出版社，2000.
[64] 范可新. 社会学定量方法 [M]. 南京：南京大学出版社，2004.
[65] 佟庆伟，胡迎宾，孙倩. 教育科研中的量化方法 [M]. 北京：中国科学技术出版社，1997.
[66] 王晖. 科学研究方法论 [M]. 上海：上海财经大学出版社，2004.
[67] 罗伯特.K. 殷. 案例研究方法的应用 [M]. 周海涛，等译. 重庆：重庆大学出版社，2004.
[68] 罗伯特.K. 殷. 案例研究设计与方法 [M]. 周海涛，等译. 重庆：重庆大学出版社，2004.
[69] 张大松. 科学确证的逻辑与方法论 [M]. 武汉：武汉出版社，1999.
[70] 水延凯，等. 社会调查教程 [M]. 3 版. 北京：中国人民大学出版社，2003.
[71] 德尔伯特.C. 米勒、内尔.J. 萨尔金德. 研究设计与社会测量导引 [M]. 风笑天，等译. 重庆：重庆大学出版社，2004.
[72] C. M. Charles. 教育研究导论 [M]. 张莉莉，张学文，等译. 北京：中国轻工业出版社，2003.
[73] 吉尔伯特·萨克斯. 教育和心理的测量与评价原理 [M]. 4 版. 王昌海，等译. 南京：江苏教育出版社，2002.
[74] 梅雷迪斯.D. 高尔，沃尔特.R. 博格，乔伊斯.P. 高尔. 教育研究方法导论 [M]. 6 版. 许庆豫，等译. 南京：江苏教育出版社，2002.
[75] 陶明报. 科技伦理问题研究 [M]. 北京：北京大学出版社，2005.
[76] 李国秀. 科学的社会视角 [M]. 合肥：安徽人民出版社，2000.
[77] 王大珩，于光远. 论科学精神 [M]. 北京：中央编译出版社，2001.
[78] 宋惠昌. 应用伦理学 [M]. 北京：中共中央党校出版社，2001.
[79] 中国科学院，中国工程院. 科技工作者职业道德 [M]. 北京：新华出版社，1998.
[80] 孙小礼，张增一. 科学方法中的十大关系 [M]. 上海：学林出版社，2004.
[81] 何浩，王学东. 情报研究与预测的方法 [M]. 武汉：华中师范大学出版社，1998.
[82] 丁念金. 研究方法的新进展 [M]. 北京：教育科学出版社，2004.
[83] 全国体育院校教材委员会. 体育院校通用教材——体育文献检索 [M]. 北京：人民体育出版社，2000.

[84] 时雪峰，陈萍秀，刘艳磊. 科技文献信息检索与利用［M］. 北京：清华大学出版社，2005.

[85] 谭华. 体育文献检索［M］. 北京：高等教育出版社，2004.

[86] 编写组. 体育科学学科发展现状与未来［M］. 北京：北京体育大学出版社，2000.

[87] 威廉·维尔斯曼. 教育研究方法导论［M］. 袁振国，译. 北京：教育科学出版社，1997.

[88] 陈光. 科学技术哲学——理论与方法［M］. 成都：西南交通大学出版社，2003.

[89] 唐盛明. 社会科学研究方法新解［M］. 上海：上海社会科学院出版社，2003.

[90] 林聚任，刘玉安. 社会科学研究方法［M］. 济南：山东人民出版社，2004.

[91] 弗洛德.J. 福勒. 调查研究方法［M］. 3 版. 孙振东，等译. 重庆：重庆大学出版社，2004.

[92] 栾玉广. 自然科学技术研究方法［M］. 合肥：中国科学技术大学出版社，2003.

[93] 何继善. 现代科技写作［M］. 长沙：湖南人民出版社，2000.

[94] 国家标准局. 科学技术报告、学位论文和学术论文的编写格式［S］. 1987-05-05 批准，1988-01-01 实施.

[95] 仇军. 中国体育人口的理论探索与实证研究［D］. 北京：北京体育大学出版社，2002.

[96] 中国体育科学学会，香港体育学院. 体育科学词典［M］. 北京：高等教育出版社，2000.

[97] 裴娣娜. 教育研究方法导论［M］. 合肥：安徽教育出版社，1995.

[98] 钟秉枢，梁栋，于立贤，等. 社会转型期我国竞技体育后备人才培养及其可持续发展［M］. 北京：北京体育大学出版社，2003.

[99] 邹克宁，等. 体育科技论文写作技法［J］. 武汉体育学院学报，1999.

[100] 黄汉升. 中华人民共和国体育科技发展史［M］. 北京：科学出版社，2002：1-16.

[101] 刘大椿. 科学哲学通论［M］. 北京：中国人民大学出版社，1998.

[102] 郑旗. 体育科学的演进与 21 世纪初的发展趋势［J］. 四川体育科学，1997,(3-4)：6~8.

[103] 郑旗. 体育科学研究方法论的哲学视角 [J]. 体育与科学. 2001,(2):42–44.
[104] 郑旗. 论现代体育科学研究中的学术规范 [J]. 体育科学. 2001(特刊):156–157.
[105] 郑旗,吴从斌. 优秀少年篮球运动员比赛效能结构与特点分析 [J]. 吉林体育学院学报. 1997,(4):4–7.
[106] 郑旗. 普通高师学生学校体育学科能力综合评价指标体系及评价模型研究 [J]. 山西高教研究,1992.
[107] 郑旗. 体育运动中评分类项群模糊决策的评判方法 [J]. 体育数学与体育系统工程,1994,(2):18–22.
[108] 田野,等. 中国体育科学发展现状与展望 [J]. 体育科学,2005,(1):5–9.
[109] 张力为. 研究方法在制约我们的追求吗 [J]. 体育科学,2005,(4):74–80.
[110] 田麦久,马启伟,张力为,等. 我国体育科学研究中方法学问题 [J]. 体育科学,1993,(3):13–18.
[111] 张力为. 假说的贫乏与实证的软弱 [J]. 中国体育科技,1999,(7):1.
[112] 炎冰,宋子良,等. 科学作伪与社会调控 [J]. 科学学研究,1999,(3):16–24.
[113] 毛志雄,韩旭,等. 身体锻炼方式对中老年人信息加工能力的关系 [J]. 体育科学,1998,(5):87–90.
[114] 夏秀祯,窦喆,等. 对北京和香港两地小学生奥林匹克教育计划作用效果的比较研究 [J]. 体育科学,2005,(9):24–28.
[115] 吕树庭,王源,刘一隆,等. 家庭对中学生参与体育的影响 [J]. 上海体育学院学报,1995,(3):9–13.
[116] 池建,邢文华,等. 我国儿童、少年篮球运动员选材标准的研制过程与方法 [J]. 北京体育大学学报,1995,(增刊):95–99.
[117] 邹承鲁. 发表科学论文要遵循国际惯例 [N]. 光明日报,1998–04–21(5).
[118] 张力为. 研究方法总是使我们处于科学研究的十字路口 [J]. 体育科学,2004,(6):1–6.
[119] 李竹青. 不同等级女子标枪运动员身体素质发展水平的检查与评定 [J]. 体育科学,1997,(3):33–36.

[120] 杜晓晗，郭秀娥，徐勇勇，等. 生物统计著名人物其言其人其事 [J]. 中国卫生统计，2001，(5)：310.
[121] 钟炼. 网络体育文献信息检索研究 [C] ∥ 第七届全国体育科学大会论文摘要汇编（二），2004:645–646.
[122] 卢石，牛敬莹，刘文娟，等. 从论文的引文分析探讨体育专业研究生的文献需求规律 [J]. 北京体育大学学报，1999，(2)：7–10.
[123] 朱恺，许治平，周跃生，等. 我国体育学术期刊引文研究的文献计量学分析 [J]. 体育科学，2003，(2)：64–66.
[124] 许红峰，黄汉升，陈俊钦，等. 国内外体育科技期刊作者和合著类型比较研究 [J]. 体育科学，1997，(4)：19–22.
[125] 杨俊材，刘廷元，彭雪雪，等. 1987~1997 年《体育科学》论文著引统计分析 [J]. 体育科学，1998，(4)：17–21.
[126] 谢琼桓，刘德佩，白君玲，等. 2010 年中国社会体育的战略构想 [J]. 体育科学，1997，(5)：1–5.
[127] 孙山泽，孙明举，段刚，等. 两项选择敏感性问题调查的基本方法 [J]. 数理统计与管理，2000，(1)：58–64.
[128] 杨威. 体育社会学研究中变量关系详析 [J]. 体育学刊，1999，(5)：46–49.
[129] 张力为. 第三变量与四维时空——体育科学研究中的多维视角 [J]. 北京体育大学学报，2005，(6)：758–760.
[130] 石岩. 定量运动负荷和个性特征对动觉准确性和动作稳定性的影响 [J]. 心理学报，1996，(2)：131–138.
[131] 王春平，王志锋，张光成. 属性特征敏感性问题的设计、分析及评价 [J]. 中国卫生统计，2006，(1)：60–62.
[132] 马勇占. 体育教师教学效能感量表的建构 [J]. 体育科学，2005，(3)：47–51.
[133] 章岚，许小冬，赵开强，等. 对体育科学研究中质的研究方法的探讨——一种更加注重程序化、情景化的研究方法 [J]. 体育科学，2004，(7)：1–4.
[134] 叶继元，等. 学术规范通论 [M]. 上海：华东师范大学出版社，2005.
[135] 石岩. 混合设计在体育心理学实验研究中的应用 [J]. 山西大学学报，1999，(2)：99–102.

[136] 袁登华. 教育实验设计的程序化思路 [J]. 教育研究与实验，1990，(1)：60–65.

[137] 王斌，马红宇，侯斌，等. 对张健成功横渡渤海海峡顶峰体验的研究 [J]. 体育科学，2002，(1)：15–17.

[138] 纪广义. 文献计量指标与基础研究成果评价 [J]. 体育科研，1998，(4)：51–53.

[139] 任建生. 运动员心脏功能典型指标的选择与评价. 武汉体育学院学报 [J]. 1996，(1)：59–64.

[140] 陈发俊. 科技奖励的社会功能 [J]. 科研管理，1998，(1)：18–23.

[141] 张天白. 我国体育社会科学管理工作新进展 [J]. 体育科学，1997，(4)：8–10.

[142] 李超英. 伪科学的特征和识别 [J]. 科学学研究，2000，(1)：6–10.

[143] 徐玖平. 体育科学研究中应用数学方法的几点启示 [J]. 体育科学，1990，(6)：84–87.

[144] 张明立. 双重对照设计在体育科研中的应用 [J]. 体育科学，1994，(3)：85–87.

[145] 严波涛. 一种程序化运动技术诊断和评定指标确定方法的探讨 [J]. 体育科学，2001，(6)：82–87.

[146] 高峰. “最佳二传竞技水平”的概念模型开发及测评方法研究 [J]. 北京体育大学学报，1994，(增刊)：75–81.

[147] 邓伟明. INTERNET 上的体育科研信息检索与利用 [J]. 成都体育学院学报，1999，(4)：24–28.

[148] 王忠，周士波. INTERNET 英文搜索引擎评析 [J]. 情报学报，1999，(5)：392–398.

[149] 郝元涛，孙希凤，方积乾，等. 量表条目筛选的统计学方法研究 [J]. 中国卫生统计，2004，(4)：209–211.

[150] 张聚民. 第 28 届奥运会中、外男篮进攻节奏的对比研究. 中国体育科技 [J].2005，(6)：61–63.